教育部人文社会科学重点研究基地
黑龙江大学俄罗斯语言文学与文化研究中心

学术丛书

FRONTIERS
IN
RUSSIAN
STUDIES

俄罗斯研究
前 沿

（文学卷）

叶其松　总编

刘　锟　主编

社会科学文献出版社
SOCIAL SCIENCES ACADEMIC PRESS (CHINA)

总编简介

叶其松 文学博士，博士生导师，教授，教育部人文社会科学重点研究基地黑龙江大学俄罗斯语言文学与文化研究中心主任。全国科学技术名词审定委员会与黑龙江大学共建"术语学基础理论研究基地"主任，中俄国际术语学研究中心中方负责人，西班牙庞培法布拉大学应用语言学研究所兼职博士生导师（术语学方向），中国辞书学会学术委员会委员，中国辞书学会常务理事，全国语言与术语标准技术委员会术语学理论与应用分技术委员会副秘书长，教育部基地电子期刊《俄罗斯语言文学与文化研究》主编，《中国科技术语》编委。主要研究领域为俄罗斯语言学、术语学、词典学。主持在研国家社科基金项目1项，国家社科基金重大项目子课题1项；主持完成省部级课题5项。出版著作《术语编纂论》（合著）、《术语研究关键词》等，学术译著1部，编著5部。发表论文40余篇。论文《术语学核心术语研究》获得2013年全国百篇优秀博士学位论文提名。

主编简介

刘　锟　文学博士，博士生导师，黑龙江大学俄罗斯语言文学与文化研究中心研究员。中国外国文学学会俄罗斯文学研究分会理事，（中国）中外语言文化比较学会中外文论比较专业委员会常务理事，中国中外文艺理论学会巴赫金研究分会秘书长、常务理事。主要研究领域为俄罗斯文学、文学理论、俄国宗教哲学美学与文化。主持完成国家社科基金项目2项、教育部课题3项，参与国家社科基金重大项目2项。出版学术著作2部，合著、译著、教材多部。发表学术论文60余篇。

总　序

　　黑龙江大学俄语语言文学研究中心于 2000 年 9 月成立，是教育部第二批人文社会科学重点研究基地；2012 年，主动服务国家战略需要，在语言、文学研究基础上，积极整合和开拓研究领域，并更名为"俄罗斯语言文学与文化研究中心"（以下简称"俄研中心"）。2016 年，黑龙江大学整合全校对俄研究资源，将俄研中心与另一研究机构俄罗斯研究院进行一体化建设，逐步形成语言学、文学与文化、俄罗斯学"三足鼎立"的研究格局。时至 2020 年，在俄研中心成立 20 周年之际，俄研中心开始筹划一部纪念性文集。这既是对俄研中心 20 周年的祝贺，也是向翌年 80 周年校庆献礼。惠秀梅、刘锟、靳会新三位老师不辞辛劳，各领一卷，从俄研中心主编的两本刊物——《俄罗斯语言文学与文化研究》（前身为《俄语言文学研究》）、《俄罗斯学刊》中选取稿件并进行编辑、审校。受疫情的影响，在几经周折之后，三卷本《俄罗斯研究前沿》（以下简称《前沿》）现在终于和读者见面了，这算是一份"迟到的礼物"。

　　名正则言顺。"俄语语言文学"是历史上形成的学科名称，其研究范围与philology，филология 大体相当。英国语言学家戴维·克里斯特尔编写的《现代语言学词典》对"语文学"的解释是："指语言历史研究的传统术语，如 18 世纪后期以来'比较语文学家'所做的研究。这种研究包括作为文化、政治研究一部分的文化考证，有时还包括文学作品的研究（但英国除外）。"① 可见，语文学跟语言、文学和文化研究有着密不可分的联系。不过，语文学已成历史，现在很少再有人进行专门的研究，只是保留在诸如"语文系"之类的名称之中。与"俄语语言文学"相关的另一个学科是"俄罗斯学"。学术界对后者的理解

---

① 〔英〕戴维·克思斯特尔《现代语言学词典》，沈家宣译，商务印书馆，2000，第 264 页。

1

也不一致。一些学者认为，俄罗斯学是包含俄语语言文学在内的综合学科，俄语语言研究、文学研究都是俄罗斯学的一部分，俄罗斯历史、政治、经济等都可纳入俄罗斯学的范围之中；一些学者认为，俄罗斯学与俄语语言文学基本等同。俄罗斯学与 руссистика 相对应，后者表示研究俄语、俄罗斯文学与文化的综合性学科，实则与俄语语言文学的学科内容基本一致，国内俄语语言文学研究者通常自称为 руссист，也是基于此种原因。还有一些学者认为，俄语语言文学与俄罗斯学分属不同的学科，前者是研究俄语和以俄语为载体的文学与文化现象为主的人文性学科；后者侧重于俄罗斯国别研究，其研究包含政治学、经济学等多个学科的内容，带有社会科学的性质。因此，给这套书定名时，并未使用"俄语语言文学""俄罗斯学"这些看似熟知，但内涵并不确定的名称，转而使用"俄罗斯研究"这个更具概括性的名称，细心的读者大致能够体会编者对此的良苦用心。

中国和俄罗斯是毗邻而居的两个文化大国，彼此之间的文化交往源远流长。据考证，唐玄宗曾与莫斯科大公亚历山大一世签订过"交流使节制度"之类的协议，两国当时曾互译诗歌等文学作品。1708 年，清朝康熙皇帝建立中国第一所俄文学校——俄罗斯文馆；1715 年，清政府在北京设立俄罗斯馆，供来华俄罗斯使团居住，两国文化交往日趋频繁。新中国成立后，很多学科借用苏联模式进行初创工作，俄罗斯研究一度成为显学。后来虽然经历过一些曲折，但积累了蔚为可观的研究成果。

21 世纪以来，随着国际学术研究范式和我国研究理念的转变，我国俄罗斯研究的对象、方法、视角等也发生了重要变化，研究范围不断拓宽，开辟了一系列新领域、新方向。《前沿》力求全面总结和反映最近 20 年我国俄罗斯研究的最新成果。

《语言学卷》涵盖语义学、语用学、术语学与词典学、认知语言学、语言文化学、语言哲学、篇章语言学、心理语言学、计算机语言学、对比语言学、语言类型学、符号学、翻译学、俄语教学等诸多语言学研究领域，既有对新思想、新范式和新方法的整体性描写，也有对重要语言学概念的梳辨，还有对一组甚至某个具体语言现象的微观分析和比较，全方面展示俄罗斯当代语言学研究的独特风貌，体现出了我国俄语语言学研究者"它山之石，可以攻玉"的不变初心和学术理想。

　　《文学卷》坚持把握正确的学术导向和追踪新的研究范式，选取国内近年具有特色和代表性的研究成果，内容涵盖对古代俄罗斯文学与文化研究、中俄文化比较研究、19—20世纪俄罗斯文学经典的重新阐释，实现经典与前沿的有机融合，注重运用新理论、新方法和新视野阐释与重释俄罗斯文学中的作家、作品、文学批评及相关理论，体现出俄罗斯文学研究"中国学派"的整体风貌，并在此基础上与国际学术界进行对话，促进中外文学与文化的相互理解、交流与对话。

　　《俄罗斯学卷》收录中国俄罗斯研究界众多专家对俄罗斯政治、经济、外交、历史、文化、法律等问题的研究成果，涉及中俄关系全局性及区域性合作等问题，反映了中国俄罗斯研究界的研究进程，具有历史意义和现实价值并重的特征。俄罗斯对中国的国家安全、经济发展、制度建设乃至民族文化有着至关重要的影响。中俄建立了新时代全面战略协作伙伴关系，加强两国交流、增进双方互信是必要之举，学术界对两国相关问题的研究是双方非常重要的交流内容。

　　《前沿》所收录成果的作者年龄跨度大，既有蜚声学界、备受推崇的学术名家，也有各执牛耳、思想活跃的领军人物，更有崭露头角、锐意十足的学术新秀，老中青三代学人的研究成果汇聚于此，既是致敬学术先贤们孜孜以求、笃行不息的治学精神，也是激励后来的俄罗斯研究者赓续前行、踔厉奋发，向学术界展示俄罗斯研究薪火相传的传统和欣欣向荣的景象。由于受诸多主客观原因的限制，还有一些篇目未能收录其中，期望《前沿》的续编能弥补缺失的遗憾。

　　"独木不成林，一花难成春"。黑龙江大学俄罗斯语言文学与文化研究中心的成长与发展离不开国内外学者的长期支持和精心呵护，大家都把俄研中心作为我国俄罗斯研究者共同的精神家园。《前沿》得到了国内外同人的全力支持，感谢学术同行将自己的原创性成果贡献出来，切磋交流。有了这份信任、鼓励和支持，俄研中心的未来一定会更加美好。

　　由于编者水平有限，书稿难免存在各种疏漏和错误。恳请各位专家学者批评指正。

　　是为序。

编者

2023 年 12 月 5 日

目　录

Contents

· 斯拉夫文论 ·

· 域外经典与学术译介 ·

俄国文学和俄罗斯民族意识

刘文飞*

摘　要： 俄国文学是俄罗斯民族意识①的集中体现，是俄罗斯民族意识的最大公约数，俄国文学发展史上的几次繁荣大多出现在俄罗斯民族意识的高涨期，在俄国文学和俄罗斯民族意识两者之间始终存在积极的相互作用，两者间源远流长的互动既造就了俄国文学的独特内涵和风貌，也使俄国文学成了"俄罗斯性"的重要塑造手段和表达方式，从而构建出俄罗斯民族的"文学的想象共同体"，促成了俄国文化中的"文学中心主义现象"。

关键词： 俄国文学　民族意识　俄罗斯性　文学中心主义　文学想象共同体

诗言志，文学是情感和思想的表达，因此，任何一个民族的文学都必然是该民族集体意识的体现，但就文学与民族意识的关系而言，不同的民族文学却可能有着不同的呈现，俄国文学和俄罗斯民族意识两者间的关联，就具有其独特的历史、路径和结果。

一

纵观俄国文学千余年的发展历史，可以发现，俄国文学的跌宕起伏，往往

---

* 刘文飞，首都师范大学教授、博士生导师。
① 笔者在标题中使用"俄国"和"俄罗斯"两个不同的限定词，前者指国家属性，后者指民族身份。

是与俄罗斯民族意识的潮涨潮落相吻合的。

作为整体的俄罗斯民族意识的觉醒和聚合，大致完成于古代罗斯从蒙古－鞑靼人的统治下挣脱出来的时期，俄国文学史上的第一座丰碑《伊戈尔远征记》就出现在这一时期，马克思曾对这部英雄史诗的主题做过这样的概括："这部史诗的要点是号召俄罗斯王公们在一大帮真正的蒙古军的进犯面前团结起来。"（《马克思恩格斯全集》第二十九卷，1972：23）从此，呼吁俄罗斯人团结一致的"爱国主义"就成为一根贯穿俄国文学的红线。近代俄罗斯民族国家的形成和巩固，是与彼得一世和叶卡捷琳娜女皇的统治相关联的，而在这一历史时期兴起的俄国古典主义文学则被视为俄国近代文学的发端。17 世纪西欧盛行的古典主义文学，迟至 18 世纪 30～50 年代才被引入俄国；但古典主义体现出的维护皇权、崇尚理性、尊奉古典艺术等倾向却与叶卡捷琳娜时期的俄国国家意识形态十分合拍，于是，罗蒙诺索夫、卡拉姆津、杰尔查文、茹科夫斯基等人的"颂歌"和"官史"便构成了俄国文学史上的第一个波峰。与西欧古典主义文学运动相比，俄国古典主义文学中多了两种新的思想构成，一是启蒙思想，二是民族主义，这就使得俄国古典主义文学成了体现和表达俄罗斯民族意识的一种特殊手段。

19 世纪是俄国文学的黄金时期，从普希金起、到托尔斯泰止的俄国现实主义文学，不仅构成俄国文化史中最为辉煌的时期，也成为世界文学史上继古希腊罗马文学和英国 17 世纪文学之后的"第三高峰"。在俄国文学的发展过程中，有三个历史事件起到了至关重要的作用：一是俄国 1812 年抗击拿破仑入侵的胜利，二是俄国 1861 年废除农奴制，三是俄国参加第一次世界大战。通过 1812 年卫国战争，俄国战胜了不可一世的拿破仑，俄罗斯人的民族意识空前高涨，第一次感觉到自己应该成为欧洲大家庭中的平等一员，甚至是欧洲的"救星"和"新贵"，虽然后来爆发的十二月党人起义在一定程度上消解了这一民族热情，但十二月党人起义本身无疑就是民族意识高涨的体现，也就是说，这是俄罗斯民族第一次开始思考自己在欧洲乃至世界的角色和使命，开始主张其特殊的道路和价值观。可以毫不夸张地说，普希金和他那一代俄国诗人和作家的出现，就是这种高涨的民族意识的产物。普希金作为俄国历史上第一位"职业诗人"，率先通过诗歌来颂扬俄罗斯民族的特殊性，论证俄罗斯民族的欧洲属性，甚至超欧洲属性。"在 1820～1830 年俄国诗歌黄金时代的一代人赢得创作上的独立之后，俄国文学成了社会和政治论争的论坛。"（Terras，1991：viii）新生的"职业文学"作为俄罗斯民族意识的集中体现，迅速赢得全民族的接受和喜爱，由此出现了俄国文学史上一道"天才成群诞生"的奇观。1861年的农奴制改革是19世纪俄国最重大的历史事件之一，但长期以来，受苏维埃历史观影响，人们对这一事件的评价相当负面，它被认为是不彻底的贵族革命；苏联解体以后情况有所变化，也有学者将这一事件视为之后一系列"革命"的源头。其实，农奴制改革前后，是俄国历史上少有的官方意识形态、民族知识精英的理想抱负和普通国民的实际愿景三者都比较合拍的时期。且看流亡伦敦、视沙皇政府为死敌的赫尔岑对农奴制改革做出的反应："第一步已经迈出！……亚历山大二世做了许多事情，做得非常之多；他的名字如今高于他的所有前辈。他以人类权利的名义而战，为同情而战，反对那些执迷不悟的凶狠恶人，并摧毁了他们。因为这一点，无论俄罗斯人民还是全世界的历史都会记住他……我们欢迎他这位解放者的名字！"（Анисимов，2013：330）这一事件激起的全民族的社会热情以及俄国文学对于社会的空前关注，在客观上为19世纪下半期俄国批评现实主义文学的成熟和壮大奠定了社会基础，俄国文学经过二三十年的发展，终于在19世纪80年代初达到顶峰。19世纪、20世纪之交，同样是俄国历史上一个思想活跃、争论激烈、斗争不断的"火山活跃期"，自19世纪70~80年代开始兴起的民粹派运动、1881年沙皇亚历山大二世遇刺、马克思主义进入俄国、1904~1905年的日俄战争、1905年革命，直至1914年爆发第一次世界大战，一场又一场剧烈的社会动荡席卷俄国，使得俄罗斯民族意识的波涛一浪高过一浪。以前的历史学家更多地强调俄国在这一时期的"黑暗"和"混乱"，却没有注意到俄国政府在这一时期对于民族意识的有意煽动和鼓吹，盛极一时的泛斯拉夫主义和大俄罗斯主义成为这一时期俄国官方意识形态的重要构成，而白银时代文学的兴盛与19世纪、20世纪之交俄罗斯民族意识的高涨或许存在关联。

　　1917年十月革命后的苏联成为社会主义阵营的领袖，以俄罗斯人为主体的苏联人具有强烈的民族自豪感和人类使命感，他们豪迈的斗志和远大的理想之艺术呈现，构成了"俄苏文学"的主要内涵和基调。对20世纪俄苏文学的总体评价目前还存在不同观点，但是其世界性影响，包括对中国的深远影响，则无疑是一种历史事实。苏联解体之后，俄国文学的影响随着俄国国力的下降而有所减弱，但在苏联解体之后兴起的俄国后现代文学却构成俄国文学史中一个独具特色的阶段。其实，俄国后现代文学与苏联解体前后以特殊形式，甚或悖论方式表现出来的俄罗斯民族意识之间或许可能同样存在互动，始终具有独特性的俄罗斯民族性格，在履行使命、建构大同人类的乌托邦理想破灭之后，又迅速燃起解构、颠覆的热情。这样的集体无意识，或许为20世纪、21世纪之交俄国文学艺术中强大的解构、颠覆热潮提供了支撑。

总之，通过对俄国文学历史的简单扫描，我们隐约可以感觉到，在俄国文学比较发达的几个时期和阶段，其背后似乎都有高涨的民族意识做铺垫、做背景，若把俄国文学史的起伏轨迹与俄罗斯民族意识的升降曲线相互比对，可以发现两者是基本吻合的。

二

相互联系的俄国文学和俄罗斯民族意识，两者间存在持续的互动关系。一方面，俄国文学始终是俄罗斯民族意识的助推器，甚至就是燃料本身，是俄罗斯民族意识的重要组成部分；另一方面，俄罗斯民族意识又是俄国文学最重要的主题和表现对象，是俄国文学之特质乃至风格的重要来源之一。

诚然，任何一个民族的作家都是具有民族情感的人，甚至是最具民族情感的人，是民族意识的代言人，俄国作家在这方面同样如此，但是，从文学与民族精神的关系这个角度看俄国文学，还是有一些问题引起我们更深一层的思考。

首先，是俄国文学中爱国主义、民族主义和帝国意识的关系问题。熟悉俄国文学的人都会对其中的"爱国主义"主题如数家珍，这也是传统俄国文学史着重叙述的主线之一，从《伊戈尔远征记》中斯维亚托斯拉夫"含泪的金言"到少年普希金写下的《皇村的回忆》，从果戈理《死魂灵》结尾的"俄罗斯三套车"隐喻到屠格涅夫在散文诗中对"俄罗斯语言"的赞美，从托尔斯泰的《战争与和平》、肖洛霍夫的《他们为祖国而战》等作品中对俄罗斯这一"战斗民族"之勇敢的歌颂，到阿克萨科夫的《渔猎笔记》、契诃夫的"《草原》美景"、20世纪俄国"乡村散文"作家们对俄国大自然的深情描绘，俄国文学的爱国立场始终如一。俄国的历史和现实、大地和河流，全都成了渗透着深刻民族情感的文学意象，一直是俄国作家无条件崇拜、礼赞、神话的对象。我们从前在面对俄国文学中的此类主题时，往往都是不加分析地、无条件地照单全收，和俄国读者一样阅后欢欣鼓舞，激动不已，却很少想到，俄罗斯人的爱国主义也应该有正义和非正义之分，俄国历史上两次伟大卫国战争的文学描写和再现，当然是正义的，也赢得了全世界读者的接受和喜爱，但那些鼓吹俄国的历史扩张和国家强权的文学作品，则应该引起我们的警觉和拒斥。比如，普希金在诗歌中对波兰人的咒骂，陀思妥耶夫斯基在作品中对大俄罗斯主义的鼓吹，索尔仁尼琴作品中的反犹态度，拉斯普京对西伯利亚自古以来的俄罗斯属性千方百计的论证等。民族自豪感是有尺度的，稍不注意就会沦为民族主义、沙文主义和殖民主义。美国莱斯大学教授埃娃·汤普逊（Ewa Thompson）曾将萨义德的后殖民理论引入俄国文学研究，写成《帝国意识：俄国文学与殖民主义》一书，她试图证明，从普希金、莱蒙托夫到托尔斯泰，再到索尔仁尼琴、拉斯普京，俄国文学中始终弥漫着浓重的"帝国意识"（imperial knowledge），俄国文学始终服务于俄罗斯民族的身份认同和国家扩张战略。汤普逊以《战争与和平》为例，认为这部小说写于俄罗斯民族精神最为乐观的年代，显示出空前的自信和泰然，托尔斯泰"用历史来强化神话，又用神话来强化历史"，"把俄国人的自尊心提高到一个以往从来没有达到的水平"，类似于莎士比亚的历史剧在塑造英国人民族心理方面所起到的作用，从而构建出一部"帝国史诗"（汤普逊，2009：103）。也就是说，从文学中的爱国主义到社会层面的民族主义，再到国家层面的帝国意识，往往只有一步之遥，却又时常是隐蔽的、暗度陈仓的。

其次，是俄国文学与所谓"俄罗斯性"的关系问题。"俄罗斯性"（Russianness）这个在西方斯拉夫学界使用频率很高的词，在俄语中居然很长时间都没有对应的"译法"，其俄语表达方式"русскость"至今仍不见于普通俄语字典，这说明俄国人对这个概念是高度警觉的。在苏联解体20年之际，曾长期担任英国广播公司（BBC）驻莫斯科记者职务的马丁·西克史密斯（Martin Sixsmith）写了一本题为《俄国：野性东方的千年编年史》的书（中译本题为《俄罗斯一千年》），试图对俄国的历史与现状间的关系进行解读，在作者看来，自9世纪，俄国历史的三个"主轴"开始形成，即专制独裁倾向、军事扩张欲望和东正教信仰，而将三者联结为一个整体的，或者说三者相互作用的共同结果，就是"俄罗斯性"，或曰"作为俄罗斯人的品质或特性"（the quality or characteristic of being Russian），这有点类似俄国宗教哲学中的"聚合性"（соборность）概念，作为俄罗斯人的共同价值观，视俄罗斯人为一个具有高度凝聚力的集体，将为俄罗斯的统一承受苦难当作一种高尚情操，国家的福祉可以让个人的牺牲变得合理。俄罗斯历代君主的扩张往往出于所谓的"安全"需要，目的是获得更多的腹地，但扩张之后获得的越来越辽阔的疆域需要守护，这反过来又在俄罗斯人心中派生出新的不安全感，使他们越来越紧张，越来越焦虑。"俄罗斯太大也太乱，不适合把权力下放；只有中央集权的'独裁铁腕'才有办法维系对帝国的向心，并且在民情殊异的百姓之间维系秩序。"（西克史密斯，2016：13）维系铁腕统治的重要手段即强化帝国意识，"对国内四分五裂和外敌乘机入侵的恐惧，早已深深渗入俄罗斯人的意识当中，这使得他们多半乐意接受'最高统治者行使绝对权力'的概念"（西克史密斯，2016：95），"国家对团结与安全的需求是最高优先，凌驾了'参与式政府'和个人权利等方面的考量。'铁腕'是俄罗斯的预设模式"（西克史密斯，2016：104）。专制和扩张，就此形成一种既相互依赖，又相互推进的关系。用铁腕统治幅员辽阔的国度，一种主张恭顺和聚合的宗教意识形态是不可或缺的，东正教于是成为俄国君主的思想武器。俄国历史的三个"主轴"就这样相互纠缠，相互作用，构建出贯穿俄国千年历史的专制政体。其实，在西克史密斯所言的三个主轴之外，无论如何都应该加入第四个主轴，即俄国文学。从俄国文学与俄国扩张的关系看，在整个俄国文学史中似乎不见任何对于俄国领土扩张的直接描写，"在17～19世纪之间，俄罗斯帝国以平均每天55平方英里（大约140平方公里）的速度扩张"（汤普逊，2009：35），而俄国文学对这样的扩张及后果是漠视的，或曰遮掩的，失语的，"没有一个有名气的俄国作家提出过疑问"（汤普逊，2009：41）。从俄国文学与民族身份认同的关系看，我们不难发现一个触目惊心的现象，即俄国文学就整体而言似是单一民族属性的，无论是乌克兰族出身的果戈理、柯罗连科，还是犹太出身的巴别尔、帕斯捷尔纳克，其民族身份常常被文学史家、读者甚至作家本人有意或无意地忽略或淡化，最后他们全都成了"俄罗斯作家"（русский писатель/Russian writer，当然，这里也可译为"俄语作家"，但问题是这两种含义在俄语中原本就是不做区分或难以区分的）。在俄国，像在欧美其他国家一样，犹太族作家在文学界也占有相当大的比例，但与其他国家的犹太作家大多想方设法彰显其犹太身份不同，俄国的犹太作家总是不那么理直气壮，对自己的犹太身份轻描淡写，甚至更愿意认同自己的"俄罗斯性"，新近一部《帕斯捷尔纳克传》的作者德·贝科夫（Дмитрий Быков）就把帕斯捷尔纳克定性为："犹太人——同时也是俄罗斯文学的继承者，言谈中对其犹太属性表示不喜欢与不认同的基督教作家。"（贝科夫，2016：5）俄国是一个多民族的国家，但俄国文学却是单一民族的，因为"俄国文学所制造的话语涂抹和勾销了被称为俄国的一个国家里的非俄罗斯人的诸民族"（汤普逊，2009：2）。从俄国文学与东正教的关系来看，两者始终是你中有我、我中有你的，是相互纠缠、抱合的，在东正教成为主流意识形态时，文学常常沦为东正教的附庸；在东正教的官方地位遭到削弱的时期，甚或无神论时代，文学则往往成为宗教意识形态的替代品，成为一种强大的思想武器。对于俄国文学与东正教的关系，乃至俄国文学的宗教属性，当下已有越来越多的研究，相信两者间的关系会得到越来越深刻的揭示。至于俄国文学和专制制度之间的关系，我们将在下文论及。总之，在"俄罗斯性"的形成过程中，俄国文学始终发挥着至关重要的作用。

最后，是俄国批评现实主义文学的"批判"立场问题。长期以来，关于俄国文学，至少是19世纪中后期的俄国现实主义文学是良心的文学、道德的文学、维护"小人物"的文学，是批判现实、维护社会公平和公正的文学，是呼吁变革现实、追求理想的文学，此类说法似早已成为俄国文学史的"定论"，也就是说，俄国文学就整体而言是在野状态的，是与官方对峙的。但是，若从文学与民族意识的角度看，俄国文学其实是相当"官方"的，俄国古代文学的宗教属性姑且不论，18世纪的古典主义文学和20世纪的社会主义现实主义文学也同样姑且不论，仅以19世纪的批评现实主义文学为例。俄国当代作家维克多·叶罗菲耶夫在他所编文集《俄国恶之花》的序言中写道："小说《父与子》的主人公巴扎罗夫是一位嘲弄社会道德的虚无主义者，可他的一句关键之语听起来却如同希望：'人是好的，环境是恶劣的。'我想把这句话用作伟大俄国文学的铭文。……其结果，俄国文学尽管十分丰富，有众多独特的心理肖像、多样的风格和宗教探索，可它一致的世界观信条大体上仍可归结为希望哲学。"（Ерофеев，1997：8）"希望哲学"（философия надежды）构成俄国文学的主旋律，于是就出现这样一个悖论：19世纪的俄国文学就总体而言是一种批判的文学，但它批判现实的目的是改造"环境"，使环境更有利于"好人"的存在和发展，其总的愿景仍在于国家的强大和民族的昌盛。也就是说，19 世纪的大多数俄国作家，乃至整个 19 世纪的俄国批判现实主义文学，对于现实和国家的评判其实是小骂大帮忙的，是渴望俄国强大的，是服务于俄国国家观念和俄罗斯民族意识的。我们甚至可以说，以反对专制制度著称的俄国文学，其实却与专制制度有着同样的"专制"性质，它始终致力于向俄国境内外的读者灌输俄罗斯民族的价值观和世界观，它在某些时段是以强大的教谕功能和乌托邦式的社会理想辅佐官方意识形态的。

三

在俄罗斯民族意识的形成和不断发展的过程中，为什么恰恰是俄国文学成了它的主要思想资源和表达手段呢？其中的原因可能很复杂，也很多元，但俄国文化中独特的"文学中心主义"现象的起源和作用，可以成为我们理解这个问题的抓手之一。

在西欧和整个世界关于俄国的认识过程中，俄国文学发挥了至关重要的作用。俄国科学院通讯院士、俄国科学院俄国文学研究所前所长弗谢沃洛德·巴格诺（Всеволод Багно）在中国社会科学院外国文学研究所一次题为《西方的俄国观》的演讲中认为，西方对俄国的认知在 19 世纪 80 年代初发生根本性转变，而其中的左右力量就是以俄国小说为代表的俄国文学："俄国小说在西欧社会舆论的调性转换中发挥了决定作用，不从政治和经济局势出发的评价、认识和概括发生了转变，由轻蔑、责难和声讨转变为好奇、同情和赞赏。""仅仅由于俄国小说，西欧人才首度视俄国为一个与西方既同宗又异源的国家，俄国被接纳为欧洲各民族大家庭的平等一员……俄国小说首批境外的内行读者和爱好者肯定会意识到，他们面对的是世界的艺术画面，而非现实本身。然而，这幅世界艺术画面之后在很大程度上便构成了关于俄罗斯民族性格和俄罗斯民族的概念。"（巴格诺，2012：156）也就是说，先前对俄国和俄罗斯民族感到陌生且不无敌意的西方世界，在读了俄国文学之后却迅速改变看法，将俄国视为一个具有同等文学和文化实力的伙伴。巴格诺把西方的俄国观的转变节点精确地定位在 19 世纪 80 年代初，是因为在这一两年间接连发生几件文学大事，如全俄范围内第一座文学家纪念碑——普希金纪念碑在莫斯科落成，托尔斯泰的《安娜·卡列尼娜》出版单行本，以及陀思妥耶夫斯基的去世等，这些事件在短时间内集中发生，形成强大冲击力，使整个世界由此开始关注俄国文学及其特征和力量，并由此开始正视俄国的"正面形象"，因此，俄国文学的崛起也就成了整个俄国文化，乃至整个俄国国家形象的一个拐点。仰仗俄国文学，俄国的国家现代化进程实现弯道超车，俄国成为一个真正意义上的欧洲文化强国。正因为这一点，祖祖辈辈的俄国人感激俄国文学，拥戴俄国文学，神话俄国文学，也始终心甘情愿地为俄国文学添砖加瓦，万众一心地打造、呵护这张最靓丽的国家名片，从而导致了俄国文化中独特的"文学中心主义现象"（литературоцентризм），即文学不仅在艺术生活中占据核心位置，成为音乐、戏剧、美术等相邻领域的模仿对象，甚至在社会生活中取代哲学、宗教等成为强大的思想武器和教谕手段，成为某种"大文化"或曰"亚文化"。

被崇拜、被神话的俄国文学，也逐渐构建出俄罗斯民族的某种"文学的想象共同体"。安德森（Benedict Anderson）在《想象的共同体：民族主义的起源与散布》一书中对民族做如此界定："它是一种想象的政治共同体——并且，它是被想象为本质上有限的（limited），同时也享有主权的共同体。"（安德森，2005：6）不过，他在书中关注最多的却是文学如何与"政治的想象"发生关联，他认为，"资本主义、印刷科技和人类语言宿命的多样性这三者的重合"（安德森，2005：9）促成并强化了"民族"这个"想象的共同体"的构建，因为以"国家方言"为工具的文学在资本主义时代的大量生产，造就了民族的阅读阶级，而民族阅读阶级的存在及其表达反过来又使民族意识的生成、强化和聚合成为可能，"印刷资本主义使得迅速增加的越来越多的人得以用深刻的新方式对他们自身进行思考，并将他们自身与他人关联起来"（安德森，2005：33），从而形成关于某一民族的"想象的共同体"。安德森还将俄国作为个案，分析了语言和文学在俄罗斯民族意识的高涨、俄罗斯民族身份认同的确立过程中所发挥的作用。在俄国文学崛起之前，俄国罗曼诺夫王朝的宫廷语言是法语和德语，但在1812年反拿破仑战争获得胜利之后，俄国开始注重维护"语言主权"，开始编纂权威的俄语字典和俄语语法。1833～1849年任俄国教育大臣的乌瓦罗夫（Сергей Уваров）提出了影响深远的官方意识形态，即"专制政体、东正教和民族性"（православие，самодержавие，народность），这里的第三点"народность"我们之前大多译成"人民性"，可能还是应该译成"民族性"（英文就译成

nationality），因为乌瓦罗夫在这里所强调的，就是俄罗斯民族相对于其他民族而言的独特性。在 1861 年农奴制改革后，尤其在亚历山大三世于 1881 年登基后，所谓的"俄罗斯化"（русификация/Russification）开始成为国策，俄语被列为俄罗斯帝国境内的唯一官方语言，新近被占领地区的学校一律用俄语教学，历史悠久的塔尔图大学就曾因坚持用德语教学而在 1893 年被关闭。而在使俄语成为俄国"国家方言"的过程中，以横空出世的普希金作品为代表的俄国文学发挥了至关重要的作用，普希金最伟大的文化功绩之一即创建了"俄罗斯文学语言"，也就是说，自普希金开始，借助诗歌和文学创作，俄语成为一种可以表达俄罗斯民族情感和意识的"文学语言"。在短短数十年间，以俄罗斯语言为载体的俄国文学，反过来又成为"俄罗斯化"的主要工具之一，对于"俄罗斯性"的形成和固化起到了关键作用，因为"民族就是用语言——而非血缘——构想出来的，而且人们可以被'请进'想象的共同体之中"（安德森，2005：141），"语言——不管他或她的母语形成的历史如何——之于爱国者，就如同眼睛——那对他或她与生俱来的、特定的、普通的眼睛——之于恋人一般。通过在母亲膝前开始接触，而在入土时才告别的语言，过去被唤回，想象同胞爱，梦想未来"（安德森，2005：150）。俄国文学在塑造俄罗斯民族的"想象共同体"方面所起到的作用，可能远远超出人们的"共同想象"，一代又一代的俄罗斯人将艺术真实当成了生活真实，俄国当代作家伊戈尔·沃尔金（Игорь Волгин）在参加《中国社会科学报》发起的一场笔谈中写道："在俄罗斯'文学中心主义'的作用下，某些虚构的文学情节（如娜塔莎·罗斯托娃参加的第一场舞会、奥涅金和连斯基的决斗、拉斯科尔尼科夫的犯罪等），在社会意识中均被视为实在的民族生活史实。"（沃尔金，2015）也就是说，俄罗斯人的"想象的共同体"，首先是一个"文学的想象共同体"。

就这样，俄国文学成了俄罗斯民族意识的最大公约数。对国外而言，俄国文学作为一种塑造俄罗斯民族和国家形象的主要方式，能利用其良好的声誉向境外输送俄罗斯民族的思想和立场，这自然是俄国社会各界所喜闻乐见、乐享其成的；对国内而言，俄国文学通过对俄罗斯民族意识的不断表达和弘扬，赢得了俄国社会不同阶层的共同认可，上层将之当作能凝聚共识、鼓舞民族精神的思想工具，下层则将其视为改造现实、谋求社会正义的斗争武器，俄国文学因而是"两面讨好"的，它似乎在同时传达两种声音，一种是底层民众渴求正义的声音，另一种是国家意志追求强盛的声音。在充满动荡的俄国历史长河中，俄国文学是维系俄国社会和谐和民族整体性的为数不多的重要手段之一，一方面，它是俄国社会精英和知识分子展开思想争论、表达政治诉求的重要阵地，社会思想争论往往借助文学的形式展开和持续，各种思想资源也源源不断地赋予文学以内涵和动力；另一方面，它也是官方特意加以呵护的领域，目的是让俄国文学在社会中维系某种微妙的平衡，发挥其他民族社会生活中新闻舆论甚至司法系统所发挥的功能。对于俄罗斯民族而言，俄国文学是他们引以为荣的骄傲，是他们昂首挺立于世界民族之林的重要资本，是他们表达精神和气质的拿手好戏，也是他们捍卫"俄罗斯性"的主要手段。而对于俄罗斯境内的诸多非俄罗斯民族而言，俄国文学似乎也成了他们身份认同中不可或缺的重要因素，俄国文学像任何一种文学一样，就整体而言是虚构的、审美的，因而在宣扬、传播"俄罗斯性"时是较为隐蔽的，是更具"欺骗性"的，更容易得到俄国境内非俄罗斯民族受众心悦诚服的接受，比如，如今俄国境内几乎所有的非俄罗斯族人，说起普希金都津津乐道，对普希金的诗都倒背如流，他们的"普希金崇拜"似乎并不亚于俄罗斯族人，他们大都心悦诚服地承认自己是文化意义上的普希金后人；比如，对俄国心存不满的 2015 年诺贝尔文学奖得主阿列克西耶维奇（Светлана Алексеевич）却在她的诺贝尔演讲的结尾称她有"三个家"："我的白俄罗斯土地，我父亲的故乡，我一直生活在这里；乌克兰，我妈妈的故乡，我的出生地；还有伟大的俄罗斯文化。"（阿列克西耶维奇，2016：24）克里米亚事件爆发后，基辅城的朱可夫纪念碑被无情推到，但乌克兰和俄罗斯却为了"争夺"作家果戈理而竞相增高各自的果戈理纪念碑的高度。俄国文学自身民族属性的单一，既是它与俄罗斯民族意识之间过于紧密的关联之体现，也是其在国家和民族的"俄罗斯化"过程中所发挥的功能之结果。于是，无论在俄国的境内还是境外，无论在俄国社会的上层还是下层，无论对于俄国的俄罗斯族还是非俄罗斯族，俄国文学都始终在扮演一种"居中"角色，以其貌似中立的立场发挥着某种中介作用，成为一种"在野的官方意识形态"，收编、整合俄罗斯民族意识的方方面面，从而成为俄罗斯民族意识的最大公约数。

俄国文学之于俄国、之于俄罗斯民族意识所具有的重大作用和深远意义，或许在世界其他国家是比较少见的，俄国文化中源远流长的"文学中心主义"，是俄罗斯民族精神和国家意识养成过程中一个不可或缺的重要因素，套用俄国诗人叶夫图申科的名句，"在俄国，诗人大于诗人"（Поэт в России больше， чем поэт），我们完全有理由说："在俄国，文学大于文学。"其结果，就是俄罗斯民族借助文学获得的身份认同，就是俄罗斯人民族意识中根深蒂固的"文学的想象共同体"。

参考文献

Terras Victor：*A History of Russian Literature*（New Haven：Yale University Press，1991）.

Анисимов，Е.，История России от Рюрика до Путина. Москва-Петербург：Питер，4 - е издание，2013.

Ерофеев，В.，Русские цветы зла. М.：Издательский Дом «Подкова»，1997.

〔美〕埃娃·汤普逊：《帝国意识：俄国文学与殖民主义》，杨德友译，北京大学出版社，2009。

〔美〕本尼迪克特·安德森：《想象的共同体：民族主义的起源与散布》，吴叡人译，上海人民出版社，2005。

〔俄〕德·贝科夫：《帕斯捷尔纳克传》，王嘎译，人民文学出版社，2016。

〔俄〕弗谢沃洛德·巴格诺：《西方的俄国观》，刘文飞译，《俄国文学评论》2012 年第 1 期。

〔英〕马丁·西克史密斯：《俄罗斯一千年》，周全译，台北左岸文化事业有限公司，2016。

《马克思恩格斯全集》第二十九卷，人民出版社，1972。

〔白俄罗斯〕斯维特兰娜·阿列克西耶维奇：《关于一场输掉的战争——诺贝尔奖演讲》，刘文飞译，《世界文学》2016 年第 2 期。

〔俄〕伊戈尔·沃尔金：《俄罗斯文学能否重新主导民族思想》，刘文飞译，《中国社会科学报》2015 年 4 月 15 日，第 B01 版。

原文发表于《外国文学》2018 年第 5 期

俄国小说溯源

白文昌[*]

摘　要： 传统的观点认为，俄国的小说是 18 世纪下半期到 19 世纪初发展起来的，在 18 世纪中期以前俄国没有自己的小说。本文从现代学界对小说的认识入手，把"四分法"的小说概念引入俄国文学发展史的研究，把俄国小说的源头上溯到 17 世纪末。

关键词： 俄国小说　分类法　起源

19 世纪二三十年代，长期以来一直落后于欧洲的、不为世人所知的俄罗斯文学如沉睡了几百年的火山一般突然爆发，放射出灿烂夺目的光辉。俄罗斯大地深处蕴藏的数百年的文学能量骤然释放了出来，一时间俄罗斯文坛群英荟萃，异彩纷呈，令世界瞩目。俄罗斯文学从此与世界其他优秀民族的文学并驾齐驱，为世界人民奉献了百十部具有永恒意义的经典巨著，对人类文明的发展产生了深远的影响。

无论从作家队伍，还是从作品的数量来讲，俄罗斯文学在这一时期所取得的成就大都发生在小说领域，这是一个不争的历史事实。正如别林斯基所说："今天，整个我们的文学都变成了长篇小说和中篇小说。……长篇小说打倒了一切，吞没了一切。……什么书最被人们爱读和争购？长篇小说和中篇小说。什么书使文学家在旦夕间致富，获得房屋和田产？长篇小说和中篇小说。……什么书记述着人类生活、道德规律和哲学体系，总而言之，所有一切学问？长篇

---

[*] 白文昌，黑龙江外国语学院教授 。

小说和中篇小说。"（别林斯基，1996：120）然而，在这个现象之外，我们注意到俄罗斯文学史中还有一个事实让人感到十分奇怪，那就是俄罗斯在 19 世纪以前没有一部像样的小说作品。关于这点他们自己也直言不讳。

"当时的文学主要是从法国文学翻译过来或者加以改作，至于取材于俄国生活的独特的创作，就差不多没有了。"（高尔基，1979：5）俄国文学的这种状况使别林斯基发出感叹："俄国文学不是土产的而是移植过来的植物。……我们的中篇小说开始得不久，真是不久，即从本世纪的 20 年代起。在这之前，它是由于奇想和时髦而从海洋彼方搬来、强制地移植在本国土壤上的异邦植物。玛尔林斯基君是……它的首创者。"（别林斯基，1996：134）

如果说别林斯基把玛尔林斯基（Бестужев-Марлинский，与普希金同时代的俄国作家，被称为散文中的普希金）称为俄国中篇小说的首创者，还不完全是从文学体裁发展的角度出发所做的严格的学术阐述，那么来看弗里德林德尔（Фридлендер，1962：47）在其主编的《俄国长篇小说史》（История русского романа）中所说的："俄国文学中的长篇小说是在 18 世纪中期出现的……第一个长篇小说作家是艾明（Эмин，1735 – 1770）。"这是一个文学史家和文艺理论家在苏联科学院出版的权威著作中的论述，是严格从文学体裁发展的角度做出的学术定论，他们认为在 18 世纪中期以前俄国没有小说。

那么实际情况是怎样的呢？

一　俄国小说概念分类

在溯源俄国小说之前，我们认为有必要先就"小说"的概念统一认识。因为对"小说"这个文学中的后起之秀，不同阶层、不同国家、不同时期人们的认识往往相差甚远。所以，我们必须对本文所指的"小说"概念做出明确统一的界定。

"小说是一种文学体裁。通过一定的故事情节、典型环境的描写和人物形象的塑造来概括地反映社会生活，揭示社会本质。按其篇幅和内容的广狭，可分为长篇小说、中篇小说、短篇小说、小小说等。"（董大年主编，1988：877）小说的这一定义在我国已经取得比较一致的认可。例如在最通用的汉语工具书《新华字典》和《辞海》中，在文学专业工具书《文学词典》（孙家富等编，

1983）中，在高等学校文科教材《文学原理新释》（顾祖钊，2000）等著作里都有相似的解释，差别仅在解释的详略而已。

可是当我们想用俄语来表达"小说"这一概念时，却遇到了困难：在俄语中找不到与汉语表达"小说"这一概念等值的甚至是相近的词。中国的俄罗斯文学研究者在遇到这一问题时，常常采取回避或者含混的态度一带而过。只有上海外国语大学的许贤绪教授，在自己的专著《当代苏联小说史》（Обозрение современной советской беллетристики）（许贤绪，1991）中，明确地使用了беллетристика 这个词来表示"小说"这一概念，但没有解释自己的选词依据。查看《苏联大百科全书》（Вавилов С. И.，Большая советская энциклопедия，1975 г.），我们知道 беллетристика 是个来源于法语的词，现已不大使用。从广义上讲它表示文学艺术，从狭义和经常使用的意义上讲，它表示区别于诗歌和戏剧的散文艺术（类似于俄语的 проза）。而 беллетрист 则表示创作短篇小说、中篇小说、长篇小说和其他文艺作品的作家，但不是诗人和戏剧作家，在这个意义上其又类似于俄语的 романист 或 прозаик。由此看来 беллетристика 与汉语中的"小说"并不完全吻合。这是因为，第一，中国与俄国对文学作品类别进行区分的方法不同。俄国采用西方流行的三分法——根据反映社会生活时塑造艺术形象的不同方式和特点，把文学分为三大类，即叙事文学（эпос）、抒情文学（лирика）和戏剧文学（драма）。而中国习惯采用四分法，根据作品的结构、体制和语言运用等特点，把文学分为诗歌、小说、散文、戏剧等四种体裁。第二，中国人按照"以对人物、情节和环境的具体描绘去反映社会生活"这一创作的根本特征抽象出了"小说"这个较大的类别概念，而"根据作品篇幅长短、容量大小、情节繁简、人物多寡"又分出了长篇、中篇和短篇小说等几个从属的类别（大体裁"小说"之下的几个"子体裁"）。而在俄国，"长篇小说（роман）、中篇小说（повесть）和短篇小说（рассказ）同游记（путешествие）、政论（публицистика）等一样，都是从属于叙事文学这一范畴的几个平行的体裁"（Волков，1995：130）。

在研究小说时中国人求同存异，强调作品在结构、体裁和语言运用方面的相同之处，而把不同仅归于篇幅、容量、繁简等形式因素；俄国人正好与我们相反，他们从三分法的角度出发，强调的是长篇小说、中篇小说和短篇小说之间的不同。例如俄罗斯国家科学院院士利哈乔夫（Д. С. Лихачёв）在谈到这个问题时说："……读长篇小说，读者主要（в большой мере）是在对小说主人公命运的思考中，自己做出结论；而读中篇小说，读者的思路大都（по преимуществу）由作者引导……所以，中篇小说往往（чаще）比长篇小说篇幅短、人物少、目的明，对人物命运的叙述较少、情节紧凑激烈。"（Кузьмин，1984：3）俄罗斯著名文艺理论家库兹明博士就此问题发表的论述是："短篇小说一般（обычно）只讲一件事，这是它的中心，情节比较集中、紧凑，让人阅读和理解起来有一气呵成之感；中篇小说和长篇小说一般（обычно）围绕一个人讲述几件相关的事情。长篇小说一般（обычно）反映一个时代或人的一生，中篇小说却往往（чаще сеro）局限于几件个别的，有时是非常重要的事件、情节，由它们构成人物生活的某个时段；长篇小说描绘几个人的生活，而中篇小说常常（чаще всего）只描写一个人物以及他周围人物的生活；长篇小说中复杂而紧张的情节交织在一起，事件的展开气势磅礴、紧张激烈，而在中篇小说里，情节的发展往往（чаще сеro）平淡、和缓；尽管不能根据作品的篇幅来划分它属于哪种体裁，但中篇小说的篇幅往往（чаще сеro）比长篇小说短。篇幅决定着情节的安排和材料的使用，中篇小说的重心往往（чаще сеro）不在情节的发展，而在对人物内心的刻画，对自然景物以及其他的描写。"（Кузьмин，1984：5）

两位俄国学者在论述长篇、中篇和短篇小说的不同时使用了大量感性的、模糊的、量化的概念，比如利哈乔夫使用了"大都""往往"等词语；而库兹明多次使用了"一般""往往""常常"等词语。这些词语本身表达的概念模棱两可，缺乏科学研究所需要的严谨和清晰，不适合对学术概念进行区分和界定。我们很难根据这些标准来判定某个作品是长篇还是中篇。首先，有些作品无论从篇幅、人物还是情节上看，本身的"体裁"特征十分模糊。比如普希金的名篇《上尉的女儿》，我们既可以把它看成格里尼奥夫个人生活中的"几件个别的……非常重要的事件、情节，由它们构成人物生活的某个时段"（中篇的特征），也可以看成"反映一个时代或人的一生（普加乔夫和他的时代）"的作品（长篇的特征），作品的篇幅也很难说是大还是小。在确定莱蒙托夫的名著《当代英雄》的体裁时也会遇到相似的问题。其次，即便是考察那些在体裁归属问题上没有任何争议的作品，上面提到的那些标准也不具备多大的实际操作性。例如我们为什么不能说《静静的顿河》是围绕一个人物描写他生活的某个时段？

因为整部作品的确是围绕哥萨克青年葛利高里展开，而其他人物都是主人公周围的人；况且作品也的确只写了葛利高里生活的一个（或者说几个）片段，因为当故事结束时，主人公还只不过是个三十来岁的小伙子。与此相反，从拉斯普京（В. Г. Распутин）的中篇小说《活着，可要记住》里，我们倒是读到了安德列和纳斯焦娜可悲而短暂的一生……

所以我们说，俄国学界把长篇小说、中篇小说和短篇小说作为三种独立的文学体裁的分法并不十分严格，值得商榷。对此，他们自己也有坦率的论述。库兹明博士就说过"文艺理论中把中篇小说作为一种体裁，对于它和长篇小说的区别没有明确的界定"（Кузьмин，1984：6）。特别是在历史上，"中篇小说（повесть）这一术语最初是用来指那些不刻意使用文学语言来增强表现力的散文（非韵文）作品，不管其内容属于哪种体裁……到了 18 世纪中期，当俄国作家接受了长篇小说（роман）这一术语以后，对散文作品体裁的划分混乱起来：篇幅相近的作品有不同的叫法。赫拉斯科夫（М. М. Херасков）把自己的《波利多尔》（Полидор）称为中篇小说（повесть），艾明却把自己的《米拉蒙德奇遇记》（Непостоянная фортуна или Похождения Мирамонда）叫作长篇小说（роман）。卡拉姆津之后，中篇小说指的是篇幅较小的散文作品，而长篇小说指篇幅较大的散文作品……19 世纪 40 年代，出现了许多篇幅很小的散文作品，短篇小说也就在这一套概念中占据了自己的地位，逐渐成为固定的理论术语，短篇小说——小篇幅叙事散文，中篇小说——中等篇幅，长篇小说——大篇幅，一直沿用到今天。……显然，现在使用的这套术语需要重新考虑，进一步明确"（Вавилов，1975：368）。俄国学界关于小说的这种认识与我们的观点何其相似！

以往，俄国学者一般都把长篇小说、中篇小说和短篇小说作为独立的文学体裁进行研究。比如《俄国长篇小说史》（История русского романа，1962）、库兹明的《现代俄国中篇小说》（Современная русская повесть，1975）、辛年科（Синенко）的《当代中篇小说》（Современная повесть，1971）和别林斯基的《论俄国的中篇小说和果戈理的中篇小说》（О русской повести и повестях г. Гоголя，1835）等。这种研究自有其价值，不必赘言。但它没有把小说作为一个整体纳入其分析考察的视野，忽略了对小说这种文学体裁整体特征、演变过程、发展规律等层面的考察，难免偏颇。既然我们无法在长篇、中篇和短篇小说之间划出一条明确的、定性的分界线，那不妨换一个角度，把它当作一个整体来考察，我们的研究也许会更全面、更客观一些，会看到一些处于俄国人视野盲区的东西。所以本文将把一个相对"中国式的"小说概念引入对俄国文学的研究中，来考察俄国小说是如何丛萌芽走向成熟的。

二 俄国小说发展历程及其主要特征

俄国的书面文学起步较晚，直到 10 世纪、11 世纪之交才有了一个雏形，但到了 12 世纪末便一鸣惊人，产生了佚名的《伊戈尔远征记》（Слово о полку Игореве）。这部史诗无论就成书的时间，还是思想艺术价值来讲，都丝毫不逊色于同时代西欧其他几个民族的文学瑰宝。譬如德意志的《尼伯龙根之歌》、法兰西的《罗兰之歌》和西班牙的《熙德之歌》。但是俄罗斯的文学并没有像西欧其他民族那样得以持续发展。鞑靼－蒙古的野蛮入侵和两个半世纪的蹂躏中断并迟滞了俄罗斯文学的繁荣。如果说文艺复兴运动标志着欧洲诸国近代文学繁荣的开始，那么，俄国文学直到 17 世纪末才结束了中世纪时期。

17 世纪，俄国发生了许多具有划时代意义的大事，表明俄国的社会生活开始从中世纪向新时期过渡。第一，在人们的意识中，君权神授的观念开始动摇。自 1598 年留里克王室中断以后，皇位不断更迭，甚至三番五次出现自称为王者。"这种'称王游戏'反映出人们思想意识中一个原则性的进步：人们不再相信一个国家只有一个沙皇，他体现着上帝的意志。"（Лихачёв，1980：335）1598～1613 年在俄国历史上被称为"混乱的时期"（смутное время）。这一时期，统治阶级忙于争夺王位的政治斗争，无暇顾及思想领域里出现的新情况，放松了对人民的精神控制，出现了一个无"书刊检查"的时代，作家的意志不受文学之外其他因素的影响，直接体现在他们的文学创作中。作家开始自由安排作品中人物的行动，摈弃中世纪传统的"要么是圣人，要么是罪人"的模式，从而发掘出人物性格中丰富、复杂、矛盾的特点。第二，社会矛盾不断激化：统治阶级对农民的剥削与奴役日益加剧，广大农民的反抗情绪更加激烈。17 世纪在俄国历史上又叫作"暴乱的年代"（бунташный век），1606～1607 年爆发了俄国历史上第一次声势浩大的波洛特尼科夫（И. И. Болотников）农民起义；1649 年沙皇阿列克谢·罗曼诺夫颁布《法典》（Уложение），农民被附着在地主的土地上，农奴制度在法律上完全形成；1667～1677 年爆发了更为壮阔的斯捷潘·拉辛（Степан Разин）领导的农民起义，农民首次作为重大的社会力量登上历史舞台。阶级斗争历来是影响社会进步的重要力量。与这一时期的社会发展相适应，17 世纪的文化也一改中世纪特有的基督教文化一统天下的局面，具有很强的反叛意识。50 年代尼康（Никон）的宗教改革给俄国单调的社会文化生活以沉重的一击，其结果是正教罗斯分裂，1/4 至 1/3 的人保持了旧的礼仪习惯。第三，在俄国的经济生活中手工业和商品生产水平显著提高，出现了标志着资本主义萌芽的工场手工业，商业活动密切了各地间的联系并逐渐形成了全俄统一的市场。第四，近代的民族国家逐渐形成。列宁说过，"在中世纪的莫斯科皇朝时代，国家不是建立在民族的联合上，而是建立在地域的联合上，国家分为一些领地或公国，仅仅在俄国历史的近代（大约自 17 世纪起），这一切区域、领地和公国才真正在事实上融合成一个整体"（曹靖华主编，1992：18）。第五，由于民族国家的形成，文化迅速发展起来：莫斯科开办了最初的学校，大量西方的世俗性文学作品被翻译介绍过来，俄罗斯文学中首次出现了经过加工的西方骑士小说，外国文学作品的译介也促进了俄国文学从内容到形式的更新。对传统的文学体裁重新思考促使一种全新的、结构复杂的作品的出现，如带有浮士德式主题的《萨瓦·格鲁德岑的故事》（Повесть о Савве Грудцыне）。这一时期俄国出现了第一座剧院，文学方面也出现了许多新现象。

与俄国社会的政治、经济、文化生活相适应，17 世纪的文学也处在一个过渡的阶段。它虽然还没有完全摆脱中世纪文学的束缚，但出现了一些新的倾向。

其一，在内容上出现了世俗化、个性化和民主化倾向。如这时期最富有时代生活气息之一的《弗罗尔·斯科别耶夫的故事》（Повесть о Фроле Скобееве），讲述了诺夫哥罗德一个没落的贵族子弟弗罗尔的故事。弗罗尔平日靠替人写状子为生，生活贫困，所以一心向往发财致富，改变现状。当他听说邻近大贵族纳尔金·纳肖金家有个待字闺中的千金小姐时，就想攀上这门亲事，捞一笔嫁妆。但是由于地位卑微，弗罗尔无法通过正常途径达此目的，只好在大贵族家开晚会时，男扮女装接近小姐安奴希加，骗取并最终赢得了她的爱情。安奴希加的父亲知道此事后百般阻挠，但弗罗尔处变不惊，屡施巧计，几经周折，安奴希加的父亲不但容忍了女儿的婚事，而且赠以大笔财产与领地。弗罗尔和安奴希加过起了安逸的生活。这篇故事的主人公不是什么虔信、有德行的圣人，而是机智甚至滑头和善于争取个人幸福的普通人（让读者不禁联想到司汤达的于连或普希金的格尔曼）。指导人物行为准则的不再是神的旨意和基督教的善恶观念，而是人对此世幸福的追求；个人从中世纪被视为群体一部分的观念中解放出来，小说中的人物也不再千人一面，而是表现出了自己的个性。文学第一次把人描写成矛盾复杂的社会产物，把人的性格看作其"善"和"恶"的特性的结合。这一切都体现了新时代对中世纪思想的反叛。

其二，这一时期还出现了一些带有鲜明民主色彩的讽刺作品，最有代表性的是《谢米亚卡法庭的故事》（Повесть о Щемякином суде）。故事的上篇以滑稽喜剧的口吻讲述了一个穷苦农民在遭遇一系列不幸时所闯的"祸"；下篇讲述该农民被告上法庭后，如何机智地向法官谢米亚卡展示一块用布包着的石头，让法官误以为这是向他行贿的礼物，做出有利于该农民的判决，以及原告们为避免执行判决而向农民交付赎金的故事（有亚洲民间文学影响的痕迹）。另一篇有典型意义的作品是《棘鲈的故事》（Повесть о Ерше Ершовиче）。它以童话的形式，通过鱼类的拟人化行为，揭露了大贵族巧取豪夺农民土地而逍遥法外的社会现实。这类作品能够批判社会的贫富不均，揭露官场的腐败黑暗，嘲笑封建制度的"公正"。它们虽然无确切作者，但可想而知，是由小公务员、小市民等下层知识分子创作的。这表明社会中民主阶层力量的壮大和民众社会意识的觉醒。

其三，文学中出现了虚构的人物和情节。在诗体故事《戈列·兹洛恰斯基》（Повесть о Горе-Злочастии）中，故事的主人公没有名字，被称为年轻人，用以概括当时整个青年一代。"这是俄国古代文学中第一个虚构的概括形象。"（曹靖华主编，1992：21）这表明文学作为一门独立的"学科"从一般实用的体裁（历史、布道、书信、传记等）中分离出来了。

其四，文学作品中出现了语言口语化和作品形式平民化的倾向。受译介的西欧骑士小说和冒险小说的影响，文学作品中虚构的、引人入胜的情节大大增加。文学的形式更加自由，内容更加适合消遣。主要表现在这一时期十分流行的"故事"（повесть）这种文学形式中。在当时，"故事"指的是"不刻意追求强烈表现力的讲述或平实而扩展的叙述，它同另一种重要的体裁'记'（слово）的区别是：'故事'注重客观叙述，而'记'注重抒发主观的情绪和感受"（Кузьмин，1984：9－10）。《萨瓦·格鲁德岑的故事》就是这样一部作品。它写于17世纪60年代，讲述了俄国商人的儿子萨瓦·格鲁德岑为了享受尘世的欢娱而把灵魂出卖给魔鬼的故事。萨瓦被父亲派往外地处理商务，受到一名有夫之妇的诱惑。淫荡的女人先挑起他的激情，又抛弃了他。萨瓦痛苦万分，为了夺回她而不惜一切代价——

甚至戕害灵魂。此念一闪，魔鬼便出现了。萨瓦背叛基督，同魔鬼签订了出卖灵魂的契约，女人回到了萨瓦的身边。后来萨瓦与魔鬼周游欧洲、参军，从莫斯科去了斯摩棱斯克。在魔鬼的帮助下，他连续战胜三个巨人，显示了出奇的勇敢，回到莫斯科后成为英雄。但是，算总账的时候到了：萨瓦得了致命的病。请来神父做忏悔时，那魔鬼现出"兽性"真形，折磨他，使他饱受非人之苦。萨瓦很后悔，祈求圣母保佑，圣母显灵，那张卖身契落到教堂的地面上，他从病榻上一跃而起，精神百倍。他康复后把财产分给穷人，自己削发出家。这个故事里的魔鬼是萨瓦个人欲念的化身，魔鬼出现之日，恰是萨瓦心生占人妻女邪念之时。故事情节已不再靠史事铺排，而是由主人公的个人品质、意志和欲念来推动。故事文体也有了变化，它初次尝试在广阔历史事件的背景上，在生活的现实环境里描写个人生活。故事时间的跨度很大，约占了17世纪最初的30年。此外故事还突破了爱情和情欲的描写禁区。这部作品虽然还没有完全摆脱宗教神学的说教，但有着引人入胜的故事情节、简单平实的叙述风格，使用了较多的口语。难怪尤里·洛特曼把这部作品称为"俄国的第一部长篇小说"（Лотман，2001：30）。

考察这些作品，我们看到"俄国的散文体系在17世纪经历了根本的转变和革新……出现了散文的小说化（беллетристизация прозы）"（Лихачев，1980：173）。那么17世纪出现的"故事"这种文学形式是否就是现代小说在俄国的萌芽？在回答这个问题之前我们有必要先弄清楚小说有哪些特征。

三 结束语

关于小说，佛斯特在其被誉为20世纪分析小说艺术的经典之作——《小说面面观》中采用了一个十分通俗简单的说法，即"小说是用散文写成的某种长度的故事"（佛斯特，1981：3）。佛斯特的观点得到了人们的普遍认同，比如马振方先生给小说下的定义——"小说是以散文体摹写虚拟人生的自足的文字语言艺术"（马振方，1999：6）。这与佛斯特的说法十分接近！这个定义实际上包含了小说成为小说的四个基本规定性，即叙事性、虚构性、散文性和文字自足性。17世纪出现在俄国的"故事"这种文学形式具有了比较简单的、容易为大众接受的叙述形式（即大部分故事用散文体写成，即使是用诗体写成，也十分通俗易懂）；有了虚构的人物、情节和反映现实生活的社会环境，人物表现出一定的个性，具有一定的概括性等特点，这就是小说这种体裁的基本要素。这些特点使人们有理由把《萨瓦·格鲁德岑的故事》称为"俄国长篇小说的萌芽"（Фридлендер，1962：39），虽然它是用诗歌体裁写成的。而曹靖华先生认为《谢米亚卡法庭的故事》和《棘鲈的故事》"可以说是后来现实主义小说的萌芽"（曹靖华主编，1992：23）。

　　据此，我们有理由认为：俄国小说在 17 世纪末已经开始萌芽。它的直接来源是中世纪的宗教故事、古代的民间创作、译介的西欧骑士小说和俄国现实社会中的新生事物。所以说俄国小说绝不仅仅是 18 世纪从海外"移植过来的植物"，否则它在 19 世纪的繁荣景象倒真的成了无本之木、无源之水了。

参考文献

Вавилов，Большая советская энциклопедия. Москва，1975.

Волков，Теория литературы. Москва，1995.

Кузьмин，Повесть как жанр литературы. Москва，1984.

Кузьмин，Современная русская ловесть. Ленинград，1975.

Лихачёв，История русской литературы Х-ХII веков. Москва，1980.

Лотман，Учебник по русской литературе. Москва，2001.

Синеко，Современная повесть. Москва，1971.

Фридлендер，История русского романа. Москва-Ленинград，1962.

〔俄〕别林斯基：《文学的幻想》，满涛译，安徽文艺出版社，1996。

曹靖华主编《俄苏文学史》，河南教育出版社，1992。

董大年主编《现代汉语分类词典》，汉语大词典出版社，1998。

〔英〕佛斯特：《小说面面观》，苏炳文译，花城出版社，1981。

〔苏〕高尔基：《俄国文学史》，缪灵珠译，上海译文出版社，1979。

顾祖钊：《文学原理新释》，人民文学出版社，2000。

马振方：《小说艺术论》，北大出版社，1999。

《普希金小说集》，戴启篁译，湖南人民出版社，1983。

孙家富等编《文学词典》，湖北人民出版社，1983。

许贤绪：《当代苏联小说史》，上海外语教育出版社，1991。

原文载于《俄语语言文学研究》2006 年第 3 期

反抗上帝只能把人变得残酷

——普希金的宗教探索及其创作的《圣经》源头

任光宣*

摘　要： 普希金的文学创作与基督教的联系是客观存在的，他的作品的许多思想、形象、题材、情节乃至创作契机都来自基督教的《圣经》。此外，基督教的一些祈祷词、忏悔文、宗教演说词等也这样或那样地渗透到普希金的创作中，成为普希金艺术世界的有机构成部分。本文试图探索普希金的思想和诗歌创作与基督教的关系，以更好认识和理解普希金的艺术世界。

关键词： 普希金　诗歌创作　《圣经》源头

普希金在世时，普希金的同时代人屠格涅夫、茹科夫斯基、维亚泽姆斯基、霍米亚科夫等就注意到普希金的宗教探索及其创作与宗教的联系。19 世纪、20 世纪之交，许多俄国的哲学家和文学评论家也对普希金创作中的宗教思想、他的创作与《圣经》的关系表现出极大的兴趣，他们写了一批研究该问题的学术著作。如：吉皮乌斯的专著《普希金与基督教》（彼得堡，1915 年）、流亡的文学评论家 C. 弗朗克在法国巴黎出版的专著《普希金的宗教性》（巴黎，1933 年），等等。此外，Д. 梅烈日科夫斯基、H. 别尔嘉耶夫、M. 戈尔申仲等人都对普希金创作与宗教的关系问题有过论述。可见，对普希金创作的宗教性问题

---

* 任光宣，北京大学教授、博士生导师。

研究已经有一定的历史。

在当今的俄罗斯，普希金创作的宗教性、普希金与宗教的关系等问题成为普希金研究的一个热点和重点。20 世纪 90 年代以来，俄罗斯的普希金学家们撰写出一大批专著和论文，其中代表性的专著有阿纳斯塔西（Анастаси）的《普希金对宗教和东正教会的态度》（莫斯科，英卡出版社，1991 年）、Г. 列西基斯（Г. А. Лесскис）的《普希金晚期创作中的宗教和道德性》（莫斯科，加兰特出版社，1992 年）、В. 瓦西里耶夫（В. Васильев）的《普希金的精神道路》（莫斯科，1994 年）、В. 莫罗夫（В. Моров）的《自由的石碑》（莫斯科，马尔基斯出版社，1995 年）、杜纳耶夫的《东正教与俄罗斯文学》（莫斯科，基督教文学出版社，1996 年）中的普希金专章等；其中代表性的论文有 С. 达维多夫的《普希金与基督教》（《美国的俄罗斯学院派小组杂记》第 25 卷，纽约，1992 ~ 1993 年）、Т. 马里丘科娃的《论普希金在 1820—1830 年的抒情诗中的古代传统与基督教传统的结合问题》（《18—20 世纪俄罗斯文学中的福音书文本》，彼得罗扎沃茨克，1994 年）、В. 科列绍夫（В. Крешов）的《普希金的〈奥涅金〉的福音书"旧历"》（《18—20 世纪俄罗斯文学中的福音书文本》，彼得罗扎沃茨克，1994 年）、Н. 尤里耶娃的论文《普希金的文本中的祈祷词》（《普希金时代和基督教文化》，圣彼得堡，1995 年第 6 期）以及在《普希金时代和基督教文化》① 这个不定期杂志上发表的一系列文章。上述作者的专著和论文对普希金的创作与宗教关系进行总体的研究或个别问题的论述，他们的研究具有一定的深度和广度。

一

在生活中和文学创作中，普希金对待宗教的态度是双重的。普希金生活在笃信基督的俄罗斯，处在基督教思想的总体氛围之中，他肯定基督教对他个人生活和文学创作、对俄罗斯社会生活所起的作用。普希金从小就接受了洗礼，少年时代，他从他的外祖母马利亚和他的奶娘阿林娜·罗季昂诺芙娜对上帝的

---

① 该杂志由俄罗斯文化基金会圣彼得堡东正教文化中心主办，责任编辑是 А. 列别杰娃，1993 ~ 1997 年总共出了 7 期。

虔诚祈祷（"一面诚心地画十字祝我幸运，／一面不停地祈祷要把鬼怪驱散"①）中获得了最初的宗教感。当普希金有了自己的子女后，他还给子女都做了洗礼，并按照基督教的习俗安葬了自己的生母。临终前，普希金接受了家庭医生斯帕斯基的建议，向上帝祈祷，并且请神父给他做安魂弥撒。并且他说："别为我的死复仇；我宽恕了一切。"② 他还对诗人维亚泽姆斯基说过类似的话："希望你不要为我的死复仇；我宽恕了他（指丹特士——笔者注），我希望像一个基督徒那样死去。"③ 普希金的家族最崇拜的人物是东正教的圣者亚历山大·涅夫斯基（Александр Невский）。《圣经》是普希金的案头书。他十分熟悉《圣经》的思想和形象，在给自己的妻子、孩子和友人的书信中，他经常引用一些基督教用语，如"耶稣保佑你！"他经常指出自己的友人维亚泽姆斯基对《圣经》了解不够，要后者多读新旧约全书。在米海伊洛夫村流放时，他为了创作悲剧《鲍利斯·戈都诺夫》，写信请哥哥给他寄《圣经》。据普列特尼奥夫（П. Плетнев）回忆，普希金经常与他谈论上帝，谈论宗教问题。普希金对自己的朋友 A. 屠格涅夫说过"谁对你说我不是虔诚的教徒？"这种话，有些人据此还将普希金视为虔诚的教徒。普希金本人不否认神的存在，认为"否定神的存在就意味着比那些至少认为世界是坐落在犀牛身上的民族还要荒谬"。[（《普希金全集》，1997：569）译文有所改动，以下仅注页码] 普希金对东正教的节日十分重视，"罗斯受洗"这个日子在他的心目中占据重要的地位，《致俄罗斯的诽谤者》就是他在皇村纪念"罗斯受洗"后的第二天写成的。此外，普希金对宗教的作用、对俄罗斯东正教会还有不少肯定的论述，如他在评价波列沃伊的《俄国人民史》一书时说："基督教是我们星球的一次伟大的精神变革和政治变革。"（149）他认为，"在我的任何一部作品里，甚至在我认为写得后悔的作品里，都没有无信仰精神和亵渎宗教的痕迹"。（733）从这点出发，普希金对 18 世纪法国的一些人文主义作家（卢梭、伏尔泰等）颇有微词④，认为人文主义把法国人变成了多

---

① 引自普希金的诗作《梦》（1816 年）。
② 见 В. 茹科夫斯基致普希金的弟弟 C. 普希金的信（1837 年 2 月 15 日）。
③ 见 П. 维亚泽姆斯基致 A. 布尔加科夫的信（1837 年 2 月 5 日）。
④ 普希金并非对 18 世纪法国所有的人文主义作家都予以否定。比如，他对拉马克和拉辛的创作就评价很高。普希金指出拉马克"有出色的才能和对大自然的敏锐的热爱，而且具有宗教性的智慧"。他认为拉辛"具有深刻的宗教感。只要你看到他笔下的大自然，你的思想顿时会想到创世主"。

神教徒。他还对从 18 世纪以来宗教成分从法国优美的文学作品中完全消失的现象深表遗憾。普希金还注意以文学作品是否有宗教性去评价一个作家乃至一个国家文学的优劣。比如，他十分推崇英国诗人拜伦的作品，认为"拜伦有一种肯定的宗教感，尽管没有读过他的作品的人们指责他是无神论"（Анастасий，1991：33）。而普希金对雪莱的《被解放了的普罗米修斯》的主人公不感兴趣："我不承认对上帝的反抗可以让我们摆脱我们生活中的邪恶，这是一种诡辩；这是一种特别的虚伪，因为反抗上帝只能把人变得残酷……以不驯服精神接受的痛苦不会让任何人得到解脱。"（Анастасий，1991：33）普希金在《历史杂记》（1822 年）中，以散文形式记述了俄罗斯教会和僧侣对俄罗斯历史和社会所做的历史功绩。他写道："希腊的信仰与其他所有的信仰不同，赋予我们以特殊的民族性格。"（606）他还指出东正教的僧侣是人民的朋友，是人民与君主之间、人与神之间的中介，等等。

但是，普希金又不是笃信基督的教徒，他的思想中有不少非基督教的东西。在普希金的意识里，古罗斯多神教的传统、古希腊罗马多神教的因素和基督教的成分混合在一起。因此，他的意识不是一块专门留给基督的地盘。此外，他对基督和东正教没有达到崇拜的地步。他的《无信仰》中的诗句"理智在寻求神灵，可心儿却未发现"（278）就是他的这种心态的反映；他的思想深处有一种强烈的否定上帝的意识，如，他在诗作《自由颂》（1817年）中认为法理比"神坛"更可靠（"当权者啊！是法理，不是上天／给了你们冠冕和皇位／你们虽然高居于人民之上／但该受永恒的法理的支配。""我会以残酷的喜悦看见／你和你的子女们的损陨。／人民将会在你的额头／看到备受咒骂的印痕，／你在世上把上帝责备，／是上天的羞耻，人间的灾星。""啊帝王，如今要记取教训，／无论是刑罚，或者是奖赏，／无论是监牢，或者是神坛，／都不是你们可靠的篱墙。／你们在法的可靠的庇护下，／当率先把自己的头低垂，／只有人民的自由和安宁／才将是王位永恒的护卫。"），这里明显表现出一种对抗天国、反基督的情绪。他的《加百列颂》①把神从空

---

① Вл. 马罗奇金的《捕捉普希金》（《明日报》1997 年 5 月）一文从考证中得出结论，认为《加百列颂》一诗并非普希金的作品，而 К. 凯德罗夫的《非国家的普希金》（《消息报》1996 年6 月 6 日）一文认为，普希金闻名整个俄罗斯，首先是因为他写出了《加百列颂》和其他充满柔情的色情诗。

中拉到地上，赋予神以人的七情六欲（"马利亚在自己安静的一角/静谧地躺在揉皱的床上，为心儿燃烧，欲火又以温柔的炽热/跃动在她那年轻的胸膛。/她在轻轻地呼唤加百列，/为他的爱献出隐秘的馈赠。"），从基督教观点来看，这是对神进行的最大的亵渎。他的《枉然的馈赠，偶然的馈赠》（1828年）表达出不满创世主的馈赠（"枉然的馈赠，偶然的馈赠/生命啊，你为什么交给我？""是谁使用了敌对的权力，/从虚无中把我唤到人间，/用激情把我的心灵充溢，/用疑惑令我的心智不安？"），普希金认为上帝的这种馈赠是枉然和偶然的，这实际上是向上帝挑战。另外，普希金本人最清楚自己是否信仰基督。在南方流放时期，普希金在致自己的朋友丘赫尔伯凯（Кюхельберг）的信中，承认自己是不信神的人。他还对基希尼奥夫神学院院长说过他自己是"不信神的人"（Безбожник）。在流放地米海伊洛夫村，他曾经与英国哲学家哈特钦松大谈过无神论和反宗教思想。在基希尼奥夫，他曾经嘲笑在教堂里做礼拜活动的人。从普希金早期诗作中的古希腊罗马的诸神来看，他更多受到的是古代多神教的影响。因此，在研究普希金的生平和创作时，我们要注意普希金对待宗教的双重性，对其思想探索和文学创作进行全面的考察。

莫斯科大学教授 B. 库列绍夫是对普希金一生的思想探索和全部创作进行全面分析的俄罗斯学者之一。他在《A. C. 普希金与基督教》一文里，提出普希金一生的思想探索和发展可划分为四个发展时期。一是非宗教的、无神论的时期（皇村时代、彼得堡时期和基希尼奥夫时期），二是普希金对宗教态度开始发生变化的时期①（米海伊洛夫村时期），三是普希金开始严格自我批判时期（19世纪30年代初期）②，四是普希金的宗教思想发展时期（从1836年11月4日至1837年1月27日）（В. И. Кулешов，1997：10－25）。库列绍夫认为第四个时期是诗人生命的最后的阶段，时间很短，但是在这个短暂的时期内诗人的思想的确有了重大的变化，普希金像真正的信徒一样皈依了基督。

---

① 在这个时期普希金写出《先知》一诗，评论家弗朗克认为这首诗是普希金"主显圣容"的开始。

② 这个时期的代表作是《香客》。

库列绍夫教授看到了普希金一生中思想的发展，尤其是看到了普希金对基督教的双重态度及其对宗教的前后变化，这与那些片面地看待普希金与宗教的关系的观点相比，无疑更接近普希金的思想实际。但他认为普希金已像真正的教徒一样皈依了基督，这样的结论我们不能苟同。我们认为在普希金一生的思想中，有神意识和无神意识是交织在一起的。有时是无神意识占上风，有时是有神意识占主导地位。从时间上看，1826 年之前，在普希金思想中无神意识占主要地位。他的思想和创作表现出渎神精神和对宗教的不恭态度。但就是在这个时期里，普希金的思想也不是彻底无神的，他的意识里有神乃至多神的因素是存在的（他的诗作经常诉诸古希腊罗马的诸神就是证明）。1826 年以后（即诗人创作了《先知》之后），一直到诗人悲剧的死亡，有神意识在普希金的思想里占主导地位，是他的思想向宗教精神过渡的时期。在这个时期里，普希金对宗教、对神的不敬态度渐渐变弱，他的有神思想意识日益增强，他经常考虑宗教、基督在人的思想精神中的地位。在他生命的最后时日，他对基督的认识达到了新的高度，认为基督是人的一个强有力的精神道德支点。但这种认识依然是他在思想上对基督的寻求和探索，而不是他心灵上与上帝的融合。因为，晚年的普希金对基督的认识还是思想上的一种抽象思辨，而不是在心灵上对基督的真正皈依。这种思辨当然不能给诗人的晚年生命带来安宁和快乐。因此，诗人临终时念念不忘"像基督徒一样死去"，这恰恰说明普希金直到弥留之际，还希望完成在心灵上对基督的真正皈依。

二

《圣经》随基督教一起传入罗斯，成为俄罗斯社会的精神文化的一本教科书，它对俄罗斯文化的各个领域，尤其对俄罗斯文学的产生和发展发挥了巨大的作用。《圣经》作为基督教和东正教的教义，其思想和道德伦理成为检验信教的俄罗斯人的思想和行为的标尺。

普希金说过："我相信《圣经》里有关撒旦的一切：在关于这个美好的、狡猾的、堕落的灵魂的诗歌里有着伟大的哲学真理。丑引诱不了任何人，况且我们也不会迷恋于丑。"（Юрьева，1998：83）普希金认真阅读《圣经》①，《旧约》的许多形象在普希金的意识里唤起了他的诗意和灵感，《新约》的《福音书》让他尤感兴趣。他曾经对作曲家格林卡（И. Гринка）说，《福音书》是唯一的一部包罗万象的书。普希金像许多作家、诗人和艺术家一样②，从《圣经》里汲取丰富的营养和精华，滋养自己的文学创作。《圣经》文本成为普希金的诗意形象、诗歌语言和他的整个诗学的一个重要的源泉。

早在1814年，普希金在《僧侣》一诗中就提到《圣经》，普希金的《第十诫》（1822年）、《我是荒原上自由的播种者》（1823年）、《先知》（1826年）、《给格涅吉奇》（1832年）、《香客》（1835年）和《我白白地跑向锡安山的山巅……》（1836年）等是借鉴和使用《圣经》形象、情节等方面的代表性的诗作。

《我是荒原上自由的播种者》是普希金的精神未转变前创作的一首诗。这首诗没有标题。诗的题词是《路加福音》第8章第5节的"有一个撒种的出去撒种"这句话，诗人的用意是十分明显的。普希金转向《福音书》关于播种者的寓言，到那里去寻找人生的真谛，找到令他激动不安的问题的答案。《福音书》中的播种者是个充满信心的人，荒原上自由的播种者"出发在晨星未露的时候/撒下生机旺盛的良种/用我纯洁无辜的双手/撒在饱受蹂躏的田垄"。但人们不理解他，因此他发出"你们不会听见正义的召唤/干吗要把自由赠给畜生？"这样的询问。普希金在这首诗里表现出自己的思想矛盾：一方面，是他对自由理想的信仰；另一方面，他又怀疑传播这种理想的合理性。

1825年到1837年，是普希金的思想向基督靠拢的时期。诗作《先知》表明他的思想开始转变，而《香客》则是诗人思想转变的重要标志。

米海伊洛夫村流放时期（1825～1826年），普希金每个星期六都去修道院，他与圣山修道院的院长和修士们频繁地交往。他更加敏感地意识到尘世生活的空虚和无聊，而在僧侣身上发现了精神生活的崇高理想。这时他完成了诗作

---

① 《圣经》俄文全译本是1870年出现的。普希金在世时，仅仅有俄文本《圣经》的个别部分。1820年，《新约》和《赞美诗》才被译成俄文，因此，普希金最早接触的是法文本《圣经》。1820罗后，他同时读俄文和法文本的《圣经》，后来，他又读过斯拉夫文本《圣经》，普希金本人还翻译过《圣经》中的《雅歌》的某些诗句。

② 如但丁的《神曲》、莎士比亚的《威尼斯商人》、歌德的《浮士德》、弥尔顿的《失乐园》、果戈理的《死魂灵》、陀思妥耶夫斯基的《白痴》和《卡拉马佐夫兄弟》、托尔斯泰的《复活》等作品，都是从《圣经》中汲取了题材、形象、素材等。

《先知》的构思。普希金在与一位友人的谈话中是这样谈及《先知》的创作的："有一次，我去过圣山修道院——为了给彼得大帝做安魂弥撒。修道院的一位仆役请我在修道小室等一会儿。在桌子上摆着一本打开的《圣经》，我瞥了一页——这是以西结①。我读了一段，把它改动了一下，放在《先知》里。他突然让我感到吃惊，他追逐了我好几天，有一天半夜，我起了床，写成了这首诗。"（转引自阿纳斯塔西，1991：17）诗中写道："我忍受精神饥渴的煎熬，／缓缓地走在阴暗的荒原。"这里，心灵的"阴暗的荒原"是个象征形象，它后来在《香客》里演变成"荒山野谷"。这首诗的创作是诗人精神世界发生的一个重大事件。精神饥渴是诗人寻求新的精神支柱的内心愿望，是诗人想得到拯救的饥渴，这暗示诗人渴望得到耶稣的帮助。在《约翰福音》里，耶稣曾经说过："人若渴了，可以到我这里来喝。"（《圣经·新约·约翰福音》② 第 7 章第 37 节）这里，饥渴不仅指人对水的需求，而且指人的精神饥渴，耶稣可以解除人的精神饥渴。因此，普希金带着自己的精神饥渴去求助上帝。这时候，"这时在一个十字路口／六翼天使出现在我的面前"。于是，人的变容过程开始了。人从眼睛、耳朵、嘴巴、舌头，直至心脏都要得到上帝的重新馈赠。可这个过程是痛苦的，因为上帝的恩赐要经过巨大的痛苦才能获得。不过，人在获得神赐之后，还必须获得神性，必须倾听上帝的呼唤，否则，人就是"一具死尸躺在荒原"。因此，普希金在这首诗的最后写道："上帝的声音向着我召唤：／'起来吧，先知，你听，你看，／按照我的旨意去行事吧，／把海洋和大地统统走遍，／用我的语言把人心点燃。'"

普希金在这首诗里还运用了鹰、蛇等动物形象。用苍鹰象征敏锐的目光，用蛇象征人的睿智。这些象征也来自《圣经》。耶稣曾经说过："……我差你们去，如同羊进入狼群，所以你们要像灵巧的蛇，驯良像鸽子。"（《圣经·新约·马太福音》第 10 章第 16 节）此外，普希金这首诗的先知是《圣经》里的以赛亚形象的艺术变种，诗中的"赤炭"也来自《圣经》，以赛亚曾经把它"用火剪从圣坛上取下来的"（《圣经·旧约·以赛亚书》第 6 章第 6 节）。普希金在《先知》这首诗里借用了以赛亚形象。众所周知，希伯来先知以赛亚是《圣经》

---

① 希伯来的著名先知，《圣经·旧约》中的四大先知之一。但这里应当是以赛亚，而不是以西结。
② 本文所引《圣经》为中国基督教协会 1996 年版。

的四大先知之一。普希金把他引入自己的这首诗作，但没有照搬这个形象，而把这个形象与十二月党人联系起来，用先知及其命运影射十二月党人。"我忍受精神饥渴的煎熬，/缓缓地走在阴暗的荒原。/这时在一个十字路口/六翼天使出现在我的面前。"这是先知的形象，但先知还不是基督。普希金深刻而真诚地把这个形象纳入自己心中。

在《先知》这首诗里，普希金涉及主显圣容①的问题。"上帝的声音向着我召唤：/'起来吧，先知，你听，你看，/按照我的旨意去行事吧，/把海洋和大地统统走遍，/用我的语言把人心点燃。'"这首诗把诗人的使命提到一个相当高的高度，即诗人应经历一个变容的过程，应具备先知的思想，才能用自己的语言把"人心点燃"。然而，普希金本人的"变容"并没有真正地完成。上帝把诗人留在离先知尚远的地方，诗人暂时无法跑上"锡安山的山巅"。在《先知》一作问世之后，诗人又写出《天使》（1827 年）、《诗人》、《回忆》（1827 年）等诗作，表明自己想解除精神痛苦、倾听上帝的语声、摆脱自己的罪孽的愿望（"但是只有上天的语声/和诗人敏感的听觉相碰，/他的心灵才会猛地一惊，/就像一只被惊醒的鹰。"②）。同时，他严格地审视自我，在《回忆》中写下这样的诗句："我满心厌恶地审视着我的一生，/我咒骂，我内心惶惶，/我痛苦地抱怨，痛苦地流着泪，/但却洗不掉悲伤的诗行。"诗人感到痛苦并有寻求救赎的愿望，可是他没有向上帝寻找救赎，相反，他写出了《枉然的馈赠，偶然的馈赠》③ 这首诗："枉然的馈赠，偶然的馈赠，/生命啊，你为什么交给我？/为什么你受厄运的判处，/要把你注定推上死刑？"这首诗不但不谈救赎问题，而且向上帝挑战。诗人意识到人的生命是上帝的馈赠，但是他又说这种馈赠是枉然的，是偶然的。为什么呢？因为厄运的判处、永久的精神痛苦、心灵的死刑使得这种馈

---

① 基督去过许多地方，做出了许多奇迹。有一次，法福尔山成了他与圣父谈话的地方。基督身边有自己的学生彼得、雅各、约翰等。突然，基督的衣服变得雪白，闪闪发光。这时候，从云层传出了一个声音："这是我的爱子……，你们要听他。"从前，基督曾经对自己的弟子说他是圣子。现在，他们从上帝的门中听到了这句话。因此，圣子决定以一种特殊的方式变成圣子，向弟子展现自己圣父的面貌。这就是主显圣容。

② 普希金在这里再次运用了鹰的形象，可见他对源于《圣经》的这个动物形象的偏爱。

③ 这是普希金与 M. 菲拉列特主教就生命的意义用诗歌进行的一次论战。普希金和菲拉列特是当时的俄罗斯精神文化的两位杰出的代表人物。但普希金和菲拉列特的观点截然不同。当菲拉列特看到普希金的这首诗后，写了一首形式和韵律相似，但内容相反的诗作答："馈赠不枉然，馈赠也不偶然，/生命是上帝给我的，/即使不用上帝旨意，也要注定被判死刑。"

赠毫无意义。所以，诗人提出"生命啊，你为什么交给我？"这个富有挑战性的问题后，写出了"是谁使用了敌对的权力，/从虚无中把我唤到人间，/用激情把我的心灵充溢，/用疑惑令我的心智不安？"这首诗表现出普希金对上帝的不满，重新流露出普希金的无信仰精神状态。结果是："我的眼前茫无目的：/心灵空虚，头脑空洞，/生活的喧嚣单调乏味，/忧伤地折磨着我。"对"茫无目的"和"心灵空虚"这两个概念应当有深层次的理解。普希金"茫无目的"，是因为他缺乏上帝的指点，不知道锡安山巅上有神的启迪和智慧。普希金的内心痛苦、生活单调乏味，是因为他的心中没有给上帝留下位置。他的心灵空虚是在这层意义上的空虚，他的痛苦是这层意义上的痛苦。普希金的这首诗表明他从《先知》一作对上帝的肯定认识又向后退了一步，是诗人的精神探索反复性的一种表现。

普希金晚年的诗歌创作与《圣经》的联系就更多了，这在他的《我们又向前走……》（1832 年）、《给格涅吉奇》、《是哪位神给我送回……》（1835 年）、《香客》、《我白白地跑向锡安山的山巅……》等诗作里得到体现。

我们先看普希金的《给格涅吉奇》这首诗："你独自与荷马长时间地谈心/我们久久地把你盼望，/从神秘高空给我们带来碑文，/离开星辰你飘然而降。/怎么样？你发现荒原架帐篷，/我们纵情饮宴太荒唐，/狂热地唱着歌曲，蹦蹦跳跳，/环绕我们自制的偶像。/我们心慌意乱躲避你的光芒。/你一阵愤慨一阵忧伤，/先知啊，你是否要销毁碑文，/诅咒浮浪子弟的轻狂？"这首诗让我们想到《旧约·出埃及记》。在《旧约·出埃及记》里，摩西登上西奈山，在那里度过了四十个白天和四十个夜晚，听从耶和华的训诫。"耶和华在西奈山和摩西说完了话，就把两块法板交给他，是神用指头写的石板。""摩西转身下山，手里拿着两块法板，这板是两面写的，这面那面都有字。是神的工作，字是神写的，刻在石板上。"摩西本来以为人们会庄重地等待他带回刻着十诫的石板，但是他看到的是另一番景象：人们在酒足饭饱之后，围着一个金牛犊欢快地跳舞。摩西十分生气，"便发烈怒，把两块板扔在山下摔碎了……"（《圣经·旧约·出埃及记》第 31、32 章）在这首诗里，诗人借用了《圣经》里的摩西形象，在摩西身上寻找激情和力量。在普希金的心目中，摩西不同于普罗米修斯，摩西不抗神，而是按照神的旨意办事，是个出色的史诗形象。普希金在这首诗里借用摩西形象，表明这位先知与他的大批无知之徒之间的对立。

1835 年，普希金创作了《香客》一诗。这首诗是普希金对英国作家约翰·班扬的讽喻性长篇小说《天路历程》（1678～1684 年）的一种充满宗教 - 哲理寓意的叙述，是诗人精神探索的一个阶段性总结，这首诗被人们称为普希金的精神自传，表明诗人的思想精神进入了一种新的状态。香客就是云游僧。云游是人的一种特殊的精神状态，是人心灵不安的一种表现。普希金写这首诗的时候，正是处在这样的精神状态中："一天，我在荒山野谷中漫步/忽然被巨大的悲哀撄住/身体被沉重的负担压弯/犹如凶手在法庭给人揭穿/我垂下头，苦闷地搓着手/用哀号来宣泄刺心的痛苦/像病人一样不安，我反复说/我该做什么？未来又如何？""荒山野谷"形象在这首诗中又一次出现了。

我们知道，"阴暗的荒原""荒山野谷"一向是普希金诗歌里的重要形象。其实，我们都记得，基督本人就是来自荒原。诗作的主人公漫步在荒山野谷，这象征他在人生旅途上的迷失。他感到忧郁，感到痛苦，感到自己有沉重的罪孽，因为他预感到"灾祸要降临"，知道自己"必定会死，死后还要受审"。他受着这个思想的折磨，并且感到伤心和可怕，因而走向荒山野谷。他要去云游，去寻找解脱和救赎。

《香客》① 这首诗是普希金晚年的精神道德面貌的一种深刻的表现，19 世纪30 年代以后，普希金意识到尘世生活的烦琐和空茫，他把自己的目光转向基督，寻找基督，在基督身上寻找救赎。他想给自己找到一个避开这种精神状态的避难所。因为"找不到藏身之地，我们必死无疑，/可藏身之处何在，啊，令人痛苦！"他不安、痛苦、流泪和叹息，然而，无论是他周围的人，还是他的亲人都不理解，并且认为他是一个病态的疯子。他在孤独无助的情况下，不知道选择怎样的道路，不知该去向何方。这时候，他遇到一位神秘的青年人。

"正在读书的青年人"形象在诗中占很重要的地位。他不是一般的年轻人，他是圣人，读的是圣书。他在主人公痛苦不堪、走出家门的时候，给主人公指出一条光明之路："我用睁得作痛的眼睛凝视，/像个刚被摘除白内障的盲人，/我终于说：'我看见一线光明。'他说：'去吧，朝着那光明跑，/要让它做你的惟（唯）一目标，/直到你寻找到得救的窄门。'"凡读过《圣经》的人都知道，

---

① 信奉东正教的俄罗斯人从远古起就把自己称为"香客"，认为自己是这个尘世的香客。香客的心永远寻找光，寻找救赎，因此，香客到处云游，以找到"狭路"和"窄门"而进入天国。

"光明"是基督带给人类的，是基督徒十分熟悉的形象。"得救的窄门"也是《圣经》中的一个形象。① 主人公在得到天国的使者——青年人的指点后，不顾妻子儿女的阻拦，也不顾朋友邻居的咒骂和嘲笑，"我便加快速度跑过城区，/为了早些离开这个小城，/看到得救的狭途和窄门"。《香客》的主人公是晚年普希金的写照，普希金在这首诗里明确了自己的精神道德追求，就是抛弃尘世的喧嚣，去寻找"拯救的窄门"。此外，这首诗又与神秘的幻觉有联系。这种幻觉预示诗人很快要离开人世，去到一个永恒安宁的国度。

最后，我们来看《我白白地跑向锡安山的山巅……》这首诗："我白白地跑向锡安山的山巅，/贪婪的罪孽紧跟在我身后追赶……/同样，把灰土的鼻孔埋在流沙里/饿狮紧跟着香鹿逃跑的足迹。"（482）这首诗里的"锡安山的山巅"、"饿狮"和"香鹿"等形象都来自《圣经》。锡安山是耶路撒冷的一座山。据《圣经》上说，大卫的王宫曾经在此地建立。守教规者登上山巅，主显现在他们面前。所以，锡安山山顶是一个与主有着密切联系的地方。普希金的《圣母》（1830 年）一诗中也提到"锡安"："没有天使的陪伴，头上是锡安的芭蕉树。""香鹿"是《圣经》里多处提到的动物，鹿温顺、灵活、机敏，美丽的鹿角赢得神、先知和人们的赞美。大卫曾经把自己的腿比成鹿腿，以求得到上帝的帮助去战胜自己的敌人。此外，就连在那些被公认为是表现普希金反对专制制度的早期诗作里（如《乡村》《致恰阿达耶夫》等），普希金也借用《圣经》的形象表达自己的思想感情。如《乡村》中的"那灿烂的霞光"，《致恰阿达耶夫》中的"迷人的幸福之星"② 均为伯利恒之星③的变种。

普希金除了借用《圣经》的形象外，在自己的作品里还大量运用宗教祈祷词。普希金十分熟悉宗教祈祷，宗教祈祷词往往让诗人十分动情。普希金的朋友维亚泽姆斯基在给 A. 布尔加科夫的信中曾经说过："普希金从来不是位 esprit fort④，至少他在自己生命的最后年代不是这种人；相反，他具有强烈的宗教感，

---

① 《圣经·新约·马太福音》第 7 章第 13～14 节："你们要进窄门。因为引到灭亡，那门是宽的，路是大的，进去的人也多；引到永生，那门是窄的，路是小的，找着的人也少。"
② 按照传统的解释，普希金笔下的"迷人的幸福之星"是指"革命"。但是，如今有人（如 M. 杜纳耶夫）认为"迷人的幸福之星"是指一个新的迷人的幸福时代。
③ 据《圣经》记载，伯利恒是犹太教和基督教的圣地，位于耶路撒冷的南面，耶稣就诞生在伯利恒。因此，对每个基督徒来说，人类的复兴是与伯利恒之星的升起——耶稣的诞生相联系的。
④ 法文，意为"无神论者"。

他经常读福音书，并且爱读福音书，他浑身充满祈祷之美，他背会它们，并且经常反复咏诵它们。"① 普希金诗歌里的祈祷有的是自己心声的流露，有的是对某些宗教祈祷词的改编。《俄罗斯人的祈祷》（1816 年）是普希金在自己的诗作中第一次用"祈祷"这个词，尽管在这首诗里没有任何祈祷的内容，祈祷仅仅是诗作的名称而已。同年，普希金写的诗作《梦》（是诗人的长诗《无害的慵倦》的片段）则与祈祷题材有联系："唉，我怎能把我的好妈妈②忘在一边，/啊，那是多么美妙的神秘的夜晚，/她头戴包发帽，身穿老式的衣衫，/一面诚心画着十字祝我幸运，/一面不停地祈祷要把鬼怪驱散……"在诗中，诗人把自己童年时代的回忆与奶娘的祈祷联系在一起。普希金的诗作《仿古兰经》（1824 年）也提到了祈祷的作用。其中有这样的四句诗："祈求造物主吧，他威力无穷；/他能呼风唤雨，当酷热降临，/他能使晴空密布乌云，/他能给大地一片绿荫。"在《新郎》（1825 年）这首诗里，普希金描写一帮恶棍时这样写道："他们拥进屋里来，/不理神像，不鞠躬；/坐到桌前不祈祷，/头上的帽子也不动。"显然，在普希金眼里，这帮人是渎神者。普希金的诗作《1827 年 10 月 19 日》（1827 年）的第一、二个诗节本身就是祈祷词："愿上帝帮助你们，我的朋友，/遇上风暴，或是尘世的悲伤，/在陌生的异域，荒凉的海洋，/或者做大地的忧郁的流囚！"在《科罗姆诺的小屋》（1830 年）里，普希金描写了教堂里祈祷的人们的各种姿态。普希金晚年的诗作《上帝给我托了一个美妙的梦》（1835 年）是他在自己生命晚年的一次发自内心的祈祷。普希金仿佛在与上帝谈话。尽管据普希金的友人们回忆，普希金很少进行真正的祈祷，而只不过是反复念着一些祈祷词。普希金的《西斯拉夫人之歌》（1834 年）是一组组诗，祈祷在几首歌曲里有很重要的意义。第一首歌《国王的幻境》，三次提到国王作祈祷。第一次是他进教堂的时候："登上台阶，打开教堂的门……/恐怖立即扼紧了他的心脏，/但他做了长时间的祈祷，/然后从容地走进神祇的教堂。"第二次是在教堂里的祈祷："公正的主啊，就让我的皮肉受苦，/我罪责难逃，就这样惩罚我吧，/但求宽恕我的灵魂，我主耶稣！"第三次祈祷是国王走出教堂的时候："国王这时举步艰难，/黑暗中好容易摸到门槛，/口诵祈祷词走出了教堂。"在

---

① П. 维亚泽姆斯基在 1837 年 2 月 5 日致 A. 布尔加科夫的信。

② 普希金在这里指他的奶娘阿林娜·罗季昂诺芙娜。

三次祈祷中，第二次祈祷构成了这首歌的高潮。普希金在这里写出了受难者的祈祷与耶稣的联系，他紧接着在下面的一个诗节里给读者描绘主具有巨大力量的可见形象："主的名字使教堂发颤，/突然万籁俱寂，漆黑一团——/景象消失——仿佛一切都不曾有过。"此外，在另一首歌《马尔科·亚库鲍维奇》里，祈祷拯救了马尔科的幼子（是他的妻子卓娅所生）的性命，那位神奇的老人正是用三次祈祷把可恶的吸血鬼赶跑了。《扬科·马尔纳维奇》这首歌则完全是一个罪人对自己无意中杀害了自己兄弟的忏悔，整首歌都是扬科·马尔纳维奇的祈祷。他"走进神圣的救主教堂，整天都在向上帝祈祷……"他回到家里，也在不停地祈祷，因为在东正教看来，祈祷是人与上帝进行对话的重要手段和方法。扬科·马尔纳维奇通过虔诚的祈祷让自己看到上帝之光，临死前他的灵魂在接近上帝。诗人在临终前半年（1836 年 7 月）创作了《隐居的神父和贞洁的修女》(1836 年)。诗人仿佛要用这首诗赎回自己年轻时代的诗作里对祈祷的嘲笑，给信男善女的祈祷以一定的肯定："隐居的神父和贞洁的修女/作过许许多多的祈祷，/要叫心儿腾飞，直至天宇，/让它经受人世的战斗与风暴。"诗人的这首诗实际上是对福音书祈祷词的改编，普希金在这里寻求一种高度的人生和谐。

在普希金的诗体小说《叶甫盖尼·奥涅金》里，也有不少写祈祷的地方。比如，女主人公塔吉雅娜的奶娘就用祈祷劝说塔吉雅娜，以求后者的精神得到解脱："我的孩子，你不舒服：/上帝保佑，让你解脱！/来，我给你淋点圣水，/我的孩子，上帝保佑！"此外，在整个诗体小说中，塔吉雅娜在人生的关键时刻，总"用祈祷去慰藉激动心灵的忧愁"。普希金的悲剧《鲍利斯·戈都诺夫》里，祈祷比比皆是。俄罗斯著名学者 B. 涅鲍姆尼亚西认为，"普希金的悲剧……是基于人与宇宙，人与绝对物之间的相互关系之上的"。（Непомнящий，1983：303）从宗教的观点出发，这部悲剧的主题是探讨人的行为是符合神意还是违背神意。悲剧的主人公鲍利斯·戈都诺夫心中无信仰，违背了神意，所以他走上犯罪之路，这导致了国家和人民的灾难。悲剧中的皮缅、牧首、疯修士等人物形象是普希金笔下另一种类型的主人公。他们用祈祷与神保持心灵和精神的联系。从整个悲剧的形象体系来看，皮缅并不属于最主要的人物，可是从精神内容来看，他是位重要的人物。作为编年史家和神父，他最理解上帝的旨意，并且去执行上帝的旨意。这样，祈祷对于他则是必不可少的："如睡之前没有长久地祈祷——我这老年人的梦也不安宁纯净……"此外，悲剧中大多数人物都信仰基督，相信祈祷的巨大作用。就连杜马的秘书谢尔卡洛夫在红场上劝众百姓回去时，也这样对他们说："你们回去吧，上帝与你们同在，/请回去祷告吧——愿正教徒的/虔诚祷告直达高高的天庭。"百姓听了这番话后便散去了。在莫斯科的隋斯基家里，众侍童的祈祷也很有意义："无时不在无处不在的上帝，/请听你的奴仆的虔诚的祷告：/我们在为你所挑选的皇上，/为全体基督徒所信赖的沙皇……让我们为上述的心愿高举金杯，/向你，我们的上帝，虔诚祈祷。"在普希金的这部悲剧中，像这样的祈祷还有不少，无须列举。但有一点应当指出，在这部悲剧中，沙皇鲍利斯·戈都诺夫没有祈祷过。他无基督信仰，失去了与上帝的联系环节。他不向上帝祈祷，上帝也拒绝帮助他。有人认为这就是这个人物的悲剧所在。普希金的散文体小说《上尉的女儿》也赋予祈祷以重要的作用。在男主人公格里尼奥夫人生的两次危急时刻，都是祈祷救了他的性命。

以上我们介绍了普希金作品中不少的祈祷场面，那么，普希金本人是否祈祷呢？回答是肯定的。普希金生前的最后的诗作之一《上帝给我托了一个美妙的梦》，应当说就是诗人的一次祈祷："上帝给我托了一个美妙的梦，/有位身穿着白衣的长老/出现在我的面前。/他蓄着长长的白胡子/在给我进行频频的祝福。"他得到白衣长老的祝福之后，开始祈祷："我希望得到仁慈/创世主，请慰藉我，/但你的旨意，而不是/我的旨意……那里走的是谁？"普希金就这样把自己的灵魂交给仁慈的上帝，用自己临终的痛苦去寻找通往天国的"窄门"。普希金作品中的许多主人公诉诸宗教祈祷，他的作品里有大量的祈祷词出现，这种现象是俄罗斯现实生活的一种反映，表现了俄罗斯人和诗人对宗教、对宗教祈祷的态度。

普希金晚期（19世纪20年代末~30年代中）的抒情诗的宗教哲理思想加强了。这是因为从1826年起，普希金的思想里宗教倾向渐渐增强，他这个时期的诗作尤其受到《传道书》中的某些思想的影响。《传道书》的第3章有这样一段话："凡事都有定期，天下万物都有定时。生有时，死有时……都归一处，都是出自尘土，也都归于尘土。"（《圣经·旧约·传道书》第3章第1节~第20节）

从20年代末起，普希金经常思考生与死、新老交替的问题，这是他受到"凡事都有定期"思想的影响后产生的一种认识。《无论我在喧闹的大街上漫步……》（1829年）和《我又重新造访了……》（1835年）这两首诗是诗人这种思想认识比较集中的体现。"我自言自语：岁月如飞，/这里我们无论有多少人，/都将要走进永恒的圆拱——/有些人的寿限已经逼近。/每当我望见孤零零的橡树，/我总想：这林中长老的年轮，/将活过我湮没无闻的一生，也同他活过了多少代先人。/每当我抚爱我可爱的婴儿，/我早就想向他说声：别了！让我来给你腾个位置吧：/我该衰朽，你满身春色。"这些诗句就是《传道书》的"凡事都有定期"思想的反映。当然应当看到，普希金对人生定期的看法不是消极的，他不惧怕自己定期的到来，而是希望年轻人成长，欢迎新一代的到来。这首诗的最后一个诗节完全表达出这种思想："但愿在我的寒墓入口，/将会有年轻生命的欢乐，/但愿淡漠无情的大自然，/将展示它永不衰的美色。"六年之后，诗人写的《我又重新造访了……》再次表达出他的上述思想。在这几年里，诗人对人生的看法更加成熟。他进一步深化了"凡事都有定期"认识和"但愿在我的寒墓入口，/将会有年轻生命的欢乐"的思想，他真诚地欢迎新一代，以乐观的精神对待自己的生命"定期"："你们好，我的/素不相识的年轻一代！/我已看不到你们的成长/那时你们将高过我的老相识，/你们将不让过路人看见/它们苍老的头顶。让我的/儿孙来听听你们欢迎的喧闹吧，/到时他与友人闲谈归来，/满怀欢快与欣喜的思绪，/在黑夜里走过你们身旁，/便会想起我来……"在这段诗里，既没有悲伤，也没有遗憾，诗人说出了人类生命不断更新的永恒的规律，的确是普希金留给后人的精神遗嘱。

在19世纪30年代，普希金对《雅歌》情有独钟，他在自己的诗作里运用《雅歌》的词句，表现了他模仿《圣经》的崇高体诗歌的愿望。如，普希金在1825年写了一首名叫《欲望之火在血液中燃烧》的诗作："欲望之火在血液中燃烧，/我的心儿被你摧残，/吻吻我吧，你的吻对于我/比起美酒还要香甜。/俯下你那温柔的头颅，/让我无忧无虑地入寝，/欢快的白昼正在消逝，/夜的影子悠悠来临。"在这首诗中，"吻吻我吧，你的吻对于我/比起美酒还要香甜"这两句是对《雅歌》里"愿他用口与我亲嘴，因你的爱情比酒更美"（《圣经·旧约·雅歌》第1章第2节）诗句的模仿和改编。

普希金的书信也常常离不开《圣经》中的人物、故事和文本等。我们在此只举一例说明。1826年5月7日，他致A.伍尔夫（А. Вульф）的信中询问A.凯恩（А. Керн）的情况时写道："巴比伦的荡妇①安娜·彼得罗夫娜在做什

---

① 《圣经》人物。"荡妇"一词在《圣经》里最初是指过不洁和放荡生活的以色列女人。

么?"普希金把自己一度钟情的 A. 凯恩与《圣经》中的巴比伦的荡妇相比,当然这里是一种戏谑的口吻,但表明诗人这时对凯恩的看法与他一年前写《致凯恩》(1825 年)时的看法有所不同。在《致凯恩》中,普希金把凯恩视为"纯洁之美的化身",是一位具有"温柔的声音"和"天仙般的倩影"的美人。正是与凯恩的邂逅使诗人"有了灵感",走出创作的低谷。

综上所述,可见普希金的创作与宗教的联系是客观存在的,他作品的许多思想、形象、题材、情节乃至创作契机都来自基督教的《圣经》。此外,祈祷词、忏悔文、宗教演说词等也这样或那样地渗透到普希金的创作中,成为普希金艺术世界的有机的构成部分。因此,不了解普希金对宗教的态度,不研究普希金精神世界的变化,不清楚普希金对《圣经》的借鉴和使用,不剖析普希金的作品的宗教性,就不能理解普希金和普希金的艺术世界,也无法全面地认识普希金。

参考文献

Анастасий, митрополит. Пушкин в его отношении к религии и Православной Церкви. М. : ИНГА. 1991.

Непомнящий В. , Поэзия и судьба. статьи и заметки о Пушкине, М. : "Советский писатель", 1983.

Русская литература XIX века и христианство Под общей редакцией В. И. Кулешова, Изд. : Московский государственный университет имени М. В. Ломоносов 1997.

Юрьева И. Ю. , Пушкин и христианство: Сб. произведений А. С. Пушкина с парал. текстами из Священ. Писания и коммент, М. : Изд. дом "Муравей", 1998.

《普希金全集》,人民文学出版社,1995。

〔俄〕阿纳斯塔西:《普希金与宗教和东正教教会的关系》,英卡出版社,1991。

原文发表于《欧美文学论丛》2003 年第 1 期

普希金小说的诗性因素

曾思艺 *

摘　要：　普希金是在进行了十几年的诗歌创作后才大量进行小说创作的，其诗歌创作的诗性成分必然渗入小说创作，除已为论者指出的语言等方面的因素外，普希金小说的诗性因素具体表现为：主题的内蕴颇为丰富，且具有深层哲理，就像内涵丰富的简短诗歌；运用抒情诗的跳跃、叠印的方法，使情节集中，结构紧凑，主题突出；采用对叙事诗的讽刺性模仿，使叙事情感化或抒情化。

关键词：　普希金　诗歌　小说　诗性因素

1827 年创作了长篇小说《彼得大帝的黑人》以后，普希金的创作出现一个散文高潮，几乎每年都要创作一部或几篇小说：《书信体小说》（1829 年）、《别尔金小说集》（1830 年）、《戈留欣诺村史》（1830 年）、《罗斯拉甫列夫》（1831年）、《杜布罗夫斯基》（1833 年）、《黑桃皇后》（1833 年）、《基尔扎里》（1834 年）、《埃及之夜》（1835 年）、《马利亚·绍宁》（1835 年）、《上尉的女儿》（1836 年）。这种情况表明，普希金是在进行了十几年的诗歌创作并且创作了大量的诗歌之后，才进行小说创作，并且形成散文高潮的。当然，据说，在皇村学校学习期间（1811 ~ 1817 年），普希金几乎同时开始诗歌创作和小说创作。尽管此时期其小说作品散失了，但流传至今的作品还是表明，普希金的确几乎是在开始诗歌创作的同时，进行了小说试笔。他的第一首诗歌《致娜塔丽

---

* 曾思艺，天津师范大学教授、博士生导师。

娅》创作于1813年，而他流传下来的第一篇小说《娜坚卡》（未完成）创作于1819年。不过，此后普希金在小说创作方面出现了一个较长时间的停顿，这就表明，作家自己感到其小说创作并不成功，因而致全力于诗歌创作。而随着阅历的丰富，对人生感悟的深入，以及诗歌创作尤其是叙事诗和诗体长篇小说《叶甫盖尼·奥涅金》的成功，普希金在进行诗歌创作的同时，开始大量创作小说。因而，其小说创作必然受到诗歌创作的影响，也就是说，其诗歌创作的诗性成分必然渗入小说创作。而关于这一点，国内学者似还未曾进行比较全面、深入、系统的研究，本文拟对此进行初步探讨，以期抛砖引玉，深化对这一问题的认识。本文所论述的小说，指的是普希金的散文小说，而且主要是完整的散文小说（未完成小说只作参考），因此标题中的"诗性因素"就不仅包括其抒情诗，也包括其所有的叙事诗和诗体长篇小说《叶甫盖尼·奥涅金》。

普希金小说的诗性因素，主要体现在以下几个方面。

其一，内涵上，主题颇为丰富，且往往具有深层哲理意蕴。普希金的小说，往往通过简短的故事，表现对现实生活的感受和人生哲理的思考，具有颇为丰富的主题，且比较含蓄地体现深层哲理意蕴，给读者留下广阔的思考空间，就像一首内涵丰富的简短诗歌。

《别尔金小说集》中的每一篇小说几乎都是如此。《射击》通过神秘而带传奇色彩的西尔维奥的复仇故事，一方面写出了俄国贵族的现实生活和精神状态，肯定了西尔维奥的执着和宽厚以及最后为希腊独立的英勇牺牲；另一方面且更重要的是，探讨了人在不同的境况中勇敢与怯懦的心理变化，从而使作品具有较为深层的人性与人生哲理特性。《暴风雪》则通过玛丽娅·加夫里洛夫娜因为暴风雪，不是与情人弗拉基米尔而是与偶尔路过此处的陌生人布尔明在教堂结婚的故事，一方面表现了青年男女恋爱、婚姻自由的主题，尤其是表现了"揭示真正个性、家庭生活的潜层基质和斯拉夫传统价值的神圣：男欢女爱，忠实圣坛誓言"（王先晋，2006：86）；另一方面更写出了命运的作用，命运以暴风雪的形式降临，以偶然因素破坏了人精心设计的一切，从而说明在人生中有时偶然因素决定一切（这与20世纪重视偶然的哲学观念合拍，具有超前意识）。《棺材店老板》一方面较早地真正描写了俄国下层商人的真实生活，生活不易，总是面色阴沉，心事重重，斤斤计较；另一方面也通过棺材店老板阿德里安·普罗霍罗夫的梦，写出了下层商人复杂的内心世界：自尊强烈且极度敏感；迫于生计压力，有时不免以假充真以次充好，但内心深处良心犹在，深深自责。这是俄国最早写小人物的灵魂的好作品，可我们以往总是强调普希金、果戈理只写小人物的不幸，而从陀思妥耶夫斯基开始才描写小人物的灵魂，那是只注意普希金的《驿站长》的结果。《村姑小姐》一方面描写了伊凡·彼得罗维奇·别列斯托夫和格里果里·伊凡诺维奇·穆罗姆斯基这对仇家的矛盾与和解，另一方面描写了他们的子女阿列克谢和丽莎富于戏剧性的自由恋爱，进而以这两个故事表现了人生的哲理：人生有时是一潭死水，有时又充满戏剧性，人们不能光凭主观印象办事，而应加强接触增进了解，这样才能产生真正的友谊与爱情。《驿站长》在这方面更加突出，同时它也是至今尚未得到全面、正确评价的一部作品。以往，人们主要关注的是普希金对小人物的人道同情，这当然是小说一个具有开创性的重要主题，但除此之外，小说还表现了一个同样深有影响的道德主题，吴晓都先生对此有精辟的见解："深刻的道德探索更加突出地表现在《别尔金小说集》最优秀的代表作《驿站长》中。女主人公冬妮娅出身贫贱，心地善良，却也羡慕富贵的生活。她心态的改变反映了19世纪初俄罗斯社会风气变化的某些侧面。古老的传统道德在物欲横流的生活风气冲击下松动了它的基石。冬妮娅思想感情的转变可以看作是传统道德失落的一种典型象征。她虽然眷恋养育她多年的父亲，却也经不起都市贵族生活方式的诱惑，终于弃别相依为命的老父亲，跟贵族军官私奔而去。在作者普希金的心目中，冬妮娅抛下的不仅仅是苦命的父亲，而是人类最可珍贵的亲情。面对荣华富贵的诱惑，女主人公没能守住自己的精神防线，冬妮娅在普希金的心中成了传统美德落败的可悲象征。诗人对这种现象极为痛心。实际上，在普希金看来，贵族欺压下层小人物的现象固然可恶，应该抨击，但亲情的丧失和美德的湮没，却让人更感心痛。伟大的诗人似乎用他的故事拷问每一个读者：在圣洁的亲情和世俗的物欲之间，你会做出怎样的抉择？面对种种诱惑能否依然故我？由此可见，《驿站长》的道德批判更具有震撼人心的力量，它具有更为普遍和深远的人道主义意义。普希金时代以降，无数的俄国优秀作家秉承先辈的优良传统，从未间断对社会道德问题的孜孜探求，写出了许多传世精品，而今回首200年，《驿站长》被称为俄罗斯和苏联同类主题的开山之作，应是当之无愧的，正是普希金深化了俄罗斯的道德文化的探索。"（吴晓都，2006：161~162）

其他小说也不例外。《杜布罗夫斯基》一方面表现了杜布罗夫斯基和马莎具有传奇色彩的浪漫爱情，另一方面通过骑兵上尉杜布罗夫斯基被逼得当上绿林好汉的经历，表现了"官逼民反"的主题。《黑桃皇后》一方面通过格尔曼形象，最早在俄国文学中表现了对金钱无限贪婪的资产阶级利己主义对人伦的践踏，另一方面通过养女丽莎白的形象，又较早地表现了俄国文学的另一种独特现象——养女现象，有学者指出，这些养女既无经济地位，也无社会地位，是别人消愁解闷的对象，她们注定是贵族社会的装点，等到人老珠黄，或依靠的主人死了，她们就会被随便配一个男人出嫁了事，她们的命运，在以后列·托尔斯泰的小说《复活》里全面展开了，丽莎（即丽莎白——笔者注）的现实地位和出路，远非普希金小说描写的那样舒适而得体，在更为普遍的意义上看，卡秋莎（《复活》）的命运就是丽莎的命运。（张铁夫等，2004：335）还有学者指出，普希金在这部小说里，"又采取了《莫扎特和萨列里》、《吝啬的骑士》和《唐璜》等作品所描写的题材，即他上次在波尔金诺逗留时所写的那些故事。赫尔曼（即格尔曼——引者注）就是萨列里式的人物，一个吝啬鬼，一个穷汉，一个精于算计的小人物。他不是去碰运气，而是妄图把运气控制起来，归己所有。他试图把赌博变成数学运算。为得到这种赢取不义之财的方法，他不惜行凶犯罪。在赌桌上，他虽然因杀人事件而心有余悸，但又感到自己比上帝强大。然而，上帝又一次把妄图凌驾在它之上的人碾了个粉身碎骨。只有顺从上帝的人才能获胜，只有'慷慨的骑士'才能获胜。赫尔曼想超过上帝，结果受到了上帝的惩罚。上帝把他送上用纸牌搭成的城堡，然后又把他从这座亵渎神明的建筑物上扔进虚无世界，使他变疯。"（特罗亚，2000：583～584）总之，作品既反映了俄国现实生活，在情节中又有神秘色彩和鬼魂的出现，从而赋予主题丰富性，"一方面，读者可以将小说的情节看作是现实主义的，他们可以赋予事件以心理上的解释；另一方面，这部小说也可以被看成魔幻和超现实主义的。但这两种解读方式都会遇到困难：现实主义的心理分析遭遇到了用理性难以解释的情节，而魔幻超现实主义的情节又很方便地就能运用理性来解释。最后，人们不得不认为这个故事是一个矛盾的综合体，它将两种互相冲突的观念结合在一起"（比尼恩，2005：530）。《上尉的女儿》一方面首次在俄国文学史上描写了颇为复杂而又真实的农民起义领袖普加乔夫形象："慷慨仗义，但又好说大话，干过不少蠢事儿；他狡猾而又凶残……既杀害生灵又拯救生灵，他既会把某些人置于死地，也肯原谅某些人。他可以根据自己的好恶和事态的发展，从做好事改为干坏事"（特罗亚，2000：638）；另一方面也浓墨重彩地描写了格里尼奥夫和马利亚的恋爱。值得一提的是，上述三部小说几乎都暗喻了人生变幻无定的哲理感悟，从而使作品在表面的叙事后更多了一份深层的哲理内蕴。

其二，结构上，运用跳跃、叠印的方法，使情节集中，结构紧凑，主题突出。这更是一种典型的抒情诗手法。众所周知，简短的抒情诗正是善于运用跳跃、叠印，从而使结构集中、题旨突出，并给读者留下诸多空白和广阔的想象空间。作为诗人的普希金，把抒情诗的方法运用于小说创作，收到了很好的艺术功效。

《别尔金小说集》中的作品大多如此。小说或者精心挑选几个重要生活或人生片段，将其跳跃性地组合在一起，塑造人物形象，展示丰富主题。如《射击》以西尔维奥的决斗为情节线索，充分运用倒叙、追忆等方法，把主人公的四段重要生活经历（隐居、军队、决斗、为希腊自由而牺牲）跳跃性地串联起来。首先，小说讲述西尔维奥神秘的隐居和苦练枪法，以及枪法如神，却又当众受辱而放弃决斗，留下悬念。其次，写他接到一封来信，匆匆离去，临走前讲述了六年前他在军队里受辱决斗，并因对手在决斗时漫不经心地吃樱桃对死神满不在乎而推迟开枪。再次，小说笔锋突转，几年过去了，叙述者"我"因家庭状况蛰居贫苦的小村，后来拜访Б伯爵夫妇庄园，伯爵给"我"讲述几年前他们夫妇新婚甜蜜时西尔维奥来此决斗的情形。最后，以听说西尔维奥率领一队希腊民族独立革命运动战士在斯库利亚内城下的战役中牺牲结尾。小说通过倒叙、追忆的手法，把精心挑选的主人公一生中的四个阶段跳跃性地组接在一起，从而一方面使小说情节集中，结构紧凑；另一方面塑造了一个枪法如神、立志复仇、从精神上战胜对手但又富于人道情怀，最后为希腊民族的独立而英勇牺牲的西尔维奥形象。《驿站长》则跳跃性地通过"我"的三次造访，展示了驿站长维林的三个典型生活横断面，既概括了维林苦难的一生，表现了对小人物深切的人道关怀，又通过冬妮娅的追求爱情、贪图富贵、弃父不顾，揭示了传统美德的衰败。或者采用叠印的方法，展示人物，表达含蓄丰富的主题，如《村姑小姐》有两条线索，一条是父辈的仇恨，一条是子辈的恋爱，两条线索有主有次，交错进行，又相互叠印，共同指向哲理性的主题：无论是友谊还是恋爱，人们只有多一点接触、沟通、了解、谅解，才能和谐美满。《暴风雪》先是单线结构，讲述玛丽娅与弗拉基米尔的相爱与父母的反对，然后展开两人私奔的两条线索，把叠印与跳跃结合起来：在预定的时间男女双方同时行动，情节片段交替跳跃，但又互为因果，相互叠印。一方面写出了青年男女为了爱情不怕任何艰难险阻的勇敢，另一方面也写出了偶然因素（命运）对人的捉弄。《棺材店老板》则颇为独特地通过主人公的梦境叠印其现实生活和真实心理，从而入木三分地揭示了下层商人隐微复杂的心灵世界。

其他小说也是如此。《杜布罗夫斯基》首先描写了老杜布罗夫斯基和贵族特罗耶库洛夫的友谊和分裂以及由此导致的家破人亡，再写小杜布罗夫斯基的回家葬父与被逼造反，然后突然跳到特罗耶库洛夫的女儿马莎对假扮法国家庭教师的杜布罗夫斯基的微妙感情，再交代杜布罗夫斯基是如何化装进入她的家庭的，再跳到第二年初夏年老的威烈斯基公爵向马莎求婚以及特罗耶库洛夫的逼婚，然后引出杜布罗夫斯基的营救……可见，正是跳跃手法的运用，使得这部仅仅是中篇的小说容纳了本应有几十万字的丰富内涵。《黑桃皇后》则将格尔曼听到老伯爵夫人神奇制胜的三张牌后发生心理变化并采取行动的一段时间作为描写对象，其中又特别描写了他听到这一消息后心理的变化，他想办法接近并诱惑丽莎白，吓死老伯爵夫人，参加葬礼后见到鬼魂获知了三张牌的秘密，在两次大赢后第三次输得精光，小说以此透视人物的心灵，并以丽莎白的单纯、痴情作为映衬，也具有一定的跳跃性。《上尉的女儿》则把悲欢离合的家庭小说与表现普加乔夫起义的史诗叠印起来，格里尼奥夫、普加乔夫、玛丽娅三条线索紧密相连，但以格里尼奥夫具有起伏跳跃的经历贯穿起来，更重要的是，"《上尉的女儿》中许多人物如普加乔夫、别洛鲍罗朵夫、索科洛夫、省长卡尔洛维奇以及施瓦勃林等都是历史真人或有真实历史依据的人物；小说中的主要事件是震撼人心的普加乔夫起义活动。但和一般的历史小说不同，它摒除了浩繁的历史过程的描绘，不追述重要人物的身世经历，而突出反映历史本质；他避开对历史事件的直接描写，而重视风俗道德和人物精神气质的刻画；它不像一般历史小说那样使读者看到许许多多的历史场面，而是像诗那样使读者对历史风貌和人物精神性格有生动亲切的感受，引起人们对历史的思考和联想"（杜定国，1997：47~48）。

其三，风格上，讽刺性的模仿（首先模仿某位作家惯用的情节或写法，情节的最后却转到相反的方向去，构成带有某种反讽意味的情境）和叙事的情感化或抒情化。

讽刺性的模仿是普希金叙事诗的一大特色。早在青年时代，诗人不满于茹科夫斯基这位"神秘的幻影、爱情、梦想和魔鬼的歌手，坟墓和天堂的忠实居民"，讽刺性地模仿其代表作《十二个睡美人》，创作了《巴尔科夫的幽灵》和《鲁斯兰与柳德米拉》（张铁夫等，2004）。1824年的南方叙事长诗《茨冈人》，在某种程度上也是对浪漫主义回归自然理想的一种讽刺性模仿。1825年，他又创作了叙事诗《努林伯爵》，对莎士比亚的叙事长诗《鲁克丽丝受辱记》进行了出色的讽刺性模仿（张铁夫等，2004）。后来，普希金把这种讽刺性的模仿引进小说创作之中，形成了其小说独特的艺术效果。《别尔金小说集》中的小说，大多都是讽刺性模仿。《射击》在某种程度上讽刺性地模仿了当时盛行的马尔林斯基的浪漫主义冒险小说，并且在篇首的题词中引用了马尔林斯基小说《野营之夜》中的一段，特意提醒读者注意这一点，然而，神秘的决斗、出神的枪法，最终并没有引向浪漫主义的杀死侮辱者，而是来了一个倒高潮：西尔维奥决意在精神上战胜对方，再加上伯爵夫人的求情，他放过了对方，让他们幸福地生活着。《暴风雪》也是讽刺性地模仿了浪漫主义常用的情人私奔情节，但其情节的发展偏偏出人意料：原来的恋人弗拉基米尔因为未赶上婚礼而拒绝女方父母的好意并且战死沙场，而布尔明和玛丽娅后来相爱，却突然惊喜地发现他们早已在暴风雪的帮助下举行了婚礼。《驿站长》则讽刺性地模仿了感伤主义的小说：小说首先通过驿站长墙上的画，极力渲染脱离父母的浪子的悲惨遭遇，结尾却一反这一遭遇，并且一反感伤主义写贵族与平民青年恋爱总是出现悲剧的结局，而写杜尼娅不但没有被抛弃，而且日子过得很幸福，最后还坐着一辆六驾马车，带着三个小少爷和一个奶妈，还有一只黑哈巴狗，回来看望父亲。《棺材店老板》讽刺性地模仿了善写鬼魂的德国浪漫主义小说，但并未由此展开离奇的情节，而是巧妙地把它变成一个梦，用以揭示人物的心理。《村姑小姐》讽刺性地模仿了《罗密欧与朱丽叶》式的仇家子女相恋的小说模式，但并未导致悲剧，反而转向皆大欢喜的喜剧：不仅父辈在相互了解后成为好友，而且男女主人公也在恋爱游戏中深深相爱。《杜布罗夫斯基》同样讽刺性地模仿了仇家子女相恋的小说模式，但又有新的变化：一是详细描写了双方父亲由友好到分裂的过程，二是在杜布罗夫斯基率人赶来营救马莎的时候，不爱老丈夫的马莎却因为尊重在教堂举行过婚礼这一民族传统而拒绝跟他走。《黑桃皇后》也是讽刺性地模仿了德国浪漫主义小说的鬼魂和神秘模式，但结尾却是格尔曼在按照鬼魂的吩咐连胜两次的情况下，输得精光。《上尉的女儿》讽刺性地模仿了英国作家司各特的《罗布·罗伊》，但又通过这一模式，首次塑造了农民起义领袖普加乔夫真实而复杂的形象，并且把家庭纪事与史诗沟通，使之成为普希金自己"散文创作的高峰"。

关于叙事的情感化或抒情化，我国学者已有所论述，如刘文飞指出："和普希金的抒情诗一样，他的小说中'永恒的主题'也是爱情，男女主人公及其交往，几乎出现在普希金的每一个小说中。伊勃拉基姆在斩断巴黎的风流恋情回到俄国之后，又将面临彼得大帝为他挑选的一位未婚妻（《彼得大帝的黑孩子》）；别尔金在他的小说中讲述了两段有情人终成眷属的圆满的爱情故事（《暴风雪》和《村姑小姐》）；罗斯拉夫列夫通过对她不爱的男人的爱，表达了对祖国的爱（《罗斯拉夫列夫》）；杜勃罗夫斯基一直在复仇和爱情中犹豫不决地徘徊（《杜勃罗夫斯基》）；与普加乔夫的性格及其活动平行发展的另一线索，就是格里尼奥夫和玛丽娅的爱情故事（《大尉的女儿》，即《上尉的女儿》——引者注）……爱情主题对普希金小说的渗透，使普希金笔下的人物更生动、更富有情感了，使普希金的故事更饶有兴味了，同时，我们似乎还感觉到，由爱情主题衍射出的强烈的抒情色彩，还保持了普希金小说风格上的统一。"（刘文飞，2002：61~62）吴晓都则从更具体、全面地指出："普希金作为卓越的诗人，他的叙事散文同样充溢着丰富饱满的诗情，确立了叙事散文的情感化和抒情化。在这方面普希金继承了卡拉姆津感伤主义的散文创作传统，并加以发扬光大。无论是写景状物、营造故事发生的氛围，还是描绘人物的心理状态，普希金的话语总是饱含着动人情愫。他常常把看似平淡无奇的自然现象和司空见惯的生活情境赋予诗意，正如别林斯基概括的那样，他能为最'散文化'的对象增添诗意……普希金总是以诗情去领悟自然现象和社会生活。苏联普希金研究专家 A. 斯洛宁斯基在《普希金的技巧》一书中指出，普希金叙事情节的进展通常是在叙述人的感知中进行的。这就难怪他的叙事总是浸润着或浓或淡的情愫。驿站的感伤，传奇的忧郁，复仇的激荡，多余人的失落，农民英雄悲壮苍凉的情怀，弥漫在娓娓的叙述中。众所周知，普希金是从'诗歌王国'走向'散文天地'的，所以，他的叙事创作大都蕴含浓浓的情韵，也就不足为奇了。

但是，普希金叙事创作中的情感因素并不仅仅是为了抒发情感，它还具有叙事上的独到功用：有的是为了塑造人物性格，有的是为了推进故事情节，有的是两者兼有，例如《上尉的女儿》中着意描写普加乔夫的悲壮情怀就有这两种叙事功效。作者两次让读者去体味这位农民领袖的悲壮豪情，欢宴上的'纤夫之歌'和'苍鹰的寓言'既突出了普加乔夫坚毅无畏的性格，同时又向读者暗示出一个命定的慷慨就义的豪迈结局。在叙述过程中的抒情或散文话语的情感化使叙事本身平添了意趣和张力，更加鲜活生动。特别应该指出的是，普希金的情感总是一种正直而又高雅的情感，脱离了世俗生活的低级趣味。在普希金心中，不是任何'绝对'隐情都可以一味表露和咏唱。诚如别林斯基所言，在普希金笔下，一切感情因为都是高雅的感情，所以就更加美，在他的任何感情中总有一种特别高贵、亲切、温柔、芬香与和谐的东西。别林斯基的这一概括对于今天的叙事创作仍有值得汲取的意义。"（吴晓都，1999：44）

其四，叙事上，普希金的小说常常出现叙事者公开干预叙事过程，发表对社会人生的种种看法，并且让非情节因素——序言、抒情插笔成为小说结构的有机组成部分，这也是其诗歌尤其是诗体长篇小说《叶甫盖尼·奥涅金》的诗性特点；语言上，其小说语言简洁、明晰、精炼、含蓄、质朴，也是其诗歌语言特点在小说中的反映。国内外学者对此多有论述，此处不赘。

由上可知，作为诗人的普希金的确把自己在诗歌方面的方法引进小说创作之中，并且形成了独有的特色，取得了独特的艺术成就，推动了俄国小说的发展，对后世有很大的影响。

参考文献

〔英〕T. J. 比尼恩：《为荣誉而生——普希金传》（下），刘汉生、陈静译，国际文化出版公司，2005。

杜定国：《试论〈上尉的女儿〉的诗质美》，《江汉大学学报》1997 年第 4 期。

〔法〕亨利·特罗亚：《天才诗人普希金》，张继双等译，世界知识出版社，2000。

刘文飞：《阅读普希金》，人民文学出版社，2002。

王先晋：《普希金的文体结构——〈别尔金小说集〉的整体研究》，《外国文学评论》2006 年第 2 期。

吴晓都：《俄国文化之魂——普希金》，山东画报出版社，2006。

吴晓都：《普希金叙事创作对俄国文学的意义——纪念普希金诞辰二百周年》，《外国文学评论》1999 年第 3 期。

张铁夫等：《普希金的生活与创作》（修订版），中国社会科学出版社，2004。

原文载于《俄语语言文学研究》2010 年第 4 期

作为戏剧家的莱蒙托夫与普希金

黄晓敏 *

摘　要： 俄罗斯19世纪经典作家普希金与莱蒙托夫无疑首先是被冠以伟大诗人头衔的。但两位作家的伟大之处在于，他们的创作都涉猎了广泛的体裁，并且都留下了经典之作。其中，戏剧创作是两位作家创作中不可忽视的一部分。从他们戏剧创作的最初动机、戏剧艺术美学追求以及创作成果的最终舞台命运等方面对比研究可以发现，两人既有惊人的相似之处，又有显见的迥异之处。他们同为俄罗斯戏剧发展做出了不可磨灭的贡献，这是不争之事实。

关键词： 莱蒙托夫　普希金　戏剧　《假面舞会》　《鲍里斯·戈都诺夫》

　　同为俄罗斯的伟大诗人，莱蒙托夫与普希金的名字经常会并排出现。"莱蒙托夫不仅是普希金的后继者，而且是普希金与一切普希金后继者之间的纽带。可以说，没有普希金，便没有莱蒙托夫，反过来，没有莱蒙托夫，便没有普希金的天才后继者，至少在当时来说是如此。"（顾蕴璞，1999：79）作为诗人的他们无论是从个案角度，还是从对比角度都曾是学者们争相探讨的话题。但作为戏剧家的莱蒙托夫与普希金还鲜见对比性研究。本文专门从两位作家戏剧创作的角度展开对比性研究。

---

　　* 黄晓敏，中国人民大学副教授。

一　创作动机之迥异

普希金一生共创作了 7 部剧本，其中 2 部未完成。而莱蒙托夫共创作戏剧 6 部，有 1 部未完成。也就是说，就完成的剧本数量来说，普希金与莱蒙托夫是一样的，都是 5 部。

戏剧这一体裁与两位作家的结缘皆始于童年时代。普希金很早就开始对剧院艺术感兴趣，童年时代曾经用法语编写悲剧，并亲自在姐姐面前表演。年轻时代普希金的生活与剧院联系紧密，可以说他是个戏迷，这在当时是人所共知的。他在自己的回忆录、诗歌等作品中也曾提到对剧院、对舞台活动的热爱，他曾和一些艺术家保持非常好的关系。在皇村的时候，他就经常出入托尔斯泰剧院，并与"绿灯"小组其他成员分享自己对戏剧的热爱。在米哈依洛夫斯克流放的时候他曾深入思考过戏剧艺术，思考过莎士比亚的戏剧创作。他曾于 1819 年写过《俄罗斯戏剧之我见》一文，文章充分显示了他对演员的详细了解以及对戏剧艺术的精细理解。他与戏剧如此紧密的联系影响着他的整个戏剧创作。

莱蒙托夫也很早就表现出对剧院艺术的兴趣，在莱蒙托夫的创作中戏剧艺术也占有不可忽视的地位。少年时代的莱蒙托夫曾为木偶剧院编写过小剧本，他也同样非常关注演员们的表演，大量阅读了其他戏剧家的作品，并认真思考了他们的创作。学生时代的莱蒙托夫也曾与自己的同学分享自己对戏剧艺术的热爱。他也曾醉心于席勒与莎士比亚，参与了关于席勒与莎士比亚剧本创作的讨论，以及这些剧本在莫斯科和彼得堡剧院上演情况的热烈争论。而对莎士比亚的热爱，表现在他对哈姆雷特的热爱上，他认为莎士比亚的伟大在于哈姆雷特。最为重要的是莱蒙托夫创作了 5 部特点、风格及艺术价值迥异的剧本。这是其戏剧创作成果的事实，无人否认。

莱蒙托夫的第一部完整戏剧是创作于 1830 年的《西班牙人》。他经过了非常精心的准备，在练习本上记录了构思的不同情节。《西班牙人》中的事件发生时间是 15 世纪末或 16 世纪 40 年代，该剧以自由诗体的形式写成。而普希金的第一部完整戏剧作品是于 1825 年（即十二月党人起义前不久）写成的悲剧《鲍里斯·戈都诺夫》。这部剧本展现的是俄国历史上所谓"混乱时期"的初级阶段，即 1603～1621 年声势浩大的人民起义。本来，普希金想继续这样的主题，但当时的一些政治事件，如十二月党人起义的失败以及沙皇尼古拉一世对该事件的反应等，使普希金不得不放弃这样的想法。接下来普希金戏剧创作涉及的主题是关于心理与道德方面的：嫉妒、对爱情的不负责任态度、吝啬、面对死亡时人的行为等。1830 年秋，即莱蒙托夫创作第一部完整戏剧的这一年，普希金完成了四部小悲剧：《吝啬骑士》、《莫扎特与沙莱里》、《石客》和《瘟疫流行时期的宴会》。在这一时期，普希金还留下了未完成的剧本《鱼美人》。19 世纪 30 年代中期，普希金的戏剧创作又重新回到了社会政治主题。未完成的作品《骑士时代的场景》（1835 年）便是对这一主题的展示。1830 年夏，莱蒙托夫完成了第二部戏剧《人与激情》；1831 年秋，完成了《怪人》的创作，1835 年几经周折终于完成了其最重要的戏剧《假面舞会》的创作；1836 年，莱蒙托夫完成了他最后一部戏剧《两兄弟》。此后，莱蒙托夫再有没有触及戏剧体裁的创作。

莱蒙托夫的戏剧创作初衷与普希金不同，除了《假面舞会》之外，他并没有指望自己的剧本能够在剧院里上演。而普希金的戏剧创作初衷则非常明确："读普希金剧本的时候，应当一直记着，与其他许多戏剧家不同的是，普希金的剧本不是为阅读而写，而是为剧院而写，为舞台的表演而写。"（Пушкин，1968：4）普希金从第一部剧开始就是为舞台而创作的。在这一点上，普希金可以说是一个真正的戏剧家，因为一个真正的戏剧家在创作剧本的时候总是会想着要上演的。果戈理称未上演的剧本为未完成作品，他认为戏剧只活在舞台上，这不无道理。

在戏剧创作的道路上，如果说莱蒙托夫是一个追随者，那么普希金则是一个探险者。当普希金走上戏剧创作道路之时，俄罗斯的戏剧艺术正经历复杂的激烈争论时期，也是寻找民族戏剧新形式的时期。一些旧的文学形式、已经确定下来的舞台表现手法和技巧与展现新的时代生活的内容相矛盾。普希金敏感地意识到了时代的需求，并认识到了社会发展的趋势。在新的社会历史条件下，艺术所面临的共同任务也在发生变化，普希金于是尝试探索新的创作原则与手法。在创作《鲍里斯·戈都诺夫》之前的几年中，普希金一直在思索俄罗斯戏剧的发展道路问题。普希金从事戏剧活动的目的在于改革戏剧艺术。他认为戏剧产生于广场，是属于人民的一项重要娱乐活动，而不应该只是为统治阶级的精神需要服务。在当时的历史条件下，普希金认为，人民性的悲剧一定会诞生，而这样的戏剧要求整个戏剧艺术的革新。与莱蒙托夫相比，普希金更加关注戏剧内容的人民性与历史性。

二 共同的浪漫主义诉求

我们知道，莱蒙托夫的戏剧作品充满了浪漫主义激情，因此他的戏剧一般被直接称为浪漫主义戏剧。这一观点在文学研究中已经被确定下来。而普希金的戏剧创作事实上也并未脱离浪漫主义。"普希金对浪漫主义美学与艺术问题的兴趣不只是局限于19世纪20年代初，与浪漫主义美学之间的联系在创作悲剧《鲍里斯·戈都诺夫》期间变得尤为紧密。"（Карташова，1972：34）19世纪20年代中期，普希金的美学思想旨在解决浪漫主义美学所提出的问题。因此，普希金一直处于创作探索的状态。他所创作的叙事长诗已经使其成为当时俄罗斯浪漫主义运动的领袖人物；但与此同时，他对当时浪漫主义艺术的状况并不满意，并在一些文章及信件中曾多次提到浪漫主义诗歌的缺点、弱点等。他在当时比较流行的浪漫主义情绪中感受到了"抑郁"和"幻想"的特征。尽管如此，普希金还是在浪漫主义美学与艺术的最优秀成果基础上发展了它，并且一直坚持寻找俄罗斯式"真正的浪漫主义"原则的表现方式。在创作《鲍里斯·戈都诺夫》时，普希金想在该剧中理想地展现新的浪漫主义艺术原则，他借此寻求"真正的浪漫主义"。

普希金以历史悲剧为体裁努力创作"真正的浪漫主义"作品。戏剧体裁问题，尤其是悲剧在俄罗斯及国外的浪漫主义作家的美学思想中占有非常重要的地位。普希金曾经认真研究过相关的问题，曾关注过法国浪漫主义者与古典主义者的论战。普希金认为自己写下的悲剧是真正浪漫主义的，因为他在作品中表现的是对民族历史真实性及心理真实性的渴望，对重现历史久远年代客观现实的渴望。"由于普希金世界观的演变，尤其是哲学见解的演变，他的美学思想与浪漫主义作家相比充满了新的内容。"（Карташова，1972：34）对于普希金来说，历史是在其客观现实发展的过程中展开的，没有那种浪漫主义的神秘、奇迹等。《鲍里斯·戈都诺夫》一剧的产生正是基于其浪漫主义探索。普希金所谓的"真正的浪漫主义"正是新的现实主义原则的确立。

《鲍里斯·戈都诺夫》的浪漫主义表现在其自由的、富有动感的结构上。其场景的转换自然而又自由，生活呈放射状地展现于事件的发展中。悲剧的结构能明显让人感觉到时间前进的步伐。形式上散文体与诗体的交替使用，悲剧的动感性原则决定了其历史性的多样化。严格遵循历史，从内部再现历史时代，同时也贯穿着一种现代感。《鲍里斯·戈都诺夫》中过去的一些东西不知不觉地接近于现代的，正因为如此，未来似乎被创造出来了。普希金的悲剧并没有结束，他似乎开启了通往未来的道路。该剧结束时的情景说明写道："众百姓沉默无言。"（Пушкин，1968：92）这里应隐藏着一种预言，关于未来社会大变动的预言。普希金成功地使用了综合表达现实的手段。

《鲍里斯·戈都诺夫》的戏剧冲突也是源于浪漫主义：杰出的悲剧性个人与社会的冲突。在《鲍里斯·戈都诺夫》一剧中明显感觉到不同寻常的悲剧性浪漫主义主人公所具有的"叛逆"的激情。戈都诺夫这一形象非常复杂，具有双重个性，处于善恶之间，是悲剧性历史条件下的牺牲品。然而，冲突的本质及其解决悲剧的方式，整体上看，并非浪漫主义式的。如果说浪漫主义作家对冲突的解决首先是哲学范畴的，如个人反对整个宇宙；那么，普希金的悲剧冲突则具有社会特征。许多研究者认为，《鲍里斯·戈都诺夫》一剧中个人与人民、历史之间的相互关系是基于现实主义的理解的。冲突的解决与历史进程中客观人物的主张相关，与对历史进程中人民的决定性作用的认可相关。因此，可以说《鲍里斯·戈都诺夫》一剧获得了新的内容，悲剧性的确定并非一些不幸事件的不幸结合，而是个人行为与历史客观发展运动的不相符合。鲍里斯主观上可以说是高尚的，并真诚希望自己的人民幸福，是一个英明的掌权者，但他却悲剧性地误入歧途，没有考虑到现实生活的需求，因此他被历史的浪潮所淹没。剧中普希金与舒伊斯基有这样的对白："你看他想把尤里节取消……老百姓好过吗？你去问问老百姓看，只要自称为皇的人答应给他们实行古时候传下来的尤里节，那就要天下大乱。"（普希金，1994：327）可以看出，普希金以这种方式来发展浪漫主义作家所提出来的艺术中的历史思想与民族色彩这一倾向。如果对于十二月党人作家来说，这是没有实现的理想，那么普希金则在自己的悲剧中实现了这一理想，并进行了完善。他进入了久远的历史时代精神中，并展示了民族文化特色。

普希金在创作《鲍里斯·戈都诺夫》一剧之时一直思索艺术规律问题，这与浪漫主义美学艺术思想紧密相关。就浪漫主义美学原则、浪漫主义情绪来说，莱蒙托夫的戏剧与普希金的戏剧有相似之处。在莱蒙托夫的《人与激情》和《怪人》中，主人公的悲剧发展是以残酷的农奴制为背景的。莱蒙托夫的悲剧特征是：个人的悲剧是在人民的悲剧基础之上展开的。在悲剧的发展过程中似乎让人感觉到，主人公的痛苦源于人民的痛苦。莱蒙托夫戏剧中爱情的冲突与矛盾是与农奴制体制下基本的阶级矛盾相联系的。个人的悲剧只是其矛盾的表现形式，在莱蒙托夫主人公的痛苦中可以感觉到人民无声且无奈的痛苦。尽管这样的场景没有成为戏剧事件的主体，没有直接进入到事件的发展中来，但在某种程度上却暗示了戏剧冲突的根源。农奴制的剥削，农奴主对农奴的挖苦、嘲笑乃至对农奴肉体的折磨、个性的侮辱等，这些场景尽管在整个戏剧中占有极少的比例，却可以极有力地抓住读者或观众的心。主观与客观、个人与社会的冲突，表面上的爱情悲剧实则暗示着社会的政治悲剧。与普希金相似的是，莱蒙托夫的浪漫主义也并不缺少现实的历史内容，并不缺少真实的历史冲突感。他的浪漫主义也面向未来，因他真实地感觉到了社会的矛盾，并预见到在历史发展的舞台上必然会出现一些新的人物，他预见到了群众运动的开端。可以说，莱蒙托夫的浪漫主义也具有现实性，是正在寻找现实主义的浪漫主义。尽管莱蒙托夫悲剧中有与古典主义悲剧解决冲突相似的手段，即悲剧冲突往往以主人公的死亡来解决。但莱蒙托夫浪漫主义悲剧中主人公的死亡并非结局，而是与旧制度斗争的开始，这不是对冲突的解决，而是一种符号，是对真正解决历史冲突的强烈呼唤，这并非战斗失败的尾声，而是人民为自由解放而斗争的伟大战役的序曲。

三 同涉西方经典

莱蒙托夫与普希金在对西方艺术的借鉴上有所不同。普希金在开始戏剧创作的时候已经对英国及德国文学非常熟悉了。他极其钦佩并热爱的戏剧家是莎士比亚："普希金在比较两位最伟大的西方戏剧家莎士比亚与莫里哀时，更喜欢莎士比亚。"（Литвиненко，1974：254）正是在比较这两位戏剧家时，普希金基本上确立了现实主义艺术的基本特征：生活的真实性、多面性，表现现实的广泛性等。普希金摒弃古典主义原则及浪漫主义的极端部分，开始关注更为自由的莎士比亚式的悲剧。莎士比亚之所以吸引普希金，是因为其戏剧的冲突规模大，以及剧中人物具有现实性，人物类型的设计很随意也很简单——正是在这样的特征中普希金看到了鲜明的舞台性及情感的感染力。普希金在莎士比亚的戏剧中找到了真正浪漫主义悲剧的样板，不是一个场景替换另一个场景（如古典主义戏剧那样），不是作者的思想，而是主人公性格及其性格之间的冲突来推动事件的发展。在莎士比亚的戏剧中没有纯粹的体裁和性格，悲喜场景交替使用普通百姓的语言，展现各种各样的生活与人的多面性。"在对待生活的态度上，在创造性格上，在戏剧原则上，他都极力追随我们的戏剧之父莎士比亚。"（Карташова，1972：30）普希金学习莎士比亚所展示的那种情感辩证与发展手段，学习他表现人物的内心世界，学习他摈弃个人的喜好与观念，并接受了他的戏剧体系；但普希金并非盲从，他学习的是艺术手段的使用，而非简单的模仿。普希金时代作家所面临的问题是一些新问题，这要求用一些新的手段来解决，普希金深刻地意识到了这一点。因此，普希金笔下的戏剧人物并没有像莎士比亚笔下的人物那样被夸张化，没有对个别人物进行极度浪漫主义的展现。

对于莱蒙托夫来说，莎士比亚的名字是神圣的。在莱蒙托夫的评价中："莎士比亚是不可限量的天才，他可以穿透人心，可以参透命运的规律。"（Бердников，1961：180）他认为莎士比亚的伟大在于哈姆雷特，他的不可模仿性也在于哈姆雷特。在莱蒙托夫对哈姆雷特的认知中，哈姆雷特是一个具有坚强意志的人。这样的认知与当时批评界对哈姆雷特的认知不同。德国诗人歌德得出了一个后来成为传统认知的界定：哈姆雷特是使命感意识下意志软弱的人。但这并没有影响到莱蒙托夫的理解。从人物个性刻画的角度看，莱蒙托夫与莎士比亚有相似的地方，他们都更加关注人物本身，包括人物性格的形成与发展、人物隐秘的内心世界、其激情彰显的功能等。普希金的戏剧更加关注事件的发展，历史感浓重。在莱蒙托夫的戏剧中明显可以感觉到人物是主体，而事件似乎是背景，是衬托；而普希金的戏剧中人物似乎是背景，事件则相对更加凸显。如果说莎士比亚创造了一个意志软弱的哈姆雷特，那么莱蒙托夫所塑造的主人公同样是软弱的，尽管表面上看这些人物是强而有力的，具有惊人的破坏力，如《假面舞会》中的叶·阿尔别宁和《两兄弟》中的亚历山大等。他们分别采取了破坏行动，实现了预计的报复行为。但这恰恰体现了他们灵魂的软弱，因为他们做到了以恶报善，却未能实现以善报善，他们有足够的力量去破坏，却没有足够的力量去建造。他们有足够的能力去伤害别人，却没有足够的能力战胜自己，因为战胜自身的恶需要更大的力量。软弱的灵魂注定遭受悲剧性的结局。尽管莱蒙托夫希望自己的主人公是坚强的，也赋予他们以反抗的力量，与社会不公正斗争的力量，但最终他们反对与破坏的对象并非真正敌对的对象，而是自己的幸福。因为恶支配下的意志使他们无法正确判断自身行为的方向。

四　剧本之舞台宿命

普希金的第一部完整戏剧《鲍里斯·戈都诺夫》与莱蒙托夫的《假面舞会》从创作到发表到上演有相似的命运。在写完《鲍里斯·戈都诺夫》之后，普希金在给维亚捷姆斯基（П. А. Вяземский）的信中写道："书报检查机关不会放过它的，茹可夫斯基说，沙皇会宽恕我的悲剧的，但亲爱的，也未必。尽管悲剧的精神是好的，但我却无论如何都不能让自己的耳朵耷拉在傻瓜帽子的下面。"（Дурылин，1951：67）事实证明，普希金预见到了其悲剧作品的悲剧性命运。毕竟，这部历史悲剧所反映的思想中包括对专制制度的控诉。1826 年 12 月下肯道尔夫将《鲍里斯·戈都诺夫》一剧呈给尼古拉一世，他写道："至少这部剧不适合于舞台。"（Дурылин，1951：67）尼古拉一世建议普希金重新改编其剧，以必要的清理手法将其写成类似于沃尔特·司各特的历史小说。直至 1831 年，尼古拉一世才准许出版《鲍里斯·戈都诺夫》一剧，但对于剧院来说，这一剧本仍然是被严格禁演的。正如莱蒙托夫的《假面舞会》创作于 1835 年，几经审查修改，第一次发表是在诗人死后的 1842 年。而两位诗人剧本的最终获准上演命运也是相似的。俄罗斯一些优秀的演员曾为两剧的上演做出了非常大的努力。《鲍里斯·戈都诺夫》刚一面世，女演员瓦尔别尔霍娃就请求诗人准许其演出该剧的一或两个片段。同样是这位卓越的女演员，为争取《假面舞会》上演与检查机关斗争了很久。然而，为两剧上演而斗争的结果是不一样的。刚开始，《鲍里斯·戈都诺夫》一剧的片段都是遭到禁演的，尽管普希金非常想在舞台上看到自己创作的戏剧，但最终，他连一个片段都没有看到。该剧的第一次上演是在 1870 年，在彼得堡的马林斯基剧院，当然，在时间上要晚于《假面舞会》的首次上演，而且悲剧的结构遭到了破坏。在瓦尔别尔霍娃的努力下，《假面舞会》的个别场幕于 1852 年和 1853 年分别在彼得堡的亚历山大剧院和莫斯科的小剧院上演。直到 1862 年,《假面舞会》一剧才被完整搬上舞台。

两位作家都没有在有生之年亲眼看到自己的剧本被搬上舞台,毫无疑问,这与当时的时代政治背景紧密相关。有人甚至会因此而认为他们作为戏剧家是失败的。然而,经典具有永恒的生命,此后的百余年间,直至今日,这两部剧仍然活跃在俄罗斯乃至世界的戏剧舞台上。

别林斯基曾把普希金比喻为吸纳百川的大海,他吸收了前人的一切成果,一切普希金之前或大或小的文学现象。莱蒙托夫面对的不仅仅是文学百川,在他面前还有普希金这样的汪洋大海。莱蒙托夫与普希金在创作上的亲缘关系体现在不同体裁的作品中,而我们所展现的仅仅是两位作家创作中容易被人忽视的一部分——戏剧创作。作家之间的影响与联系问题向来复杂难解,但任何一种与之相关的研究尝试都是对俄罗斯文学中这两位重量级代表人物的缅怀。

参考文献

Пушкин А. С. , Драматические произведения. Ленинград: «Детская литература». 1968.

Бердников и др, Г. П. Русские драматурги Ⅷ—ⅩⅨвв. Монографические очерки в трёх томах. Том 2. Л-Москва: Искусство. 1961.

Карташова И. В. , Романтизм и Формирование драматургической системы Пушкина («Борис Годунов») //А. В. Студецкий. Романтизм в художественной литературе: сборник статьей. Казань: Издательство. Казан. ун-та. 1972.

Литвиненко Н. Г. , Пушкин и театр. Москва: Искусство. 1974.

Дурылин С. Н. , Пушкин на сцене. Москва: Академия Наук СССР. 1951.

顾蕴璞:《普希金与莱蒙托夫》,《俄罗斯文艺》1999 年第 2 期。

〔俄〕普希金:《普希金小说戏剧选》,卢永选编,人民文学出版社,1994。

原文载于《俄罗斯语言文学与文化研究》2013 年第 3 期

陀思妥耶夫斯基与俄罗斯宗教人类学

王志耕*

摘 要： 陀思妥耶夫斯基继承了俄罗斯文化中既有的宗教人类学观念，将解读人的奥秘视为自己的使命，又以艺术探索的形态建立起自己的人类学体系，其中包括：肯定人的神性，通过对"自由"概念的解读说明人的形而上存在状态，并试图提出一个最终解决现世之恶的拯救方案。尽管这一思想因其宗教绝对性而无法具备实际意义，但它却丰富了俄罗斯思想和整个人类的精神宝库。

关键词： 陀思妥耶夫斯基　宗教人类学　神性　自由

陀思妥耶夫斯基在 18 岁的时候就说："人是一个秘密。应当猜透它，即使你穷毕生之力去猜解它，也不要说虚度了光阴；我正在研究这个秘密，因为我想做一个人。"（Достоевский，1985：63）从此之后，他真的以自己毕生的文学实践去探索人的奥秘，在这一过程中，他继承了俄罗斯既有的宗教人类学资源，并以自己的创作助成俄罗斯现代正教人类学观念的确立。如正教思想家别尔加耶夫所说："陀思妥耶夫斯基首先是一个伟大的人类学家，一个研究人性及其隐秘的专家。他的全部创作都是人类学的尝试和体验。陀思妥耶夫斯基不是一个现实主义艺术家，而是一个实验者和人性的经验形而上学的创造者。陀思妥耶夫斯基的全部艺术都在于人类学探索与发现的方法。"（Бердяев，1994：152）

---

* 王志耕，南开大学教授、博士生导师。

一

　　应该说，俄国的文化传统并没有形成自己完整的人类学观念，基督教义对统一性（единство）的强调往往将个体的人消解于无形。但是，如森科夫斯基所说："如果一定要给俄罗斯哲学做出某些总体定性（就其自身而言将无法做得准确周延），我首先会推举出俄罗斯哲学探索中的人类中心主义（антропоцентризм）。俄罗斯哲学不是上帝中心主义（теоцентризм）的（尽管其代表人物中有很大一部分具有浓重的宗教品性），也不是宇宙中心主义（космоцентризм）的（尽管自然哲学问题很早就引起了俄国哲学家的兴趣），俄罗斯哲学占主导地位的命题是关于人的，关于人的命运与历程，关于历史的意义与目的。"（Зенковский，1991：16）也就是说，无论如何，在俄罗斯文化中对人的关注是其核心内容。如18世纪的宗教哲学家斯科沃罗达就已建立起自己明确的人类学观念，他将人视为"上帝火花"（искра Божия）和"圣灵"的隐藏之所。尽管他在人类本体论上是一个二元论者，即认为每个人内心深处都有"神之国"和"恶之国"两种元素的争斗，但他对人自身神性始基的强调可称是俄罗斯特有的基督教人本主义的滥觞（Зенковский，1991：64-81）。

　　到了19世纪，由于西方哲学尤其是德国哲学的影响，有关个性的话题在俄罗斯开始为广大知识阶层所关注。然而在德国唯心主义哲学流入俄国的同时，俄国人对人的理解更多地倾向于对人性恶的关注。如谢林的恶本源说，他将恶的始基归于上帝，人作为上帝的造物也不可避免地接受了恶因。因此，个体与恶便具有了密不可分的关系。这一观点影响深远，如К. С. 阿克萨科夫便宣称："个性之始便是恶之始。"（Белопольский，1987：34）另外，斯拉夫派往往把西方所理解的个体（индивидуум）视为个体主义（индивидуализм）而加以否定。如И. В. 基列耶夫斯基就把对西方的批判与对俄国社会的美化联系起来，他说："基于西方文化的部分的、个性的独特意识，就像社会专制一样，在我们这里很少为人所知。人属于世界，世界属于人。土地私有在西方是个人权利的根源，在我们则是社会的属性。个人不仅参与所有权，同样也融入到社会的构成之中。"（Киреевский，1979：148）Н. Ф. 费奥多罗夫深受基列耶夫斯基观点的影响，他在批判资产阶级文化的同时，将个性原则与类属（родовое）原则加以对立，他的口号是："个性解放唯有对共同事业的背弃。"他的理想是重新确立一个人类的共同的乌托邦，一个过去、现在、未来的全人类的统一体，个人的幸福只有与全人类的幸福统一起来才有可能实现。甚至他在否定个体的同时也否定了利他主义，因为利他主义同样是为了另一个体，"生活不应当是为自己和为他人，而是与所有人一起并为所有人而生活"（Фёдоров，1982：254）。

俄国第一个明确为个性辩护的是 П. Я. 恰达耶夫。作为一个宗教哲学家，他也强调普遍目标，但他认为在这一目标的实现过程中，个体使命却起着决定性的作用。他在其著名的《哲学书简》中说："在基督教中，应该区分出两种完全不同的东西：它对单个个人的作用和它对普遍理性的影响。这两种东西在高等理性中会自然地交融，并不可避免地走向两个不同的目标。但是，这一神的智慧之永恒使命的实现期限，却不能被我们有限的目光所包容。因此，我们应当将在人的生活中某一特定时间显现的神的作用与在永恒中完成的一切区分开来。在那一天，当赎罪的事业最终完成，所有的心灵和大脑都汇流为同一种情感、同一种思想，那时，使各个民族和各种宗教相互隔离的所有墙壁都将倾塌。但是今天，每个人都必须清楚自己在基督教的普遍使命中所处的位置，也就是说，他能在身内和身外找到什么手段来促进全人类所面临的那一目标的实现。"（恰达耶夫，1999：17）在恰达耶夫看来，个人应以其有限理性实现普遍理性或无限理性的目标，人的有限理性也已表明他是一种精神的存在，并在普遍目标的实现过程中获得自身充分的价值。如他在《箴言集》说的，"毫无疑问，随着时间的推移，个人智慧在其自由天性的作用下应该获得解放，脱离泛世的理性，作为一个主体获得发展，从这一时刻起，充分的无知就会成为个人存在向普遍存在的不可避免的回归，堕落的'我'将再生。……在人们那赎罪的牺牲被带向他的那一天，世界的理性被放置进了个人的理性，并永久地在其中占据了一个位置。从此之后，人便开始能动地具有了绝对的善和绝对的真理"（恰达耶夫，1999：118）。

别林斯基则从辩证的角度来看个人与整体的关系，他认为："人民之外的个人是一个幻影，而个人之外的人民同样也是一个幻影。两者互为条件。人民是土壤，它蕴含着所有文化的生命汁液；个人则是这一土壤上的花朵和果实。"

（Белинский，1956a：368）但在个性受到专制制度压抑的时代，他更为突出个性的重要性，将其视为社会进步的促进力量，他呼吁道："该是将不幸的人的个性从不合理现实的桎梏中解放出来的时候了。"（Белинский，1956b：13）而赫尔岑面对黑暗的农奴制，主张在俄国恢复村社（община）制度，从而给个性以充分发展的空间。他说："我们正在跨进的新时代的任务是，在科学的基础上有意识地发展我们村社自治的成分，使个人获得充分的自由，绕过西方文化不可避免地盲目经过的那些过渡形式。我们的新生活应当把这两种遗产融为一体，以使自由的个性挺立于大地之上，使村社成员成为充分自由的个体。"（Герцен，1957：183）与这些无神论者殊途同归的是，著名神学家霍米亚科夫的人类学观点也带有明显的宗教辩证色彩。他认为"单独的个性是极为脆弱的，是一种不可调和的内在无序"，只有在与社会整体建立的充满活力并具有健康道德的关系中，个性才能获得力量，即单独个性的价值体现在与"精神教会"的"聚合"（соборнование）之中（Хомяков，1995：279）。

我们应当看到，即使是阿克萨科夫等人否定的也只是欧式的个体主义，而并非个性存在的意义，在这一点上，斯拉夫派与西欧派并无本质上的区别。而在 19 世纪中后期，以索洛维约夫为代表的新派神学家开始以还原基督教义的主张建立一种正教人道主义①，从而充分肯定了个性的神圣意义。索洛维约夫在其著名的《神人类讲座》中否定了天主教对个性的漠视，他说："天主教是最高的原则，是普遍原则，它要求部分的和单一的原则服从自己，要求人的个性服从自己。但是，成了外部力量之后，它就不再是最高原则了，因此丧失了对人的个性的统治权力（因为人的个性拥有内在的力量），事实上的统治只能是暴力和镇压，这就引起了个性的必然的和公正的反抗，新教的意义及其合理之处就在这里。"此后他明确提出："绝对的神的原则与人的个性之间自由的、内在的联系之所以可能，只是因为人的这个个性自身有绝对的意义。人的个性自由地、内在地与神的原则相连，只是因为人的个性自身在一定的意义上是神性的，或准确地说，参与神。人的个性，不是一般意义上的人的个性，不是抽象的概念，

---

① "人道主义起源于基督教"这一重要命题在三联书店版的《俄罗斯思想》中被错译为"基督教起源于人道主义"，这不仅是对原文的误解，更是对别尔加耶夫思想的误解及对基督教与人道主义关系的混淆。这也许是那个译本举不胜举的错译之中最重要的一处。

而是现实的、活生生的个人，每一个个别的人都有绝对的、神性的意义。基督教与当代世俗文明在这个论断上是一致的。"（索洛维约夫，2000：16～17）洛斯基对索洛维约夫的评价是："索洛维约夫的哲学就其性质来说乃是人本中心主义的。人是受造物的顶峰，世界的再生是上帝与人一起实现的，而人同样体现着神的人性思想。"（洛斯基，1999：130）

对于《圣经》，尤其是《新约》中所体现出来基督教人类学思想，人们有一种习惯的错误理解，尤其是当我们在谈论文艺复兴与人文主义时，一般都认为，基督教把人视为上帝的奴仆，人在上帝面前是绝对服从的，人没有自己的意志，基督教伦理学以放弃自我的需求为至善，等等。这其实并不是基督教的基本教义，而是历史教会的误导。因为教会在历史的形成过程中逐渐成为一种权力机构，而为了维持这一权力机构的运作，它必然也会像世俗政权一样，要创造一种有利于统治的学说。并且较世俗政权而言，教会建立这样一种学说有着天然的优越条件，他们可以借助上帝的名义将他们的思想塞进神圣教义之中。而"人"也就是在这样的背景下被贬抑的。别尔加耶夫指出："历史上基督教的人类学在讲到人时几乎无一例外地将其说成有罪者，需要教他们学会如何救赎。只有在尼斯的格列高利那里能够找到较为高深的关于人的学说，但在他那里，人的创造尝试仍旧没有得到领悟。"而真正的基督教"宣传的是人的上帝形象和上帝类似，以及上帝的人化。关于人、关于人在宇宙中核心作用的真理即使在基督教之外被揭示出来时，它仍然有着基督教的根源，离开了基督教，这一真理便无法领悟。……把基督教与人道主义对立起来是错误的。人道主义起源于基督教"（Бердяев，1990：127–128）。

俄罗斯正教人类学观念在19世纪末和20世纪初得到进一步完善，它在神正论（теодицея）的基本阐述中隐含了深刻的人正论（антроподицея）观念。如谢·布尔加科夫在其代表作《亘古不灭之光》中就以近一半的篇幅专论"人"，以确立一种新型人正论思想。他说："对人的上帝形象应当现实地去理解，就像某种重复，它无论在任何情况下也不是对原型的同一化，相反，它不可避免地将有别于原型，但与此同时，它在本质上与之相联系。这种形象与原型之间的关系的现实性由圣经叙述中的特点可以见出，上帝向人体吹入气息，于是这时便发生了某种神性的导出，产生了创造性辐射的种类。因此，人类可径直称为神的种类。"（Булгаков，1994：242）基于这一理解，作为受造物的人便具有了某种绝对的意义。或者说，他既是绝对中的相对，也是相对中的绝对；他既是受造物，也是非受造物（не-тварь）。由于人具有了神的形象与气息，他便成为潜在的神。从"道成肉身"的学说来看，基督降临使神性的完满归于了人的身体，而同时，基督具有了充足的人性（基督一性论在正教看来是异端邪说），由此而言，他既是天上的主，也是地上的主，因此，人具有完满的神的形象，而由神性所揭示的一切在某种意义上也是人性的。人除了拥有上帝的形象之外，还具有"上帝类似"（богоподобие）的品质，就是说人具有延续上帝创造的使命与能力，他会继续自身与世界的创造性活动。因为人的神性是潜在的，是一种必然性与指定性，而不是现实性的，所以他尚有继续完善与创造的空间，人因此而成为悖谬性的一种存在。布尔加科夫在谈到这一点时说："人是按照上帝的形象和类似创造出来的。人被赋予了上帝的形象，这一形象放置于人，就成为人存在的不可消除的基础，所谓类似是指那些在这个形象基础上实现为人的、作为人的生命任务的东西。人在创造时不可能一下子就成为完善的生命体，在这个生命体中，形象与类似，理想与现实，都应是彼此相适应的，这样的话，他就可能在本质上，而不是在天赐和相似上成为上帝。但这样一来，人类生命无论什么样的自我存在都无从谈起。人的形象与类似的不符，更确切点说，他的潜在性和现实性、此在性和指定性的不符，构成了人的独特性，他以自己位格的自由而形成陷于某种不确定性的理想形象。不仅人的肉体承受着地上尘土的重量，而且人的灵魂也仿佛被淤泥所累。"（Булгаков，1994：268）这样，他不仅为人的神性正名，也为人类对恶的选择做出了合理的解释。

二

正因为有着这样的宗教人本主义文化基础，陀思妥耶夫斯基的创作才表现出了对人的浓厚兴趣，而当他面对人类信仰堕落的现实时，更是以自己深刻的艺术表达昭示出隐藏在"人身上的人"——人的神性始基。

在陀思妥耶夫斯基心目中，人民与正教是息息相关密不可分的，他说："俄罗斯人民全部处于正教和正教的思想之中。此外在他们的内心和手中别无所有——当然也不需要别的，因为正教就是一切……谁不懂得正教，谁就无论何时、无论如何也无法懂得人民。"（Достоевский，1984：64）不懂得人民也就不懂得人，当然也就无法弄懂人的奥秘。因此，探索人的奥秘的前提是理解正教的人类学观念，而陀思妥耶夫斯基对此的归纳很明确：基督教的主要思想之一就是"承认人的个性及其个性自由"（Достоевский，1981a：37），而人所秉有的这种个性便是由神性派生出的种种美好品性。他在《作家日记》中曾讲述过他参加一次生日舞会时的情景，他面对着舞厅中旋转的人群，突然由内心生出感叹："如果所有这些可爱而可敬的客人哪怕只有一瞬间想到要成为一个真诚而质朴的人——那么这个令人憋闷的大厅将会一下子变成什么样啊？如果他们每个人突然间洞悉了这一秘密，那将会怎样？如果他们每个人突然间懂得，在他们身上蕴含着多少真情、尊严、最为真诚而发自内心的快乐、纯洁、高贵的情感、善良的愿望、智慧（何等的智慧啊!）、最为巧妙而最富感染力的机敏，这些就存在于他们每个人身上，毫无疑问，是在每个人身上!"陀思妥耶夫斯基这里所揭示的其实就是那个隐藏在"人身上的人"可能显现的现实品质。但这个"人"是潜在的，是不断实现着的"人"，它不是当下显现与完成的，因为它的"上帝类似"决定着它仍是肩负"任务"的，是处在走向完善阶段的。这一过程需要人的自省与努力，而这正是陀思妥耶夫斯基所忧虑的，因为人在历史尘灰的遮蔽下很难意识到这一点。所以他同时说："可敬的人们，在你们每个人身上，这些都存在和蕴含着，而你们不管哪个人，不管哪个人，都对此毫无觉察!啊，可爱的客人，我发誓，你们每一位先生和女士都比伏尔泰更聪明，比卢梭更富有激情，比亚西比得、唐璜、卢蕾齐娅、朱丽叶和贝雅特丽齐更富有无与伦比的魅力!你们不相信你们会如此之美吗？可我实话对你们说，无论莎士比亚，无论席勒，还是荷马，假如把他们放在一起，也不会找到任何像此刻在你们中间，就是在这个舞厅中可以找到的那种美好的东西。说什么莎士比亚!在这里本来有着我们的哲人们做梦也想不到的东西。但不幸的是，你们对你们自己是何等之美却一无所知!知道吗，甚至你们中的每个人，只要他愿意，他立刻就会给这个大厅里所有的人带来幸福，使所有的人都自我陶醉。你们每个人都具有这样强大的力量，但它隐藏得是如此之深，以至于它早已变得令人难以置信。"（Достоевский，1981b：12 – 13）小说《群魔》中基里洛夫有一句后来成为陀思妥耶夫斯基名言的话："人之所以不幸，是因为他不知道他是幸福的；仅仅是这个原因。这就是一切，一切!谁要是明白了这一点，他此时此刻马上就会变得幸福起来。"联系上述《作家日记》中的感慨，就知道基里洛夫的话恰恰是陀思妥耶夫斯基心声的吐露，而且是与正教人类学相一致的。

陀思妥耶夫斯基在为《群魔》所准备的材料中借助沙托夫之口说："基督的降临是为了让人类懂得知识，懂得人的灵魂的本性可以在那种天国的光芒中显现，实际上就是在肉体中，而不是仅仅在幻想和理想中，这是自然而然的，也是可能的。大地因此而得以获证。基督的追随者们崇拜着这闪耀灵光的肉体，在最为残酷的痛苦中证明着，在自身的这个肉体中负载着何等的幸福，仿效着这一形象的完善并信奉着肉身的他。"（Достоевский，1976：112－113）在正教"道成肉身"的思想中，作为基督的"神人"体现了上帝对人的拯救与激励，他以肉身化形式预示了人的得救，昭示人应在基督的受难中体味到自身的堕落，基督的复活则象征着人在灵魂被遮蔽状态下的新生。在陀思妥耶夫斯基的作品中，基督降临的形态是通过一系列受难者的形象而得以显现的，如《穷人》中的杰武什金和瓦尔瓦拉、《罪与罚》中的索尼娅等。作者借助这些肉体卑微，甚至"堕落"的形象所要说明的是，神性就存在于苦难与低贱的肉体之中。而他们的神性就体现在心灵的宁静与个性的独立中。如弗里德连杰尔所说的，这已"不是内心简单而肤浅的'穷人'，而是复杂并且有独立思维的'穷人'"（Фридлендер，1987：9）。而就在这独立性之中，作家要在这些小人物身上发掘出大人物的潜质，发掘出在世俗秩序中处于底层的人内心世界的神性同构。如别尔加耶夫所说："陀思妥耶夫斯基道德世界观的核心是，承认任何一个人的生命的绝对意义。最为卑下者的生命与命运面对永恒也具有绝对意义。……最堕落的人类生命也保留着上帝形象和上帝类似。陀思妥耶夫斯基的道德情致就在于此。不仅'大人物'——有着高尚'思想'的'卓尔不群'之人，如拉斯科尔尼科夫、斯塔夫罗金、伊万·卡拉马佐夫，具有绝对的意义，就是'小人物'比如马尔梅拉多夫、列比亚特金、斯尼吉廖夫，或者可憎的放高利贷的老太婆，也都具有绝对的意义。"（Бордяев，1923：106－107）此外，即使在那些神性已被遮蔽的人身上，仍会有"上帝的火花"最终闪现。陀思妥耶夫斯基始终坚信，尽管有的人彻底丧失了实现上帝类似的能力，但是，上帝植入其内心的神圣的种子是永存的，上帝在人之初对他所讲的话语同样将在他的记忆中永存，这一记忆必将伴随他走到个体时间的尽头。斯麦尔佳科夫从杀人走向自杀便是一个完整的阐释。斯特拉霍夫回忆道，陀思妥耶夫斯基较所有人都更为大胆地去描绘生活的阴暗画面，去刻画人类灵魂的种种堕落，然而他并没有成为一个邪恶的宣扬者，这根本就在于"他坚定地相信自己，相信人"。"陀思妥耶夫斯基之所以如此大胆地将低贱的和可怕的人物、将种种灵魂的痛疽搬上舞台，原因是他善于或者自认为善于对他们做出最高的审判。他在最为堕落与扭曲的人身上发现了神性的火花；他捕捉着这种火花最微小的闪烁，并从我们惯于蔑视、嘲笑和厌弃的现象中洞悉灵魂之美的特征……这种柔情的高度人道精神堪称他的缪斯，正是这缪斯给了他衡量善恶的标尺，他就带着这把尺子深入一处处极为可怕的灵魂的深渊……"（Бурсов，1974：31）

陀思妥耶夫斯基在俄国前所未有地描写了恶，但其根本的目的不是要完成一个"自然派"的任务，而是要探寻人类神性火花的显现方式与程度。"人神"（человекобог）之路在陀思妥耶夫斯基的心目中是人类之恶的根本性体现，拉斯科尔尼科夫的"犯罪有理"、基里洛夫的独立意志，都将人引向对上帝的背离。但是，"上帝的火花"是不会在任何人身上熄灭的，拉斯科尔尼科夫最终皈依福音，而基里洛夫的自杀也并未说明人是可以完全脱离上帝意志的。基里洛夫在自己的房间里摆放耶稣像，并在像前点燃蜡烛，在别人看来，他比神父更信基督，然而，他只不过是把基督作为一种对象，一种模仿的对象，而不是崇拜的对象，因为他自己要做基督，他要向上帝证明他不需要上帝。他要靠自身的力量证明："要是上帝存在，那么一切意志都是他的意志，我也不能违背他的意志。要是他并不存在，那么一切意志都是我的意志，我也必须表达自己的意志。……难道整个地球上就没有一个人在抛弃了上帝并相信了他自己的意志以后，敢于在最重要的问题上表达他自己的意志？这就像一个穷人，一旦获得一笔遗产却害怕起来，认为自己渺小无能，不配把它拥为己有，因此也就不敢走近这一袋黄金。我可要表明自己的意志。哪怕只有我独自一人，但我还是要这么办。"那么，基里洛夫如何表达自己的意志呢？显然，他无法像基督那样拥有创造奇迹的能力，于是他选择了向上帝最有力的武器——死亡挑战，他要以自杀来表明他的"独立不羁"和"新的可怕的自由"，从而证明上帝对人的统治已经失效，人可以脱离上帝而存在。但是，请注意，在基里洛夫自杀之前有一个细节或许是容易被忽略的，那就是韦尔霍文斯基走近他时，他竟疯狂地狠狠咬了韦尔霍文斯基的手指一口，此后高喊了一连串"马上"才开枪自杀。这个细节告诉我们，他是在极度的恐惧之中自杀的，他并不能彻底控制自己的意志。

根据上面我们所引述的他的话，反过来也就证明，如果他不能完全控制自己的意志，则说明并非一切意志都是"我"的意志，于是这就说明上帝的意志仍然存在于基里洛夫的潜意识之中。这一形象与其说是陀思妥耶夫斯基对"人神"之路的否定，不如说他要借此说明"上帝的火花"是永恒的，耶稣基督随时会在每一个肉体上降临。

三

但陀思妥耶夫斯基毕竟不能仅凭对人的神性的肯定来建立完整的人类学观，他必须面对现实之恶。而从这里出发，他对俄罗斯的正教人类学做出了重要贡献，就是对自由这一命题的艺术阐释。别尔加耶夫指出："对陀思妥耶夫斯基来说，关于人及其命运的论题首先是关于自由的论题。……自由在陀思妥耶夫斯基的世界观中居于最核心的位置。他最隐秘的情致便是自由的情致。令人吃惊的是，对陀思妥耶夫斯基的研究尚未充分意识到这一点。"（Бердяев，1923：64）俄罗斯19世纪关于人的本体论观点在很大程度上受到谢林哲学的影响，即认为人自身存在恶的本性。谢林在人的问题上不是一个二元论者，他并不认为善与恶的始基分属于上帝与撒旦，他对善与恶的理解其实是辩证的，在他看来，恶甚至也不具有单独的始基，恶在某种意义上是善的扭曲与变异，因此，既然善是上帝本身所固有的，则恶同样如此；而人作为上帝的造物也先天地秉有了恶的本性。这种恶的本性体现为人不仅是整体和类属意志的载体，也是部分与个体意志的载体，而后者则构成了恶的倾向（Белопольский，1987：19）。谢林借助意志（воля）的概念将人的问题引向了对自由（свобода）的辨析，而陀思妥耶夫斯基也就是在自由这一问题上为俄罗斯正教人类学做了重要的补充。

世俗的自由这一概念本身是相对的，它只有在"戒律"中才能体现。或者可以说，假如上帝不为人类始祖制定戒律的话，人是无法意识到自身具有什么样的自由的。如布尔加科夫所说的，"上帝给人制定了律法或戒条，以唤醒人对其受造物的自由的意识：'主上帝吩咐他说：园中各样树上的果子，你可以随意吃，只是分别善恶树上的果子，你不可吃，因为你吃的日子必定死。'（《创世记》2：16－17）如果上帝说在制定戒条的时候已看到了人的任性妄为，这是不可能的；相反，戒条强调指出了人作为受造物的与其必然性相关的自由，也正因为有了戒条这个'绝对命令'的存在，人才得以表现自己。戒条的内容是由人对世界的关系导出的"（Булгаков，1994：269）。然而人的不幸就源于他对自由的错误理解，他在世界的种种诱惑面前歪曲并滥用了自身所携带的神性，从而导致了恶的产生。人也由此而成为形式上的双重人格（двойник）。

陀思妥耶夫斯基在他的整个生命历程之中一直在思索人的两重性问题，他青年时代的第二篇小说便是《双重人格》，可见那时他已对这一问题有了深入的思考，并急于通过艺术形象将其表现出来。而到他晚年的时候这一问题仍在困扰着他。一方面，他认为两重性是人的普遍特点，而人能够意识到自身的两重性则是一种道德的必要，其实也就是最终使自身获得救赎、归于神圣统一的必要。1880 年一位年轻女画家写信给陀思妥耶夫斯基，请教她自身感受到的两重性问题，他在回信中说："您身上的这种分裂与在我身上发生的，并且在我一生中都能感受到的情形恰恰相同。这是很大的痛苦，同时也是很大的享受。这是一种强大的意识，是一种对自省的需求，表明在您的天性中存在着对自我与人类恪尽道德义务的需求。这就是这种两重性的含义。假使您的智性不是如此发达，假使您的目光平庸一些，那便会少些良知的谴责，也便不会有这种两重性了。相反，就会滋生大而又大的自负感。但无论如何这种两重性是很大的痛苦。"（Достоевский，1988：149）就陀思妥耶夫斯基的理想而言，他希望人们能够选择对自身悖谬性的自觉意识，能够在罪孽的泥淖中承担起自身的神性，从而在痛苦中获得真正的复活。然而这仅是其思考的一个方面。另一方面，他由自身以及现实之中充分感受到了放纵个人意志的诱惑，以及人对痛苦的拒绝。因此，他在堪称其创作巅峰的宗教大法官的传奇故事里集中展示了他对自由问题的思考，他借助宗教大法官之口对人所获得的自由权利提出了质询。宗教大法官对耶稣说："你不去提供使人类良心一劳永逸地得到安慰的坚实基础，却宁取种种不寻常的、不确定的、含糊可疑的东西，人们力所不及的东西，因此你这样做，就好像你根本不爱他们似的——而这是谁呢？这竟是特地前来为他们献出自己的生命的人！你不接过人们的自由，却反而给他们增加些自由，使人们的精神世界永远承受着自由的折磨。你希望人们能自由地爱，使他们受你的诱惑和俘虏而自由地追随着你。取代严峻的古代法律，改为从此由人根据自由的意志来自行决定什么是善，什么是恶，只用你的形象作为自己的指导——但是你难道没有想到，一旦对于像自由选择那样可怕的负担感到苦恼时，他最终也会抛弃你的形象和你的真理，甚至会提出反驳么？他们最后将会嚷起来，说真理并不在你这里，因为简直不可能再比像你这样做，更给他们留下许多烦恼事和无法解决的难题，使他们纷乱和痛苦的了。因此你自己就为摧毁你自己的天国打下了基础，不必再去为此责备任何人。"尽管这些话并不代表陀思妥耶夫斯基本人的声音，但从宗教大法官无可辩驳的论证中，我们无疑可以体会到作者在人与自由问题上的忧虑。人拥有了自由，便拥有了选择的可能性，于是形成了人性的张力，这也就是人的两重性的根本起因。人可以选择善，同样也可以选择恶，陀思妥耶夫斯基所忧虑的正是后者。拥有神性的人却未必能够善待自由的权利，这种权利对于他们来说便是那"不确定"而"力所不及"的东西。人可能会自恃神性而忘掉其崇高使命。然而，这并不是说人自身存在着恶的始基，这只能说人在自身神性的基础上存在着多种可能性。别尔加耶夫的看法是公允的："陀思妥耶夫斯基有着关于人的崇高思想，他为人、为人的个性辩护，在上帝面前他要保护人。他的人类学是基督教中崭新的语汇。他是人类思想史上仅见的对人的自由最热情而极端的捍卫者。但是，他也揭示人类自我肯定、不信上帝和空洞自由的致命后果。在陀思妥耶夫斯基笔下，当人走向人神、走向自我成圣时，怜悯与人性就转化为非人性与残忍。"（Бердяев，1990：120 – 121）

在自由之路上，人最基本的选择是"神人"还是"人神"，即是坚守对基督的信仰，通过去蔽的过程而复归神性，还是拒绝信仰性内省（созерцание），无限扩张自我而成为君临万物的"人神"。就宗教理性而言，陀思妥耶夫斯基显然是肯定"神人"而否定"人神"的，但是从感性的角度而言，他无疑已深切感受到人间的痛苦过于沉重。因此，不仅作者本人，而且在接受者的阅读期待之中，个性原则（个人意志）便成为我们的肯定性选择。也就是说，我们对持有向"恶"选择的人物的态度，不仅是如巴赫金所说的"再造"一个独立的生命并与之处于平等地位，而且我们在潜意识中与之认同。请看伊万所讲述的宗教大法官对耶稣的反诘是何等有力："再过许多世纪，人类将用智慧和科学的嘴宣告，根本没有什么犯罪，因此也无所谓罪孽，而只有饥饿的人群。在旗帜上将写着：'先给食物，再问他们道德！'人们将举起这旗帜来反对你，摧毁你的圣殿。"遮蔽了神性的人就是这样，为了逃避痛苦，为了世俗利益便会放弃一切信仰！这也就是我们人人都能设身处地感受到的现实的人。而基里洛夫是这样说的："如今人们是为了痛苦和恐惧而活着，这完全是个骗局。现在的人还不是他将来那个样子。将会出现一种新人，幸福而自豪的新人。谁能把生死置之度外，他就会成为新人。谁能战胜痛苦和恐惧，他自己就能成为上帝。因为真正的上帝也做不到这一点。"拉斯科尔尼科夫的"犯罪有理说"也是如此。这其实都是人类为了获得世俗幸福而设想的捷径，与其说他是要战胜痛苦，不如说他是要逃避痛苦。而我们每个人都本能地站在了这一立场之上。但是，类属的和整体的原则在超自我的层面上永远是我们的道德选择。因此，在这一立场上，我们又与之形成对话。就此而言，各种人物的独立性，乃是阅读者自身同样处于自由选择态下的观照结果。

陀思妥耶夫斯基当然不会到此为止，他现在面临的是如何解决人类这种本能的背离上帝的选择。他的艺术实验证明，人在自由之路上的偏离行为可能导致两种结果。一种是在肉体的有限时间中丧失复归神性的能力，因而也无法在自身实现"上帝类似"，或许只有肉体的消亡才能显现他们身上神性的存在。比如，斯维德里加伊洛夫、彼得·韦尔霍文斯基、永久的丈夫、基里洛夫、斯麦尔佳科夫等就是如此。另一种结果就是"罚"。罚不是来自国家的法律，而是来自人的内心。能够感受到"罚"的力量，在陀思妥耶夫斯基看来，是人的神性复苏的体现。因此，他几次强调，人的本性不仅追求幸福，而且追求痛苦，因为只有在痛苦中人才可能复归神性。在《地下室手记》中他借地下室人之口说："也可能人所爱的不只是一种幸福？也可能他同等程度地爱那苦难？苦难对于他，也许就像幸福那样，程度相等地同样有利？而人有时强烈地爱上苦难，爱到了吓人的程度，这一样也是事实。……我深信人不会拒绝真正的苦难，也就是说永远不会拒绝破坏和混乱。苦难——须知那就是感觉的唯一原因呀。"显然，在对背弃神性与"罚"的描绘中，陀思妥耶夫斯基更为看重罚。因为罚的存在，说明他对人的根本认识，即神性的张力永存；罚的存在，说明道成肉身的意义，说明人对苦难的感受与对获救的展望，如辛尼科夫所说，"人的悖谬是悲剧性的，同时也是拯救性的，因为它是人的道德复活的条件"（Щенников，1976：6）。而别尔加耶夫的公式则更为简洁明了："痛苦抵偿了恶。"（Бердяев，1990：201）这样，陀思妥耶夫斯基通过"罚"为人的自由选择制定了一个强大的制约力。

四

别尔嘉耶夫曾由奥古斯丁的学说引出两种自由的观点。他认为,人所面对的自由有两种,一种是低级的、原始的自由,另一种是高级的、终结的自由。前者是人获得神性的初始状态,是人中的自由,是第一亚当的自由,在这种自由之中,人处于选择的、具有丰富可能性的状态。后者是人的必然性状态,是基督中的自由,也即是人在获得拯救后的第二亚当的自由(Бердеев,1923:65 - 66)。在这种自由中,人处于最终救赎的状态,他的奥秘也将获得最终的启示而不复存在。陀思妥耶夫斯基在其艺术创作中试图用一种特殊的形象来说明这种自由的存在,这就是人的婴孩形态。耶稣基督曾告诫人们说:"我实在告诉你们:你们若不回转,变成小孩子的样式,断不得进天国。所以,凡自己谦卑像这小孩子的,他在天国里就是最大的。"(《马太福音》18:3 - 4)"我实在告诉你们:凡要承受神国的,若不像小孩子,断不能进去。"(《马可福音》10:15,《路加福音》18:17)在陀思妥耶夫斯基看来,成年人因为历染风尘,打破了贞洁,而成为吞食了禁果的人,因此他们的受罚是应该的。而孩子则纯真无邪,用伊万·卡拉马佐夫的话说,他们"在 7 岁以下的时候,是同大人们有天壤之别的:他们仿佛完全是另一种生物,有着另一种天性"。陀思妥耶夫斯基对婴儿形态的展示表明耶稣基督化身在每一个肉身上的绝对自由境界。

法国思想家本雅明在谈到《白痴》时也曾发现:"正如陀思妥耶夫斯基在政治上一再将纯粹民族性的复苏称作最后的希望,在这部作品中,他将儿童视为治疗青年人及其国度的惟一的良方妙药。不必提起陀思妥耶夫斯基在《卡拉马佐夫兄弟》里赋予儿童生命以无限的疗救力量,单从这部小说中,科利亚和梅什金公爵的具有最纯净的孩童气质的形象,就可以看出这一点。……读陀思妥耶夫斯基的作品,总能清楚地看出,只有处于儿童的精神状态,人的生命才能从民族的生命中纯粹而充分地发展起来。"(本雅明,1999:142)梅什金的天真、质朴、纯洁,使他始终像一个未成熟的孩子,在一般人看来,这就是"白痴"。他在瑞士治病时,只跟孩子们在一起,以至于他的监护人也坚信他"完完全全是个孩子","也就是说,孩子气十足,我只是身材和脸长得像大人罢了,可是在智力发展程度、心灵和性格上,也许甚至在智商上,我都不是个成年人,哪怕活到 60 岁，也依然故我”。他自己承认："我的确不喜欢和成年人，和大人在一起——这点我早看出来了。我所以不喜欢，因为我跟他们合不来。不管他们对我说什么，也不管他们对我多好，跟他们在一起，不知道为什么，我总觉得别扭，如果我能够赶快离开他们，去找自己的同伴，我就非常高兴，而我的同伴从来都是孩子，这不是因为我自己是孩子，而是因为孩子们对我有一种说不出的吸引力。"在陀思妥耶夫斯基的心目中，这正是第二亚当的自由状态。梅什金始终保持着孩子的天性，这意味着他在抽象的意义上展现着人类由上帝所赋予的原初神性。梅什金总是避免与罪孽缠身的成年人打交道，因为他所身处的是一种超越的境界，他一旦从这个境界跌落到成人世界，就会失去绝对的自由。

陀思妥耶夫斯基笔下的婴孩形象是超越了世俗伦理与世俗欲望的。以梅什金与两位女主人公的关系为例，梅什金对她们的爱没有肉体的成分，没有任何罪孽的意味，这种爱中蕴含着对人的完美性的尊崇，以及对这种完美性遭到毁灭时的悲悯。请听他第一次看到纳斯塔西娅照片时所说的话："一张令人惊奇的脸！我相信，她的命运一定很不一般。脸是快乐的，但是她一定受过很大的痛苦，对不对？这双眼睛，这副颧骨，以及脸颊上端，眼睛下面的这两个点，都说明了这一点。这是一副高傲的脸，非常高傲，就是不知道，她是否善良？唉，如果善良就好啦！一切就有救啦！"因此，梅什金惊叹纳斯塔西娅的美或在这种美面前显得手足无措，并非受制于情欲力量的支配，而是在美面前的一种自由观照，同时蕴含着拯救的意味。而他对阿格拉娅的感情，仍然不是肉欲的，同样含有拯救的意味。因为在梅什金看来，阿格拉娅美丽、真诚、高傲、善良，正是属于可以最先得到救赎的人。梅什金爱阿格拉娅，但并不沉迷，当他好不容易弄清阿格拉娅喜欢着他时，他来到叶潘钦将军家的晚会上，看到了快乐起来的阿格拉娅，于是自己也感到快乐而幸福，只是不停地说："好了，感谢上帝，感谢上帝！"而在众人喧闹的时刻，他"甚至没有发现别人在跟阿格拉娅说话和献殷勤，甚至有时候他也差点忘了他就坐在她身边。有时候，他真想离开这里，随便到什么地方去，从这里完全销声匿迹，他甚至希望到一处漫漫黄沙、荒无人迹的地方去，只要能让他独自一人去想他的心事就行，并且不让任何人知道他的行踪"。当他看着阿格拉娅时，"他的目光十分古怪：他看她的那副神态，就像看一件离他两俄里远的东西似的，或者像看她的肖像画，而不是看她本人"。也就是说，梅什金在这些关系中从来没有被欲望支配。而人类的世俗欲望正是使他们滥用自由的祸根，人只有铲除这一祸根，才能真正进入绝对的自由之中。

　　当人们从艺术的角度来看梅什金、阿辽沙等形象时，自然会发现他们缺少性格的发展和变化，但从我们的角度来看，这也正是陀思妥耶夫斯基人类学中的最高境界。人类只有回归婴儿的状态才能彻底摆脱由现世之恶所带来的困惑，也便使潜在的神性升华为与基督同在，而获得最终救赎。当然，陀思妥耶夫斯基的人类学在这一层面上也就停下了前进的脚步，它的宗教绝对性使它只能作为一种理论形态存在，而失去了作者试图拯救世界的实际意义。但是，我们还是说，陀思妥耶夫斯基的人类学思想不仅丰富了俄罗斯正教人类学的内蕴，而且在现代性的背景之下，也成为整个人类制约物质理性过度膨胀的一种宝贵资源。

参考文献

Белинский В. Г. , Письмо В. П. Боткину от 15 января 1841 // Полн. соб. соч. т. 12. Москва，1956b.

Белинский В. Г. , Сельское чтение. Книжка четвертая // Полн. Соб. соч. т. 10. Москва，1956а.

Белопольский В. Н. , Достоевский и философская мысль его эпохи. Ростов. , 1987.

Бердяев Н. А. , Миросозерцание Достоевского. Прага，1923.

Бердяев Н. А. , Русская Идея// О России и русской культурес. Москва，1990.

Бердяев Н. А. , философия творчесева культуры и искусства. Москва，1994.

Булгаков С. , Свет Невечерний. Созерцания и умозрения. Москва，1994.

Бурсов Б. , Личность Достоевского. Л. , 1974.

Герцен А. И. , Полн. Соб. соч. Москва，1957.

Достоевский Ф. М. , Дневник писателя. Полн. собр. соч. т23，л. 1981а.

Достоевский Ф. М. , Дневник писателя. Полн. собр. соч. т23，л. , 1981b.

Достоевский Ф. М. , Записи литературно-критического и публицистического характера из записной тетради 1880 – 1881 гг. // Полн. собр. Соч. т27. л. , 1984.

Достоевский Ф. М. , Письмо Е. Ф. Юнге от 11 апреля 1980 // полн. собр. соч. т. 30, кн. 1，Л. , 1988.

Достоевский Ф. М. , Письмо М. М. Достоевскому от 16 августа 1839 // Полн. Соб. Соч. , т. 28，Л. , 1985.

Достоевский Ф. М. , Подгодовительные материалы к « Бесам » // Полн. собр.

Соч. т. 11，Л.，1976.

Зенковский В. В.，История русской философии. Л.，1991.

Киревский И. В. Критика и эстетика. Москва，1979.

Фёдоров Н. Ф.，Сочинения. Москва，1982.

Фридлендер Г. М.，Достоевский и гоголь//Достоевский. Материалы и исследования. т. 7 Л.，1987.

Хомяков А. С.，О значении слов «кафолический» и «соборный» //Сочинения богословские. Спб.，1995.

Щенников Г. К.，Мысль о человеке и структура характера у Достоевского//Достоевский. Материалы и исследования. Л.，1976.

〔德〕本雅明：《经验与贫乏》，王炳钧、杨劲译，百花文艺出版社，1999。

〔俄〕Н. О. 洛斯基：《俄国哲学史》，贾泽林等译，浙江人民出版社，1999。

〔俄〕恰达耶夫：《箴言集》，刘文飞译，云南人民出版社，1999。

〔俄〕索洛维约夫：《神人类讲座》，张百春译，华夏出版社，2000。

〔俄〕陀思妥耶夫斯基：《白痴》，臧仲伦译，译林出版社，1994。

〔俄〕陀思妥耶夫斯基：《地下室手记》，伊信译，《世界文学》1982 年第 4 期。

〔俄〕陀思妥耶夫斯基：《卡拉马佐夫兄弟》，耿济之译，人民文学出版社，1999。

〔俄〕陀思妥耶夫斯基：《群魔》，南江译，人民文学出版社，1983。

原文载于《俄语语言文学研究》2004 年第 1 期

屠格涅夫心理描写的语言分析

王立业[*]

摘　要： 本文首先探究屠格涅夫小说中感官语汇的心理评价功能。表听觉、视觉、味觉、嗅觉、触觉等的词均为感官语汇谱系，构成光–色–影–声–味–动的人物心理认知链条，同时隐蔽揭示人的心理特征，并参与屠格涅夫"隐蔽心理学"原则的艺术表达。这些语汇或准确忠实地表达人的心理感受，同时捕捉人的内心世界的外在变形，有时候甚至构成内心世界与外在表现的反衬。本文继而分析半个色调语汇的心理评价功能，同时探明区分与并列连接词以及带"кажется"的假定虚拟句的心理描写作用。依笔者之见，上述这些语汇均隐含人物的犹疑、犹豫、心理冲突、"情感辩证法"乃至其他心理情绪。类似语汇的巨大审美功能还在于最大量地唤起读者的联想和再创作能力。本文同时研究了标点符号的心理描写效用。

关键词： 屠格涅夫　隐蔽心理描写　心理评价功用　艺术语汇

文学以语言为媒介来写人，来展现人的心灵活动的历史。故而，大凡文学大师都是语言大师，都善于用语言催活形象，进而接通心灵与世界的桥梁，并将语言所塑造出的形象超越语言本身视为最高艺术境界。屠格涅夫便是这样一

---

[*] 王立业，北京外国语大学教授、博士生导师。

位以自己所特有的音调表述人的心灵的语言艺术家，但他语言才华的卓绝之处远不局限于对人心理的简单客观的文字描述，而是以自己的独特视角挖掘语言中的心理描写因素；不仅仅使平凡的语言获得非凡生命，甚而在"言语道断"之处，"思维路绝"之时，仍能"名言所绝之理"，将人的心灵深处的曲幽微妙准确而精细地外现。艺术家屠格涅夫一方面赋予客观存在着的语言以心理表现能力，另一方面则启动语言本身的心理评价功能：不只是使语言成为心理描写的媒介，而且着意加强语言对人心理的参与和融合，使语言活化在人物心理的描写之中。

一　感官语汇的心理评价功能

屠格涅夫一生不仅爱好音乐，而且喜欢绘画，年轻时曾专门学过一段时间美术，《猎人笔记》等作品中的不少插图就出自作家之手，且有若干画作被公开发表，画技虽不算十分老到，但对色彩和线条的运用甚得行家的赞赏。一个颇有意味的故事流传至今，在巴黎维亚尔多的艺术沙龙里，屠格涅夫曾举行过一次肖像游戏，应赛者众多，其中不乏作家、画家、音乐家。屠格涅夫画下若干幅人物侧面肖像，要参赛者根据人物的外在特征为其写履历，即不仅写下人物的年龄、长相，还要写出人物的性格、心理状态及其社会身份。从屠格涅夫的生平逸事中我们可以明白，文学的巨大吸引力牵制着屠格涅夫，使他没能用颜料去作画，但他却用多彩的词汇为俄罗斯文学描绘了纷繁夺目的色彩世界。同时，这个"游戏"相对于屠格涅夫的人物肖像描写极富寓意。屠格涅夫的人物肖像是立体的，但展现给读者的却又似乎是一尊尊永远不扭过身来的侧面像，而对肖像的立体认知靠的是读者将"侧面"拿到心中去发展，即去联想与想象，去补充，去创造，去圆满，而同时屠格涅夫画出的肖像不仅具备外在的色彩、外在的线条，而且还有内在的言辞、内在的声音，其间融会作家隐蔽描写人物心理的"巧夺天工"之精妙。

正如大家所知，屠格涅夫笔下的大自然可谓色彩万千，栩栩如生，用列夫·托尔斯泰的话说，屠格涅夫两三笔一挥，大自然就散发出迷人的芬芳。艺术家营造出的不仅是人物赖以活动的场所，同时也是人的心理的暗示与象征、烘托与渲染。正如波斯彼洛夫所说，在屠格涅夫笔下，"夏天百花盛放的大自然给予作者以补充的色彩，这种色彩十分细腻，对于描写人物的感受及其感情上的聚合离散都是很有意义的"。此外，色彩词汇在屠格涅夫笔下常常也是人物的社会地位、品位与修养，乃至文化水准、性格或精神状态的暗示。小说《初恋》中齐娜伊达的母亲来沃洛佳家中做客，穿的是绿色衣服外加披一条黄披巾，戴一顶火红色缎带的老式帽子，加上不符合身份的谈吐，让年幼的主人公感觉出她品位低下，老派庸俗。《幽会》中男女主人公的外在颜色构成鲜明的对比。维克多穿得花里胡哨，像个花孔雀，他"不时用手拢拢卷得雄赳赳的火红色鬓发，不时揪揪翘在厚厚的上嘴唇上的黄黄的胡须"，不仅与大自然格格不入，更是小人得志之心理的显现，而阿库琳娜则衣着简朴，一如她的品性，衣服颜色柔和，与自然甚是和谐。

光色影在艺术家屠格涅夫的画板上作为一种诗意化的存在，常常对观赏者的心理动因起助燃与激化作用，成为人物心理活动的传媒。小说《春潮》的开头，在萨宁与杰玛的初次相见中，因焦虑与恐惧而来的显现在杰玛面孔上的光色影变化交织出这位意大利少女古罗马式的经典之美，甚至是疲倦的苍白面色和发暗的眼圈也无不衬托其古典油画般的端庄容貌，使萨宁不由得心驰神往，思绪竟飞至这位美少女的祖国。《初恋》中，在白色窗帘映衬下，在柔和的阳光映照下，齐娜伊达那金黄色的头发，洁白的项颈，那镶嵌在光色影画框中蒙娜丽莎般的静态美激起了少年沃洛佳无限的爱意与崇敬。

在更多的情况下，色彩词汇（цветовые слова）在屠格涅夫笔下确保准确与可信的同时，附着于某个形象，直接确定着该人物的外部变化，这些变化与其说是生理上的自然反映，倒不如说是人物心理活动的忠实传递，如人物脸红了、面色惨白、蜡黄、发青……而且作家越接近晚期，越注重色彩词汇的心理评价功能。在小说《烟》中，屠格涅夫用在伊琳娜身上的色彩词汇最为丰富，它几乎伴随人物在整篇小说中的心理流程，如 лицо её мгновенно вспыхнуло … быстро побледнело … пожелтело… она вздыхала и краснела … глаза засверкали весёлостью, счастьем … молчалива и бледна … глаза, которые и светлели и таяли … глаза её блестели странным блеском, а щёки и губы мёртвенно белели сквозь частую сетку вуали … лицо бледное под мгновенною алою волной … белые словно обескровленные руки，既表明伊琳娜曲折复杂的心理活动，又描画出她特定情形下的心理活动的外在表现。

小说《春潮》中有这样一个场面，杰玛一行去郊游，却遇到一帮驻军的非礼相待，杰玛受辱时心理急剧变化，屠格涅夫却未着一字，而是通过一系列色彩词汇传递而出：

Сначала она изумилась, испугалась и <u>побледнела</u> страшно … потом испуг в ней сменился негодованием, она вдруг <u>покраснела</u> вся, до самых волос-и её глаза, прямо устремленные на оскорбителя, в одно и то же время <u>потемнели</u> и <u>вспыхнули</u>, наполнились мраком, загорелись огнём неудержимого гнева.

寥寥数语，却一连用了多个色彩表义词，每个色彩词都灌注了一定的心理内涵，使杰玛这个大家闺秀突然遇到骚扰时的惊恐、窘迫、委屈、不屑、愤怒、抗议、无奈——一个完整的心理流程跃然纸上。在这里丝毫没有对杰玛心理的直接描述，同时，尽管大都是动词，也全然没有表示人物心理急剧起伏的外部动作，甚至没有一句带有声响的抗议的话语，但一连串不断变化着的"会说话的"色彩词汇纷纷诉说着杰玛的心态。这一画面，和《贵族之家》结尾部分拉夫列茨基与丽莎的最后相见的场面有着异曲同工之处：

Перебираясь с клироса на клирос она прошла мимо него, прошла ровной, торопливо-смиренной походкой монахини-и не <u>взглянула</u> на него; только ресницы обращенного к нему глаза <u>чуть-чуть</u> <u>дрогнули</u>, только ещё ниже наклонила она своё исхудалое лицо-и пальцы сжатых рук, перевитые четками, ещё крепче прижались друг к другу.

同样是"最少量的语言，惊人地集中了最大量的思想"（巴尔扎克语）；同样是三言两语，却有着超负荷的心理载量。不同的是，在这里，作家不是通过色彩，而是通过一个个不易察觉的动作将丽莎与心上人拉夫列茨基分别八年间的思念、孤独、委屈、辛酸等复杂心态忠实传达，通过 взглянуть、дрогнуть 一个个带"－нуть"表一次性和瞬间性词缀的动词和不定情态词"чуть-чуть"，借助人物眉毛一动之功和盘托出人物的内心世界，将女主人公与旧时恋人不期而遇之际的慌乱、局促、强作沉静，却又断难做到的神态描写得入木三分。如果说，丽莎与拉夫列茨基相见是凭借人物细节动作写出的一首心理抒情诗，那么，杰玛受辱的场面则是光色影镶嵌出的一幅心理画；前者意蕴无穷，耐人回味，后者则是绘声绘色，可感可触，均以极有力的视觉印象触发读者的情感反应。同时，二者共同实践着屠格涅夫"隐蔽心理学"原则，即屠格涅夫并不像托尔斯泰那样去直接描写人的心理活动的全过程，而是"心理学家潜伏在艺术家身上"（屠格涅夫语），通过人物的外在行为，如面部表情、手势、含义丰富的停顿即外在征兆道出人的心理；他不像托尔斯泰去关注心理活动的全过程，他感兴趣的是心理活动的开端与结果。上述两个场面各以自己独有的审美功能赋予屠格涅夫的心理描写手段以诗意美和绘画美，用托尔斯泰的话说："……用动作、线条、色彩、声音，以及言辞所表达的形象来传达出这种感情，使别人也能体验到这种感情——这就是艺术活动。"（托尔斯泰，1958：308）正是在这场"艺术活动"中，文学完成了对语言本身的超越，即文学形象代替了语言材料的存在，创造出了绝对自由的幻象。也正是在这里，屠格涅夫隐蔽心理学的简约与含蓄的美学特征得以至极的体现，给读者留下了悠远绵长的审美感受，堪为屠格涅夫心理描写诗情画意化的经典片段。

表味觉词汇在屠格涅夫作品中同样具有生理与心理评价的双重功能。无须说，这些词的本义很难具有直接的心理评价因素，多为客观景物催生出人物主观心理情绪。正是艾草的苦味唤起了《阿霞》中恩先生的浓浓的思乡情绪，使身处异国的恩先生孤独之感顿生，同时，勾起他爱情的困惑与怅惘。正是故乡的空气所散发出的清新味道，唤起拉夫列茨基对故乡从未有过的深厚与强烈的热爱之情。因心理描写的需要，味觉词在屠格涅夫笔下经常失却词的本义，即成为刻画人物情感、描写爱情主人公特定心理情绪的神来之笔，如心的苦涩、酸楚等。在爱情描写中，屠格涅夫最爱用的表示味道的修饰语就是"甜蜜的"，比如"сладостное томление""сладкий холодок""сладкая истома лени""звуки … слаще""сладкое замирание""сладкая боль""сладкий ужас""сладкие тревоги"，失却本义的甜味介入爱情主人公的心理活动，成为人物心理活动的动因或结果："Увидев знакомый виноградник и белый домик на верху горы, я почувствовал какую-то сладость-именно сладость на сердце; точно мне втихомолку мёду туда налили。"这说的是恩先生因对阿霞的感情渐深而形成的特别的心理状态。《初恋》中沃洛佳的心头"таилось полусознанное, стыдливое предчувствие чего-то нового, несказанно сладкого, женского"，为此难以自持："То, что я ощущал, было так ново и сладко ……"沃洛佳为齐娜伊达的美和对他的最后一吻而欣喜若狂，他"как ребёнок, который лакомился""бог знает, кого искал этот долгий, прощальный поцелуй, но я жадно вкусил его сладость. Я не знал, что он уже никогда не повторится", 等等, 似乎都在表明爱情的甜蜜与香浓, 以启发读者去咀嚼爱的"甜蜜的痛苦"、"甜蜜的惊恐"、甜蜜的折磨、甜蜜的哀伤, 乃至甜蜜的悲剧。

诚然, 在屠格涅夫的作品中, 人物的外表常常是其心理的对外投射, 人物的外在行为与动作忠实传达其内在心理, 也就是说根据人物的外在表现即可破译人物的心理活动。但屠格涅夫人物的外在行为并非总是与人物的心理情状对等, 并非总是统一与和谐, 而常常是人物内心的变形, 抑或是反衬, 在这种情况下, 人物的心理变得更加曲折隐晦。此乃屠格涅夫艺术独到之处, 作家本人也曾不无得意地说, 此种手法更能发掘出人身上的矜持与内在的力量, 折射出"感受与情感的惊人真实"(П., 1, 501)①, 巧妙地演绎与丰富"隐蔽心理学"原则的审美内涵。

语言艺术家屠格涅夫着力挖掘艺术词汇本身的心理评价功能, 他的语言调色板中特别突出的词是"неподвижность""недвижность""тишина""спокойствие"等语义相近词。屠格涅夫的高明之处就在于写"声"用"静", 写"动"用"不动", 在他的笔下, "静"与"不动"从来都不是声调与动感的有无, 而是新旧心理的中介, 隐含着对情感的倾情吁请, 以及对世界的积极容纳。在屠格涅夫的心理描写中, 朴实无华的静态词汇常常成为表现人心灵深处情感丰富复杂的修饰语, 从"隐蔽心理"的另一层面外显着人物意识的明确和心灵体系的和谐。

库尔良茨卡娅在她的《长篇小说家屠格涅夫的艺术方法》一书中对屠格涅夫这一心理描写特征做过令人信服的概括。在这位研究家看来, 与陀思妥耶夫斯基的人物不同, 屠格涅夫所钟爱的男女主人公的最强烈情感并不表现在歇斯底里的绝叫与捶胸顿足的外部动作中, 恰恰相反, 在心灵遭受巨大震撼时, 他们的外在举止与表现常常是沉静从容、凝然不动的。诚如我们所见, 在丽莎与拉夫列茨基最后相见时, 丽莎的情感是汹涌外溢的, 而她的步态却"ровный""смиренный"; 杰玛情怀激荡时"сидеть неподвижно", 心态最恶劣时, 她更是"сидеть неподвижно, словно размышляя и недоумевая … недоумевая пуще всего"(《春潮》)。"屠格涅夫家的姑娘们"的这种特征似乎已为她们的意中人

---

① 如此标示均表明引文出自《屠格涅夫全集》30 卷本, 科学出版社 1978 年版。"П"表示书信卷, 此外表示文章卷。罗马字母表卷数, 后为页码。以下不再另注。

所理解与把握，后者常常试图卸下她们超载的心理重荷。面对心潮难平的阿霞，恩先生的心理语言是：她"казалась спокойною，– а мне，глядя на неё，всё хотелось сказать ей，чтобы она не волновалась"。屠格涅夫描写人物外在"静态"的语式特征在于，它常常附着于系词"оставаться"，同时借助副词"долго"，使得人物心理越发"隐蔽"与持重，却又加剧了情感和理智的冲突，乃至外在情绪内敛与内心情感外溅的碰撞。齐娜伊达遭遇可怕的激情时，她"долго оставалась неподвижной и долго глядела неподвижно и прямо из – под сдвинутых бровей"（《初恋》）；娜塔丽娅（《罗亭》）意识到自己对罗亭的感情之后，她"时而弹出几个听不出的和音，以免吵醒邦库尔小姐，时而把额头贴在冰冷的琴键上，долго оставалась неподвижной"。奥津佐娃和巴扎洛夫夜间幽会并和后者进行了一次推心置腹的谈话之后，不由得心潮起伏，她的内心状态极其复杂，有对蹉跎岁月的意识、更新生活的愿望、即将有可能来临的情欲前的恐惧，然而，她的心潮难平依旧是凭借自身的外部沉静来反衬的："屋子里很久都还亮着灯，и долго она осталась неподвижною，只是用指头不时摸她的光膀子，夜的寒气把这胳膊刺得有点儿痛了。"（《父与子》）《贵族之家》中男主人公莱蒙的高涨情绪和自我陶醉也是通过他沉静的动作来反现的："Он умолк и долго сидел неподвижно и подняв глаза на небо。"表沉静的词不仅仅反托人的激动心情，而且对整部作品进入高潮起着推波助澜的作用。当伊琳娜得知英沙罗夫就要离开俄罗斯返回保加利亚时，她情潮激荡，但是作者并没有写她有什么过激的表现，而是写："полчаса пролежала она не подвижно；眼泪从她的指缝里淌到枕上……"风雨中一对恋人相见，爱情将他们推向幸福的至极，而英沙罗夫则是"стоял неподвижно，在自己强有力的怀抱里拥着这委身于他的青春和生命，在心头感觉着新奇的、无限珍贵的负荷。一种强烈的柔情，一种不可言说的感激，将他的坚强的灵魂碾成了粉末，他从来不曾体验过的眼泪，在他的眼里弥漫开了……"（《前夜》）屠格涅夫的每部作品都离不开爱情描写，屠格涅夫式的爱情每每如夏夜旋风之迅疾，故而，与此情相伴的总是人物的неподвижность及其意义相近之状态，这类词在屠格涅夫的作品中出现的频率最高。

翻看屠格涅夫爱情主人公的情感履历，不难发现屠格涅夫家的姑娘们的情感发展公式：没进入爱情时她们都十分好动，像太阳一样热烈；而爱上或被爱上后都很沉静，像月亮一样阴郁；激情汹涌时变得瘫软，任凭她平素有多么任性，多么高傲。由此可见，屠格涅夫笔下的凝然不动与冷漠无情毫不相干。最文静、最沉静或曰最沉稳的人也是感情最强烈与最丰富的人，同时，也是意志最坚强的人、道德意识最清醒的人、目标最坚定的人，却也是悲剧色彩最浓厚的人，反之亦然。列日涅夫这般说娜塔丽娅："您别看她这般文静，她有着强烈的感情，她的性格也是坚强的，哎呀哎呀！"（《罗亭》）"叶莲娜的青春年华像雪下的水那样，迅速和无声无息地流逝着，外表看来，她处于无所事事的状态，但她的内心却充满了斗争和不安。"（《前夜》）这些富有激情的人同时也是性格坚硬的人，在经受道德伦理的震撼时他们常常变得一动不动。比方说，娜塔丽娅收到罗亭的诀别信后，"долго сидела <u>неподвижно</u>, устремив глаза на пол … она сидела <u>не шевелясь</u>; 只觉得一阵阵黑浪无声无息地盖过她的头顶，и она шла ко дну, <u>застывая</u> и немея"。这种平静与沉着在常人看来近乎无法理解：罗亭突然离去后，娜塔丽娅的母亲对待女儿的心情是这样的："她期待看到的是眼泪，是歇斯底里的发作…… Наружное спокойствие Натальи опять её сбила с толку。"文静和富有激情的女主人公在哀伤的当口依旧是泰然自若，因为她们能控制得住苏醒了的激情，她们比男主人公清醒得多，而非陷在情感的乱麻里不能自拔。丽莎正是了解到拉夫列茨基的妻子并没有死，而且知道她已经从巴黎赶回，并要求与拉夫列茨基"破镜重圆"后，而越发清楚明白，她自己正经历自身命运的"突变"，然而，"Лиза казалась спокойной；的确，她心里觉得平静了一些。她感到一种异样的麻木，一个被判了死刑的犯人的麻木状态"。决定永远地"销声匿迹"之后，她"脸上带有一种感动的，тихая заботливость，最后，她在房间当中站下，缓缓地环顾四周，然后走到挂着十字架的桌前，跪了下来，把头放在紧握的手上，и осталась неподвижной"。在这"凝然不动"之外总是隐藏着一种苦难，强压在这种苦难中情感的欲念，还有对生活活生生的爱，二者似乎就要决堤泻出。正如陈燊研究发现，当她得知拉夫列茨基"死"而复生之后，"丽莎很快就决定了进修道院，并且不声不响地、不慌不忙地收拾房间，料理笔记和信札，是那么沉着和镇静，显示强大的意志力量"。（陈燊，1991：69）

普斯托沃依特精辟指出："屠格涅夫晚期创作的语汇调色板的色调相当丰富多彩，并凭借作者言语中一些形容词——这些词在特定情形下改变着自身普通的词汇意义，而获得了另一种厚重的心理评价功用。"（Пустовойт，1980：55）正如这位研究家所言，晚期屠格涅夫笔下，形容词"неподвижный"的运用已经不是通常概念中的"сонный，статичный，спокойный，застывший"，而是包含对人的内心深处的欲望的暗示。屠格涅夫是这么写克拉拉的："Но его（Аратова）в особенности поразила неподвижность этого лица，лба，бровей。"暗示舞台上的克拉拉对台下看她演出的阿拉托夫的钟情乃至痴迷："нерешительными шагами подошла она к передней части эстрады и осталась неподвижной。"读小说的下文便可得知，正是在这个"неподвижность"中男主人公捕捉到了隐蔽着的、深含着的情怀，构成阿拉托夫"生未能同室，死定要同穴"的最终心理。晚期这个词连带"隐蔽心理学"手法蒙上了一层神秘的色彩。

在屠格涅夫作品中，沉静与凝然不动的形象对于体现艺术家的世界观、艺术观和审美观有着重大的意义。较于陀思妥耶夫斯基，屠格涅夫的艺术肖像更为静止，更富耐人咀嚼的心理含量。之所以如此，首先取决于作家隐蔽心理学的简洁与矜持，以及对读者阅读能力的充分信任。在屠格涅夫看来，描写人的内心世界，甚至在悲剧境况下心理失衡的时候都要保持自然的疏密有致，切莫因作家自身的失态而无节制地重复和一厢情愿地渲染人物的病态，为浓化气氛舍却心理的真实。再者，依屠格涅夫所见，暴露人纷乱的情感思绪，即将人的个性病态心理直接坦陈于众全然是对纯朴与真实的偏离。故而，屠格涅夫对陀思妥耶夫斯基经常违反生活的基本规律，将病态发作导入艺术作品大为恼火。他说："在陀思妥耶夫斯基笔下，每过两页就可发现他的人物身陷谵妄之中而胡说八道，在狂怒，在暴躁，而这是不可能的。"（Мышковская，1958：15）库尔良茨卡娅的研究指出，一味地沉湎于自身，并且主要是对纷繁杂乱的心灵流动的细节再现在屠格涅夫看来是对美的规范的破坏（Курляндская，1972：199）。在对俄罗斯小说三大泰斗屠格涅夫、托尔斯泰、陀思妥耶夫斯基心理分析手法做细腻比较研究的同时，这位学者大量考证了屠格涅夫的书信手稿，以此证实屠格涅夫与陀思妥耶夫斯基心理描写手法与审美观点的对立。1866 年，屠格涅夫在给费特的信中写道："陀思妥耶夫斯基的《罪与罚》的第一部分是相当出色的，而第二部分则又是霉烂的自我抱怨。"（П.，Ⅵ，66）1875 年作家信告萨尔特科夫－谢德林说，他看完了刚出版的《少年》第一部："……我本想翻阅一下这团乱麻，可是我的天哪，这是什么酸不溜秋的东西，既有熏天恶臭，还有谁也不需要的嘟嘟囔囔，还有心理的抱怨！"（П.，Ⅺ，164）库尔良茨卡娅得出结论：津津乐道于打造高层次心理综合法的屠格涅夫非常不满意于陀思妥耶夫斯基，说他总是特别地问津于生活中的悲剧一面，对生活中的不和谐乐此不疲，对"分割成与人为敌的天然力量"、处于支离破碎涡动式的不稳定状态的世界尤为钟情（Курляндская，1972：199）。其实，屠格涅夫钟情于用平静的外表写不平静的内心，在很大程度上是他的生活经历使然。屠格涅夫素来对贵族的矜持与温文持欣赏之态度，他比任何作家，尤其是陀思妥耶夫斯基都幸运，唯有他能心情宁静祥和地雕琢心目中美的王国，尽情地"为赋新词强说愁"，从不会因衣食无着而犯愁，更没尝过落魄与潦倒的滋味，故而，他的理想人物身上充满贵族的文明与修养、持重与高贵，唯有此才符合他心目中的真实。

二 半个色调语汇与标点符号的心理评价功能

文学作品中人物丰富复杂的情感的表达无疑要借助于生动形象的艺术语言，但语言的表现能力极其有限，最深刻的生命体验无法用语言来表达。这是俄罗斯历代作家的心理纠结。茹可夫斯基在他的名作《无法表达的》中就曾慨叹大自然的美丽是无法用语言表达而能借助可视、有声和形象来体现的立体的自然画图；丘特切夫在《沉默》一诗中慨叹人与人沟通时所产生的误解源自思想一通过语言就会出错而勉力"不可说而说之"；同样，屠格涅夫不止一次在惊叹语言"无限"的同时，慨叹它的"局限"。正如他在小说《贵族之家》中所写的："那少女（丽莎）纯洁心灵的感受，却不是言语所能表达的。"丽莎与拉夫列茨基最后相见时的复杂心态也是断难用语言来明述的。甚至有的研究家认为，正是认识到了语言的局限性，所以屠格涅夫选择了"隐蔽心理"创作手法。在小说《春潮》中屠格涅夫更是直接借人物之口道出他对语言局限性的清醒认识："世界上再没有比语言更有力的……比语言更无力的了！"正因为认识到再高明的艺术家都不可能用最精确到位的语言一下子表达出人物瞬间即逝的心理波动，隐蔽心理学家屠格涅夫为了表达无法表达的心理活动，以及情绪的模糊与朦胧，着意寻求新的语言表现手段。作家根据俄语特点，着力挖掘半个色调语汇

（полутон）的心理评价功能，并将艺术视角落定于带"－то"的不定代词与不定副词，带"пол－"（－полу）前缀、表"一半"意义的复合词，不定情态语气词 чуть ли、едва ли，以及比拟语气词 как будто、как бы，区分连接词 не то…，не то…和 либо…，либо…等的不确定语义上，营造出"似与不似"的不确定心理氛围，使艺术功效不仅仅体现于艺术形象的耐咀嚼，更能在"言语道断"之处，"思维路绝"之时，"名言所绝之理"，将人内心深处的曲幽微妙准确而精细地外现，终于能丘特切夫所不能。

在《贵族之家》中，和妻子分手后的拉夫列茨基回到国内后的内心状态是混乱不清的，是很难用表义精确的语汇来表达的，作者借助不定副词"как-то"来表现他近乎忧郁的奇怪和自己也理不清楚的迷惘心理；在《前夜》中，叶莲娜不知何去何从，同时感觉到身上某一种（какой-то）莫名的，但却是强烈的青春力量在心中奔涌，她的不平静心态是借助不定代词"что-то"来展示的。叶莲娜对别尔谢涅夫的态度难以确定时，"她的心扉渐渐开启，某种（какой-то）细腻的、正确的、美好的情感不是正在注入她的心房，便是正在她的心里滋生出来"。

以不定代词为主要特征的半个色调语汇在爱情的诗意描写中成了主调。在《初恋》中小主人公处于情怀似醒未醒之状态，并不是总能明白身边发生的事情，并不是总能确定自己的感情，整天陷于惊喜参半、希望与失望、怀疑与徘徊、不解与困惑之中，因此，这些语汇尤为密集地现于沃洛佳的整个心理画图中。"… но я думал, во всём, что я ощущал, таилось <u>полусознанное</u>, стыдливое предчувствие <u>чего-то</u> нового, несказанно сладкого, женского …" "Я всё ждал, робел <u>чего-то</u> и всему дивился" "в движениях девушки／я её видел сбоку／ было <u>что-то</u> такое очаровательное, повелительное, ласкающее, насмешливое и милое, что я <u>чуть не</u> вскрикнул от удивления и удовольствия" "серебристый звук её голоса пробежал по мне <u>каким-то</u> сладким холодком" "ощущал во всём своём составе <u>какое-то</u> до глупости напряжённое благополучие" "с <u>каким-то</u> и неестественным и искренним восторгом" "развило в ней <u>какую-то</u> <u>полупрезрительную</u> небрежность и невзыскательность" "наполнялся весь <u>каким-то</u> безыменным ощущением, в котором было всё: и грусть, и радость, и предчувствие будущего, и страх жизни" "спросила она меня с какой-то странной улыбкой""ему напомнили какую-то историю с какими-то путейскими офицерами" "какие-то красные искры""с каким-то ужасом недоумения на сердце",等等,作家以孩子的身份去观察与体验,对少年沃洛佳的心理活动进行了极尽生动细腻而真实的描述。艺术家屠格涅夫不再拘泥于"隐蔽心理学"原则,即突破侧重于写心理活动结果、忽略写心理活动过程的框套,而是自觉不自觉地实现托尔斯泰的"艺术目的":"表现一个人的心灵的全部情况,表现出那些用简单语言表达不出来的隐秘。"(Толстой,1993:60)而这种艺术胆识的体现正是得益于带-то不定代词与不定副词的频繁使用,这些词更多地附着在"内在言语"(внутренняя речь)中,以内心独白为载体,变为由内到外的人物心理的"公开"描写。在这部作品里,第一人称"我"的叙述语言的不定语气以及中间色调,人物内心语言的模棱两可,对心中偶像一次次不确定的猜测,造成一种"花非花,雾非雾""来时春梦几多时,去似朝云无觅处"的朦胧与怅惘,为小主人公的心理情状平添了几分诗意。正是这类不确定语义词,赋予了小主人公眼中的女主人公"似与不似"的诗情画意之美,同时也展示了小主人公情感由内到外的矛盾与强烈的内在心理冲突。在此等不确定认知和心理状态难以用语言定性的过程中,激情和折磨共存,欲望和痛苦相伴,挚爱和醋意相交织,理智和情感相碰撞,构建了一种更能撞击读者心灵的"情感辩证法"。正是源于此,著名研究家弗里得良德认定"《初恋》是屠格涅夫唯一一部运用托尔斯泰手法去洞悉人物情感的萌生和发展,明察秋毫地表达爱情自身的辩证法,从绝望的痛苦,从难以承受的委屈向醉人的快乐瞬间过渡的作品"。(Фридлянд,1998:11)

在屠格涅夫的晚期创作,如《死后》《克拉拉·米里奇》《烟》等的爱情描写中,不确定语义词的使用频率居高不下,它既描写感情的萌生(如阿拉托夫对克拉拉的强烈感情的产生),也勾画感情的升华(李特维诺夫对伊琳娜感情的发展),乃至感情的结局("对于李特维诺夫说来,伊琳娜最终成为'какой-то'黑暗的、危险的自然力的体现者")。

屠格涅夫不仅将不确定语义词用于人物的内在语言,而且将其涂镀于与人物内心相关的外在表情。在描写人的情感的外部表现时屠格涅夫经常运用不定代词和比拟语气词,比方说,丽莎的形象有着宗教般的神圣色彩,这种神圣被屠格涅夫看作逻辑上不可分解、理性上难以认清的东西,是用任何精确的语言也判定不了的，更是让男主人公拉夫列茨基费解甚至膜拜的。作家似乎觉得再过硬的笔力也难表达这种心态，唯有不确定语义词汇和比拟语气词才最大可能地通过外部动作、面部表情的变化将其体现："拉夫列茨基本想坐近丽莎，但是她的神态严肃，近乎（как будто）凛然不可侵犯，一次也没有看他。她似乎是故意不去看他，她心里忽然充满了一种（какой-то）冷冷的庄严的兴奋……他感觉到丽莎是有什么（что-то）是他看不透的。"类似手法同样用于奥津佐娃对巴扎洛夫的那种不清晰的、朦胧的感情："……她的脸红了。""'莫非？'她突然说着，站住了，甩了甩头发……她看到了镜子里的自己；她那向后仰起的头，含着神秘微笑的半睁半闭的眼睛和双唇（полузакрытые и полураскрытые глаза и губы），这会儿，似乎（казалось）都在向她诉说着什么（что-то），她因此不好意思起来……"此时此刻，她或许对巴扎洛夫动了真情，她为韶华逝去而痛苦，渴望更新自己的生活——这种心态加深了她对巴扎洛夫的好感，但正如我们所知，对无惊无扰的宁静生活的迷恋却又在她心灵深处占了上风。这种坎坷复杂的心路历程恰恰是凭借各种不确定语义词、带"пол-"表"一半意义"的复合词和假设性判断句，并将其灌注在最能代表人物特定心态的外在言行上来展示的。

屠格涅夫的风景并非以浓妆艳抹炫目，而是以轻描淡写、素淡幽雅沁人心神。在他的画笔下，很少见到大红大紫，也难得见一片纯黑纯白，光色影在他笔下都不是到一极点，他乃中间色调和不确定语义的运用能手。在艺术家屠格涅夫的画布上，或是猎人在浓露清晨中的白蒙蒙青草留下一枚枚绿印，空气也泛着一层乳白，或是披着晚霞的白桦裸枝是 полусонный，或午夜的狗 ворчать вполголоса，或不知从什么地方飘来一丝淡淡的苦艾的清香……作家最爱用带"пол-"（полу-）前缀、表"一半"意义的复合词，但这"一半"无疑不是数量的确指，多为一种语义的不确定。屠格涅夫叙述的事件，尤其是爱情故事，多发生在朦胧迷离（полумрачный）的星光月色中，半明半暗（полусветлый）的夕暮里，正午半光半影的绿荫下，声响似有若无的静谧中。正是这种说不清道不明的美把读者带入其中，读者不停地玩味，不停地想象，不停地创造，与此同时，作品本身也获得了永久的生命力。艺术家用语言描画的自然画图所营造的不仅仅是人物赖以活动的场所，也是人的心理的暗示与象征、烘托与渲染。萨宁（《春潮》）陶醉在蜂吟花香、树影斑驳的爱的田园，沐浴着"зеленоватое золото полуденных лучей, полуденных теней", "心儿沉浸在那懒洋洋的、无忧无虑的和青春——早期青春——的甜蜜的慵倦中"。有时"半个色调"直接是人物心理乃至生理反应的点明。十六岁的沃洛佳的情怀是полусознанный, 透露着波洛佐娃凶悍与矫情本性的面部特征是"полузверь и полубог"。屠格涅夫的人物心理叙述几乎不存在直来直去、一锤定音的现象。在他看来, 人的心理状态本身是极其细腻复杂的, 其细腻差别常常不是一句话就能表达得透彻的, 故而, "诗人应凝练而不满冗赘, 启人思绪而不必说尽, 暗示文外曲致" (丰华瞻, 1978: 63), 而这种"文外曲致", 即"不必说尽"的"另一半"靠的不是评论家们的冷漠肢解, 放置"心理实验室"冷静分析, 而是将心理再分析的任务交付读者, 任其去认识、去发展、去完善。拉夫列茨基经历了与妻子瓦尔瓦拉恩断情绝的情感悲剧回到故乡: "只有在那双微微外突的, 略显呆滞的浅蓝色眼睛里, замечалась не то задумчивость, не то усталость, и голос его звучал как-то слишком ровно。"有时候, 心理艺术家屠格涅夫甚至将人的内在活动与外在表现的互为对立与反衬也推给读者去协调与统一。正如普斯托沃依特研究发现, 在小说《死后》的第四章里作者似乎让克拉拉的内在面貌与外在面貌相对立。在笔者看来, 屠格涅夫的匠心独具之处就在于作家用不着自己直接出面, 而是让读者通过文字描述去寻求二者的和谐, 在他们的理解与想象中去调和这种矛盾与"对立": "……高挑的个子, 肩膀略宽, 但 (но) 整个身材苗条匀称。脸色黝黑, 要么 (не то) 就是犹太人, 要么 (не то) 就是茨冈人那种脸色……, 薄薄的嘴唇棱角俊美但突兀…… 整个一张脸一副沉思的表情, 几乎 (почти) 是严厉的表情。她天性情怀丰富, 随心所欲——很难说是 (едва ли) 善良, 也不一定就是 (едва ли) 非常聪明——但是 (но) 她很有才华。"第十三章中的破折号完全服从和实践着这一审美目的: "她整个人就是一团火, 整个的——情怀奔放, 整个的——一个矛盾体: 报复心重而又善良, 宽宏大量而又心胸狭窄; 相信命运, 却又不信上帝; 她爱一切美的东西, 而自己却从不注意打扮, 穿着随便; 讨厌小伙子追求自己, 但看书时却专挑描写爱情的地方反复细看……她怕死, 却自杀。"

屠格涅夫对半个色调语汇, 尤其是不定代词与不定副词的运用, 在某种意义上是受茹可夫斯基, 尤其是费特诗歌特征的启发。如果说这类语汇的运用是茹可夫斯基诗歌总体特征之一, 那么, 在屠格涅夫与费特笔下则带有心理描写色彩，但不同的是，费特并不讲述已经"瓜熟蒂落"的感情，但"却又能观察得出萌生着的情感的苗头，情感似成未成时的惊恐"（Григорьев，1910：111）。如果说，费特强调的是"个别的感受，个别的情感色彩的细微变化，心理过程的个别因素"（Фет，1959：62），那么，屠格涅夫酿造的却是情感发展的历史，同时又不羁绊于托尔斯泰式的"过程"，而强调这一历史的制高点，用语言表达人物自己也无法明确表达的心理状态。屠格涅夫感兴趣的是瞬间但往往又不确定的情绪和勉强捕捉得到的激情的复杂过渡，同时揭示的是酝酿成熟了的永久情感的高潮，这些高潮是瓜熟蒂落的必然结果。

和涅克拉索夫一样，屠格涅夫对费特惯常表达不清楚的、非理性的心灵运动的所谓浪漫主义特征常常不理解，由此而生不满之情。屠格涅夫主张叙述人的心理应简洁矜持，在屠格涅夫看来，费特的不确定语义词创立的所谓"意境"无异于玩弄文字与形象的游戏，是人为地给读者设置阅读障碍，故而，他在给费特做诗歌编辑期间，不止一次地指责费特的诗歌语言过于含糊与离谱，说他的用词并不是服从人物心理描写的需要，而是造成诗歌语言的晦涩、难读与费解，难怪他有一次手捧费特的诗（《我前来向你问候》），连声喊叫"读不懂"，并由此大刀阔斧地砍去他所读不懂之处。殊不知，费特将东方的意境带入俄罗斯诗歌，一改此前俄罗斯诗歌的直抒胸臆。

爱情是人类最丰富的感情，屠格涅夫深知，文学作品要想全方位表现这种感情，仅凭文字本身是难以胜任的，必须借助一种替代语言和感情表达的符号来实现心理描写的艺术使命。就此，艺术家将慧眼投注于标点符号的心理评价功能，将这种书面形式化为烘托气氛、渲染情绪、强化阅读视觉、表现人特定心理活动的强有力手段。配在支吾其词之后的省略号标志着"意蕴丰富"的停顿，它的心理载量厚重而又丰实，常常在停顿之外，隐藏着难以言明的故事和微妙的心理，带有复杂的情绪色彩，故而在屠格涅夫的爱情描写中最为常见。括号则常用于作者对行为、语调、情景、独白所做的注释。《初恋》中括号表达了更复杂、更细腻的感情，屠格涅夫运用得比较理性，比较客观。它或是沃洛佳心理的补充，或是心理的证实，或是少年心理的注释（少年心理的逼真外露），或为心理的直接描画，或化为丰富的内心语言。

在所有标点符号中，唯有问号与感叹号最具感性特征，尤为出现在情感波动起伏较大的时候。《阿霞》中的同名主人公出走后，恩先生对自己的犹豫行为追悔莫及，在他的内心言语中问号与感叹号最大限度地交迭使用："Как я мог не …? как не оценить …? Как я не … !"在这里，我们分明看到一个人在用两种面孔说话，一个人的灵魂就此撕成了两半：一个是铸下大错的"我"，另一个是不能原谅自己过错的"我"。这一切都借助极其丰富的语句结构和极具情感色彩的标点符号，陀思妥耶夫斯基式地来昭示恩先生心灵深处的情感风暴。一个"我"不断地拷问另一个"我"："Разве я …? Разве я …? Разве я …?"并且痛心疾首地骂自己："Безумец! Безумец!"在屠格涅夫的爱情描写中，两种标点符号有时候同时出现，加强语调，将人的心理、情感与情绪推向极致，如"!!" "??"，多处使用三个感叹号"!!!"。当萨宁深感自己无力挣脱波洛佐娃的情网时，他试图借用杰玛的来信来给自己打气："он назначил ей свидание через эти три дня!!!"作家似乎生怕读者没有注意到感叹号的强大心理表述功能，不惜直接出面，站在文字面前，借用括号直接向读者点明，"（с тремя восклицательными знаками）"，足见屠格涅夫对感叹号的心理分析作用有着尤为清醒的认识。此情此境，若离开了标点符号，便很难忠实传达出萨宁的心情，由此可以说，在某种特殊场合与特殊环境中，标点符号产生了连文字都无法比拟的微妙、奇特的艺术效果，说它是一首变幻多彩的短诗，毫不为过。如果说，文学作品是感情记录成的文字，那么，标点符号在一定程度上则是让感情成"歌"、成"诉"的五线谱；如果把文学作品比作一部机器，那么，标点符号则是塑造文学形象、描写人物心理的齿轮与螺丝钉。难怪郭沫若先生对标点符号的审美功效予以如此高的评价："言文而无标点，等于人而无眉目。"的确，标点符号本身并不是文字，但对文字的表情达意却起着画龙点睛的作用，为言说不尽的语言"救急"，同时，它的使命还在于为文字把脉，扮演着无声却有情的角色。

用语言作为工具的文学作品，兼具丰富的感官艺术，它也许不及以色彩为工具的绘画等来得鲜活可触，但它强大的表述与阅读功能，却使得文学比其他艺术都更易于细致入微地、直接具体地描写和表现人丰富的内心情感世界，"言"不可言之理，"述"不可述之事，最终完成自己的艺术使命，即展现人的心灵的历史，促人感知，达成共鸣。

参考文献

Курляндская Г. Б. , Художественный метод романиста *И. С. Тургенева*. Тула. 1972.

Мышковская Л. , Мастерство Л. Н. Толстого. Москва： Изд. Художественнаялитература. 1958.

Пустовойт П. Г. , Тургенев: художник слова. Москва：изд. МГУ. 1980.

Русские писатели о литературном труде. под общ. ред. Б. Мейлаха. Т. 2. Ленинград：Сов. писатель 1955.

Собрание сочинений Аполлона Григорьева. Т. 9. Москва：«Наука». 1910.

Толстой Л. Н. , ПСС в 100т. Т. 5. Москва：«Наука» 1993.

Фет А. А. , Полное собрание стихотворений［Текст］/［Вступ. статья, с. 5 – 78, подготовка текста и примеч. Б. Я. Бухштаба］. Ленинград：Сов. писатель. 1959.

Фридлянд В. Г. , Тургеневская повесть // Тургенев И. С. Повести. Москва, 1998.

陈燊：《论〈贵族之家〉》，《外国文学评论》1991 年第 3 期。

丰华瞻：《中国抒情诗传统与西洋的史诗传统》，载林秀清编《现代意识与民族文化——比较文学研究文集》，复旦大学出版社，1978。

〔俄〕普列汉诺夫：《普列汉诺夫美学论文集》第一卷，曹葆华译，人民出版社，1983。

〔俄〕托尔斯泰：《艺术论》，丰陈宝译，人民文学出版社，1958。

原文载于《俄语语言文学研究》2006 年第 4 期

超越苦难的圣徒

——《活尸》中卢克丽娅的精神品格

谢春艳[*]

摘　要： 《活尸》是屠格涅夫哲学美学观念的一个总结。作家通过塑造女
主人公卢克丽娅的形象，深入挖掘了俄罗斯人灵魂深处的宗教意
识，突出强调了崇尚苦难的圣徒精神是俄罗斯人最高的道德理想。

关键词： 灵魂　苦难　圣徒

　　短篇小说《活尸》[①]（1874 年）在屠格涅夫的《猎人笔记》中占有格外引
人注目的位置。其价值不仅因为作家"接近了人民"（曹靖华主编，1992：
333），提出了农奴制度下的社会问题，更在于作品以基督教中"灵魂—精神—
肉体"的关系为基础，用艺术手段诠释了生命的宗教含义，从而深入揭示了俄
罗斯人精神生活的本质特征。特别是女主人公卢克丽娅甘愿在苦难中锤炼灵魂
的圣徒精神体现了作家的审美理想，卢克丽娅也因此成为"屠格涅夫家族的少
女"中最与众不同的一个。

　　卢克丽娅曾是一个年轻快乐、美丽迷人的农家姑娘，就在与未婚夫瓦西里
即将举行婚礼前的一天夜里，她来到花园的台阶上倾听夜莺的啼鸣，无意间重
重地摔倒在地上。没有治愈希望的卢克丽娅被送到一个冬天存放蜂箱的小木棚
里，石头般僵硬不动地躺着。她的身体逐渐萎缩、干枯，人们因此把她称作

---

　　* 谢春艳，哈尔滨工业大学教授。

　　① 本文所采用译本名为《酷似活尸》，但本文叙述中仍沿用受到普遍认同的译法——《活尸》。

"活尸"。小说的叙述者彼得·彼得罗维奇在一次打猎时偶然遇到了昔日家中的女仆卢克丽娅，他无法相信眼前这个可怕的"活尸"竟是从前那个健康活泼、聪明可爱的姑娘。

小说的题目《活尸》隐含深刻的寓意。"活尸"（"Живые мощи"意为"活的干尸"）一词代表了双重含义。首先，"干尸"通常是一种修辞手段，用以借喻羸弱不堪、濒临死亡的病人。枯瘦如柴、奄奄一息的卢克丽娅就是这样一个"名副其实"的真正意义上的"干尸"："我从他（指田庄的甲长）那里得知，村里人都管她（指卢克丽娅）叫'活尸'。"（屠格涅夫，1998：51）其次，"干尸"特指基督教中"上帝的侍从不腐的肉体"（Даль，1979：354），即圣徒的"干尸"。圣徒的"干尸"不腐是基督教观念中信仰灵魂不死和圣徒崇拜的基础。尸体不腐也是古罗斯封圣的主要标准之一。《圣经》中即讲到了肉体与灵魂的问题：耶稣复活后向门徒显现，他们惊慌失措，以为看到的是耶稣的魂。于是耶稣说："你们看我的手、我的脚，就知道实在是我了。摸我看看，魂无骨无肉，你们看，我是有的。"（《圣经·新约·路加福音》第24章第39节。）人的本性由精神和肉体构成，没有精神的肉体必定是死亡的，没有肉体的精神也是不完美的。精神是人的机体、情感、思想和意志的总和，而灵魂是人的精神中最崇高的部分，并不为一切人所具有，如使徒犹大所说："末世必有好讥诮的人随从自己不敬虔的私欲而行。这就是那些引人结党，属乎血气，没有圣灵的人。"（《圣经·新约·犹大书》第1章第18–19节。）

小说依照"活尸"的双重含义，由表及里，从卢克丽娅"酷似活尸"的外表入手，逐层深入到其"跳动的"灵魂深处。

作品的第一部分充满了对卢克丽娅的"肉体之美"被毁灭的悲叹。作家首先通过彼得·彼得罗维奇之口以高昂的浪漫主义情感歌颂生活、赞美肉体健康的快乐和大自然给予人的喜悦："在清新的空气里，在明朗的天空下，是何等的惬意呀，云雀在那里飞翔啼唱，撒下了它们银珠般的嘹亮歌声！它们的翅膀想必沾满露珠，它们的歌声似乎也沾湿了露水。我甚至脱下帽子，鼓起我的全部胸膛欢快地呼吸着。"（屠格涅夫，1998：38）大自然"清新的空气"、云雀欢快动人的歌声与卢克丽娅那个黑暗、静谧、"用篱壁隔成的棚子"里凝滞的气氛形成了鲜明的反差。卢克丽娅"黝黑的死板的"脸庞使刚刚陶醉于大自然之美的彼得·彼得罗维奇感到惊恐。他追忆起昔日卢克丽娅充满青春活力的美："真的是她吗？这个干尸竟然是卢克丽娅，竟然是我家全体仆人中第一号美人，那个苗条、丰满、红润、爱笑而又能歌善舞的姑娘！卢克丽娅，聪明可爱的卢克丽娅，我们那里所有的年轻小伙都追求她；我当时是个16岁的孩子，我也在偷偷地叹赏她。"（屠格涅夫，1998：40）随后，曾经"能歌善舞"的卢克丽娅用柔弱纤细、纯正悠长的嗓音使尽全力唱起了动听的歌曲，真挚感人的歌声如同一束阳光，映红了死一般沉寂的小屋，触动了彼得·彼得罗维奇的内心世界，使他由"恐惧"到产生"难以言表的怜惜之情"。（屠格涅夫，1998：46）在这一段描写中，卢克丽娅歌声的突然中断象征着其肉体之美的逝去与毁灭。

人是精神与肉体的统一。肉体的快乐会带来精神的快乐，精神的愉悦可以减轻肉体的痛苦，使肉体充满活力。卢克丽娅再也没有肉体的快乐，她承受着肉体之痛的煎熬，变成了一个几近死亡的"干尸"。然而她的精神脉搏却从没有停止跳动，在其死亡的肉体背后，蕴藏着丰富的精神世界。

与生理健康、行动自由的人相比，卢克丽娅对生活中"微小的"快乐更加敏感、更加珍视："而我，感谢上帝，眼力还挺好，耳朵也什么都听得见。田鼠在地底下打洞，我也听得见。各种气味我都能闻得出来，即便那气味多么细微！"（屠格涅夫，1998：42）孤独与寂寞使她悉心观察大自然的一切，在大自然中寻找快乐的源泉，与自然界融为一体，忘记了肉体的疼痛："我不是总能睡得着的。虽然说我没有大的病痛，可是我的内脏里常感到疼，骨头里也是，让我没法好好地睡。不⋯⋯我就是这样躺着、躺着，也不去想什么；我只觉得我还活着，还会喘气——我整个人就在这里。我瞧着、听着。蜜蜂在蜂房里嗡嗡地响，鸽子停在屋脊上咕咕地叫，老母鸡带着小鸡来啄面包屑，或者飞来一只麻雀呀，一只蝴蝶呀，我都很高兴。前年竟有燕子在屋角里做起窝，在那里生儿育女。这多有意思呀！"（屠格涅夫，1998：43）纯净清新的自然世界带给卢克丽娅的不仅仅是身心的快乐，更使她摆脱了俗世的烦扰，灵魂得到净化与升华。

谈起自己不幸的命运，卢克丽娅从没有任何抱怨："她在讲她不幸的遭遇的时候几乎是愉快的，没有唉声叹气，一点没有怨言，也不指望别人的同情。"（屠格涅夫，1998：41）对于未婚夫瓦西里的婚事，她努力站在一个健康的常人的角度去理解，认为这是合乎常理、顺应自然的事情："他原先是非常爱我的，可是他究竟是年轻人嘛，总不能老是单身。我还哪能做他的伴侣呢？他找的这个媳妇人很好，很善良，他们已有了孩子。"（屠格涅夫，1998：41）在卢克丽娅看来，瓦西里既爱她，又为她忧伤，已是她最大的快乐。不能让他永远单身，他理应找到一个善良的妻子，生儿育女，实现一个普通人生活的意义。因此卢克丽娅为瓦西里的一切感到高兴，把他的幸福当作自己的幸福："……感谢上帝，他现在的小日子过得挺滋润。"（屠格涅夫，1998：41）

卢克丽娅承受的巨大痛苦在常人看来是无法想象的，可是在她眼里还有许多比自己更不幸的人。一个健康富有的人很容易做出慷慨助人的善举，而能够倾尽所有去关心别人，更是难能可贵的。卢克丽娅做了自己力所能及的最后一件事：在精神上帮助和支持那些比她"更不幸"的人。在与彼得·彼得罗维奇的交谈中，卢克丽娅始终没有为自己提出任何索求，最后告别时她想到了农民艰难的处境，为他们求情："'我什么也不需要；一切都满足了，感谢上帝，'她费了好大劲并很动情地说了这句话。'愿上帝保佑大家身体安康！还有，老爷，请您跟您家老太太说说，这里的庄稼人穷得很哪，求她把他们的田租哪怕减轻一点点也好！他们的地很少，出产也少……他们会祈求上帝保佑您的。……我什么也不需要，一切都满足了。'"（屠格涅夫，1998：51）任何一个人都可能去攀比、嫉妒，甚至怨恨那些比自己生活更优裕的人。然而物质上的贫穷并没有使卢克丽娅的灵魂异化。她不诅咒任何人，对自己沉重的生活境遇感到极度的满足："有的人还没有安身的窝呢？还有的人是瞎子，是聋子！而我，感谢上帝，眼力还挺好，耳朵也什么都听得见。……不，为什么要抱怨上帝呢？比我更不幸的人还多的是呢。"（屠格涅夫，1998：42）

如果从"存在决定意识"这一哲学命题出发去客观地思考，那么女主人公卢克丽娅的意识本该随着肌体的萎缩而退化，但是她的精神与灵魂并没有受到外部环境与物质条件的影响。在东正教"神秘之光"的照耀下，和谐与安宁的彼岸世界早已成为她渴慕已久的终极目标——她的灵魂是属于上帝的。

在强烈的宗教意识支配下，卢克丽娅处于一种特别的精神状态之中：她感到来自天国的神奇力量在时刻庇护着她，这种力量成为她唯一的精神支柱。

彼得·彼得罗维奇试图把卢克丽娅送到医院治疗，但她拒绝了他的帮助，认为自己的生活现状是最佳的选择，不必做出任何改变："我到那里只会更加痛苦……您不大信吧，有时候我独自这样躺着……好像整个世界除了我就没有别的人了。只有我一个人活着！我好像感觉自己突然想到……我被沉思抓住了——真是奇怪！……这是怎么也不好说的，说不明白的。而且过后就忘了。

那想法上来的时候，就像乌云散走了一样，好清新、好爽快呀，而究竟是什么呢——搞不明白！"这"搞不明白"、捉摸不透、左右着她的感觉正是一种超自然的神奇力量。拒绝彼得·彼得罗维奇的帮助，不仅因为卢克丽娅知道自己已经没有治愈的希望，最主要的是她意识到，身体痊愈、回归正常人的生活会使她失去这种美妙的"感觉"："我只是想，要是我旁边有人，就出现不了这种想法，除了自己的不幸之外，我就什么也感觉不到。"（屠格涅夫，1998：45）萦绕在卢克丽娅心头的这种神奇的"感觉"就是对上帝存在于物质世界、与人们同在的直觉感悟。对上帝的忠实使她把自己不幸的命运看成是上帝的赐福，是上帝对自己的格外偏爱："上帝让我扛十字架，说明他是疼我的。"（屠格涅夫，1998：44）

小说中卢克丽娅的三个梦具有深刻的象征意义，体现了卢克丽娅内心深处的宗教情感。在第一个梦中卢克丽娅成为"基督的未婚妻"，是一个离开尘世，来到天国为上帝服务的幸福的姑娘。开始卢克丽娅准备迎接自己的未婚夫瓦西里，但她却在为另一个未婚夫打扮着自己："我就像戴头巾似的戴上月亮，我立刻全身闪光，把周围的整个田野照得通亮。……'别害怕，我的打扮得好漂亮的姑娘，跟我来吧；你要在我的天国里跳轮舞，唱天堂的歌曲。'我便紧紧拉住他的手！我的狗立刻跑到我的脚边……可是我们一下腾空而起！他待在前边。……他的翅膀在天空中伸得老长，像海鸥的翅膀一样，我跟着他！那只狗只得离开我了。这时候我才明白过来，这只狗就是我的病，在天国里已没有它的位置了。"（屠格涅夫，1998：48）梦中瓦西里的形象与白色的基督——天国的未婚夫的形象融合在一起，暗喻着卢克丽娅注定成为一个虔诚地侍奉上帝的圣徒。第二个梦形象地体现了基督教的基本教理之一：一个虔诚的、遵守教规的人可以在上帝面前替父母赎掉罪孽。在梦中卢克丽娅见到了自己死去的双亲，他们向她鞠躬，告诉她："因为你在这个世界上受了许多苦，所以你不但解脱了自己一人的灵魂，也替我们卸下了重担。我们在那个世界里会轻松得多。你已经减轻了自己的罪孽；现在是在替我们赎罪了。"（屠格涅夫，1998：49）第三个梦是对卢克丽娅死亡到来的预示。基督教信仰认为，一个遵守教规的人临死前会有天使降临身边，告知其离开尘世升入天国的准确时间。作为一个虔诚的基督徒，卢克丽娅丝毫不惧怕死神的到来："照理说我该吓一跳，可是我不，我高兴得很，划（画）了十字！"（屠格涅夫，1998：49）她甚至盼望着死亡的早日来临，在梦中她请求死神将她带走。死神告诉她，她的死期是在圣彼得节之后。果然，在圣彼得节之后临死的那一天，她听到了"从上面"传来的钟声，听到了来自天国的召唤。屠格涅夫在一种凝重肃穆的气氛中为卢克丽娅笃信基督的灵魂找到了最后的归宿。

卢克丽娅的梦在形式上具有生动的民间神话色彩，而在内容上与其信仰基督教的世界观是一致的。摆脱疾病、进入天国为上帝服务、替父母赎罪是卢克丽娅梦寐以求的愿望。上帝的存在是她获得精神与道德力量的源泉。

"你想成为一个幸福的人吗？那就请你首先学会承受苦难。"[1]（О. А. Платонов，2000）——屠格涅夫的这句话正是小说《活尸》的创作宗旨。在《活尸》的卷首题词中屠格涅夫引用了俄国诗人费奥多尔·伊万诺维奇·丘特切夫写于1855年的两行诗句。

> 长期忍受苦难的祖国——
> 你这俄罗斯人民的国度！（屠格涅夫，1998：37）

丘特切夫诗歌的主题点明了小说《活尸》的基本结构与中心思想。肉体上"长期忍受苦难"将获得精神的超越与升华，这是笃信东正教的俄罗斯人敬奉的真理，也是理解俄罗斯民族性格的一个基本出发点。列夫·托尔斯泰曾经说过："小的苦难能够使我们摆脱自我，大的苦难能够使我们回归自我。嗒嗒的钟铃传出低沉的声音：将其击为两半，它会重新发出清脆的响声。"（О. А. Платонов，2000）这段话诠释了俄罗斯人忍耐顺从、甘愿承受一切人间苦难的深层原因：他们坚信，生命的意义不在于纷乱的尘世生活中，只有经历了苦难的灵魂才能够回归最后的家园，获得永生。

苦难是一种精神与道德上的感觉，是对不幸、悲痛和忧郁的感受。基于基督教文化背景的俄罗斯人认为，承受苦难是一种崇高的、与上帝接近的必由之路。基督为人类承受了苦难，因此人类也必须承受苦难。人只有为上帝忍受痛苦，经历苦难的磨炼才会进入天国世界。"'自愿忍受苦难是对基督的效仿，是《福音书》的完满实现阶段。'俄罗斯人民是世界上公认的为数不多的能够领悟

---

[1] Платонов. О. Энциклопедический словарь русской цивилизации，http：//rus－sky. com/rc/.

基督教本质的民族之一，他们热爱基督和十字架，珍重苦难，从中吸取积极的力量，能够感受到赎罪的作用，甘愿在苦难中考验自己对上帝的忠诚并净化灵魂。"（金亚娜等，2003：25）可见，经历苦难、经历磨炼对俄罗斯人是多么重要。他们将为上帝忍受一切苦难视作人间最快乐的事情，当苦难重重地压在俄罗斯人的心头时，他们感到的只有快乐和上帝赐福的荣耀。这种对待苦难的态度贯穿俄罗斯东正教的文化史，深入俄罗斯人的意识深处，形成了俄罗斯人独特的世界观。陀思妥耶夫斯基写道："苦难就是生活。没有苦难，哪里有生活中的满足！"（О. А. Платонов，2000）

卢克丽娅是无数将苦难视作最大幸福的俄罗斯人中的一个。作家逐步深入地揭示了卢克丽娅对苦难的精神超越。她从不诉苦，也不抱怨，不祈求上帝，也不向周围的人们提出任何要求，"相反，她对一切都表示感谢"。（屠格涅夫，1998：51）早在4世纪时，君士坦丁堡大主教、宗教作家圣约安·兹拉托乌斯特曾经说过，因承受苦难而表示感谢要比斋戒与祈祷更加高尚。卢克丽娅的忍耐力不能不令人惊叹，但是她并不认为如此。对卢克丽娅来说，上帝的侍从、圣徒和为人民殉难的人才是最坚强的，他们是忍受最大苦难的人，他们的功绩是最伟大的："'唉，老爷！'她不赞同地说，'您这是说的什么呀？这点忍耐力算什么呢？您看那苦行僧西梅翁的忍耐力才真叫大呢：他在柱头上站了30年！另一位圣徒叫人把他埋在地里，直埋到胸口，蚂蚁叮他的脸。'"最令她敬佩的是圣女贞德的故事："阿拉伯人把她抓起来烧死了，从这时起人民便永远获得自由了！这才是功勋呢！而我算什么呀！"这里的"功勋"在基督教的教义中是指，贞德不仅驱逐了阿拉伯人，而且自愿走向火刑，承受苦难："因为我许过这样的愿：我要为我的人民死于火刑。"（屠格涅夫，1998：50）圣徒的功绩是卢克丽娅最珍视的，也是她努力效仿。作品中对卢克丽娅外貌的细节描写，实际上暗示了卢克丽娅就是一个真正意义上的女圣徒："（她的）脑袋全干瘪了，呈单一的青铜色，活像古书中画的圣像。"（屠格涅夫，1998：39）将她的脸庞与雕像比较进一步强调了这一点："她那如同古雕像上镶着金睫毛的深色眼睑又闭上了。"（屠格涅夫，1998：46）

19世纪俄罗斯的许多伟大作家都善于在自己的作品中直接地正面阐述宗教信仰问题：陀思妥耶夫斯基很早就开始了自己痛苦的人生省察，终生陷入对信仰和生存价值的思索中；列夫·托尔斯泰一生都为宗教所困，经历了漫长的精神探索之路，直到死仍在寻找着最后的答案。与他们不同的是，在自己的创作中屠格涅夫从不明确谈及自己的宗教信仰，因为他不是一个信仰上帝的基督徒。1862 年在给赫尔岑的信中他明确地写道："我过去不迷恋神秘主义，将来也不会。"（吴嘉祐，1994：50）但是，作为一个时刻敏锐地观察生活的真正艺术家，他抓住了信仰东正教的俄罗斯人灵魂深处的秘密，在《活尸》中真实细腻地刻画了笃信宗教的圣徒式女性卢克丽娅精神世界的美。《活尸》无异于为俄罗斯女性写下的一篇真实的"圣徒传记"。卢克丽娅身上体现了作家对女性的审美理想，"他笔下的少女形象作为理想中的'理想'，成为理想的化身，从而具有了崇高的美感，这种理想的崇高的美感主要体现在她们的思想倾向和行为上"（闫吉青，2003：17）。俄罗斯著名诗人、哲学家安得列耶夫·丹尼尔·列昂尼多维奇认为，卢克丽娅与费芙罗尼娅是俄罗斯文学中仅有的两个具有崇高之美的女性形象。

参考文献

Даль В. И.，Толковый словарь живого великорусского языка：В 4 т. Т. 2. Москва，1979.
曹靖华主编《俄苏文学史》第一卷，河南教育出版社，1992。
金亚娜等：《充盈的虚无——俄罗斯文学中的宗教意识》，人民文学出版社，2003。
〔俄〕屠格涅夫：《酷似活尸》，张耳译，载王守仁编选《屠格涅夫精选集》，山东文艺出版社，1998。
吴嘉祐：《屠格涅夫的哲学思想探微》，《外国文学研究》1994 年第 4 期。
闫吉青：《屠格涅夫少女形象的美学品格》，《俄罗斯文艺》2003 年第 6 期。

原文载于《俄语语言文学研究》2005 年第 3 期

阿霞形象的存在主义因素透视

吴 倩*

摘 要： 本文从存在主义的角度分析了屠格涅夫中篇小说《阿霞》的女
主人公形象，揭示了作为孤独个体的阿霞经由忧郁的内心体验
而达到自我生成的过程。

关键词： 阿霞 存在主义 孤独的个体 忧郁 自由

一部作品自它发表以来广为人们阅读就说明了它具有一定的价值。屠格涅
夫创作的《阿霞》就显示出这种魅力。自它问世至今，已过去一个多世纪，现
仍是俄罗斯教科书所规定的必读作品。作家塑造的少女阿霞的形象早已深入人
心。她执着于爱情，执着于幸福，执着于自由，充分彰显了个性。但以往的评
论文章往往通过分析阿霞的言行、举止、社会背景等因素直观地揭示人物的性
格特征，而常常忽略了对阿霞本身"存在"的"去蔽"。因而，本文试图从存
在主义角度阐释阿霞形象的自我生成过程。

一 孤独的自我

阿霞是始终怀着孤独感的人。如同存在主义的先驱克尔凯戈尔所提出"孤
独的个体"一样，阿霞不仅在生活氛围中呈现为单独的个体，即只与自身发生
联系，而且她自己领会自己，体验自己。她独特的出身（庄园地主和农家女的

---

* 吴倩，青岛科技大学副教授。

私生子），从小寄人篱下的处境，坚强母亲的影响（她的母亲为了阿霞父亲的名声，不愿和他住在一起），身份的突变（从农家少女变为小姐），造就了她既自尊又自卑的复杂心理状态。在世人面前，她戴上了面具，遮掩了"我"的"存在"，只有当她独自一人、不再矫揉造作时，一个"本我"的个体才显现出来。但是她的光芒并没有全部展现出来，而是被另一个"非我"所遮蔽，这时她就在拒斥与掩饰中显现自身，我们常常被迷惑和吸引。因而恩先生眼中的阿霞时而故作高雅，时而放浪形骸，时而又温文尔雅。真的本我只在瞬间呈现为一个"孤独的自我"。"亲在的在者"竭力寻觅生存的希冀，但感受到的却是更深的无望和失落。与她有血缘关系的父亲和哥哥似乎给了她爱的关怀。但是我们在字里行间感受到的却是阿霞一颗隐隐作痛的心在颤抖。亲人的爱是掩饰了真爱的怜爱，背后隐藏着与温柔的爱格格不入的一种冷漠和不负责任的伦理道德观，这种情形使她的内心充溢着孤独的感受。恩先生的出现给阿霞带来了一丝希望。她在失落中似乎要寻求另一个能给自己带来幸福的目标，于是她大胆地披露心迹。但是恩先生与她的结识更多的是出于寂寞和对人好奇的本性。在文章的开篇我们就读到这样的话"……我只有对人感兴趣……"（屠格涅夫，2001：39）。这就注定了这种爱的不真实性，注定了阿霞付出的努力只是徒增一份寂寞和烦恼。

在阿霞的人生旅途中，心灵永远不得安宁，充满了恐惧、厌烦、绝望以及冒险和死亡的威胁等感受。"这样的情绪和情感活动，海德格尔称之为'在'的展开。"（全增嘏主编，1985：781）它们是人们本能的意识活动，是人的感情的存在。带有忧郁情调的内心体验在阿霞的自我意识层面铺垫开来。

二　忧郁的情调

"阿霞仿佛暗中有种秘密的痛苦，或者惶恐不安。"（屠格涅夫，2001：57）恩先生与阿霞相处的两个星期充满感伤的情调。通过剖析伤感的缘由，阿霞的个性逐渐地凸显出来。她首先担忧的是自己未来的命运，境遇的大起大落更加深了这种"烦"和"畏"。她"畏"的是不知道今后自己的出路在哪里，"畏"的是不知烦的是什么。母亲的早逝，使孤独的女孩来到作为庄园主的父亲家中，她担心父亲会厌烦她，抛弃她，她害怕在一个陌生的环境中孤独无助地生存。

因而"只要听到爸爸在隔壁房间里咳嗽的声音，就知道他对我是不是满意。"（屠格涅夫，2001：68）

13岁时她失去了父亲。她又一次面临境遇的改变：同父异母的哥哥会如何对待这个在世人面前不被认同的妹妹呢？因而她只要听到加京讲话的声音就要打颤，他的爱抚反而使她难过。

对恩先生的爱也令她惶恐不安。"她差不多在床上躺了一整夜，她什么都不吃……发着高烧，满脸泪痕，她的前额烫极了，她的牙齿格格地打颤……"（屠格涅夫，2001：79）从加京对恩先生的讲述中阿霞所受的心灵折磨已一览无余，她担忧自己是否有爱的权利，能否去爱一个人，能否得到这种幸福。进一步说，她担忧的是能否放飞心绪，能否执着于内心情感，能否实现自我。

三　自由的选择

烦、畏、忧伤的情感泄露之后，孤独的个体在本我的展开中获得自由。

阿霞追求的自由观是在同社会规则的游戏和抗争中树立起来的，从而完成自我的揭示。

首先，她与自己的命运抗争。阿霞不是随波逐流、依附于他人生活的人。因而她不同于其他的贵族小姐。学校的生活环境不但没有改变她的个性，反而增强了她反抗的意志。那些贵族小姐们的言语行为丝毫不能影响阿霞纯洁高傲的心灵。她拒她们于千里之外，却唯独爱护一个贫穷、难看、受人虐待的女孩。谄媚和懦弱是她趋附他人的唯一方式，但这对她来说是最大的罪恶。

其次，她与社会规则抗争。阿霞一直在寻找自我之路，寻找个性，寻找在世界中的自我意义和自由。她在与整个虚假的世界抗争。这一点集中体现在她对恩先生爱的表露上。按照常规，一个女孩不能先表露自己的爱意，不能私约他人，不能坦露心迹。规则就是对人的约束，阿霞面对太多的不许和不能。她在挣扎的痛苦中选择了顺从内心的体验，追求心中的目标。她砸碎了社会条条框框的羁绊，坦率地说出"……我的翅膀已经长出来了……"（屠格涅夫，2001：76）阿霞没有受制于规则，丝毫没有掩饰内心的感受，因而，被代表规则的恩先生斥责，真诚的关系被扭曲。即便是按规则行事的恩先生在强大的爱情方面也有片刻的犹豫，这一刻昭示出所有规则的空洞和生活的无意义。只可惜恩先生最终没有跳出规则的圈子，丧失了本我揭示的机会，只能在悔恨和回忆中度过余生。

再次，是阿霞对自我的追求。小说展示的三个主人公，只有阿霞在执着寻觅本真的自我，相比之下，恩先生和加京是带有某种"多余人"特点的知识分子。恩先生无所事事，没有生活目标，唯一的心事是对抛弃了他的寡妇的思念和由此产生的忧伤，更可悲的是，"我们的罗密欧（此处指恩先生——引者注）的确是我们社会中的优秀人物之一，比他更好的人在我们这儿几乎没有了"（车尔尼雪夫斯基，1983：179）。而加京的追求是当一个画家，但他永远也画不出一幅完整的画，可怜的是，他临摹的竟然是象征坚强毅力的橡树。相比之下，阿霞的情操和人格凸显出来。

阿霞具有执着的性格特点，集中体现在对爱情的专一上。文中提到一个不容忽视的细节：阿霞在与恩先生的交谈中提到了罗累莱的传说，这个传说讲的是一个女妖以歌声引诱船夫，使船触礁沉没的故事。传说中的女妖为了所爱之人，跳进了河里以身殉情。阿霞用这个她所喜爱的故事表达了自己的爱情观和自己对感情的执着。故事此后的发展也印证了这一点：她不顾少女的矜持和羞涩，勇敢地向恩先生表白了。

此外，阿霞不满足于饱食终日、碌碌无为的贵族小姐生活。她思索生活的本身意义，追求自身价值的实现。她感叹道："可是日子过去了，生命溜走了，我们做了些什么呢？"（屠格涅夫，2001：70）透过这种思想，我们可以领会到阿霞对自我价值的追求。

另外，阿霞在看到香客时，发出也想像他们一样的感慨，这是她的性情所致。阿霞的母亲甘守清贫，不愿进入豪宅，做现成的女主人，保持了人的尊严和本性；她的父亲不愿离开厮守一生的庄园，待在几乎与外界隔绝的大房子里，沉溺在对爱妻的思恋中。融入阿霞心灵中的这份性格和情感促使她形成了实现自身价值的理想。香客为了寻求上帝，游走四方，同样，阿霞为了心中的目标，也可以苦其一生。

阿霞倾听内心的召唤，在渴望中绽放自我。她最终被带入了无蔽的自我揭示的状态中。

最后，阿霞完成了自我的揭示。阿霞形象的显示并没有单单停留在瞬间（在时间上），而且还伸向了广阔的空间。空间是阿霞本真自我的本源所在。具体地说，她的追求集中体现在心灵空间意义上的自由。诚然，阿霞生活在狭小的现实世界里。她自出生就和母亲寄居在姨妈的农舍里，后虽搬入父亲的家里，但是父亲离群索居多年，最喜欢待在一间阴暗的大房子里。后来她又寄宿在学校，实质上生活没有太大的变化。而后阿霞随哥哥从一个地方漂泊到另一个地方，居无定所，她约恩先生见面的地方是市长遗孀的一间黑暗的小屋。但是阿霞力图打破狭小的空间限制，"去蔽"外表的我，与外表的我对立起来。因而，阿霞带着自由放飞的心情翘首企盼幸福的来临。如同柏拉图述说的被贬到尘世的失去翅膀的灵魂，经由爱和美的体验，羽毛重新长出，并置入高地，看到真实的世界一样，阿霞体会到爱的神奇力量，这种力量带着她飞向了高空，即便是经受着心灵的苦痛。这种伤痛作者用寥寥几个词刻画出来：提及父亲时的"脸红"和"艰难地"说出妈妈这个词。可想而知，阿霞心中忍受着多么大的伤痛！

作家为了揭示阿霞完满的性格，还透过恩先生的视野，传达出她的审美情趣，从而表达了她具有广阔的心灵空间。例如，当恩先生首次拜访阿霞兄妹的住所时，他立即被宜人的景色吸引住了。"新鲜的、轻盈的空气静静地像波浪式的摇荡着，滚动着，似乎在高处它也感到更加自由了。"（屠格涅夫，2001：45）至此，我们体会到阿霞的审美取向，从而深刻领悟到她宽广的心胸。另外，当恩先生乘船离开阿霞兄妹时，他沉溺于美景中，这时传来阿霞的喊声："您走进月光里面，您把它打碎了。"（屠格涅夫，2001：47）由此，我们读懂了阿霞的心灵：美就在于它的宁静和本真状态，不要试图凌驾于大地之上，奢望什么，保持沉默已足矣！还有在古塔的废墟悬崖边，阿霞像山羊一样跑来跑去，这就是本真的阿霞，即融入大自然的一个生灵。

在包含着山、水、月光、花、草、树的世界存在的原本状态中，阿霞经受住了心灵的痛苦和徘徊的考验，决定面对自己的真实感情，勇敢地去寻找幸福的爱河。她在寻找自由的爱情的过程中，敞开了心扉，完善了自我。虽然在这绝望的爱的体验中阿霞感到了所谓的美好爱情只是海市蜃楼，但她始终关注着心中最有意义、最重要的东西，即选择的自由。阿霞今后会是怎么样，我们已经无从知晓，但是一个勇敢的少女形象已经驻留在我们心中。

阿霞在痛苦的思索中，倾听着自我的召唤，终于她的翅膀长出来了，飞向了遥远的天空。阿霞在恩先生的狭小视野中消失得无影无踪，唯有他手中的被阿霞从窗口丢下的已枯萎的天竺花还留有淡淡的芬芳。

永恒存在的是什么？花的香味无法保留，保留下来的是人心中不灭的印象。曾经让恩先生心动的一瞬，因为没有珍惜，就永远都不会再来了。恩先生只能在这种痛楚的回忆中找寻失落的真情。就像克尔凯戈尔所说的那样，"一切有限和暂时的东西都被遗忘，唯有永恒才是存在。那是爱的力量，爱的渴望，爱的情感"（克尔凯戈尔，2002：289）。

参考文献

Тургенев И. С., Романы. Повести и рассказы. Стихотворения в прозе. Статьи. Москва，1999.

〔俄〕车尔尼雪夫斯基：《车尔尼雪夫斯基论文学》（下册），辛未艾译，上海译文出版社，1983。

李钧：《存在主义文论》，山东教育出版社，1999。

全增嘏主编《西方哲学史》（下册），上海人民出版社，1985。

〔丹麦〕索伦·克尔凯戈尔：《爱之诱惑》，王才勇译，上海社会科学院出版社，2002。

〔俄〕屠格涅夫：《屠格涅夫文集》第五卷，巴金等译，人民文学出版社，2001。

原文载于《俄语语言文学研究》2006 年第 2 期

屠格涅夫小说《阿霞》中
女性心理的表现方式

刘淑梅*

摘　要： 本文尝试从修辞学角度来解读屠格涅夫著名的中篇小说《阿霞》。通过仔细阅读文本我们发现，这位伟大作家描写女性心理时善于通过简单但传神的词来描写人物的行为，用疑问句、省略句以及隐喻来反映主人公内心世界的多彩纷呈，以此来实现文学的审美功能。

关键词： 阿霞　圣母　屠格涅夫　女性心理

伊·谢·屠格涅夫（И. С. Тургенев, 1818－1883）笔下有许多各具特色的女性形象，他的作品亦如一个女性形象的画廊，向读者展示了一个又一个的美丽身影和高尚灵魂。在我国，关于屠格涅夫及其创作艺术特色的研究已有许多优秀的成果，但多是从审美和文艺学角度进行解读的。然而，"屠格涅夫是俄罗斯文学史上公认的文体家，他的语言达到了罕见的完美"（郑体武，2006：105）。所以，屠格涅夫小说中的语言技巧及修辞特色也同样值得我们关注和学习。

《阿霞》（Ася, 1858）是屠格涅夫的一部优秀的中篇小说。阅读《阿霞》，我们不仅会为女主人公的爱情悲剧叹息，也会赞叹于作家塑造女性心理时的语言特色——一个个简单却又准确的词在一个并不复杂的故事中淋漓尽致地表现

＊ 刘淑梅，江苏第二师范大学教授。

出阿霞复杂的内心世界，使她的举手投足都牵动读者的心。在品味和阅读阿霞的心史过程中，一位悲伤而孤独的圣母（Мадонна）形象已清晰地呈现在我们面前。屠格涅夫对阿霞的描写是从小说中男主人公——N 先生的视角进行的。特别的出身（父亲是贵族地主，而母亲是女仆）带给阿霞的影响，给我们留下了难忘的印象。

一 小说的叙事语言

小说中表示"突然地"（вдруг）、"很快地"（быстро）和"马上、立刻"（сейчас）等副词的频频出现，准确地揭示了阿霞瞬间的心理变化，让我们深深地感受到当一个纯真的少女爱上一个人之后内心激动而复杂的状态。

> Ася *вдруг* опустила голову…а потом сказала нам，что хочет спать，и ушла в дом；я，однако，видел，как она，не зажигая свечи，долго стояла за нераскрытым окном. （Тургенев，1962：169）①
> 阿霞忽然低下了头……后来她对我们说，她想睡觉，就走进房里去了。不过我看见她没有点燃蜡烛，在一扇关着的窗前站了很久。（屠格涅夫，2003：9）②

文中 вдруг 使读者不由自主地去思考，她为何突然低下了头，说想去睡觉却又久久地站在窗前。稍加思量不难猜出，阿霞的内心并不是真的想去睡觉，只是坠入情网的她想吸引 N 先生的注意罢了。

> Она *вдруг* как будто застыдилась，опустила свои длинные ресницы и скромно подсела к нам，как виноватая. （172）
> 她蓦地仿佛害臊起来，垂下了她那长长的睫毛，温文尔雅地坐到我们身旁，好像犯了过错似的。（13）

---

① 本文引自俄文作品的内容均出自此书，下文只标页码。
② 本文引自中文作品的内容均出自此书，下文只标页码。

刚刚还像只山羊在墙上跳来跳去（она как коза лазит），动作轻快而敏捷，为什么突然仿佛害臊起来，变得温文尔雅了呢？也许正是她特别在乎 N 先生对她的印象，因此在他面前该怎样表现自己使阿霞的内心充满矛盾。

В тот же день，вечером，я читал Гатину «Германа и Доротею». Ася сперва все только шныряла мимо нас，потом **вдруг** остановилась，приникла ухом，тихонько подсела ко мне и прослушала чтение до конца. （176）

那天晚上我给加金朗诵了《赫尔曼和多罗特娅》，阿霞开头只是在我身边串来串去，后来她忽然站住了，侧着耳朵，悄悄地坐到了我的身边，一直听到朗诵完毕。（19）

В передней Ася **вдруг** подошла ко мне и протянула мне руку... （179）

在前室里，阿霞忽然走到我跟前来了，伸给我一只手…… （22）

Я украдкой взглянул на Асю... лицо её **быстро** краснело. （194）

我偷偷地瞥了阿霞一眼……她的脸颊立刻泛起了红晕。（43）

总之，小说在描写阿霞的行为时充斥着诸如 вдруг、быстро、сейчас、тотчас、тихо、тихонько 之类的字眼。这些看似普通的副词恰恰准确而生动地反映出阿霞的心理变化。如巴金对屠格涅夫的评价，认为他的迷人之处在于"善于用极其简练的文笔描写人深刻的感情……"（Цзинь，1960：388）屠格涅夫本人也认为，"不应该像托尔斯泰那样借助于内心独白或者像陀思妥耶夫斯基那样借助于忏悔独白直接地表达主人公内在的心理过程，而应该是间接地，通过外部表现来完成"（Лион，Лохова，1999：303）。可见，屠格涅夫笔下主人公的行为是其心理活动的外部表现。

还有一些词也准确地表现了阿霞的行为与性格特征。比如 вся 的多次使用，使我们强烈地感受到了阿霞内心的渴望、痛苦与绝望。

Я тут в первый раз хорошенько рассмотрел её лицо，самое изменчивое лицо，какое я только видел... Она **вся** затихла. （172）

这当儿我头一次仔细地端详了一下她的脸，一张我所见到的、最变化

无常的脸。……她完全安静下来了。(14)

此处译为"完全"似乎还不够准确,而"整个人都"也许更好些。阿霞为了博得所爱之人的喜欢,立刻由活蹦乱跳、哈哈大笑转变为整个人都很安静、全神贯注。

　　... Но она вышла к нам *вся* бледная, молчаливая, с потупленными глазами. (183)
　　可是她脸色煞白,默不作声,低垂着眼睛,朝我们走来。(27)

我们看到汉译本(本文所引用的译本)中 вся 一词未体现出来,的确,这里 вся 更多传递的是阿霞此时的心理状态,一种情境,而非具体的所指。вся 一词用得最多的是在描述阿霞与 N 先生最后一次见面的时候。

　　Она дышала быстро и *вся* дрожала. (193)
　　她呼吸急促,浑身发颤。(41)
　　Она вдруг *вся* выпрямилась, хотела взглянуть на меня-и не могла. (193)
　　她忽然把全身挺直了,想瞧我一眼——可是她做不到。(41)
　　Она по-прежнему *вся* сжималась, дышала с трудом и тихонько покусывала нижнюю губу, чтобы не заплакать, чтобы удержать накипавшие слёзы... (193)
　　她也仍然缩着身子,呼吸急促,微微地咬着下嘴唇,免得哭出来,并忍住不断涌出的眼泪……(41)

从上面的几段话我们发现,不用过多的词语修饰,仅一个 вся 已让读者深深地感受到阿霞内心的痛苦与悲伤。

另外,几处带 полу - (半个、半)前缀的词也让读者明显地感受到了半贵族半奴仆的出身给阿霞带来的行为上的特点及心理上的影响。

Странная усмешка слегка подергивала её брови, ноздри и губы; *полудерзко, полувесело* щурились тёмные глаза. （172）

她那古怪的讪笑使她的眉毛、鼻孔和嘴唇微微地抽搐了几下；那对乌黑的眼睛似乎挺愉快而又有点放肆地眯缝着。(13)

Словом, она являлась мне *полузагадочным* существом. （176）

总之，在我看来，她几乎是个神秘莫测的人物。(19)

Я понял, почему эта странная девочка меня привлекала; не одной только *полудикой* прелестью, разлитой по всему её тонкому телу, привлекала она меня: её душа мне нравилась. （183）

我明白了，为什么这个古怪的少女打动了我的心，她使我迷恋的不仅仅是从她那婀娜多姿的身体里洋溢出来的带点野性的美，我也喜欢她的心灵。(27)

二 阿霞的人物话语

如果说前面我们是借助作者的语言感受到阿霞的行为传达出的内心的快乐、紧张与痛苦，那么我们通过体会阿霞的言语特色同样会有这样深刻的感受。"语言是思想的直接现实。语言的使用，作为一种人的行为来说，要受思想支配的。"（王德春、陈晨，2001：49）正所谓"言为心声"，小说中阿霞话语的句法主要是疑问句和省略句，而这两种句型所隐含的则是她内心不自信、对待所钟情的人的小心翼翼以及不被理解的极大痛苦。

—А разве у него, —разве у вас есть такая дама? —спросила вдруг Ася. （172）

"难道他有，——难道您有心上人吗？"阿霞忽然问道。(14)

很明显，阿霞表面上是询问 N 先生有没有心上人，而心里却不希望他有。因为疑问句除了表示疑问意义之外，还有许多修辞功能，句子虽有疑问形式，实际上已没有疑问的意义，并且通常是否定句表示肯定的意义、肯定句表示否定的意义（张家骅主编，2006：197）。

> Как только кончился обед, Ася встала, сделала нам книксен и надевая шляпу, спросила Гагина: можно ли ей пойти к фрау Луизе? （173）

> 一吃完饭，阿霞就站起来了，向我们行了个屈膝礼，戴上帽子，问加金：她可不可以去露依莎太太家？（14）

这个彬彬有礼的询问也是阿霞的试探，其实想留而不想走，只是不知是否该留下来。

在与 N 先生的谈话中，阿霞也多半是提问，一方面这位真诚而又痴情的少女想知道心上人的想法，另一方面表明她特别重视 N 先生的态度。

> —Вы думаете, я только смеяться умею? —промолвила она и хотела удалиться... （176）

> "您以为我只会笑吗？"她低声说，想要走开……（19）

> —И вам не скучно было без нас? —начала Ася. （183）

> "不跟我们在一起，您不觉得寂寞吗？"阿霞开腔了。（27）

> —А что вам нравится в женщинах? —спросила Ася, закинув голову с невинным любопытством. （184）

> "您喜欢女人身上的哪些方面？"阿霞问道，她露出了天真而又好奇的神情，把头向后一仰。（29）

> —Правда ли, что женщинам не следует читать много? —Ведь вам не будет скучно со мной? （187）

> "女人不应当读许多书，不是吗？" "您跟我在一起不觉得无聊吗？"（33）

> —Если б я умерла, вам было бы жаль меня? （188）

> "要是我死了，您会可怜我吗？"（34）

倘若这些疑问句显示出阿霞内心的渴望与探寻的话，那么省略句所表现的则是她内心的痛苦与无奈，这些欲言又止的话让读者不难品味到她的伤心与惆怅。正所谓"不知我者，谓我也骄。……心之忧矣，其谁知之?"（孔子编订，2004：129）

　　—Я уходила... потому что... Я теперь вот не уйду, —прибавила она с доверчивой лаской в голосе, —вы сегодня были сердиты. （183）

　　"我走开……是因为……现在我不走开了，"她嗓音里带着信任的柔情补了一句。"今天您生气了。"(27～28)

　　—Я желала... —начала Ася, стараясь улыбнуться, но её бледные губы не слушались её, —я хотела... Нет, не могу, —проговорила она и умолкла. Действительно, голос её прерывался на каждом слове. （193）

　　"我本想要……"阿霞开腔了，竭力装出笑容，但那两片苍白的嘴唇却不听她使唤，"我本想要……不，我不能，"她说完，就不作声了。事实上，每个字她都是断断续续地说出来的。(41)

阿霞在离开 L 小城后，在给 N 先生的留言中写道：

　　—Прощайте, мы не увидимся более. Не из городости я уезжаю —нет, мне нельзя иначе. Вчера, когда я плакала перед вами, если б вы мне сказали одно слово, одно только слово —я бы осталась. Вы его не сказали. Видно, так лучше... Прощайте навсегда. （199）

　　别了，我们不会再见面了。我不是由于骄傲而走的——不，我只能这样做。昨天我在您面前哭了，当时要是您对我说一句话，只要一句话，那我就不会走了。可是这句话您没有说。看来，这样更好……永别了! (48～49)

　　语句上的省略是常见的语法手段，"这种省略形式反映出说话者的临时变化的思想，犹豫不决的心情、设置悬念的意向或其他害怕、害羞等外部表情"（王德春、陈晨，2001：243）。关于屠格涅夫笔下的少女形象的特点，阎吉青在《屠格涅夫的少女形象的美学品格》中已从审美属性方面做了阐述，认为她们具有崇高美，是理想的化身；具有诗意美，富有感伤的朦胧色彩；具有自然美，显得质朴而又鲜活；具有阴柔之美，但心灵中又包含着刚强而坚韧的成分，因而柔中有刚（参见陈建华主编，2007：116）。

可是，相比之下，N 先生真的没有意识到阿霞对他的感情吗？其实，我们看到 N 先生对阿霞的感情是从无意识到有意识的，又经历了从后悔到不后悔的心理变化，这恰恰是屠格涅夫所擅长的"隐蔽的心理"的描写方式，也正是作家表现心理的最高境界，借助"我"的视角说出来显得感情更加真切。N 先生不止一次地询问："Неужели она меня любит?"（188–189）只是他的犹豫、迟疑，这种"多余人"的典型特征使他不能立刻做出决定。

Сама Ася, с её огненной головой, с её прошедшим, с её воспитанием, это привлекательное, но странное существо —признаюсь, она меня пугала. . . Я не могу на ней жениться, —решил я наконец, —она не узнает, что и я полюбил её. （192）

阿霞本人，她那容易发热的头脑，她的身世，她所受的教育，这个讨人喜欢的、脾气古怪的女子——说实在的，使我害怕了……"我不能跟她结婚，"我终于决定了，"她不会知道我也爱上了她。"（40）

三 伤心的圣母

当阿霞离开后，N 先生尽管幡然悔悟，但为时晚矣。他面对感情时的懦弱已经像一把利剑深深地刺伤了阿霞真诚而火热的心，此时的阿霞已化为纯真而伤心的圣母形象。圣母实际上是一种隐喻。隐喻在中西方都被认定为一种修辞现象。亚里士多德就认为隐喻同认识中的概念相连，把隐喻看作概念范畴之间的置换，并且多次明确指出：隐喻本身作为添加在语言上的装饰物而存在，人们以特殊的方式在特殊的时间和场合下使用它。（谢之君编著，2007：1）小说中我们把阿霞看作本体，而圣母是喻体。这样小说悲剧性的结局早在小说开头就有所预示，并伴随情节的发展贯穿小说之中，小说共四次提到圣母被伤害的心、忧伤的眼神。

Маленькая статуя **мадонны с почти детским лицом** и красным сердцем на груди, пронзенным мечами, печально выглядывала из его ветвей. （165）

一尊脸几乎带稚气的、被利剑刺穿的胸脯上有一颗鲜红的心的圣母小雕像忧郁地从桦树的枝条间显露着。(5)

这里的 *с детским лицом* 后来也多次用来修饰阿霞的面容。而在阿霞没有在场的时候，圣母像却代替她出现了：

Мы вместе с Гагиным переправились через Рейн и, проходя мимо любимого моего ясеня с статуйкой мадонны, присели на скамью, чтобы полюбоваться видом. （179）

我跟加金一同渡过了莱茵河，经过一棵我所喜爱的桦树和一座圣母雕像，我们在一条长凳上坐了下来欣赏风景。(22)

而且阿霞虽然没有明确地指出，但她也借普希金的《叶甫盖尼·奥涅金》说出了下面的话。

Где нынче крест и тень ветвей
Над бедной матерью моей. （185）
如今十字架和树枝的阴影，
掩盖着我那可怜的母亲。(30)

阿霞说的这句话所反映出的心理活动是很难揣摩尽的。正所谓"都云作者痴，谁解其中味？"（曹雪芹语）知我者谓我心忧，不知我者谓我何求。特别是在阿霞离开 L 城之后，圣母再次出现：

…а на другой стороне Рейна маленькая моя мадонна все так же печально выглядывала из темной зелени старого ясеня. （199）

在莱茵河的彼岸，我那尊小圣母像还是悲郁地在一棵古老桦树的幽暗

的绿荫中显露着。(49)

这就提醒我们：阿霞不正是这个被伤了心的圣母吗？一颗真诚火热的心就这样被否定，也让我们不禁想追问，为什么阿霞这样爱 N 先生呢？就像小说中她的哥哥加金所说的：

> —Вы очень милый человек, —но почему она вас так полюбила, —этого я, признаюсь, не понимаю. (190)

"您是个和悦可爱的人，但她为什么这么爱您——说真的，我也不明白。"(37)

也许，这就是爱情。美国心理语言学家沃尔波鲁格认为，隐喻是一种心理行为，本体随喻体发生变化，但最终喻体的部分特征与本体的特征稳定结合，喻体即成为一个参照系发挥认知作用，此时的隐喻便不再具有张力，而变成字面的了（参见谢之君编著，2007：25）。屠格涅夫认为，作家"应是一个心理学家，然而是隐蔽的心理学家，他应该知道和感觉到现象的根源，但表现的只是兴盛和衰败的现象本身"（李兆林、叶乃芳，1989/2004：111）。那么造成这个悲剧结果的根源究竟是什么呢？是因为车尔尼雪夫斯基在《幽会中的俄罗斯人》中所说的，民族的、社会的原因，"多余人"的特点使然，是罗亭式的"多余人"欺骗了我们吗？（车尔尼雪夫斯基，1983：174）也许这些都可以算作原因，但应该不是全部。

如果再给 N 先生一次机会呢？事情的结果也许会是另外的样子。然而，作者真正的意图又有谁能知晓呢？正如屠格涅夫本人援引歌德的话所说的那样："当你觉察到（作家的）意图时，你便会为之扫兴。"（胡日佳，1999：346）但不管怎样，通过人物的行为来显示其内心世界的多彩纷呈是屠格涅夫小说的一个突出的特点。屠格涅夫是俄罗斯第一位获得欧洲声誉的伟大作家，被认为是19世纪俄罗斯文学的"三巨头"之一。他文笔简练优美，好似一幅幅水彩画，时常流露出淡淡的忧愁，耐人寻味。因此，钟情于屠格涅夫的作品，不仅在于他的小说结构紧凑简洁，语言纯净而充满诗意，更因为他是一位爱情、女性和大自然的歌手，特别是因为屠格涅夫作为一位心理描写大师，敏锐的观察力和出色的心理描写技巧使他笔下的人物获得了不朽的生命。正如勃兰兑斯所说："在整个欧洲文学中，很难遇见更加委婉细腻的心理描写，更加精湛完美的性格刻画。"（王智量，1985：46）然而，笔者认为，除了从美学、文艺学的角度分析解读优秀的俄罗斯文学作品之外，我们还应该向屠格涅夫这样的伟大作家学习语言的提炼和运用，而对于大多数学习俄语的人来说，后者也许更为重要些。

参考文献

Ба Цзинь. , О творчестве в Китае. Кн. : И. С. Тургенев（1818 – 1883 – 1958）Статьи и материалы. Орловское книжное издательство. 1960.

Лион П. Э. , Лохова Н. М. , Литература, Москва：ООО «Дрофа», 1999.

Тургенев И. С. , Собрание сочинений（том шестой/в десяти томах）. Москва：Государственное издательство художественной литературы, 1962.

〔俄〕车尔尼雪夫斯基：《车尔尼雪夫斯基论文学》（下册），辛未艾译，上海译文出版社，1983。

陈建华主编《中国俄苏文学研究史论》第三卷，重庆出版社，2007。

胡日佳：《俄国文学与西方——审美叙事模式比较研究》，学林出版社，1999。

（春秋）孔子编订《诗经》，吉林文史出版社，2004。

李兆林、叶乃芳：《屠格涅夫研究》，转引自王加兴《俄罗斯文学修辞特色研究》，北京大学出版社，2004。

王德春、陈晨：《现代修辞学》，上海外语教育出版社，2001。

王立业：《巴金：中国屠格涅夫研究的先行》，《俄罗斯文艺》2008 年第 3 期。

王智量：《论普希金、屠格涅夫、托尔斯泰》，光明日报出版社，1985。

〔俄〕伊·屠格涅夫：《初恋》，苍松、张友松译，译文出版社，2003。

谢之君编著《隐喻认知功能探索》，复旦大学出版社，2007。

张家骅主编《新时代俄语通论》（下），商务印书馆，2006。

郑体武：《俄罗斯文学简史》，上海外语教育出版社，2006。

原文载于《俄罗斯语言文学与文化研究》2012 年第 1 期

《死魂灵》和《钦差大臣》叙事模式的异同

胡学星[*]

摘　要： 在果戈理的创作中，魔法力量具有重要意义。在其代表作《死魂灵》和《钦差大臣》中，魔法力量的存在均是建构叙事的关键，但二者所采用的叙事模式迥然不同。《死魂灵》中的魔法力量通过主人公乞乞科夫发散出来，他作为一个带有魔力的"闯入者"，在情节发展中发挥着主导作用；《钦差大臣》中的魔法力量则通过特殊的空间——"魔地"表现出来，主人公赫列斯塔科夫是一个被动角色。

关键词： 果戈理　魔法　《死魂灵》　《钦差大臣》

　　《死魂灵》和《钦差大臣》都是果戈理的代表作，初看起来，二者在叙事结构上似乎如出一辙：主人公来到某地，紧接着发生了一系列滑稽可笑的故事，使得贵族官僚和地主们的丑恶嘴脸暴露无遗，结局都是主人公落荒而逃。但是，从乞乞科夫与赫列斯塔科夫这两位主人公的形象特征和他们在情节推进中的作用来看，两部作品又存在明显的不同：乞乞科夫实际上是一个拥有魔法力量的形象，他作为一个"闯入者"来到某省城，在后续的情节发展中始终起着主导作用；赫列斯塔科夫则是一个被动的角色，在他身上根本见不到乞乞科夫所发散出的魔力光环，并且他因身无分文而变得狼狈不堪。造成这种差异的原因是，果戈理在两部作品中使用了不同的叙事模式，而且这两种叙事模式可追溯到果

---
　　* 胡学星，华东师范大学教授、博士生导师。

戈理的早期创作经验。对先于《死魂灵》和《钦差大臣》的作品加以分析，我们会发现果戈理深受民间故事创作经验的影响，经常使用以下两种基本叙事模式：一为拥有魔法力量的主体进入普通生活空间，如《圣诞节前夜》《鼻子》《肖像》等；二为普通人物进入充斥着魔法力量的空间，如《五月的夜》《魔地》等。《死魂灵》采用的是第一种叙事模式，乞乞科夫是一个拥有魔法力量的"闯入者"形象；《钦差大臣》采用的则是第二种叙事模式，赫列斯塔科夫作为一个普通人进入"魔地"。不管是"闯入者"还是"魔地"，其在作品中都是魔法力量的载体。

一

让拥有魔法力量的主体（"闯入者"）进入普通生活空间，这是果戈理常用的一种叙事模式，他在不同时期的作品中成功塑造了系列"闯入者"形象。果戈理早期创作的素材直接取自民间传说，所塑造的"闯入者"形象主要是一些魔鬼或妖精之类，如《圣诞节前夜》中偷月亮的魔鬼等；在果戈理创作的中后期，创作题材有了变化，所以"闯入者"形象也在不断"进化"，变形为日常生活中习见的物件，或直接以人的形貌出现在作品中，如《肖像》中的画像、《死魂灵》中的六品文官乞乞科夫等。在不同的作品中，"闯入者"形象虽不尽相同，但无一不是作为魔法力量的载体出现，并且同时发挥着推动情节发展的作用。

首先，与另外一些存在"闯入者"形象的小说一样，在《死魂灵》中主人公乞乞科夫也是一个拥有魔法力量的人物形象。

自《狄康卡近乡夜话》算起，果戈理基于民间鬼怪故事，塑造了不少虚幻形象，如《圣约翰节前夜》中祸害彼得的魔鬼、《肖像》中化身高利贷者的魔鬼、《索罗庆采市集》中寻找红袍的小鬼、《可怕的复仇》中的巫师、《圣诞节前夜》中偷月亮的魔鬼等。因为其直接取材于民间故事，人们也就不难理解巫师、女妖或魔鬼何以会拥有难以置信的法力。在《圣诞节前夜》中，果戈理所塑造的"闯入者"形象颇具代表性。《圣诞节前夜》整篇讲述的是铁匠瓦库拉和乡村美女奥克桑娜相恋并终成眷属的故事。故事伊始，果戈理就着力描写了魔鬼在天空偷摘月亮的画面，随后魔鬼又掀起暴风雪，从而让读者见识了作为

"闯入者"的魔鬼所拥有的非凡力量："魔鬼蹑手蹑脚地悄然挨近月亮，伸出一只手想抓住月亮，可忽然像被灼了一下似的，把手缩了回去。他吮了吮手指，一只脚摆动起来，从另一侧向前接近，接着又蓦地跳开了，把手缩了回去。然而，尽管屡遭失败，狡黠的魔鬼并未善罢甘休。他冲上前去，猛地用双手紧紧抓住了月亮，一面撅着嘴吹了吹，一面把月亮从一只手换到另一只手里，正像农夫用裸露的双手取炭火点燃烟斗一样。最后，他赶紧把月亮装进衣袋里藏好，仿佛什么事也没有干似的，继续前行。"（果戈理，1999：3）

在为果戈理带来文学声誉的作品集《狄康卡近乡夜话》之后，果戈理又创作了《肖像》《鼻子》等离奇故事，同样塑造了"闯入者"形象。在这一时期的作品中，根据所表现内容的需要，充当"闯入者"的不再是妖魔鬼怪，而是拥有魔法力量的寻常物件。《肖像》讲述了一个本来很有才华的青年画家恰尔特科夫，由于偶然买下了一幅魔鬼寄身的画像，随后自甘堕落而毁了一生的故事。画面上的老人同样表现出魔力，不仅能从画中走出来，而且还提示画家有一千个金币藏在画框中："（恰尔特科夫）拿起一条被单，走过去，把肖像整个儿蒙起来。……他看见，清清楚楚地看见：被单已经没有了……肖像整个儿露出来，对周围的东西什么也不瞧，单对他望着，一直望进他的五脏六腑……他看见老头儿蠕动着，忽然用两只手撑住框子。后来支着手把身子抬起来，伸出两只脚，从画框里跳了出来……老头儿几乎就在他的脚旁边坐下，随即从他的宽服的褶襞里取出一件东西。这是一只口袋。老头儿把它解开，抓住那个边的袋角抖动了一下：像长柱似的沉甸甸的几个包发出隆隆的声音掉在地上；每一包都用蓝纸包着，上面写着：一千金圆。"（果戈理，1957：80~82）

现在，我们来看一下乞乞科夫究竟拥有怎样的魔力。需要指出的是，在创作《死魂灵》时，果戈理笔下的"闯入者"形象得到了进一步的发展和完善，换言之，已"进化"并呈现为人形，乞乞科夫即是这种新型"闯入者"的典型。在《死魂灵》第一章中，果戈理一开始让读者看到的乞乞科夫似乎并没有什么奇特之处："在省会 NN 市的一家旅馆门口，驶来了一辆相当漂亮的小型弹簧轻便折蓬马车……在轻便折蓬马车里坐着一位绅士，外貌不俊美，但也不难看，不太胖，也不太瘦；不能说是年老，不过也不太年轻。"（果戈理，1996：3）然而，转眼之间，乞乞科夫就成了包括省长在内的官员们争相邀约的贵宾，大家对他推崇备至，赞不绝口："所有的官员都挺喜欢这位新人物的莅临。省长认为他是一个忠诚老实的人；检察长认为他是一个挺干练的人；宪兵上校说他是一个有学问的人；民政厅长说他是一个学识渊博、值得尊敬的人。警察局长说他是一个可敬可亲的人；警察局长的妻子说他是一个顶顶和蔼、顶顶讲究礼貌的人。"（果戈理，1996：13）由此开始，整座城市的生活不再平静，无人不在议论这位貌不惊人的绅士。这种变化源于乞乞科夫，他作为省城的"闯入者"施展了魔法力量。为了进一步向人们揭示乞乞科夫与魔鬼的亲缘关系，果戈理在描写省长家的舞会时，忍不住要提示读者留意乞乞科夫得意忘形之际露出的尾巴："乞乞科夫似乎有鬼魂附体，他用脚画出各种人物，然后'又用小腿作一个急速的动作，那小腿突然显出尾巴的形状……'读者马上会问，他的脚是不是魔鬼的脚。死魂灵收购人乞乞科夫这种著名的天真虽然奇异，但是他的职业却与撒旦的行径极其相似。"（叶夫多基莫夫，1999：66）由此不难看出，貌不惊人的乞乞科夫在摇身一变之后，变得和《圣诞节前夜》中的魔鬼、《肖像》中的老人一样，作为"闯入者"，他们都表现出超乎想象的魔法力量。

"闯入者"除拥有魔法力量这一共同特征之外，还有一个共同点，即在叙事中具有推动情节发展的功能。

为方便起见，我们仍以上文提到的作品为例。在每一部作品的开头，果戈理无一例外地首先要介绍"闯入者"，并集中笔力渲染其魔力以及给周围环境带来的显著变化，从而为将要发生的诡异故事做好铺垫。在《圣诞节前夜》中，魔鬼一出场就将月亮摘走并掀起暴风雪，为随后各怀鬼胎的村长、执事在黑暗中的龌龊行径埋下伏笔；《肖像》中，当青年画家拿起那幅肖像画时，画中的那双眼睛炯炯发光，竟然令画家身后的一个女人失声惊叫；同样，在《死魂灵》中，乞乞科夫一出场，便营造出一种令人迷惑的神秘氛围："这样一种对于新来客人恭维备至的意见就此在城里传开了，这意见一直保持着，直到客人的一个奇怪的特性，他办的一件事情，或者按照外省的说法，一件咄咄怪事（关于这一点读者不久就会知道），使几乎全城的人完全陷入迷惑之中为止。"（果戈理，1996：13）

此外，"闯入者"还规约着情节的起伏和转折，是推动故事发展的关键。在《圣诞节前夜》中，勤劳勇敢的铁匠瓦库拉之所以能赢得乡村美女的芳心，出现有情人终成眷属的大结局，是因为他在魔鬼的帮助下弄到了女皇的御鞋，而没有魔鬼的帮助这根本是不可能实现的。在《肖像》中，青年画家由于画中老人

（高利贷者的魂魄）的诱引，得到了一千个金币，他的生活轨迹才有了发生转折的可能，由此他耽于享受，并枉费了一生。直至那位赴意大利深造并学成归国的画家同行出现，恰尔特科夫才如梦初醒，意识到自己荒废了才华。此时此刻，他突然觉悟到闯入自己的生活，令自己如此堕落的罪魁祸首就是那幅肖像画："他住了手，突然浑身战栗起来：他的眼睛接触到了一双不动地盯着他的眼睛。这是他在施金劝业场买来的非凡的肖像。"（果戈理，1957：108）情节发展至此，《肖像》中围绕青年画家恰尔特科夫的故事便戛然而止。简言之，邪恶的高利贷者的魂魄附在肖像画上，作为"闯入者"进入青年画家的生活，彻底改变并毁掉了艺术家的一生。而在《死魂灵》中，故事的推进同样一直循着乞乞科夫的行止。乞乞科夫先后拜访了玛尼洛夫、柯罗博奇卡、诺兹德廖夫、索巴凯维奇、普柳什金，并和他们进行匪夷所思的死魂灵交易。在这一过程中，作家尽情地展示每一个地主丑陋与贪婪的本性，一直到第七章，乞乞科夫收购死魂灵的活动才告一段落。在第八章中，乞乞科夫出席省长家的舞会，情节发展到了高潮。接下来的故事急转直下，和《圣诞节前夜》中的魔鬼被识破一样，由于诺兹德廖夫的中伤和揭发，乞乞科夫所拥有的魔力刹那间消失得无影无踪。乞乞科夫在叙事中起着引导作用，既让人们看到了省城官员的生活，又让人目睹了一个个乡下地主的丑态，从而实现了果戈理要通过《死魂灵》让人们看到"全俄罗斯"（曹靖华主编，2007：138）的创作初衷。对于果戈理来说，塑造乞乞科夫这一"闯入者"形象不是目的，而是手段。

通过上文的分析，我们不难看到，在果戈理的各个创作阶段中，都有基于"闯入者"形象的塑造而展开故事的作品。

二

我们知道，长篇小说《死魂灵》和五幕喜剧《钦差大臣》虽然体裁不同，但都体现了果戈理的创作特色，即在貌似不可信的故事中暴露人的弱点，揭示现实生活的弊病。如果说《死魂灵》凭借"闯入者"乞乞科夫而展开叙事，那么在创作《钦差大臣》时，果戈理运用的则是另一种基本叙事模式，即普通人物进入"魔地"，而且该叙事模式同样见于《钦差大臣》之前的诸多作品。这种叙事模式在果戈理的相关作品中，表现出三个基本特征：第一，主人公本身不具有任何魔力，都是极其普通的人物；第二，主人公进入"魔地"，会受利益驱使而主动作为，并有所收获；第三，涌动着魔法力量的空间会主动呈现出来，并在妖魔鬼怪等虚幻形象显现之后，恢复原态。《钦差大臣》和果戈理早期创作的《魔地》《五月的夜》一样，采用的都是普通人物进入魔法空间的叙事模式。

《钦差大臣》中的赫列斯塔科夫，与小说《五月的夜》中的列夫柯、《魔地》中那位看护瓜田的老爷爷一样，起初都是普通人物，谈不上有什么特别的地方。在《钦差大臣》中，主人公赫列斯塔科夫是一个缺乏魅力的人。从"演员提示"中就能看出，果戈理无意将赫列斯塔科夫设计成一个非凡人物："赫列斯塔科夫——二十三岁的年轻人，身材细瘦。有点蠢，即所谓没有头脑的人——在衙门里被称为无聊之辈。无论是说话做事都不加任何思考。他不能将注意力连续不断地集中在某个念头上。他的话很不连贯，而且使人感到非常突然。这个角色的扮演者越是显示出坦诚与真率，就越是恰到好处。"（果戈理，1999：283）在第二幕第一场中，仆人奥西普发了一通牢骚，更证明了赫列斯塔科夫仅仅是个无权无势的小官员而已："这回恐怕是有家难回喽。这小子一路上把钱都撒光了，现在倒好，缩着尾巴，傻坐着，火气也没了。……如果他是个有钱有势的人，那还成，可他只不过是个十四品的小文官！"（果戈理，1999：301）在小城旅店中，主仆二人因赊账太多，店方已不再提供饭食。第三场中，赫列斯塔科夫唉声叹气，连饭都吃不上的窘境令他狼狈不堪："好想吃东西啊！这不，刚出去走了走，以为能把这股饿劲挺过去呢——可是，见鬼，没有挺过去。"（果戈理，1999：304）第四场中，赫列斯塔科夫对旅店的伙计说话很是客气，先是嘘寒问暖，对伙计说："你好，老弟！怎么样，你身体好吧？"（果戈理，1999：305）当得知旅店老板要到市长那儿告状时，赫列斯塔科夫并没有暴跳如雷，而是委曲求全地对那伙计说："告什么？朋友，你也不想想，有什么好告的？你知道，我总得吃饭吧。这样下去，我会饿瘦的。我可是真想吃饭，不是说着玩的。"（果戈理，1999：305）第七场，奥西普告诉说市长来了，这时的赫列斯塔科夫颇为惊恐，开门时脸色发白。在《五月的夜》中，年轻的哥萨克列夫柯与妙龄女郎甘娜相亲相爱，但霸道的村长因为私心而从中作梗，阻碍这对年轻人成亲。尽管列夫柯不满于当村长的父亲，但对于后者的专横霸道无计可施，茫然不知所措。在另一篇小说《魔地》中，主人公是一位照看瓜田的老爷爷，生活平淡无奇，唯一的乐趣就是和路过的熟人交流奇闻逸事。

赫列斯塔科夫、列夫柯及《魔地》中的那位老爷爷，他们进入"魔地"不仅都带有偶然性，而且进入"魔地"后都受利益驱使而有所作为。赫列斯塔科夫本来从彼得堡回老家，随身带有足够的盘缠，但途经奔萨时和一位步兵大尉赌牌，输得身无分文，只能在小城的一家旅馆里委曲求全。巧合的是，这座小城的市长收到彼得堡来的密信，得知有钦差大臣要来微服私访，就误将赫列斯塔科夫当作钦差大臣了。在和市长等人的周旋中，赫列斯塔科夫不仅解决了吃住问题，还顺便收取了不少贿赂，甚至逢场作戏，差点儿把市长的女儿骗到手。如果说赫列斯塔科夫得到的是钱财，那么《五月的夜》中的列夫柯得到的则是爱情。列夫柯深爱着甘娜，在得知厚颜无耻的父亲正在打甘娜的主意之后，他变得心烦意乱，漫无目的地走到了池塘边，偶然发现池塘在变化并看见了蒙冤而死的女落水鬼。列夫柯倾听了女落水鬼的遭遇，满怀同情。为劝说列夫柯帮助辨认那位妖精后妈，女落水鬼许诺说："年轻人，把我的后妈给我找来！我毫不吝啬地把什么东西都给你。我要酬谢你。我要慷慨而丰富地酬谢你！……"（果戈理，1983：88）无须赘言，此时的列夫柯多么期待能有人施以援手，帮助自己走出爱情困境，于是便慨然应允。他看到岸边有一群少女，在玩乌鸦捉小鸡的游戏，很快就辨认出了装成落水鬼的那位后妈。作为回报，女落水鬼塞给列夫柯一张纸条，凭这张纸条做村长的父亲不得不答应了儿子与甘娜的婚事。同样，《魔地》中的老爷爷进入"魔地"也带有偶然性。老爷爷为了招待一伙相熟的客商，高兴得跳起舞来，却突然落入"魔地"，两条腿怎么也抬不起来了："真的，背后有什么人笑出声来了。回头一瞧，哪里还有什么瓜田和赶集的农民，一切都化为乌有了；前后左右都是一片平坦的旷野。"（果戈理，1983：248）第一次进入"魔地"时，爷爷在一处坟地上看到有亮光闪烁，认为自己发现了宝藏，但因身边找不到挖掘工具，就用树枝做了记号。为了得到"宝藏"，老爷爷采取了主动，又两次进入"魔地"，最终得到一只算不上什么宝贝的锅子。由此可见，不管是赫列斯塔科夫、列夫柯，还是《魔地》中的老爷爷，进入"魔地"均属偶然，同时他们在"魔地"之内均有所作为并有所收获。

普通人物进入"魔地"，作为果戈理经常采用的一种叙事模式，内中还有另一种规律性特征："魔地"一般会主动呈现，并在妖魔鬼怪等虚幻形象显现之后，恢复原态。《五月的夜》中列夫柯信步来到池塘边，难以置信的场景突然呈现眼前："他屏住气，身子一动也不动，不眨眼地注视着池塘，他觉得仿佛自己也到了水底，他看见：先是一双洁白的臂肘倚在窗口，随后探出一张和颜悦色的小脸蛋来，支倚在臂肘上，一双明亮的眸子在深亚麻色的发浪中静静地发着光。他还看见：她轻轻地摇着头，她招着手，她微笑着……"（果戈理，1983：87）在列夫柯辨认出女落水鬼要找的后妈之后，即妖精现出原形之后，"魔地"又恢复了原先的状态："头顶上的一轮皓月，告诉他已经是半夜了；到处静悄悄的；从池塘那边送来了凉气；在池塘边上，黯然耸立着百叶窗紧闭的古屋；青苔和杂草说明这儿已经很久不住人了。"（果戈理，1983：91）《魔地》中的老爷爷本来在为一帮相熟的客商跳舞逗乐，突然陷入"魔地"，即"魔地"主动呈现在老爷爷面前。在第三天傍晚，老爷爷再次进入"魔地"，听到四周有鸟儿、羊头、熊在不断地重复他说的话。当恐惧的爷爷扭过脸时，他看见山岭背后钻出一张怪脸："鼻子好象铁匠店里的风箱；两只鼻孔，每一只里面可以灌一桶水！嘴唇，真的，活象两块大木头！一双赤红的眼睛往上翻着，舌头还拖出来，做着怪样子！"我们看到，同样是在这些鬼怪现身后，一切又恢复了原态："而那块他没有跳成舞的地方，他用篱笆围了起来，叫我们把一切无用的废物，从瓜田里扒出来的野果和尘芥一起扔到里面。"（果戈理，1983：254）

《钦差大臣》中第八场伊始，市长带领一干人马来到旅馆，诚惶诚恐地去见赫列斯塔科夫，在说出"向您问好"这句话时，"两手紧贴裤缝"（果戈理，1999：306）。从赫列斯塔科夫的角度看，市长的卑微和拘谨做派令人匪夷所思，而实际上这一场景意味着市长等人盘踞的"魔地"已显现出来。此前，作者对赫列斯塔科夫偶尔落脚的这座小城做了介绍，城中怪诞现象可谓无处不在：慈善医院不讲卫生，根本不在乎病人的生死；法院接待室成了养鹅场，院长没有是非概念，只关心私利；邮政局长喜欢私拆过往的书信，甚至将别人的书信私自截留；警察局长的属下不问情由就动手打人，而且经常赤身裸体地招摇过市。市长对此并非不知情，只是不以为怪而已，甚至还教唆手下去做类似的事情。在第二场中，邮政局长出场，市长担心有人告密，叮嘱他要拆信检查，而邮政局长则回应道："这个用不着您来教我，我已经这样做了。这样做倒不是为了防备什么，而主要是出于好奇：我很想知道这世上有什么新鲜事儿。我跟您说吧，看人家的信可有意思啦，有的信读起来简直是一种享受——里面写有各种奇闻

逸事……而且还有教益……比读《莫斯科时报》有意思!"（果戈理，1999：291）

在《魔地》中，老爷爷进入魔地后，发现平时熟悉的粮仓、鸽棚变得怪异，在眼前时隐时现。在《五月的夜》中，主人公列夫柯看到平时尘封的房舍倏忽间变得灯火通明，并且发现身边站着蒙受冤屈的落水鬼。在发现这些古怪现象之后，老爷爷和列夫柯都意识到自己正置身"魔地"之中。同样，赫列斯塔科夫在写给朋友的那封信中，也谈到了小城的怪异："可现在情况就完全不同啦。大家都主动借钱给我，我想要多少就有多少。这里的人也真怪。你见了一定会笑死的。"（果戈理，1999：374）在赫列斯塔科夫眼里，这座小城就是"魔地"。

《魔地》中的老爷爷循着烛光去寻找"宝藏"，《五月的夜》中的列夫柯按女落水鬼的要求替她找到了那位妖精后妈。与此相仿，在《钦差大臣》中，主人公赫列斯塔科夫依从市长的安排，先是搬入市长府邸住下，然后遵从建议前去参观慈善医院。这些都说明刚刚进入"魔地"时主人公的行为具有被动性，这一点与乞乞科夫这类形象有着显著的区别。第四幕分为第一至十六场，展示的是赫列斯塔科夫向包括市长在内的众人索贿的情形，法院法官、邮政局长、督学、慈善医院院长、地主博布钦斯基和多布钦斯基、市长妻女及市长本人纷纷登场，极尽讨好之能事，充分暴露出各自的真实面目。在赫列斯塔科夫轻而易举地得到大笔钱财之际，以市长为首的众妖孽也原形毕露。在第五幕第八场中，赫列斯塔科夫已离开小城，市长等人从私拆的信中得知赫列斯塔科夫不是真的钦差大臣，紧接着有宪兵告知从彼得堡来的要员要马上召见市长等人。众人如梦初醒，又回到了现实空间。

果戈理中、后期的创作并没有丢掉曾助他蜚声文坛的法宝——民间故事的叙事模式。不仅如此，在随后的文学创作中，果戈理将源于民间叙事的技巧发展得日臻完善，将其巧妙地用于表现和揭示现实生活，暴露和针砭时代生活的弊病。尽管人们注意到了早期作品中的魔法力量，但很少有人注意果戈理在叙事模式上所表现出来的前后一致性。实际上，魔法力量变相存在，这也是果戈理后期的作品被称为怪诞现实主义作品的原因之一。

参考文献

曹靖华主编《俄国文学史》（上卷）（修订版），北京大学出版社，2007。

〔俄〕果戈理：《彼得堡故事》，满涛译，人民文学出版社，1957。

〔俄〕果戈理：《果戈理选集》第一卷，满涛译，人民文学出版社，1983。

〔俄〕果戈理：《果戈理幽默作品选》，王加兴译，漓江出版社，1999。

〔俄〕果戈理：《死魂灵》，满涛、许庆道译，人民文学出版社，1996。

〔俄〕叶夫多基莫夫：《俄罗斯思想中的基督》，杨德友译，学林出版社，1999。

原文载于《俄语语言文学研究》2010年第4期

《塔拉斯·布尔巴》：本土文化与异域文化冲突

——当代视域下的果戈理作品解读

孙　婷*

摘　要： 本文从"读者接受"的视角，从阅读条件和当下语境对果戈理的中篇小说《塔拉斯·布尔巴》进行解读，阐述作家的创作主旨：思考如何解决本土文化与异域文化的冲突问题。在结合当下语境，从读者接受的角度对文本情节、人物塑造中所蕴含的深刻含义进行深入挖掘的基础上，本文认为：果戈理不主张采用极端防御性战略和以暴抗暴的方式解决文化间的冲突和对抗，而主张吸纳西方文化的精髓，发挥本土文化优势，以团契精神为主导在相互尊重和对话的基础上，营造自由、平等、和平的全球社群。

关键词： 塔拉斯·布尔巴　本土文化　异域文化　冲突

著名俄国文学评论家别林斯基称果戈理的中篇小说《塔拉斯·布尔巴》为"一部妙不可言的史诗，是一个率真的民族英雄生活的真实写照，有限篇幅里描写了宏伟壮观的场面，堪称荷马史诗"（Голубкова，1954：235）。小说的主人公塔拉斯·布尔巴长期以来一直被视为弘扬民族正气、捍卫民族尊严、维护民

---

* 孙婷，西安石油大学副教授。

族独立的英雄。苏联时期，这部小说作为爱国主义教材被列入中小学课本。在卫国战争时期，塔拉斯·布尔巴的英雄行为鼓舞了战士的斗志，振奋了人心，小说成为"激励战士们前赴后继，奋勇抵抗德国法西斯入侵者的不朽的经典之作"（Голубкова，1954：235）。苏联解体之后，人们对塔拉斯的行为有了不同的认定。有人认为，塔拉斯是带有悲剧色彩的爱国者、狂热的基督教徒；也有人认为，他是种族歧视者、残酷无情的恐怖分子和杀子者。2002 年《文学报》就中小学教材是否保留《塔拉斯·布尔巴》展开了讨论，一些教育工作者认为应该保留该小说，弘扬传统的民族英雄精神，另一些人则认为，该小说不宜中学生阅读。在纪念果戈理诞生 200 周年之时，根据同名小说改编的电影《塔拉斯·布尔巴》，于 2009 年 4 月 1 日在俄罗斯和乌克兰同时上映，影片的公映掀起了一股对该小说解读的新浪潮。"一千个读者就有一千个哈姆雷特""仁者见仁智者见智"，读者和观众以新视角对小说主人公进行了解读。

当代美国著名的文学批评家布鲁姆说，"没有经典，我们会停止思考"（布鲁姆，2009：402）。文学经典引导读者思考过去、现在和未来，其艺术生命经读者的不断解读才得以延续。《塔拉斯·布尔巴》就是这样的一部经典之作，它所引发的思考不仅仅是在当前语境下如何认定塔拉斯·布尔巴的行为，也是对文本中蕴含的文化间性问题的挖掘。伴随现代化和全球化进程，西方文化作为主流文化不断消解非主流文化的个性，非主流文化的文化自性逐渐迷失，西方文化与非主流文化之间的文化间性也日趋紧张。《塔拉斯·布尔巴》则以流血和死亡印证了 19 世纪初俄罗斯思想界就社会发展道路的争论：斯拉夫本土文化抵御、对抗西方文化。在 21 世纪，这种本土文化与异域文化间的冲突和对抗依然存在。因此，在当代语境下重新解读小说的寓意，将对如何解决文化间的冲突有一定的现实意义。

一　阅读条件和当下语境

20 世纪 60 年代中后期，以联邦德国的汉斯·罗伯斯·尧斯和沃尔夫冈·伊泽尔等为首的康斯坦茨学派挑战传统文学批评理论，提出"读者接受理论"。尧斯认为文学作品不是超时空的既定的客观存在，作品的"历史生命"与社会时代、读者密切相关。"一部文学作品并不是独立自主的、对每个时代的每一位读者都提供同样图景的客体。它并不是一尊文碑独白式地展示自身的超时代本质，而更象（像）一本管弦乐谱，不断在它的读者中激起新的回响，并使作品文本从语词材料中解放出来，赋予它以现实的存在。"（尧斯，1989：2）一部文学作品的成就依赖于不同时代读者的期待阈与作品意象相吻合的程度。文学作品中的"不确定性和空白"造就了文本的"召唤结构"，读者与作品之间形成一种非对称的对话。第一文本（作品）能否转化为第二文本，则取决于读者的接受行为和接受程度，而读者的文学接受又依赖于一定历史空间和社会空间。读者的"接受屏幕"和"期待视野"与作品的解读、接受间形成了一个双向互动的作用场。正如法国存在主义哲学家萨特认为的，作家在创作一部作品时，其行为"只不过是一个不完备的、抽象的瞬间"，而读者在阅读文本时，其行为是一项创造性延展作者设定的图景。"写作，这是为了召唤读者以便读者把我借助语言着手进行的揭示转化为客观存在。"（萨特，2009：180）对于读者如何创造性解读文本，伊泽尔提出了空白填补说。文本中的空白使文本中各角度——叙述者、人物、情节与虚设读者间的联系处于开放状态，促使读者协调这些角度。读者通过主题－背景结构转换、审美主体与审美客体之间的对话等填补文本中的空白。

　　自新大陆发现以来，西方文化企图以主流文化的身份强行消解其他地区文化的个性。西方发达国家一方面借助先进的科学技术和精良的武器装备，强制性推行自己的生产方式和社会发展模式；另一方面借助以发达国家为权力中心的世界经济和城市世俗文化，大力宣传自己的政治价值观和文化观念。20世纪后期，日新月异的信息技术和网络技术更是为西方文化传播起到推波助澜的作用。伴随全球化进程的不断深入，西方文化价值观念被传播到世界各处，西方文化则企图独霸世界话语权，实施文化霸权策略，推行以排他性人文主义和个人主义为核心的价值观。面对西方文化及其观念的入侵，那些属于非西方轴心文明的国家和民族采取了两个极端策略：一个是"全盘反传统"策略，全部接受西方文化及其观念，推行"全盘西化"；另一个是奉行保守主义策略，试图用防御性措施保护本土文化传统，维护自身文化价值、的纯洁性和民族性和独特性，并为之生存发展拓展空间。几个世纪以来，本土文化与西方异域文化之间的碰撞、冲突从未间断。

　　恶劣的自然生态环境、潜在的核战争威胁、剑拔弩张的国际关系、血腥的暴力冲突、宗教信仰的不同等一系列问题，迫使人们反思西方现代化发展模式，人们意识到西方轴心文明极力推行的物质主义、实证主义和工具主义使人类陷入了生存危机：地球生态环境毁灭性的破坏、现代精神文明深度的丧失、人类文化的同质化以及各民族文化间的冲突。面对这种境况，人们开始质疑以启蒙思想为核心，强调个人主义、自由和理性、自我中心一元论的西方文化。随着二分语境的结束、世界经济的发展、世界政治格局的多极化，世界文化呈现出多元性。全球经济一体化的发展要求建立一个多元现代性的地球村，在这里各民族文化的生存权和发展权将得到承认和尊重，各民族在平等、合作的基础上进行文化间的沟通、了解和对话，从而谋求各民族文化的共生和发展。为了谋求这种和谐、共生的全球社群关系，正确处理本土文化与异域文化间的关系便显得尤为重要。果戈理的《塔拉斯·布尔巴》恰好给当代读者提供了这样的阅读条件，它向读者发出了阅读召唤，预示了如何解决本土与异域文化间的冲突的问题，如何构建一个平等、多元的全球社群。因此，本文将从"读者接受"的角度，结合当下语境，重新解读《塔拉斯·布尔巴》，从小说的情节、人物塑造中解读其蕴含的深刻含义。

二 作者视域中的本土文化与异域文化的冲突

18 世纪，伴随西方先进的科学技术和物质文明，西方启蒙思想以排山倒海之势涌入俄罗斯。启蒙思想犹如一把双刃利剑，抨击专制农奴制度，同时启蒙思想家所推崇的唯理主义、唯物主义和实用主义侵蚀了俄罗斯传统的道德精神，使得俄罗斯上层社会精神匮乏、物欲横流。19 世纪 30 年代俄罗斯知识界的精英们就俄国历史和未来发展道路、俄国和西方等问题展开讨论，在激烈的争论中诞生了斯拉夫派和西方派。代表本土的斯拉夫派和崇尚异域的西方派之间的论争成为 19 世纪 30 ~ 40 年代俄国社会哲学思想的焦点。当时，生活在欧洲的果戈理虽然置身于斯拉夫派和西方派的思想斗争之外，但心系俄罗斯命运。在斯拉夫文化和西方文化冲突问题上，他更倾向于斯拉夫派，这体现在中篇小说《塔拉斯·布尔巴》的创作中。果戈理"站在一个独一无二的特殊地位用西方人看不到的方式看到西方文化"（巴雷特，2004：133），他用斯拉夫特有的兄弟般的集体主义和建立在东正教宗教信仰与道德自我约束基础上的社群同盟强有力地驳斥了西方启蒙思想的核心——"'原子式'个人主义的自由主义，突出抗衡与制约关系的民主主义"。（杜维明，2003：162）在小说《塔拉斯·布尔巴》中，果戈理淡化历史背景、历史人物和历史事件，以 16 世纪为事件发生的历史背景，描述 17 世纪的历史事件，塑造了主人公塔拉斯和其他人物形象。由于人物原型取材于无法考据的乌克兰民歌和传说，文本中用大量篇幅描述的杜勃诺之战也无史料记载，这一切令读者难以认同《塔拉斯·布尔巴》是一部纯粹的历史性小说，同时其引发读者思考：为什么作者放弃创作一部讲述俄罗斯历史的大部头小说？而要解答这个问题，我们还得研究再版的《塔拉斯·布尔巴》和第一版的区别。1835 年版的小说共 9 章，塔拉斯被塑造成一位蛮性十足、骁勇善战的查波罗什哥萨克，为了抢夺战利品，他与昔日的战友发生争执。1842 年版的小说共 12 章，其不但令塔拉斯的形象高大、无私、丰满，而且增加了对查波罗什哥萨克社群的描写，添加了歌颂俄罗斯的句段。"在第二版中表现了果戈理的宗教政治乌托邦，在第一版中表现了果戈理的青春年少和对乌克兰的挚爱，在痛苦地思索乌克兰（小俄罗斯）和俄罗斯命运过程中，他完成了第二版的创作。"（Я. Григорий，2002）此外，果戈理曾在一封信中写道："——奇怪的事情是我身在俄国却几乎看不到俄国。我遇见的所有俄国人多半喜欢谈论在欧洲而不是在俄罗斯发生的事情。"（果戈理，1999：314）

在 19 世纪 30~40 年代俄罗斯社会思潮的影响下，思想敏锐的果戈理决然放弃了历史小说的创作，改为创作一部西方文化与斯拉夫文化冲突的史诗之作——《塔拉斯·布尔巴》。果戈理用俄语讲述发生在乌克兰的故事，借历史题材，反映当时的社会现实，思考如何在西方文化与斯拉夫文化冲突中探求俄罗斯未来的发展方向，这成为他创作的主旨。小说中残酷的屠杀和血腥的战争场面揭示了西方文化与斯拉夫文化间的紧张对立和激烈冲突，在刀光剑影的厮杀中却寓意着果戈理创作主旨：借助乌克兰历史，讲述斯拉夫文化与西方异域文化间的冲突，指明一元文化中心论是造成本土文化与异域文化冲突的根本原因；指出极端防御性战略和以暴抗暴的方式不但无法根本解决文化间的冲突和对抗，还会导致本土文化的终结；此外，暗示斯拉夫文化应吸收借鉴西方文化的精髓，发挥本土文化优势，以团契精神为主导在俄国和西方间建立一个自由、平等、和谐无冲突的兄弟盟友关系。

三 当下读者视域中的《塔拉斯·布尔巴》

当代德国哲学家、哲学诠释学创始人汉斯－格奥尔格·迦达默尔在《真理与方法》第二版序言中说"理解是被理解东西的存在"。作品的存在离不开读者的阅读理解，文本是作品与读者间的中性客体，它是需要读者进行解释的对象。果戈理的《塔拉斯·布尔巴》通过情节、人物展示本土文化与异域文化之间的冲突，这种文化冲突在当今语境下仍然存在，如何解决冲突的问题，小说给读者提供了解决的方法。因此，结合当下语境，挖掘情节、人物中所蕴含的意义，无疑是对果戈理研究进行的一次补白。

小说借助情节和人物表现西方文化与俄国文化的差异，个人主义与集体主义、自由主义和团契精神间的对抗冲突，试图在文化对抗中寻找解决冲突的出路。小说故事情节简单，按塔拉斯父子三人的相聚—离家—征战—死亡的顺序发展：塔拉斯为了让儿子奥斯塔普和安德烈接受斯拉夫精神文化熏陶和哥萨克式刀光剑影生活的历练，他从慈爱、温柔又软弱的母亲身边强行将儿子带到索契。在这个没有压力、不靠社会契约维系的社群同盟里，奥斯塔普和安德烈迅速地成长为强悍的勇士和崇尚自由的查波罗什哥萨克。为了捍卫东正教，抵制天主教的扩张，查波罗什哥萨克决定报复波兰人的掠夺和凌辱性行为，以塔拉斯等人为首的哥萨克军队横扫波兰，令波兰人闻风丧胆。因个人情爱和对西方美好事物的向往，幼子安德烈放弃追随父亲的人生轨迹，放弃查波罗什哥萨克人的信仰，投身波兰人，于是他掉转马头挥刀砍向昔日的战友、兄弟和父亲。塔拉斯满怀愤怒和鄙视，亲手射杀了自己的小儿子。为了给长子复仇，塔拉斯召集自己的队伍对波兰人实行了更加残酷的袭击、屠杀。由于内部意见不一，势单力薄的塔拉斯被波兰人俘获后烧死。

法国哲学诠释学派奠基人保罗·利科尔曾说过："理解一段文本不是去发现包含在文本中的呆滞的意义，而是去揭露由文本所揭示的存在的可能性。"（利科尔，2001：424）为了引发读者的好奇心，激活他们的想象力，果戈理采用嵌入式叙事法和一波三折的复杂化手法处理情节，表现西方文化与斯拉夫文化间的对立冲突。在塔拉斯父子三人离家赶赴索契的途中，作家采用了嵌入式叙事法描写了基辅神学校的生活，一是为了表现代表斯拉夫文化的哥萨克人与代表西方主流文化贵族间的对立，"他们不准踏入由波兰和俄罗斯贵族构成的上流社会……还下令要对他们严加管教"（果戈理，2002：39）；二是为了塑造安德烈和奥斯塔普两个人物形象，对比兄弟两人的性格特征，在描写杜勃诺城战役的场景中，为了刻画查波罗什哥萨克大无畏的牺牲精神和强调斯拉夫文化与异域文化间的冲突，果戈理再次使用嵌入式叙事法，三言两语简单介绍了巴拉班营长和莫西·希洛征战土耳其的经历。而在讲述查波罗什哥萨克西征时作家采用一波三折——出其不意法处理故事情节。当查波罗什人撕毁与苏丹签订的和平协定，准备抢劫土耳其人时，突然间一群战败的哥萨克带来了令人震惊愤怒的消息——波兰人强制推行教会合并，查波罗什人瞬间决定挥师西进，为捍卫东正教信仰而战。杜勃诺城之战，查波罗什人胜利在望，可是索契遭鞑靼人洗劫的消息却使他们刹那间做出兵分两路的决策。这些跌宕起伏和错落有致的情节吸引读者融入文本情境中，不断填补空白，完成审美阅读，其展示了蕴含的意义：15—17世纪的乌克兰是本土文化与异域文化的冲突中心。由于特殊的地理位置，即北接俄罗斯，南临土耳其，东临鞑靼，西接波兰，加上缺乏天然屏障，几个世纪来乌克兰一直处于异域文化交流的中心，此处文化交流主要表现为流血杀戮性异域文化入侵和本土文化的抵御，"那时候，整个半开化的南部俄罗斯已经被本国的王公贵族们放弃，屡屡遭到剽悍的蒙古入侵者的进犯，以致弄得十室九空，一片焦土"，遍布渡口河岸的哥萨克"是体现出俄罗斯力量的一种非凡的现象：它是由灾难的火镰从人民的胸怀中击发出来的"（果戈理，2002：31~32）。第聂伯河的查波罗什哥萨克，作为斯拉夫文化的一个族群更是将不同文化间的冲突和对抗发挥到极致。剽悍尚武的查波罗什哥萨克本身就在西方文化与斯拉夫文化、异域文化与本土文化的相互碰撞和冲突的过程中形成，是具有特殊文化认同模式的族群。他们遵循"神—人"契约，以上帝和圣书的名义抵御、征讨、掠夺异教徒的波兰人、鞑靼人和土耳其人。对他们而言战争不仅可以获得个人荣誉，更是捞取战利品的手段。布尔巴正房里陈列着威尼斯和土耳其产的彩色玻璃瓶，精美的银杯和镀金的酒杯足以说明塔拉斯主张征战的原因。虽然，文本中查波罗什哥萨克进攻波兰是为了维护东正教，反对波兰政府以暴力手段推行教会合并，可是他们也针对无辜的犹太人和波兰平民实施疯狂又残忍的复仇。为什么具有人文情怀的果戈理没意识到自己笔下的民族英雄是嗜血的复仇者？带着这个问题我们来发掘一下作品中主要人物形象的寓意。

　　塔拉斯是位尚武好战的老团长，他奉行宗法制，信守东正教的"神—人"契约，并以合法的东正教捍卫者自居。他规定"在以下情况下必须拔刀相向，即如果波兰收税人不尊重哥萨克的首领，在后者面前不脱下帽子；如果有人嘲弄正教，不遵守祖先的规矩；最后，如果敌人是异教徒和土耳其佬"。（果戈理，2002：33）虽然塔拉斯了解西方文化的精髓，享受着西方文化的物质，却不打算从精神上接受和认同它，他的内心深处抵触西方文化。在小说第一个场景中，这位曾经迫使儿子们接受波兰式教育的人，对学成而归的儿子们进行了一番冷嘲热讽，致使父子间发生了拳脚功夫的较量。这种超越血缘关系的较量奠定了小说的基调：本土文化与西方异域文化的较量。日常家庭生活中，脾气粗野的塔拉斯是位极其固执的丈夫和父亲。为了马刀、战友和欢聚畅饮，他和妻儿聚少离多；心情不畅时，会动手殴打妻子；为了让儿子们接受地道的哥萨克教育，塔拉斯不顾妻子的苦苦哀求，在孩子们到家后的第二天便将他们从慈母身边拖走。尽管奥斯塔普和安德烈同为塔拉斯的儿子，但他对待兄弟俩的态度截然相反：他鄙视、痛恨幼子的背叛，射杀幼子；敬重、拯救长子，痛惜长子的牺牲。塔拉斯对待两个儿子的不同态度，不仅突出了本土文化与西方异域文化间的尖锐矛盾和激烈冲突，而且阐述了塔拉斯的文化主张：以斯拉夫文化为中心，防御性抵抗西方异域文化的入侵；采取以暴抗暴的方式解决本土文化与异域文化间的冲突。

　　大儿子奥斯塔普心地善良、为人坦率、性格刚烈、沉着冷静、果断勇敢，具有"哥萨克所特有的坚忍不拔的精神"，"无论出现什么情况都不会出卖伙伴"，而且"他对任何诱惑都无动于衷"（果戈理，2002：40）。更重要的是，奥斯塔普具备批判性接受西方异域文化精髓和发扬斯拉夫优良传统文化的特质。奥斯塔普虽然接受过西方文化教育，然而他在战场上克服、战胜一切危险，"转瞬间便判断出形势的危险程度和发展趋势，并能够当即想出避开危险的办法"（果戈理，2002：69），却得利于他在索契接受的训练和俄国的传统教育。奥斯塔普摆脱了粗野蛮化的习俗，以俄罗斯特有的人文价值观和理性思维思考一切，他不满父亲的杀子行为，并怜悯弟弟。小儿子安德烈机灵、骁勇、粗犷、血气方刚，但精神世界成熟，情感丰富、细腻。"性格要活泼一点，感情也似乎要丰富一点。——乐于学习，比哥哥机灵。"（果戈理，2002：40）安德烈身上体现出个性与共性的矛盾。安德烈像所有的哥萨克一样，在战场上骁勇善战，渴望建功立业，他挥舞着马刀奔向敌人，沉浸在由枪弹、刀剑和哀号声组成的音乐中。在日常生活中，他又是个好享受、敏感的性情中人。在天主教教堂里，他感受西方文化的美丽和奇妙，沉浸在绚丽光影、缭绕轻烟的情爱追求中。安德烈背叛了祖国和自己的信仰，完全抛弃了斯拉夫文化，全盘接受了西方文化。奥斯塔普和安德烈虽是一母同胞的亲兄弟，却代表了不同的文化归属。面对强大西方异域文化的融摄力量，曾经接受西方文化教育的两兄弟采取了截然不同的方式对待西方文化。从文化认同和归属层面上讲，奥斯塔普继承了塔拉斯的衣钵，并倾向于以暴力方式解决文化冲突问题。弟弟彻底摒弃斯拉夫文化，全盘西化，而哥哥则为捍卫斯拉夫文化而牺牲生命。

在军旅战争生活中，性格粗犷豪放的塔拉斯十分珍惜兄弟战友间的情义，珍视盟友之义。他曾为逝去的老战友潸然泪下，为鼓舞士气散尽珍藏多年的美酒。他关心战友，战场上冒着敌人的炮火三次询问士兵的装备、战斗力情况。塔拉斯判断亲疏远近或敌友的标准是民族、信仰和文化异同，而不是血缘关系。他可以挽救被狂暴的查波罗什哥萨克抛入第聂伯河的一个陌生犹太人——扬克尔，因为他救过自己的哥哥。他却又亲手射杀自己的幼子，对天主教教徒和波兰平民大肆屠杀，"在大街上用长矛把她们（波兰妇女）的婴儿挑起，扔到烈火中连同她们一起烧死"（果戈理，2002：155）。他以斯拉夫文化捍卫者的身份采取极端暴力方式对待西方异域文化的入侵。塔拉斯将对兄长的尊敬和爱转移到犹太人扬克尔身上，心生怜悯之情。当看到狂热的安德烈挥舞着军刀，乱劈乱砍哥萨克人，听到"对我哥哥说，对哥萨克们说，对查波罗什人说，对所有人说，现在父亲不是我的父亲了，哥哥不是我的哥哥了，伙伴不是我的伙伴了，我要跟他们全体开仗"（果戈理，2002：98）时，父子血缘关系已上升到文化认同层面。父子间的血缘关系隐退，取而代之的则是不同文化的归属，即两个敌对的阵营——本土文化与西方文化的冲突。塔拉斯对西方文化的仇恨自然地转嫁到幼子身上，于是，为了惩罚安德烈的精神背叛，更是为了维护本土文化的纯洁性，塔拉斯将仇恨的子弹射入安德烈的心脏。

塔拉斯这一人物也代表了以东正教信仰为基石、聚合性社群为社会单位、崇尚心灵自由的斯拉夫文化。通过对比塔拉斯对待儿子、伙伴、战友和波兰人的不同态度，读者可以想象斯拉夫本土文化与西方异域文化间的激烈冲突；通过分析塔拉斯这一人物形象，读者可以把握19世纪俄罗斯斯拉夫派的文化主张；通过分析塔拉斯父子三人的人物命运，读者可以发现作家虽然倾向于斯拉夫派，但并不完全赞同其主张，这蕴含在父子三人的死亡意象中。文本中安德烈的死亡被喻为割下的沉甸甸的麦穗，斯拉夫文化中收割的麦穗象征着献祭般的牺牲。这一死亡意象寓意着背弃本土文化、全盘西化的安德烈是斯拉夫文化与西方文化间对抗冲突的绝对牺牲品，暗喻着全盘西化策略根本行不通。塔拉斯的自杀式死亡暗喻着，坚持一元文化中心论，主张以防御性战略对待西方异域文化，运用暴力方式解决文化间冲突，这种方式不仅会导致自身走向终结，而且消解了本土文化吸收西方文化精髓、提高自身竞争实力的机会。长子奥斯塔普的死暗示，以暴抗暴解决文化冲突的方式会扼杀有能力吸纳西方文化精髓、发扬斯拉夫文化、能在文化对话中为本土文化争取到更大生存空间的文化继承者。在人物形象的塑造及其命运的安排中蕴藏着作家的观点：一元文化中心论是造成本土文化与异域文化冲突的根本原因，应反对以极端防御性战略和以暴抗暴的方式解决文化间的冲突和对抗。

斯拉夫文化特有的团契精神是俄罗斯人民的文化基因。战场上，塔拉斯发表的感人肺腑的战前演说是对团契精神的高度概括：查波罗什哥萨克人"在精神上，而不是在血缘上牢固建立起来的亲密关系"即"盟友之义"最神圣（果戈理，2002：118），而这种团契精神又体现在对索契日常生活的详细描述中。第二版中作家增加了大量的篇幅描写索契的社会生活、习俗和统领的选举过程，为读者绘制了一幅和谐团结的理想社群蓝图。文本中战败后的塔拉斯发出"倒不如别举行宴会（俄罗斯史诗中常用宴会暗喻惨烈的战役）还好一点"的感慨把读者的思绪带回西征前的索契：东正教的信仰将四面八方的查波罗什哥萨克聚集在索契，日日的欢宴狂饮，吸引着每个豪放不羁的哥萨克；在"自由不羁的风气"里，粗犷的哥萨克却自觉遵守"简单明白的管理规则"（果戈理，2002：51）和执行严格的惩罚制度，尤其是对杀人犯实施活埋的处置；在这个由几十间营房组成的自由自在的共和国里，集会上统领和长官们向哥萨克鞠躬致礼，听从人民意愿；在索契遵循"人民的声音就是上帝的声音"的"神—人"契约，而不是强调人权、民主和自由的社会契约；统领选举时，平民哥萨克与长官间的民主对话机制更是彰显了平等对话的魅力。在这些详细具体的描述中，蕴藏着作家对团契的精神定义，即建立在东正教信仰上的斯拉夫特有的兄弟般的集体主义和盟友关系。索契正是这样一个信守斯拉夫集体主义的社群同盟。在索契社群利益至上，个人利益服从于集体利益；个人权力由集体赋予，并服从于集体意志，在民主选举统领的场景中哥萨克人高呼"放下权杖！鬼儿子，马上把权杖放下来！我们再也不选你了"（果戈理，2002：54）；每个人享受道德自由，在共同的信仰中充分张扬个性，在遵守社群道德习俗的基础上保留独立的自我；人们远离压力集团，免除社会契约，信守"神—人"契约，依赖民族习俗或道德约束维持本民族文化，彼此信任、互相尊重。作家笔下的索契团契不仅是凝聚查波罗什哥萨克人的精神纽带和精神家园，也是俄罗斯人民感情中聚合性的社会实体，是斯拉夫文化新的"诺亚方舟"。在塑造索契团契形象的同时，果戈理也构建了理想的全球社群模式，试图推广斯拉夫文化经验，意在为解决本土文化和异域文化间的对抗冲突提供一种思路，为建立自由、和平、平等的全球社群指明一条途径。

　　精通俄罗斯历史和乌克兰历史的果戈理创作《塔拉斯·布尔巴》不仅仅是要借历史故事中的英雄人物唤醒俄罗斯的民族意识，而是借史喻今，启人深思如何解决本土文化与异域文化间的冲突问题。作家虽未明确表明自己的观点，但将自己的思想隐藏于人物与情节的空白中，作品中塔拉斯父子三人死亡的意象和索契团契形象的塑造表明：一元文化中心论必然导致异域文化与本土文化间的对抗和冲突，若采用极端防御性战略抵御异域文化入侵，通过以暴抗暴的方式解决文化间的冲突，其结局将是本土文化的终结。面对两种文化碰触和对抗，作者认为应该坚守本土文化，有鉴别地吸收外来异域文化，取长补短，发挥本土文化的优势，信守"神—人"契约，发扬团契精神，在相互尊重和对话的基础上营造自由、和平、平等的全球社群。在当前全球化语境下，本土文化与异域文化间的对抗日益突出，果戈理的《塔拉斯·布尔巴》为解决文化间的冲突提供了一种途径，绘制了全球社群相安和谐的图景。从这个层面上讲，该作品可谓"藏之名山，传之后世"之作。

参考文献

Голубкова В. В., Гоголь в школе. Москва：Изд. Академии педагогических наук РСФСР，1954.

〔法〕保罗·利科尔：《诠释学的任务》，李幼蒸译，载洪汉鼎编《理解与解释——诠释学经典文选》，东方出版社，2001。

〔美〕布鲁姆：《经典悲歌》，载徐岱、沈语冰编选《文艺学基础文献选读》，浙江大学出版社，2009。

杜维明：《儒家人文精神与宗教研究》，载《理性主义及其限制》，生活·读书·新知三联书店，2003。

〔俄〕果戈理：《塔拉斯·布尔巴》，冯玉律译，载沈念驹主编《果戈理全集》第二卷，河北教育出版社，2002。

〔俄〕果戈理：《与友人书简选》，任光宣译，安徽文艺出版社，1999。

〔西德〕汉·尧斯：《文学史对文学理论的挑战》，载张延琛编《接受理论》，四川文艺出版社，1989。

〔法〕萨特：《为什么写作?》，载徐岱、沈语冰编选《文艺学基础文献选读》，浙江大学出版社，2009。

〔美〕威廉·巴雷特：《非理性的人——存在主义哲学研究》，杨照明、艾平译，商务印书馆，2004。

原文载于《俄语语言文学研究》2011 年第 3 期

契诃夫艺术世界中的"物"

徐 乐[*]

摘 要： 文学作品中的"物"是衡量作家审美趣味的一个重要指标。在契诃夫的文学世界中，作者对物品的选择和表现方式的全面性、真实性令人印象深刻，并在读者和研究者中引起热烈的讨论。本文从分析普希金处理物体的手法开始，梳理从俄国 19 世纪到 20 世纪经典文学中物体等级不断得到拓展的潜在路径。契诃夫在自己的文学作品中大胆地引入了许多令人惊诧"粗鄙的"物品，揭露俄国人对待物体的错误态度和幻觉，用人所使用的物品来反映人自身对待环境的道义责任。契诃夫笔下的物，不仅具有自己本身的存在意义，通过自己的表现保持文本世界的实实在在的质感，更重要的是，这些事物反映了人的感觉，是从直接的生活中收获的生命体验，其意义在于反射出人自身的精神价值。

关键词： 契诃夫 物品 意义 责任

19 世纪的俄国，由于生产的落后和物质的匮乏，"基本由贵族和农民组成的社会缺乏日常用品"（Нива，Сермана，1995：53），因此物在前契诃夫文学传统中的作用，远远比不上 19 世纪末为丰富的物品所包围的契诃夫的文学世界。马雅可夫斯基从未来主义的立场出发，认为"契诃夫的全部作品——只是对词

---

* 徐乐，中国社会科学院外文所研究员。

汇任务的解答",这种带有极端性的论断,既是对契诃夫是现实主义者这一传统论调的反驳,也反映出诗人对于契诃夫文学意义的评价,强调现实的物品在文学中的意义功能:"契诃夫把粗俗的物件的粗俗名称带进了俄罗斯文学",首先"为生活的每一步"找到了"自己的词汇表现"(Маяковский,1955:299)。

契诃夫来自偏远的俄罗斯外省城市,与许多大作家回避的物品世界有着紧密而牢固的联系。在契诃夫笔下,人们一方面忙于思考纯粹的哲学问题,另一方面却被身边的物质环境包围,没有一分钟能够脱离细碎物品的纠缠。契诃夫不明确鼓吹和教导任何学说,但总是细致鲜活地讲述俄罗斯生活的一切方面,力求在整体上思考和呈现俄罗斯的生活画面。在这样的艺术追求中,他颠覆了传统对文学领域等级的划分,取消了"社会和个人、历史和隐秘、共同和局部、大和小之间的差别和矛盾"(Эйхенбаум,1969:360);此时的俄罗斯不但向纵深处,而且在极广阔的范围内得到研究和热爱。

一 俄国文学画面中物的品级

文学从生活中采摘对世间万物的印象,并将之用文学的方式加以表现,具有两种极端的倾向。第一,作家仿佛生就"洁癖",以"良好的趣味"来挑选进入艺术世界的物品,排除掉不符合审美要求的低贱或肮脏的物品。第二,"原生态地"描绘一切进入艺术观照的物体,甚至津津有味、事无巨细地展示并玩味物品"低级""肮脏"的一面,以此故意制造出骇人听闻的效果。前者在古典文学和浪漫文学中设置了品味方面的禁忌,后者使得自然主义文学极大地扩展了写作对象的清单,甚至俯身捡拾起不堪入目的细节。但无论如何,对待物体的态度,越来越引起批评界和作者的重视。

从普希金开始,俄国文学和艺术作品中物的范围得到了极大的拓展,俄国经典文学树立起对待现实物品的完美典范。在浪漫主义向现实主义过渡的著名长诗《叶甫盖尼·奥涅金》的结尾,普希金与自己灵魂的旅伴和忠实的理想告别,却大声宣告要"把许许多多的水"羼进"诗的酒杯":他的诗歌表现对象,突破了爱情和自由精神酿造出来的高纯度酒精,放入了来自日常生活的平淡的水。诗人此时"需要另一些画面":取代"高加索的巍巍群山"和"卡尔梅克人的游牧帐篷"的是"铺沙的山坡地,两株山梨树立在茅屋窗前",取代巴赫奇萨拉伊泉水畔的竖琴和"密茨凯维奇的歌唱"的是三弦琴和"醉汉"跳的"特列巴卡舞步",取代魂牵梦萦的"骄傲的姑娘"和"不知来由的痛苦"的是家庭"主妇"加"一盆菜汤"的安逸日子(普希金,1994:264)。

在 1830 年写就的未曾发表的诗《我的红光满面的批评家、大肚皮的讽刺家》中,普希金描绘出乡村凄凉可怕的景象,故意强调乡村物品的非田园诗色彩:"一排残破的村屋"后面,没有"金色的田野",没有"绿荫荫的树林",没有"小溪",在"矮篱笆围起的院落里",只有"两株可怜的小树",其中一株已经"完全光秃",另外一株"水淋淋的树叶颜色枯黄"。下面的诗行,让许多世俗的读者惊诧不已:一个农夫腋下夹着孩子的棺木,催促牧师快些打开教堂的大门做安魂弥撒:"快些!不能再等待!早就该把他掩埋。"(普希金,1996:377)这首诗预示了涅克拉索夫乡村诗歌的风格,并且接近 19 世纪 60 年代民主主义文学的散文美学。后者的代表是 H. 乌斯宾斯基(著名民粹派作家 Г. 乌斯宾斯基的堂兄弟),车尔尼雪夫斯基指出他的写作特征是"既不关心机智俏皮,也不关心优雅精致"(Чернышевский,1950:856)。对 60 年代文学中的物体描绘,别林斯基写道:"以往的诗人们也描写贫穷的画面,但贫穷是整洁的,被洗干净的……而现在!——请看,现在人们写什么!穿着树皮鞋和粗呢衣的农民,他们身上常常散发出劣质白酒的气味,农妇——是半人马族,从衣服上你不能立刻分辨出她的性别;栖身的角落——是赤贫、绝望和放荡的避难所……"(Белинский,1956:297)60 年代之后文学中的物品等级,已经大大降低,这不可能不影响契诃夫的阅读和创作经验。

在契诃夫的早期作品中,"不体面"的物体充斥着私人领域:在《男爵》中,主人公热爱戏剧但做演员失败,只能沦落为舞台下的提词人。为了描绘他的失意潦倒,作者详细描绘了主人公穿着的衣物,无论是帽子、上衣、领结,还是长裤,都用反讽的语气表明它们的破烂肮脏。(参见契诃夫,2008:416 - 417。后文出自同一著作的引文,随文标出该著卷数和引文出处页码,不再另注。部分文字根据俄文原文略有修改)即使是《他与她》中著名的女演员,也因为生活邋遢被丈夫指责,主要罪证就是皮箱里"干净的内衣同穿脏的内衣混在一起,套袖和拖鞋以及我的皮靴放在一块儿,新的束腰衣和穿破的束腰衣(掺)和在一起"。在《报复》中依然使用了演员生活的题材,其中的关键道具是售票处的一块写着"本日戏票全部售完"的大纸板,上面"扑满尘土,而且撕裂了。售票员毫不客气地用毡靴踩它，把唾沫吐在上面"，借此男演员实施了对女演员的报复。

契诃夫也写了一系列描绘外省小市民生活的小说。在《适当的措施》里，县城卫生检查委员会的成员们一边高谈阔论"污秽、恶臭、适当的措施和其他有关霍乱的资料"，一边却对城里商业区糟糕的卫生状况无动于衷：荞麦米里夹着耗子屎，用同一把刀切肥皂和面包，店铺伙计在搬酒桶时不住骂街，"弄得空气也变得极其污浊"。但与演员们的物品反映个人生活的不拘小节不同，小市民的物品则是他们对生活环境不负责任的表现。警官用手指甲在火腿上抠了很久，再把鼻子凑上去呼呼响地闻一阵，然后再用手指头弹着火腿问："你们这个货色不是跟'士的宁'放在一块儿吧？"委员会成员就着一盘烂苹果喝酒。通过几个具体的食物，契诃夫不动声色地嘲笑着这些小市民，让那个警官在结尾处长叹一声："这就是我们的全部生活啊！"

在契诃夫成熟期的作品里，他对人们周围实物环境同样投入了严肃的注意。《我的一生》中，主动叛离自己贵族圈子的波洛兹涅夫，虽然喜爱自己的城市，但不喜欢城市里的居民，原因在于有钱的和有知识的人"睡在又窄又闷的卧室里，躺在满是臭虫的床上"，仆人"睡在厨房的地板上，盖着破被子"，屋子里有红甜菜汤和葵花子油煎的鲥鱼的气味。"他们吃没有滋味的菜，喝不卫生的水。"物质形态的肮脏源于人的精神面貌——全城没有一个正直的人，有权势的人公然收受贿赂，有知识的人出卖自己的良心，人们变得冷酷、狭隘、傲慢，毒害、腐化着四周的空气。正如《万尼亚舅舅》中叶连娜·安德烈耶芙娜所说的，人们在"缺乏理智地毁灭森林"，同样也在"缺乏理智地毁灭人"（契诃夫，1997：210）。在波洛兹涅夫的城里，唯一怀有纯洁的道德、高尚的理想和正直的灵魂的姑娘们，由于不懂得生活，很快也会被这种污浊的氛围所污染，"不可救药地陷在庸俗的小市民生活的泥潭里了"。

二 "按生活的本来面目描写生活"

低微的物品入侵文学世界，造成文学整体情境的"降格"，使得作家不但有权利，而且有义务来描写那些所谓"不道德的""令人羞愧的""鄙俗的"情节——这让一些正统的批评家和读者惊慌失措。在普希金时代，上流社会的批评界最不能容忍的，便是这种对其庄重典雅的文学趣味的嘲弄与颠覆。普希金转述了上流社会的癖好：不应当在女士面前谈"跳蚤"。并且他揭示了一本杂志对自己的长诗《努林伯爵》的批评的实质："因为其中描写了一位青年深夜进入一位睡着的美人的屋里。"对于这一类指责，普希金回答说：

> 他们又会对冯维辛说些什么呢？后者给叶卡捷琳娜女皇朗读自己的《纨绔子弟》，其中每一页上那个蛮横无礼的普罗斯塔科娃都骂叶列梅耶夫娜是狗娘养的。我们当代的道德卫士们关于人们争相阅读《心肝儿》这部作品以及这部佳作取得的成就又会说些什么呢？他们对于杰尔查文的戏谑性的颂歌以及德米特里耶夫的魅力的童话，又作何感想呢？《摩登太太》不是同《努林伯爵》一样不道德吗？（普希金，1997：137）

有趣的是，1886年12月，契诃夫的女友，儿童作家基谢列娃因为同样的理由，对契诃夫不久前创作的短篇小说《泥潭》表达了真诚的愤怒。这篇小说讲述了一个犹太女人为了赖账施展手段勾引男人的故事。契诃夫详细描绘了如同陷在云雾中，使人神魂飘荡的场景。卧室里"摆着极多的花卉，茉莉花的甜香浓得令人恶心"，床上"支着棺罩般的粉红色帐子，床上被子凌乱，还没收拾整齐"。床旁"有两把圈椅，上面堆着揉成一团的女人衣服，衣襟和袖子滚着花边和皱边，如今已经揉乱，垂到地毯上。地毯上东一处西一处地乱丢着白色的小带子、两三个烟蒂、夹心糖果的包皮纸"。床底下"露出一长排尖头和圆头的各色拖鞋"。中尉觉得"甜腻的茉莉花香气似乎不是从花里而是从床上和那排拖鞋上发散出来的"。

凭着无耻的力量，犹太女人轻易地降服了来讨债的年轻军官，这段描写让基谢列娃十分反感，她写信给契诃夫说：

> 我个人觉得很懊丧，因为像您这样的作家，也就是天赋特高的作家，却只叫我看"粪堆"。世界上充斥着污秽、坏男子和坏女人，他们产生的印象并不新鲜，然而，另一方面，如果有个作家在领着您穿过臭气冲天的粪堆时，忽然从那儿拣出一颗珍珠来，那么人们会对他多么感激啊。您并不近视，完全有能力找到这颗珍珠，那么又何必专写粪堆呢？请您给我珍珠，

好让我四周那些污秽渐渐在我的记忆里消散，这是我有权利要求于您的。

在回答这样的指责时，契诃夫似乎重复了普希金的话：

> 我不知道究竟是谁对，是荷马、莎士比亚、洛普·德·维加，总之，是那些不怕挖掘"粪堆"，然而在道德方面远比我们靠得住的古人呢，还是那些在纸上道貌岸然而在灵魂里和生活里却冷酷无耻的现代作家。我不知道究竟是谁的趣味低劣，是那些毫不羞惭地按照爱情在美的本性中实际存在的那样来歌颂爱情的希腊人呢，还是加博里奥，马尔里特、彼尔·包包的读者们。（契诃夫，1997：177）

基谢列娃引证屠格涅夫，说他们能够避开"粪堆"，但这也不能说服契诃夫回归"珍珠"，因为他们前一代的作家不但认为"坏男人和坏女人"是污秽，甚至认为描写农民和九品以下的文官也肮脏呢。

之后，契诃夫表明了文学家承担的道德责任，也提出了文学中物所反映出来的意义：

> 文学所以叫（作）艺术，就是因为它按生活的本来面目描写生活。它的任务是无条件的、直率的真实。把文学的职能缩小成为搜罗"珍珠"之类的专门工作，那对它是致命的打击……我同意"珍珠"是好东西，可是话说回来，文学家不是糖果贩子，不是化装师，不是给人消愁解闷的，他是一个负着责任的人，受自己的责任感和良心的约束；他既然套上了轭索，就不应该说自己不够强壮，不管他觉得怎样难受，他还是得克服自己的嫌恶，用生活的肮脏来玷污自己的想象……文学家应该像化学家那样客观；他应该抛弃生活的主观态度，知道粪堆在风景画里占着很可敬的地位，知道邪恶的感情如同善良的感情一样也是生活里本来就有的。（契诃夫，1997：178）

多年以后布宁把《泥潭》划入契诃夫最优秀的短篇小说之列，他写道："在我的《黑暗的林荫道》问世之后的 50 年后，我收到了与基斯列娃类似的人的类似的信，我回了近似的信。一切真的在重演。"（Бунин，1960：68）

三 物映射人的生活意义

然而，所谓"这些那些物品是肮脏低贱的"，这种判断是没有意义的。因为物品不具主体意识，故无所谓道德意义的高下之分。能产生意义的，只有人的思想和活动。契诃夫笔下对物体细节的描绘，最终是为了阐明人的生存的内在意义，正是在追问意义的基础上，渺小低俗的物品获得了文学表现的权利。在《巫婆》中，契诃夫描绘了贫瘠的生活和男女主人公被压抑的欲望的冲突。这冲突体现在暴风雪的肆虐与哭号上：教堂诵经士盖金的小屋外，大自然在旷野上"正在进行一场真正的厮杀"。"得胜的一方正在旷野上穷追敌人，咆哮着冲进树林，窜上教堂的房顶，举起拳头凶狠地敲打窗子，大发雷霆，败北的那一方却在哀号，痛哭。……凄厉的哭声时而就在窗外响，时而升高，到房顶上去了，时而又钻进火炉里。那哭声不是求救的呼喊，而是悲悲切切，知道大势已去、无法挽救的哀号。"而在屋内，盖金年轻漂亮的妻子，也在压抑着自己的忧伤和渴望，于是人心中暗地里酝酿着一场与暴风雪相比毫不逊色的激烈暴动。

契诃夫对于盖金以及他周围物质环境的描写，采用了追求极端真实的写实手法：盖金的被子"用五颜六色的花布片缝成"，而且"很脏"，他那双"很久没有洗过的大脚"就从这被子底下伸出来，在文中还出现了两次对脏脚的描写："带着歪斜的黑趾甲"。在他与妻子讲话时，契诃夫特意加上一笔刺目的特写：他"撩起衬衫的下摆匆匆地擤一下鼻子，因而露出诵经士的灰色肚皮和像环形小面包那么大的肚脐"。就是这里的极端的"现实主义"吓坏了契诃夫文学圈里的朋友们。比里宾在给契诃夫的信里，就极力反对这种"超出常规的画面"，称"有关诵经士脏脚的描写使我看着不舒服"。俄国作家谢赫捷尔在写给契诃夫的信上说："求上帝饶恕您描写足足有环形小面包那么大的肚脐吧，也就是您让诵经士的妻子以及一切可敬的读者看的那个肚脐。……这简直比左拉的文笔还要厉害几分呢。"德高望重的老作家格利戈罗维奇在写给契诃夫的第一封信上也谈到这一点："真实性和现实主义不但不排除优雅，而且从优雅中得到益处。您极其有力地掌握着塑造的方式和审美感，因此，您没有特别的必要去描写像诵经士的脏脚和变形的趾甲，以及他的肚脐之类的细节。这些细节丝毫也没有增添这段描写的艺术上的美，反而破坏了趣味高雅的读者心目中的印象。"

契诃夫给格利戈罗维奇回信说："您对我指出的粗鄙描写，我自己在《巫婆》发表的时候也看出来了。如果我不是用一天而是用三四天工夫写成的，我就不会有这种毛病了。"在把小说收入他的小说集时，契诃夫把"变形的趾甲"和"肚脐"删掉了。

可是，保留下来的物体依然刺目，反映了人物生活和精神世界的贫乏。诵经士的妻子在爱情的幻想破灭后，生出了疯狂凶暴的怒火。她打量着自己住处：

> 那张床差不多占据半个房间，有整个后墙那么长，床上铺着肮脏的褥垫，有灰色的硬枕头，有被子，有各式各样叫不出名字来的破烂。那张床成了乱糟糟一团难看的废物，几乎跟萨威里脑袋上的那堆头发一样，哪怕他特意用油抹平，却仍然竖起来。有个乌黑的炉子，从那张床一直伸到通往寒冷的前堂的门口，上面放些盆盆罐罐，挂着破衣烂衫。一切东西，包括刚刚出外的萨威里在内，都出奇地肮脏，油污，漆黑……

这种肮脏不堪的地方，埋葬了这个年轻女人的幸福。屠尔科夫评价说："'粗鲁的'生活外壳包含着'世人看不见的泪水'，使我们更加强烈地体会到隐藏在这个外壳下的感觉、激情和疑虑。"（屠尔科夫，1984：111）契诃夫借助物品的"外壳"，揭示出人的自然追求的意义所在。

四　从高雅的物到粗鄙的物

在契诃夫笔下，即使高雅的物品，在揭去笼罩其上的幻象之后，也会暴露出物品所有者卑劣的一面，其直接表明了作者的意义评价。比如《跳来跳去的女人》中性格轻佻的女主人公奥尔迦·伊凡诺芙娜，一心追求时尚和名流，涉足每一个艺术门类，在结交的名人们的"灿烂前景"衬托下，表现出非凡的才气和优雅。她用一些零碎摆设——中国的阳伞、画架、花花绿绿的布片、短剑、半身像、照片、民间版画、树皮鞋和小镰刀、大镰刀和草耙、黑呢、威尼斯式的灯、拿着戟的假人——把自己的家装点成一个充满艺术氛围的"可爱的小窝"。而且当她为自己设计服装时，表现出多么雅致的情调："她往往用一件染过的旧衣服，用些不值钱的零头透花纱、花边、长毛绒、绸缎，简直就会创造出奇迹，做出一种迷人的东西来，不是衣服，而是梦幻。"

早在 1888 年，契诃夫在书信里就对冒牌艺术家们附庸风雅的审美趣味做过尖刻的批评，表现在：

> 他们在前厅放一个日本的假人，在墙角张开一把中国的雨伞，在楼梯栏杆上挂一块地毯，认为这有艺术味道。中国的雨伞倒有，可是报纸却没有。如果艺术家在布置房间方面只不过是屋里放一个博物馆的假人，墙上挂些长柄斧、盾牌、扇子，如果这些都不是出于偶然，而是精心设置，特别强调的，那么这种人就算不得艺术家，而是装得一本正经的猴子罢了。（契诃夫，1997：449 – 450）

在《跳来跳去的女人》中，周围人都认为她和她的丈夫生活得很幸福。这种幸福的画面得到了概括性的描绘：

> 每天上午十一点钟起床以后，奥尔迦·伊凡诺芙娜就弹钢琴，要是天气晴朗，有时就画点油画。然后，到十二点多钟，她坐上车子去找女裁缝。……从女裁缝那儿出来，奥尔迦·伊凡诺芙娜照例坐上车子到她认识的一个女演员那儿去，打听剧院的新闻，顺便弄几张初次上演的新戏或者福利演出场的戏票。从女演员家里出来，她还得到一个什么画家的画室去，或者去看画展，然后去看一位名流，要么是约请他到自己家里去，要么是回拜，再不然就光是聊聊天儿。人人都快活而亲切地欢迎她，口口声声说她好，很可爱，很了不起。……到四点多钟，她在家里跟丈夫一块儿吃饭。……饭后，奥尔迦·伊凡诺芙娜坐车去看朋友，然后上剧院，或者赴音乐会，过了午夜才回家。天天如此。……每到星期三，她家里总要举行晚会。

这里，我们似乎感觉到这种概括性的词句似乎隐藏着作者的轻微反讽——幸福生活是如此地固定而又重复，仿佛是那多年后的"套子"（小三部曲：《套中人》《醋栗》《关于爱情》）。

赫尔岑在《谁之罪》中，也借助主人公的日常用品来概括性地描绘日常生活的幸福：

亚历克绥·亚勃拉摩维奇的结婚生活，轻快得像在油上一般地滑过去。每当贵人们驾车闲游的时候，必然会出现他的一辆四匹马驾驶的漂亮的轻便马车，这马车上坐着一对浸沉在幸福中的夫妇。每年五月一日在索珂里尼基，以及基督升天节在宫廷花园中，圣灵节在帕莱思年池里都可以看到他们的俪影；而在其余的日子，几乎每天都可以在特福尔林荫道上看见他们。冬天，他们出席各种宴会，请人家吃饭，在戏院子里定好包厢看戏。（赫尔岑，1979：21 - 22）

在契诃夫的小说中，对男女主人公的婚后生活恰好也用了同样的比喻："这一对年轻夫妇挺幸福，生活轻快得像在油上一般地滑过去。"但随后，所有那些关于别墅、散步、素描、伏尔加河、夜莺、天空、月夜的幻想都还原成现实中粗陋的物品景象。奥尔迦·伊凡诺芙娜时刻都在渴望着名人的光环，渴望在广阔天地里得到成功、荣耀和人们的欢呼，藐视自己丈夫这类"普通而又平凡的人"，却把自己当作得天独厚的上帝选民，可以超然一切世俗烦恼，追求毫无牵挂、自由自在的生活。在这些空洞的梦幻中，她背叛了自己的丈夫。可是，从她堕落的时候开始，身边的环境和物品便失掉了光彩，显得黯淡萧索，冰冷无趣。奥尔迦·伊凡诺芙娜也厌倦起来，觉得"周身不干净"，而这种感觉是她"从这个村子迁移到那个村子，住在农民家里时时刻刻都感到的"。在农民的小屋里，农妇生炉子造饭时，屋里就会"弥漫着木炭烧焦的气味"，同行的画家们"穿着泥污的长筒靴"走进屋来，"墙上那只不值钱的钟在滴答滴答地响……受了冻的苍蝇聚在墙角里圣像四周，嗡嗡地叫。人可以听见蟑螂在长凳底下那些厚纸板中间爬来爬去"。与上文中普希金在《叶甫盖尼·奥涅金》中允诺的画面相应，一个农妇端来了一盆白菜汤，"她那大手指头浸到汤里去了"。此时奥尔迦·伊凡诺芙娜对那白菜汤、那小屋以及整个乡村生活都产生了憎恶，甚至觉得可怕，虽然"她起先由于这生活的简朴和艺术家的杂乱状态而深深喜爱过"。这种强烈的反差意义的产生，是由于人物自身的幻想和幻灭，根本经不起生活施加的严肃拷问。

契诃夫与前辈作家所回避的低贱物品建立了牢固的联系，极大地拓展了俄罗斯文学所反映的世界范围。契诃夫并非不愿意描写精致典雅的物品，艾亨鲍姆在论契诃夫的散文时说："展现俄罗斯不仅应该向纵深，而且应该向广阔展现，展现民族生活、习俗和天性的所有细节。"（Эйхенбаум，1969：358）于是契诃夫取消了崇高与卑贱、共同与局部、伟大与渺小的物体—生活环境的界限，使得俄罗斯文学在探索更新生活的道路时，赋予人与物的关系以重要意义。然而，在契诃夫的世界里，物体始终处在与人的感悟的直接联系中。尽管丑陋肮脏的物玷污了人的生存体验，但它们却建立起与整个生命世界的统一体，而文本的意义正在于人对这个统一体的连续解释之中。

参考文献

Белинский В. Г. , Полн. собр. соч. Т. X. Москва：Гослитиздат，1956.

Бунин И. А. , О Чехове. Отд-ние лит. и яз. АН СССР. Лит. наследство. Т. 68：Чехов. Москва：изд. АН СССР. , 1960.

Жоржа Нива, Ильи Сермана, Витторио Страды и Ефима Эткинда , （Ред. ）История русской литературы：XX век：Серебряный век. Москва：Изд. группа «Прогресс» – «Литера», 1995.

Маяковский В. , Полн. собр. соч. Т. 1. Москва：Худож. лит. , 1955.

Чернышевский Н. Г. , Полн. собр. соч. Т. VII. Москва：Гослитиздат，Москва，1950.

Эйхенбаум Б. , О прозе. Ленингр. отд-ние. ：Худож. лит. , 1969.

〔苏〕安·屠尔科夫：《安·巴·契诃夫和他的时代》，朱逸森译，中国社会科学出版社，1984。

〔俄〕赫尔岑：《谁之罪?》，楼适夷译，上海译文出版社，1979。

〔俄〕普希金：《普希金全集》（第六卷），邓学禹、孙蕾译，浙江文艺出版社，1997。

〔俄〕普希金著，卢永选编《普希金诗选》，王世燮等译，人民文学出版社，1996。

〔俄〕普希金著，卢永选编《普希金小说戏剧选》，智量等译，人民文学出版社，1994。

〔俄〕契诃夫：《契诃夫文集》（第十二卷），汝龙译，上海译文出版社，1997。

〔俄〕契诃夫：《契诃夫文集》（第一卷），汝龙译，上海译文出版社，2008。

原文载于《俄罗斯语言文学与文化研究》2015 年第 2 期

重新解读奥勃洛莫夫

陈新宇*

摘　要： 本文对俄罗斯批评家视域中的奥勃洛莫夫形象进行梳理，将其放置在"多余人"系列中，结合当代俄罗斯奥勃洛莫夫研究专家的观点进行考察，并且试图从全新的形象视角——老子的无为哲学思想对奥勃洛莫夫形象进行中国式解读。

关键词： 奥勃洛莫夫　多余人形象　中国式解读

奥勃洛莫夫是俄罗斯 19 世纪经典作家冈察洛夫小说《奥勃洛莫夫》中的主人公，曾引起很多批评家的关注，其中著名的有杜勃罗留波夫、德鲁日宁和安年斯基。19 世纪 60 年代，奥勃洛莫夫这个文学人物总是与俄罗斯消极守旧社会的现象联系在一起。对于杜勃罗留波夫而言："奥勃洛莫夫是被揭露殆尽的毕巧林、别里托夫和威信扫地的罗亭。"（Анненский，1979）以至于到了 19 世纪 90 年代，依然有很多批评家站在杜勃罗留波夫一边。比如当时的批评家米·普洛托波夫就直言不讳地称奥勃洛莫夫为"丑陋的病态的个体现象"。（Протопопов，1891）直到德鲁日宁和安年斯基关于奥勃洛莫夫的批评问世后，这个文学人物才开始被平反。此后，对奥勃洛莫夫的解读有越来越宽容的趋势。

---

* 陈新宇，浙江大学教授、博士生导师。

一　俄罗斯文学批评家视域中的奥勃洛莫夫形象

杜勃罗留波夫在《什么是奥勃洛莫夫气质》一文中以文学作品为基础，分析了冈察洛夫的小说内容与历史发展中的俄罗斯民族生活的关联。从这一文学人物的生活状态联想到俄罗斯民族的发展现状及将来的命运。他对奥勃洛莫夫是持否定态度的，他不能容忍整天什么事不做，只有一个枯燥躺姿的伊利亚。在杜氏的文章里多次出现他给奥勃洛莫夫所起的外号，如"旱獭""懒虫"等。他认为在奥勃洛莫夫这个人物身上"老爷做派"和"道德奴性"交织在一起——表达了他对作家所创造的这个文学人物的憎恶。因此该文章具有典型的"现实主义批评"色彩。杜勃罗留波夫认为，奥勃洛莫夫是"揭秘俄罗斯很多生活现象的钥匙"（Добролюбов，1859）。杜氏分析了该人物从身体上的不动导致心智上的耽于幻想，并且分析了他的不动、不做事或者说无为形成的原因：他不是天生懒于行动，他小时候也有过淘气的企图和好奇心，都被父母和亲人的呵护溺爱扼杀在摇篮里了。他们想不到，他们常挂在嘴边的"扶住""站住""会摔倒的""会碰伤的""站住，站住""别跑""别开门""会感冒的"这些词害了小伊利亚。他待在家里什么都不允许做，像备受呵护的温室的花，无法向外寻找力量，只能自闭式地生长。于是他只好在头脑中杜撰诸如非洲人涌入欧洲，发起一场战争，或组织一次十字军东征等伟大的壮举。另外，作家为我们描述了他养尊处优的生活环境：他衣食无忧，身边像扎哈尔那样的仆人就有三百个，他从来没自己动手穿过袜子。他之所以不做事，是因为看不到生活的意义、做事的意义。杜氏分析了形成奥勃洛莫夫气质的社会家庭原因，但这不能作为袒护奥勃洛莫夫的借口。

此外，尽管杜勃罗留波夫对奥勃洛莫夫持否定态度，但是对作家的写作技巧却给予很高评价。《奥勃洛莫夫》问世后，尤其是小说的第一部分曾激怒了读者。于是批评家将冈察洛夫与屠格涅夫做比较，为前者做了辩护。他认为读者已经习惯了屠格涅夫善于造势、煽情的写作风格，而冈察洛夫不是那种善于宣泄自己情绪的作家，他很内敛，他在塑造奥勃洛莫夫这个人物时，表现出的淡定、平静尽管激怒了当时的读者（读者希望作家能刺激他们的感受），但是作家的意图是让笔下的人物慢慢沉潜在读者心里，让读者慢慢地回味，这样会收获完整的感受。因此杜氏认为，这正是冈察洛夫成功塑造奥勃洛莫夫这个人物的独到之处，同时也说明作家是一个善于表达生活现象深度的艺术家。

在分析奥勃洛莫夫这个人物时，如果说杜勃罗留波夫更加关注的是社会历史因素，那么德鲁日宁则把注意力转向了奥勃洛莫夫的诗意天性上，开始竭力为奥勃洛莫夫这个人物辩护。那么批评家是如何接受奥勃洛莫夫这个人物的呢？

德鲁日宁给予小说第九章"奥勃洛莫夫的梦"很高的评价，认为它是帮助读者解读"奥勃洛莫夫"和"奥勃洛莫夫气质"的关键所在。传统的理解认为奥勃洛莫夫村是睡梦、停滞和守旧的王国。而德鲁日宁却把它理解为"诗意的栖居"，是形成奥勃洛莫夫纯洁品格的净土。在"奥勃洛莫夫的梦"中，作家为我们生动地塑造了一个活泼可爱、充满好奇心的顽皮的儿童、少年形象，让读者看到了一个喝着"童话牛奶"长大的伊利亚·奥勃洛莫夫。在整个小说中奥勃洛莫夫像一个永远长不大的孩子，而德鲁日宁推崇的正是奥勃洛莫夫身上的那种孩子般的真诚和纯洁。此外，德鲁日宁指出，奥尔嘉这个人物的设置对真正理解奥勃洛莫夫相当重要。批评家认为，小说女主人公奥尔嘉之所以喜欢上奥勃洛莫夫，不是她没有眼光，而是因为奥尔嘉是一个不为上流社会的浮华所动的女子，她在他身上发现了不同于庸俗社会的新鲜的东西，那就是天真、坦诚、不世俗、不霸道。就其天性和后天发展的素质而言，奥勃洛莫夫在很大程度上保留了孩童的纯洁和简单。在一个成人身上保留了那些令我们深思的珍贵的品质，这些品质有时候会将幼稚、耽于幻想的奥勃洛莫夫置于我们这个时代的偏见之上，置于他周围那些所谓的务实做事的人之上。批评家自己也承认，"奥勃洛莫夫气质"作为一种社会现象，作为一种行为典型，在日常生活中是令人难以忍受的，但是他是这样为其辩解的："他不是一个无德的自私者，他不会做恶事，心灵纯洁，没有被俗世的诡辩教坏，尽管他一生无所事事，但却理所当然地赢得了周围人的好感。"（Дружинин，1859）批评家企图以自己的分析说服读者：奥不只是激怒了读者（这只是表面印象），而且获得了读者和他周遭人们的喜爱。德鲁日宁的分析令奥这个人物获得了多重内涵。

无独有偶，伊·安年斯基力挺德鲁日宁的观点，为奥勃洛莫夫平反。他分析了作家冈察洛夫作为小说家的描写功力。他指出，不论是在景物、环境的描写上，还是奥勃洛莫夫这个人物形象本身的塑造上，都充分展示了作家的绘画技能：具体瞬间的描写胜过了抽象时刻的描写，色彩描写胜过了声音描写；人物的面容、姿态等的典型性的描写胜过了语言的典型性。作家赋予了小说很强的画面感，在不动声色的静观的描写中刻画了一个淡定安详、静而处之、不惊不躁的无比可爱的奥勃洛莫夫形象。批评家指出，正是作家卓绝的写作技巧让他喜欢上了奥勃洛莫夫。"他越是深入到文本，越是能够理解奥勃洛莫夫对长衫和床榻的依恋。"在安年斯基眼里，奥勃洛莫夫几乎近于完美。他身上是有时代形成的惰性，但是从另外一个角度而言，是顽固的自尊占了上风，他不为别人的意志左右；他不愿意工作、做事情，是因为他蔑视功名利禄和世俗的忙碌；他自私，那是因为他天真；他没有贵族老爷派头，生活为人都很低调；他聪明不世故，他不会撒谎，不会耍滑；他喜欢享受安静的生活，所以才渴望固守田园，与世隔绝。

二　"多余人"家族中的"奥勃洛莫夫"

杜勃罗留波夫曾将奥勃洛莫夫与奥涅金、毕巧林、别里托夫、罗亭等多余人形象一起进行分析，并将其概括为"奥勃洛莫夫"之家。其从对做事的态度、对幸福的理解和对女人的态度等方面剖析了"奥勃洛莫夫"之家的共性。我们不妨来考察一下"奥勃洛莫夫"之家。从对做事的态度来说，他们都"看不到生活的意义，找不到行动的原因，因而厌恶做事"。首先跟踪一下他们的生活轨迹。与奥勃洛莫夫相比，奥涅金、毕巧林、别里托夫、罗亭还是很"动"的。奥涅金的活动路线：彼得堡—乡下—彼得堡—下诺夫哥罗德—阿斯特拉罕—高加索—敖德萨—莫斯科。毕巧林的活动路线：高加索—海滨小城塔曼—五岳温泉疗养地—某要塞—格鲁吉亚—波斯。别里托夫的生活轨迹：相传大学毕业后在某部长处供职，后辞职，十年间从过医、画过画，游荡过欧洲，最后倦鸟归巢，回到俄罗斯，从自家的庄园来到 NN 城参加选举，偶然闯入另外一个家庭，酿成一个幸福家庭的不幸。罗亭在整个小说中也没停止折腾，先是出现在纳塔利娅家的乡村"大厦"，后因不能承担纳塔利娅的爱情而选择逃离；与人合作企图实行改良革新，失败，后又与人合作企图办公益事业，由于得不到合作者的信任，愤然离去；在中学里谋职，因与同事关系不和，被迫辞职；年轻时出过国，年老时死在巴黎的街垒保卫战中。从奥涅金到罗亭，这几位"奥勃洛莫夫家族"成员就其活动的地理空间而言，从此处到彼处的移动构成了他们丰富的生活经历，最后的结局不是以死亡为自己奔波的一生画上句号，就是继续无奈地漂泊。他们在生活中可能没有始终如一地做一件大事，但是他们的确为找到自己在生活中的位置而"运动"着。相比之下，奥勃洛莫夫的确大为逊色。奥这个人物在这个由四部分构成的小说里，也经历了三个地方的流动：奥勃洛莫夫村（童年生活的地方，也是留下他理想生活之梦的地方）——彼得堡（几乎不出门，哪里都不愿意去，更多时间是躺着）——维堡（结婚生子，很享受有贤惠的妻子烧饭缝补衣服的日子）。他的活动地点就是他的家，他的卧室，而且多半是躺在床上的，甚至任灰尘铺满居室。就连朋友们叫他去踏春，他都一一拒绝。通常人们休息是为了更好地工作，而奥勃洛莫夫做事是为了更好地休息。因为小说中的他给读者的印象是躺着的时候居多，做事情相比之下就是生活的调剂。奥勃洛莫夫继承了多余人前辈的特征——不仅爱读书而且喜欢写作。伊利亚得知有什么好作品，就有意去了解该作品，他会去找，去借，如果很快弄到，他立马就开始读。开始琢磨作品里讲的是什么，差一步就掌握全书要意了，你看，他已经躺下，漠然地望着天花板，而没读完的书就放在身边……（冈察洛夫，2010：395）奥勃洛莫夫不仅写东西，而且翻译东西，他甚至翻译过赛萨伊的作品。所有多余人都不喜欢工作，看不到工作的意义，除了奥涅金和毕巧林，其他多余人都有过谋职的经历，但不是和上司吵架，就是找借口辞职。从对幸福的态度而言，幸福的生活对于他们而言就是"安详、甜蜜的休憩"，奥涅金所渴望的"湖畔漫步，酣睡闲逛，林荫小路，潺潺流水，美人初吻，佳肴美酒，安静独处"也正是奥勃洛莫夫理想的生活模式。在对待女人的态度上，他们都表现得有些卑鄙。他们只是"愿意同女人调情"，当认真的女人们要求他们做出抉择时，他们都退却了。奥涅金在达吉娅娜大胆向他表露爱情时退缩了；别里托夫逃离了克鲁兹费尔斯卡娅；罗亭在认真的娜塔莉娅面前甚至惊慌失措了；奥勃洛莫夫也不例外，他也渴望立刻拥有女人，但是当奥尔嘉期待他做出果断的决定时，他也怯懦了，甚至害怕直视奥尔嘉。

受杜氏总结的"多余人"共性的启发，我们发现，尽管奥勃洛莫夫从奥涅金等多余人那里继承了很多，但还是有不同于"同僚"的地方，不能简单地将其概括为"19 世纪多余人画廊中最后一个多余人形象"。从奥涅金到罗亭，他们身上都有恶魔撒旦的影子，巧舌如簧，善于表演，精通"爱的艺术"①，在女

---

① 古罗马诗人奥维德·纳索将男人善于诱惑女人的手段称为"爱的艺术"。

155

人面前过于自信。而奥勃洛莫夫不很擅言辞，而更耽于思考和幻想。他既不是思想的、言语的巨人，更不是行动的巨人。奥勃洛莫夫也幻想女人的温存，但并没有像毕巧林和罗亭那样被婚姻本身吓到，他生活的习惯更为保守古朴，因此他选择了与一个疼他的女人相守；多余人在生活中角色单一，是孤独的，而奥勃洛莫夫尽管拒绝了强女人的爱情，但他还算是一个完整的男人，因为他毕竟不只是在婚姻的围城之外徘徊，他有妻儿，获得了丈夫、父亲等身份和地位。普希金以奥涅金患上了"忧郁症"为借口来解释他的无所作为；莱蒙托夫的毕巧林以社会腐败为自己看破红尘、无所事事的理由；罗亭在"多余人"中是最有行动力的，但他认为自己追求无果是命里注定的。而奥勃洛莫夫从不为自己的无为找借口，他不想以夸夸其谈和在涅瓦街上散散步来遮掩自己的无为，而是坦然地选择卧床不动。杜勃罗留波夫认为他们的气质类型不同，所处的时代不同，因而形成了不同的人格特征。

三　奥勃洛莫夫形象的中国式解读

既然奥勃洛莫夫是个典型的宅男，如何理解他的躺姿对理解该人物至关重要。彼得堡大学语文系冈察洛夫的研究专家奥特拉京认为，"奥勃洛莫夫的无所事事，整天躺着的状态不仅是一种姿势，其实是代表一种态度和立场"（Отрадин，2003：12）。笔者很赞同他的观点。正像作家写到的那样："他的躺姿不是因病不得已的躺着，不是因要睡觉必须要躺下，也不是累了偶尔想躺一下，更不是因为犯懒躺下享受一下。这些原因导致的躺姿都是身体的需要，而奥勃洛莫夫的躺姿是一种主观意识支配他这样做的，躺着——是他恒常的生活状态。"奥特拉京阐释奥勃洛莫夫的视角令我自然地想到中国老子的生存哲学。老子以哲学的方式探究了人的生存问题，提出"道法自然"（楼宇烈校释，1980：63），"无为而无不为"，主张万物的生存应当遵道依德，得其生命的自然。主张人生返本归真，明道同玄，重新找回自然质朴的生命。老子认为自然存在的最佳方式就是"居柔守弱"，在处理人与外物、他人和自身的关系时，要秉持"不争""不有""谦下""守雌"等德行。所谓的"真"，就是意指"见素抱朴"（楼宇烈校释，1980：45）、"复归于婴儿"的无为状态，这也是老子理想的人生状态。按照老子的说法，人最终效法、学习、遵循的对象，便是自然。如果人们学会本着这个原则，就能在精神上找回自己，回到那个安适、平和、真实的自己，不会扭曲自己，而是活出自己。老子认为"圣人处无为之事，行不言之教；万物作而弗始，生而弗有，为而弗恃，功成而不居"（楼宇烈校释，1980：6）。由此可见，"无为"在老子的学说里只是现象，它蕴含深刻的处世哲学：自然无争，永处不败之地。

回到奥勃洛莫夫这个形象本身，冈察洛夫的这一伟大创造，不论从其"宁静的面容""柔弱的身体""宽松的穿着""温和的举止"，乃至其"经典的躺姿"和"蔑视忙碌做事"，其实是一种态度，是一种对人世间所谓的入世有为的蔑视，是对老子"无为"主张最好的诠释。令奥勃洛莫夫挥之不去的梦乡——奥勃洛莫夫田庄的生活就如同陶渊明笔下的世外桃源，一种完全融入自然的与世无争、其乐融融的状态。他在城里生活时，脑海里会幻化出这样的图景："夏日的傍晚，他坐在凉台上，在茶桌后面，头上是遮阳的绿荫棚，手里拿着长烟袋，懒洋洋地吸着烟，若有所思地欣赏着浓枝密叶后面展现出来的美景，享受着它的阴凉和静谧"，"远方成熟的庄稼地"，"平静如镜的池水"，"蒸发着水气的田野"，"成群结队回家的农民"，"绕膝嬉戏的孩子，站在茶炊后面的一家之主的女皇——他的妻子"和"餐具磕碰的声音"等。这就是他理想的田园生活。他以古老的奥勃洛莫夫村的理想生活来审判时下的生活，他认为幸福就在于安静不动之中，这与他的朋友施托尔茨刚好相反。他躺在家里，不去散步，不去聚会，而他的朋友施托尔茨不停地出差，不仅在俄罗斯境内各大城市跑来跑去，而且还到欧洲各国转来转去。奥勃洛莫夫认为施托尔茨是有悖生活的本然状态的。对于奥勃洛莫夫来说，生活就该是自然、和谐的样子。人就该顺其自然，不破坏生活的自然状态。而施托尔茨认为生活的实质在于运动和发展。他承认人类的进步，承认人类为了追求进步而付出的努力。他是个实际的、现实的人，他是近代文明的产物。施托尔茨在性格和个人追求上与奥勃洛莫夫截然相反，情感吝啬的施托尔茨尽管有些"怒其不争"，但是他不得不承认，奥勃洛莫夫具有自己的价值体系，他拒绝遵循普遍公认的价值体系。看来，施托尔茨已经站在老子的高度来评价他的老朋友了。

的确，奥勃洛莫夫的生活方式与公认的社会价值是相悖的。因此他不能理解施托尔茨和奥尔嘉的奔波忙碌，他看不到他们所从事事业的伟大，而且认为他们活着便把自己埋葬了，不值得以那种有为的方式获得爱和幸福。德鲁日宁和安年斯基在乍看起来很无趣、无为、无志的奥勃洛莫夫身上挖掘出了他的一种与众不同的生活态度。在与朋友的聊天中，奥勃洛莫夫很低调、很清醒地认识自己，不拔高自己；他认为参与某种活动即等于把自己分解成碎片。他衡量施托尔茨等人的行动是否有意义的标尺是：他们的活动能否解决生活问题。因此不论是功名利禄，还是上流社会的享乐，都不能将其从隐居的生活中吸引出来。令读者感觉有些夸张的是，奥勃洛莫夫气质恰恰体现了道家的主张：旨在否定和消解异化，以求得人性的复归，复归婴儿，复归于朴，不为社会的权威、传统、流行的价值观所迷惑、所局限，而是超脱而行，道法自然，守定一种轻柔、弱势、低调，看似浑浑噩噩的姿态和心态，实则为自己赢得了更大的生存空间。大家都在积极入世地做事情，只有他甘于无为，不愠不怒，泰然处之，正应了老子的"俗人昭昭，我独昏昏。俗人察察，我独闷闷"（楼宇烈校释，1980：46）。所以从这个角度而言，说奥勃洛莫夫是"最差劲的最没落的多余人形象"是不公平的，相反，奥勃洛莫夫活得最自然，最有境界。刘清平认为，老子"试图在文明人的'有为'历史阶段上，坚执原始人的'无为'存在状态"，实际上"直接洞穿了人的根本存在的深度层面：一方面，'为'构成了'人'的自己如此的现实本性；另一方面，'为'又会导致'人'走向'伪'的异化结局。结果，倘若不能'为'，人就不是'人'；倘若有了'为'，人又变成'伪'"（刘清平，2001：30）。奥勃洛莫夫的形象是对老子"无为"哲学悖论的最好注脚。

其实在德鲁日宁和安年斯基对奥的评价中已经蕴含了老子的无为哲学的胚胎。有趣的是，老子的无为哲学在中国乃至世界都很有名，但是在中国还没有一个纯粹体现老子哲学的文学人物，而俄国作家冈察洛夫却以奥勃洛莫夫这个具体的形象诠释了老子的无为哲学。奥勃洛莫夫的生活方式是对都市生活的反拨，对乡村生活的渴望，对"诗意的栖居"的向往。将奥勃洛莫夫这个人物放在现代的语境中来看，从某种意义而言，他是一种象征，是对老子的无为主张的拟人化表达。

参考文献

Анненский И. Ф., Гончаров и его Обломов. Серия "Литературные памятники". Москва：Наука，1979. http：//az. lib. ru/a/annenskij_ i_ f.

Добролюбов Н. А., Что такое обломовщина? — "Обломов", роман И. А. Гончарова. "Отеч. записки", 1859 г., No̲I – Ⅳ. http：//az. lib. ru/d/dobroljubow.

Дружинин А. В., «Обломов». Роман И. А. Гончарова. СПб., 1859. http：//az. lib. ru/d/druzhinin.

Отрадин М. В., «Обломов» в ряду романов И. А. Гончарова. СПб.：филфак СПбГУ，2003.

Протопопов М. А., "Гончаров". Русская мысль, 1891. http：//www. litra. ru/biography.

〔俄〕冈察洛夫著，李辉凡编选《冈察洛夫精选集》，燕山出版社，2010。

刘清平：《无为而无不为——论老子哲学的深度悖论》，载北京大学哲学系编《哲学门》第二卷（第一册），湖北教育出版社，2001。

（魏）王弼著，楼宇烈校释《王弼集校释》，中华书局，1980。

原文载于《俄罗斯语言文学与文化研究》2012 年第 3 期

"奥列格之死"所折射的人文精神

王英丽[*]

摘　要：《古史纪年》记录了发生在俄罗斯大地的重要历史事件，同时也穿插了一些民间传说。这部编年史是古罗斯人民精神价值的总和，是那个时期人民的思想和文化的集中体现，其中的故事都有着自己的历史语义，关于奥列格之死的故事更是耐人寻味。透过这则故事，我们能够了解古罗斯的人文精神特征和当时的社会文化状况，从而更深层地发掘隐含在故事背后的意旨。

关键词：《古史纪年》　奥列格之死　命运　笑

　　《古史纪年》是由基辅彼切尔（洞窟）修道院的修道士涅斯托尔 1113 年编纂修订的。基辅洞窟修道院是俄罗斯启蒙中心，正是在这里形成了俄罗斯传记思想。涅斯托尔博学多闻，通晓罗斯、拜占庭、保加利亚等的语言文字。《古史纪年》的语言准确、鲜明、生动，对历史事件的描绘如临其境，对历史人物的描写栩栩如生，运用语言技巧高超，这部编年体通史同时是一部文学名作（于沛等，2008：13）。

　　以基辅为中心的早期封建国家罗斯的建立，为教育的萌生和发展创造了有利的条件。特别是基督教的传入，加强了罗斯与文化高度发达的拜占庭的联系。但是，俄罗斯这部编年史并不是简单地模仿拜占庭的年代记，而是重在描写历史事件。这些按时间先后记述的重要历史事件基于罗斯的民族历史而创作，具

---

　　* 王英丽，哈尔滨商业大学副教授。

有独特性。如果说拜占庭的编年史只是阐述了某个执政皇帝的事迹，那么古罗斯编年史则记录了发生在每一具体年代的历史事件（Ерофеева，2011：7）。编年史中有一则关于奥列格的故事值得我们思考。

> 奥列格为政于基辅，与周边各族相安无事。一年秋天，奥列格忽然想起自己的坐骑。他早已经决定不再骑它，只交人细心喂养。因为奥列格曾询问魔法师和巫师："我将死于何物？"巫师回答："王公，您将死于您心爱之坐骑！"奥列格牢记在心，吩咐马卒："我再也不骑这马，再也不想见它。"他命人将战马细心喂养，再不要牵到他面前。这样过去许多年，奥列格带兵攻打希腊人，从希腊回基辅后又过了四年，在第五个年头奥列格猛然想起魔法师关于他将死于此马的预言。他把马夫长叫来，问道："我让你们喂养的战马呢？"马夫长回答说："死了"。奥列格大笑，指责那个巫师："这些魔法师纯粹胡说，我的马死了，而我还健在。"他命人备马，说："我要去看一看那战马的尸骨。"奥列格来到那里，见到马的骨架和颅骨，于是下马，笑着说："难道我会死于这颅骨不成？"他用脚踢一下颅骨，忽然从里面蹿出一条蛇来，咬了他的脚，奥列格因此而死。全国为他哭泣哀悼，将他葬在契克峰上，坟墓至今还保存着。（王松亭译，1994：23）

奥列格所建立的基辅罗斯公国势力强大，周围一些小公国屈服于它的威势，都向基辅罗斯公国称臣纳贡，基辅成为新国家的首都。奥列格大公在职期间，一面以武力向外大肆扩张，另一面对本国人民横征暴敛（钱浩主编，2004：129）。奥列格征服了基辅及其附近的地区，一方面，他建立了功勋，但另一方面，他也给很多人带来了灾难，包括本国人民。那么，在这则故事中，是否存在修士涅斯托尔及人民对奥列格的辩证的"歌功颂德"呢？

一　西方文化对"命运"的理解

毕达哥拉斯指出，一切都服从命运，命运是宇宙秩序之源。从索福克勒斯的《俄狄浦斯王》这个英雄命运的悲剧中，似乎可以看出深刻的基督教"原罪"思想。希腊人虽然讲述了由于罪的必然性（命运）而导致的悲剧，但是他们却没有像基督徒那样产生深沉而痛苦的罪孽意识。俄狄浦斯在行为动机方面是纯洁无瑕的，他的行为效果却罪不可赦。他以他的自由实现了他的宿命。这种通过自由意志来为自己开辟道路的必然性，这种由当事者或剧中主人公本人用自己的手来为自己掘墓——而且是以自由的方式——的结局，就是希腊悲剧最富有魅力的特点；而这种被自由所遮蔽着的不可逃遁性本身，就是"命运"（赵林，2005：32）。

希腊人对于神谕是非常迷信的，在热衷于求神问卜方面，古代希腊人与殷商时期事无巨细均需先卜而后行的中国人完全相同。对于一般希腊人而言，神谕构成了他们所理解的命运的根源，在这里，似乎神灵的意愿决定着凡人的命运。这种神谕只是感性层面上的命运，它通常是通过德尔斐神庙里的女祭司来传达的。与感性意义上的神谕相比，命运的另一层含义则要更加诡异神奇得多，这就是连诸神也难以抗拒的潜藏在神谕背后的命运。希腊悲剧通常只是将注意力放在英雄们的命运上，这种命运说到底是由神的诅咒或神谕决定的。神话中的这种扑朔迷离的决定性力量只有在希腊哲学中才以不同于神话表象语言的另一种语言——概念的语言——得以明确的表述，这就是毕达哥拉斯的"数"、赫拉克利特的"逻各斯"、巴门尼德的"存在"、苏格拉底的"灵异"和柏拉图的"理念"（赵林，2005：35）。

早在 9 世纪，拜占庭文化以基督教为先导，缓慢地向罗斯渗透。不过，拜占庭文化大规模向俄罗斯传播是在罗斯接受基督教后（毛晨岚，2010：70）。涅斯托尔生活在这种"文明杂交"的文化背景下，他通晓俄罗斯的多神教，更有对基督教的执着与热情。他努力实现着对蛮族的文明教化，尝试着神秘主义信仰的理性化。在《奥列格之死》这则故事中，涅斯托尔只起到叙述人的作用，没有对此发表意见。但通过传说的内容我们却能看到当时人们的思维与世界观。故事有自己的隐喻与象征，其思想集中于解答生死的奥秘、命运纯属"玄想"的问题，而这些问题，在某种意义上说来，居于科学的外际。故事的功能与目的即促使人的个人行为和社会行为同宇宙相互依存于统一的体系中（梅列金斯基，1990：187）。

二 命运与马的联系

预言主人公将会死于他所养的动物或他的物品，是很多民间文学和传说都有的情节。在很多民族传统文化中，马头具有神奇的意义，可以给人带来幸福。马在印欧神话中具有诸神的典型特征，包括斯堪的纳维亚在内，许多祭神仪式都使用马并且吃掉它的肉。马也同死亡相联系，它是通往另一个世界的向导。在俄罗斯童话中，在巫婆的房子旁竖着的杆子上就有马的头骨（Соловьёва，2010：21）。

但是，马头注定成为主人公命运中的克星，类似于奥列格之死这样的传说，在斯堪的纳维亚和古代克尔特的民间英雄故事中也可以找到。如海盗 Орвар Одд 就是在自己的马的坟上被刺伤的。还在青少年时期，Одд 满 12 岁时，他就听到了预言家关于他的预言：他的寿命比别人长，无论在海上，还是在陆地上，他都能建功立业，他的荣誉遍布全国，但他却注定要在他的故乡因为现在马厩中的那匹马 Факси 而死。听到这个预言时，他正在朋友家做客，第二天，Одд 牵出这匹名叫 Факси 的马，把它杀死并深深地埋在地下。之后他就离开了家乡（Соловьёва，2010：21）。很快各个国家都谈论着他的丰功伟绩，包括北方。在多次讨伐外族之后，Одд 和国王的女儿 Силькисиф 成婚了，并成为那些野蛮人（匈奴人）的统治者。多年以后，他去挪威探听谁是家乡那片岛屿 Рафнист 的统治者。在返回的途中，Одд 在荒漠上走着，给同行人讲述着他是如何逃过预言中的悲剧命运的。Одд 沿着沙土斜坡往下走，发生了一件不可预见的事：他的脚触到了从沙子里露出来的马的头骨，从那里爬出一条蛇咬住了他的脚。他料到自己不久于人世，就让人在河岸的悬崖上给他造了陵墓。直到死亡来临前，他都在唱着他的生命与所建立的业绩之歌（Соловьёва，2010：21）。

在这则斯堪的纳维亚的故事中，马头的功能发生了变化，体现了 Одд 因为轻视预言而被惩罚的思想。因此，相关故事很可能表现了当地人民对 Олег——这个征服者、侵略者的敌视态度。于是古斯拉夫人的术士，作为当地社会的代表来对抗大公，就预言了奥列格的死。两个类似的传说基于不同的地域观念，彼此独立。

"奥列格之死"的故事在之后的文学中也有所描述，如 А. С. Пушкина 的《先知奥列格之歌》和 В. С. Высоцкого 的《先知奥列格之歌》、К. Ф. Рылеева 的《先知奥列格与思想》。在绘画领域，В. Васнецов 的绘画集中也有这样的主题（Соловьёва，2010：22）。他 1899 年的画《先知奥列格和马的告别》《奥列格在马的尸骨旁》成为古俄罗斯的经典。

在中国也有类似关于马与主人的故事。如《三国演义》中刘备的宝马的卢的故事。早有先知告诉刘备的卢会妨主人，带来死亡。可刘备不听，与的卢形影不离。一次，庞统借用此马作战，因敌方以为骑这样的好马的人应是刘备，遂杀了庞统。的卢妨主人的预言应验了，只不过庞统替刘备而死了。

奥列格英勇善战，当看到自己的马已经不在人世，而他还在时，以为可以挣脱命运的束缚，可是不幸就在他兴奋至极的那一瞬发生了，他最终还是没有逃脱掉自己心爱的坐骑带来的毁灭。普罗普指出，民间传说中，死神降临是因为被化身为动物的死者偷走了灵魂。蛇妖就是这种动物之一（普罗普，2006：323）。而在这个故事里，虽然马没有直接参与杀害奥列格的行动，但蛇就隐藏在马的头骨里，如果没有这个隐藏的地方，当然也就没有奥列格的死了，所以这里死神降临是离不开马的。战无不胜的王公奥列格死于自己心爱的坐骑，故事也富有了意味。

传奇故事中的相应模式则是主人公历经无数的冒险与战斗，而且常胜无衰。例如，马洛的帖木儿大帝直到死亡的那一刻，似乎都是毫无例外的成功。但是，死亡亦是一种失败，有种力量使所有的故事主人公最终成为悲剧英雄，而在对这种力量的颂扬中存在着一种内在的辩证法。通常，主人公似乎一直试图通过身体的力量去为自己完成某种解放。主人公的坚不可摧往往象征着这种解放，如阿基里斯、力士参孙、大力神赫拉克勒斯以及壮士葛瑞特等的故事。但总有一天，盔甲上的缝隙会骤然开裂，主人公也因此灰飞烟灭（弗莱，2010：72）。希腊悲剧是一种更深刻意义上的悲剧，它不是把悲剧看作人的自由意志（恶）的结果、看作某种人为的插曲或某种终极性的宿命、理解为人的自为存在（自由意志）与自在存在（命运）之间的一场不可避免的永恒冲突（赵林，2005：33）。涅斯托尔受到希腊戏剧的影响，同样表现了主人公不可抗争的命运，但作者是从俄罗斯根深蒂固的群体性意识出发来描写奥列格的。奥列格骁勇善战，为祖国立下赫赫战功，但是，他对自己的人民十分残暴，所以他的死也是民心所向。

三 对奥列格之笑的解读

奥列格对命运的理解是怎样的呢？我们从他的两次笑中就能明白。涅斯托尔描写奥列格听到自己的马已经死了时大笑，而后见到马的尸骨与颅骨后又一次笑了。对他笑这一细节描写有作者的用意。奥列格用笑否定了命运。他的笑是傲慢的笑，是魔鬼式的笑。基督从来没笑过。基督教的谦卑精神与其追求超越紧密相关。一般而论，宗教人生大都强调神圣与超越，基督教亦不例外。傲慢的人把自己看作宇宙中心，想象自己乃完全把握本身存在和命运的主宰。人在权力上的僭越和自傲使人忘掉自己的有限性、受造性、依赖性、不完善性和相对性，结果自满自足、自命不凡、自以为是、自作主张、为所欲为，表现出强烈的求权意识（卓新平，2004：95）。

（一）笑的美学释义

笑，一定建立在人类的社会—心理基础上，它包含人类的智慧、理智、道德和情感（蓝凡，1992：619）。所以不同时期不同地域不同的作家对笑有不同的释义也就不足为怪了。

黑格尔发现，根据经典的戏剧理论，喜剧中的笑与作为人们正常感情中的笑在本质上有很大的区别。人们笑最枯燥无聊的事物，往往也笑最重要最有深刻意义的事物，如果其中露出与人们的习惯和常识相矛盾的那种毫无意义的方面，笑就是一种自矜聪明的表现，此外也有一种笑是表现讥嘲、鄙夷、绝望等的（黑格尔，1981：291）。

柏格森在进一步对笑这个题目进行哲学性的探讨时指出，笑的对象应是独特的，不引人怜悯的；笑是不动感情的，在喜剧的情境中，人物的语言，或人物本身，总有某种看来是可笑的机械作用（柏格森，2005：3）。柏格森把生命的东西违反一定的规范，看作可笑的东西的起因。柏格森还认为，对有理智的思考者来说，这个世界是喜剧；而对于动感情的感觉者说来，这个世界是悲剧。

尼采综合考察了笑在文学、艺术、政治、社会、心理等不同领域的情况，从艺术形而上学的高度指出，笑和人类存在须臾不可分离。不过，尼采在某些场合又说，笑不是简单的肯定，不只是权力意志的简单呈现。笑时常包含着否定的意味，"笑意味着幸灾乐祸"（尼采，2000：184）。但这种否定不同于悲观主义的生命虚无论，也不同于基督教学说出于永生的期盼而扼杀现世的生命存在，它是一种生命的大智慧。它是渗透了生命与存在的底色之后，以无畏来对抗绝望的一种潇洒。

马的死没有引起奥列格的怜悯，否则他不会笑。笑自觉地反映出他的精神压抑，因为笑是肉体快乐最直接、最本真的反应。奥列格的笑体现了他的情感话语系统，那就是对宇宙正常秩序的颠覆。

（二）笑的宗教释义

多数时候笑应是一种愉悦的表示，但笑的含义并不是这么简单，笑几乎可以表达人类所有的感情。那么宗教意义上的笑与通常的笑有什么不同呢？《搞笑——幽默文化史》一书从东西方神话故事、宗教文化中获取形形色色的笑，由古至今对宗教的笑做了完整的论述。神性的笑几乎不可能是一种友善的笑，古埃及流传下来的文本很少有笑，有也是一种嘲弄之笑。到了古希腊，笑是滑稽的，具有悲剧性质。古罗马出现了评判的笑，发笑者站在旁观的立场上，取笑那些仍然留在神性世界里的诸神。当基督教开始在人类历史上蒸蒸日上时，其中的一条清规戒律是禁止僧侣逗笑，因为"笑是灵魂毁灭的开端"，理想的完人从来不笑。人们提出疑问，耶稣在尘世生活时是否也曾笑过。耶稣是人类的伟大楷模，他会受到越来越多的人的模仿。如果在他的人生中，他从未笑过一回，那么笑就变得跟人类无关，至少跟基督徒无关，而笑就成了精神的笑。进入中世纪后，随着身体的解放，笑又开始被重新认识，得到了空前的释放（布雷默、茹登伯格，2001：59）。

宗教和笑是两种不同的人类现象：宗教涉及一个颠倒了的世界图景，而笑则是一种身体的反应，宗教严肃地致力于终极关怀的问题，而笑在绝大多数情况下是不严肃的。换句话说，宗教和笑不可能很好地共存。因此，虔信的基督徒应当严肃，严肃得像正在被用铁刷子梳毛时的驴子一样。耶稣基督从来没有笑过。基督徒一不留神就有可能掉在神为他们烧开的油锅里而被神永远取笑，他哪能笑得出来呢？教士只被允许窃笑那些被他们劫掠的人（霍尔巴赫，1990：8）。但是尽管这样，笑与宗教还是联结在了一起，很少有一种宗教是不包含这种或那种形式的笑的，不管它是在神话故事、宗教仪式中，还是在神学论文中。在许多宗教中，都有发笑的神灵、通灵的巫师、圣洁的愚人、狂欢的节日、喜剧和滑稽小丑的表演。

众所周知，东正教认为笑和愉快是魔鬼。而俄罗斯的东正教会是世界上最大的东正教会之一。因此，古罗斯不允许人们笑和高兴，凡是破坏这种规矩的人都会得到惩罚。但人们不可能不笑、不高兴，他们在祈祷、赞美诗和寺院的仪式中，有很多滑稽的模仿作品，除了种类繁多、数量可观的滑稽诗外，还有开玩笑、人们戏弄的行为、风格独特的傻头傻脑的演出。

西欧很早就开始克制笑，使笑适应社会制度。但天主教会又允许按日历所规定的日子进行狂欢。从民族角度来理解笑，俄罗斯东正教精神比西方更加不接受笑，它把笑看成是罪恶，对笑的控制更加严格。俄罗斯东正教反映了俄罗斯性格的禁欲特点，俄罗斯人认为笑就是一种罪过，他们对笑的态度即为传统的"禁欲"思想。

实际上，俄罗斯人感到可笑的事物很多，但常常抑制着笑。这不仅仅是来自社会意识，即使是笑着的人，也会把手放在心上，去控制自己。不仅如此，任何被允许的笑，在俄罗斯人的意识中都是不被信服的。但古罗斯的快乐观是一套完整而健全的理论。如一个人表演的戏，从表面上来看确实很可笑，如果人们嘲笑这个演员，那么就是一种罪过。因为这些笑的人并不理解该怪诞所隐含的拯救之意义。

显然，奥列格的笑是对神谕的嘲讽，当他的笑声横扫神圣的宇宙时，一刹那间，神圣秩序就被揭露为一种随心所欲的建构。俄罗斯人无法接受奥列格的笑，他的笑如同魔鬼一般，这笑声向人类、向神灵宣战，它向我们示意，发笑的人才是万物的统治者，是太一，是本体。"上帝的鞭子"最终摧毁了不可一世的人。神谕应验了，傲慢的人闭上了笑着的嘴，横尸于自己昔日爱马的尸骨旁，曾经驰骋于沙场的英雄静静地躺着，不再对任何人有威胁。

"奥列格之死"故事篇幅虽小，但其中却有滋味，蕴含着丰富的人文思想。整部编年史渗透着作者的爱国情感和期待俄罗斯各部落统一的思想。他认为整个俄罗斯的利益高于局部区域利益。他歌颂着那些努力把罗斯从灾难中解救出来的人，深刻地赞扬了为罗斯大地发生的内讧和外敌入侵而感到痛苦的人们（Флоринский，1966：16）。作者不会像尼采一样赞颂查拉图斯特拉的权力意志哲学，而更重视俄罗斯的共同思想。俄罗斯希望统一，但从修道士涅斯托尔及其俄罗斯人民的思想出发，这种统一绝不是靠武力解决的，因为连年的征战带给人民的只是痛苦。他们希望用"爱"的力量联结起人们，并抚慰人们痛苦的心。可见霍米亚科夫关于聚合性的思想对于社会学说是有影响的。这就是俄罗斯的共同性原则、对集体生活的热爱、合作的原则、爱与自由的统一，无须任何外部的保障。这种思想纯粹是俄罗斯式的。

参考文献

Ерофеева И. В. , Значение «Повести временных лет» в преподавании дисциплин гуманитарного цикла. Русская словесность, 2011 (3).

Соловьёва Ф. Е. , Изучение летописного отрывка «Повести временных лет». "… И вспомнил Олег коня своего…" в VII классе. Русская словесность, 2010 (3).

Флоринскй С. М. , Русская литература. Москва：Просвещение, 1966.

〔法〕柏格森：《笑》，徐继曾译，北京十月文艺出版社，2005。

〔俄〕弗·雅·普罗普：《神奇故事的历史根源》，贾放译，中华书局，2006。

《古史纪年》，王松亭译，黑龙江大学出版社，1994。

〔德〕黑格尔：《美学》第三卷（下册），朱光潜译，商务印书馆，1981。

〔法〕霍尔巴赫：《旷世名典：袖珍神学·基督何许人也·宗教改革宣言·论灵魂》，刘峰译，中国社会出版社，1990。

〔荷〕简·布雷默、赫尔曼·茹登伯格：《搞笑——幽默文化史》，北塔等译，社会科学文献出版社，2001。

蓝凡：《中西戏剧比较论稿》，学林出版社，1992。

毛晨岚：《解读俄罗斯文化中拜占廷的影响》，《长沙铁道学院学报》（社会科学版）2010 年第 1 期。

〔俄〕尼·别尔嘉耶夫：《俄罗斯思想：十九世纪末至二十世纪初俄罗斯思想的主要问题》，雷永生、邱守娟译，生活·读书·新知三联书店，1995。

〔德〕尼采：《快乐的科学》，黄明嘉译，漓江出版社，2000。

〔加〕诺斯洛普·弗莱：《世俗的经典——传奇故事结构研究》，孟祥春译，上海人民出版社，2010。

钱浩主编《世界通史》，当代世界出版社，2004。

〔苏〕叶·莫·梅列金斯基：《神话的诗学》，魏庆征译，商务印书馆，1990。

于沛、戴桂菊、李锐：《斯拉夫文明》（修订插图本），福建教育出版社，2008。

赵林：《西方宗教文化》，武汉大学出版社，2005。

卓新平：《神圣与世俗之间》，黑龙江人民出版社，2004。

原文载于《俄罗斯语言文学与文化研究》2012 年第 4 期

艺术的杂交与融合

——白银时代俄国诗坛诗歌与音乐的联姻

张 冰[*]

摘 要： 受席卷整个欧洲的浪漫主义美学观念和俄国自身美学传统的影响，白银时代俄国诗坛出现了一种值得注意的艺术潮流——艺术的综合化，或以具有宇宙特点的音乐精神来统一各类艺术形式的倾向。这种倾向在诗坛表现得十分显著，致使许多平行的艺术领域发生了多向渗透和移植现象。本文试图以历史发展的脉络为经线，以逻辑分析为纬线，对这一重大现象进行一番细致的梳理。

关键词： 诗歌 音乐 联姻 俄国诗坛

抒情诗作为一种时间与空间统一的艺术，语音（时间）与视觉图形（空间）两大元素在其中所起的作用，是远远不相匹配的。简言之，音乐在其中所起的作用，要远大于诗的视觉语符价值。这一点，在我们探讨俄国诗史时，就表现得更加明显。诗可以以散文体排列而绝不至于削减其诗意价值就是一个反证。音乐性或乐感，在某种场合下，甚至成为诗歌审美的唯一载体和唯一的传达媒介。俄国诗歌之父普希金就曾说过，在世间所有的愉悦中，音乐给人的快感仅次于爱情，但爱情也富于音乐性。诗歌因有音乐的襄助而犹如插上了飞翔

---

[*] 张冰，北京师范大学教授、博士生导师。

的翅膀，得以传之久远，打动人心。音乐感所具有的动情力和诗的语义交相共鸣，古往今来谱写着迷人的诗章，令走入其中的诗迷们流连忘返，如醉如痴。诗从其诞生之日起，就和音乐结下了不解之缘：离开音乐性的诗，犹如被打湿了翅膀的小鸟，匍匐在灌木丛中独自憔悴；而一旦和音乐结伴同行，却可以跨越时间的长河，永世流芳。

诗与音乐是一个亘古常新的问题。音乐是传达诗意最重要的媒介之一，其重要性往往超过诗歌文本的图形和视觉价值。音乐是沟通说话人和听话人的桥梁。构成歌曲之基础的诗歌文本的第二生命，往往比诗歌文本本身具有更长久的生命力。古今中外文学史上，常有一些诗人不是由于其诗作本身，而是由于根据其诗作谱成的歌曲传名后世。诗歌和音乐是我们生活中两种美妙的自然力，由它们所构成的艺术世界，永远放射出璀璨的光芒。

自古以来，在九位艺术女神中，音乐在艺术体系中起着贯通所有艺术形式的作用。在古代人的仪式上，旋律、节奏和手势语是统一的；中世纪的教堂歌曲也是演说术、建筑和雕塑艺术的统一体；《菲多篇》中的苏格拉底把音乐、诗歌与哲学作为整体；欧洲文学中自柏拉图开始就将声音作为直接传达神意的媒介，后来这被称为语音中心主义；缪斯从外在世界的空间（建筑）向人的内心世界的想象性转移，反映了精神文化的实质。音乐在浪漫主义时代所起的作用更加惊人。在19世纪席卷欧洲各国的浪漫主义运动中，艺术的综合，尤其是"泛音乐式"的艺术综合，成为该时代艺术的一面旗帜。事实上，在19世纪所有艺术中，人们所青睐的，仅仅是它们的音乐性罢了。当时的人们把音乐性当作情感的直接表征与和谐的体现。罗·舒曼曾道："一个有教养的音乐家可以从拉菲尔的维纳斯得到教益，诚如一个艺术家得益于莫扎特的交响乐一样。不但如此，对一个雕塑家来说，每个演员都是一尊凝固的雕像……诗对艺术家来说变成了绘画，而音乐家则把绘画谱成音乐。"（Шуман，1956：273）

浪漫主义音乐家们促使诗人寻求表现情绪的文本音乐所具有的"乐音意象"，结果使得诗歌中出现了"色彩丰富的和弦""华彩的音阶""如歌的旋律线""彩色的和声"等音乐语言。俄罗斯白银时代的诗人、音乐家、艺术家、建筑师、舞蹈家们，不仅是艺术的创造者，也是新世界的发现者。他们不光创造艺术，而且在创造当代人的灵魂。白银时代俄国知识分子挣脱传统的束缚，在文化空间里自由寻求着文化的统一与和谐。他们意识到俄罗斯是一个年轻的国家，她的文化是一种综合文化。俄国艺术家不能也不必要成为专家。白银时代俄国文化呈现出一体化特征，不仅绘画、音乐、散文、诗歌形影不离，哲学、宗教、社会、政治也密不可分。它们汇合为一股强大的潮流，负载着民族文化的重担。这个时代最高的审美理想是艺术的综合。艺术家们纷纷从相邻缪斯身上汲取灵感，如作曲家斯克里亚宾、列比科夫、斯坦钦斯基居然在哲学、诗歌或散文中一试身手。各种艺术门类的代表人物丢开其艺术的独立性，纷纷探索种种特殊的、超越其专业的艺术表现手段。"蓝鸟"——即音乐性——使得音乐向诗歌、绘画和建筑艺术渗透。

当年，白银诗坛的揭幕人、对后世产生深远而又巨大影响的弗·索洛维约夫（1853～1900年），在引述天才诗人莱蒙托夫的诗句时，恐怕还没有意识到，他是为整整一个诗歌流派奠定了创新的基点。索洛维约夫以其宏大的宗教哲学体系，以真善美三位一体为特征的"万物统一论"、"索菲娅学说"和"神权政治论"开启了后来"新宗教意识运动"和青年象征派运动的先声。索洛维约夫成为后来象征派美学思想的重要启发者，而他自己也是一位杰出的诗人。作为象征派诗歌的先驱，索洛维约夫的诗，以如歌的音乐性、诗语织体的多声部性著称。他力求在诗歌中传达万物统一（人本主义是此学说的基础）之全部本质的多声部性。他的学说可以以两个词——爱与聚议性来概括。按照他的学说，爱是一个人（及其个性）的最高表现，是对人的一种改造。而聚议性是一种个人和集体有机融合的古老的俄国文化传统。索洛维约夫认为人的现实生活是一种奴役状态，人在这种状态下是在等死。拯救人类的唯一途径是索菲娅，即神的最高智慧。它以启示的形式向俄罗斯人呈现。人的存在浸没于时间之长河，是另一个"崇高"而又美丽的世界的软弱的影子。索洛维约夫诗歌的灵感来源于崇高与世俗、"物质世界"与"永恒的女性"的二元对立。理性、教养、浪漫主义的激情，也是索洛维约夫诗歌的主色调。在俄国诗史上，索洛维约夫以哲理抒情诗的先驱之一著称，他为白银时代诗歌的创新奠定了基础。他是俄国经典美学的最后一位代表，也是俄国白银时代现代主义美学的第一位影响卓著的大思想家。

俄国诗坛在索洛维约夫之后的两代象征派诗人，多方面地继承了索洛维约夫的文艺美学思想，并成为在创作实践中身体力行其理论预设的文坛新秀。老年象征派勃留索夫和巴尔蒙特认为音乐是一个纯艺术范畴。音乐可以在诗中创造情感的"灵魂的共鸣"。青年象征派对音乐的评价更高。承叔本华之余绪，他们认为音乐是对现实隐秘实质的最高的、直觉的把握，是向"意志世界"的突破。音乐是世界的本体象征。按照勃洛克的观点，音乐是世界性实体，是世界的灵魂及其最原始的本质，是艺术的最高形式。音乐的内容是人道主义的，它表现人民的自我意识和时代的历史内容。诗人是时代音乐节奏的体现者："艺术家的创作是整个乐队，即民族灵魂的回声。"（Блок，1980：275）

象征派把瓦格纳视为复兴现代艺术的第一个使者。瓦格纳作品的视、听综合性和对自然力量的表现，对象征派具有很大吸引力和示范性。其歌剧中的神话形象在象征派诗人笔下得以延续。瓦格纳在1848年德国革命之后有关未来全民艺术的思想在1905年俄国革命后伊万诺夫和勃洛克笔下得到印证。象征派还通过尼采有关音乐精神的思想来接受瓦格纳的音乐遗产。

在促使俄国现代主义第一个重要流派——象征派——诗歌试验和探索的那些因素中，除了瓦格纳的音乐实验剧外，还有法国象征派代表人物崇尚音乐的美学追求，以及俄国本土唯美派诗人，如丘特切夫、费特等的影响。诗歌在象征派那里向往音乐的境界，让诗歌为音乐所充满和渗透，成为白银时代大批诗人的创作追求。巴尔蒙特声称："我在音乐之美中，如在宁静的镜子里一样，找到了梦的轮廓。"（Рапацкая，1996：275）的确，这成为白银时代诗歌艺术的一个重大发现。音乐是一种善于在"无形质的乐音"中，体现心灵最微妙运动的艺术。这一运动之所以首先集中体现于象征主义诗歌运动，在于它和俄国象征派自身的文学观念有着密切的关系。

什么是象征呢？尼·别尔嘉耶夫说得好："象征是两个世界的关联，是彼岸世界在此世中的符号。象征派都相信有一个彼岸世界……弗·索洛维约夫将其对索菲娅的信仰传给了象征派。但值得注意的是，世纪初的象征派与弗·索洛维约夫不同，笃信索菲娅、期待她能显现为美妇人，但却不相信基督。这可以定义为一种宇宙诱惑，一代人就生活在这一标志下，当然其中也体现了对宇宙改造之美的渴望。"（Бердяев，1990：140）这里表明，象征派的象征观，是以来自德国古典美学以及俄国自身美学传统中关于两个世界——本体与现象、理念与现实、此岸与彼岸——的划分为基础的。象征，就是联结这两个世界——可见与不可见、感受与想象、体验与超验——的媒介。作为"彼岸在此岸之符号"的象征，成为白银时代俄国文化的一面旗帜。而俄国象征派无一不是诗人哲学家。这使得象征派成为影响遍及各艺术门类的主导文学流派。

象征派创造了丰富多样、意蕴深厚的意象世界。永恒与瞬间、此岸与彼岸、生与死、混沌与宇宙、善与恶、美与丑……这样一些充满哲理的命题，频频出现于他们的笔下。出于对宇宙和谐的向往，象征派诗人大抵相信艺术具有一种神秘的力量，具有一种现实宗教所具有的改造生活的力量。他们崇拜艺术，认为艺术能够使人以直觉的方式洞察人个性的本质。不但如此，他们还试图用艺术来说明人类历史、她的过去和未来。这一切都导致一种新的创作论的诞生。它崇尚迷狂、直觉和意志，崇尚在瞬间中窥视永恒，要诗人充当此岸与彼岸之间的媒介。

象征派诗人深信艺术能够揭示永恒的宇宙之谜——音乐的创世本质。古代毕达哥拉斯有关和谐的学说成为他们的灵感之源。他们所说的音乐或音乐精神，不光指音乐艺术本身，而且，更多的是指它的潜在形式，即自然的音乐、宇宙空间的音乐、人类心灵的音乐。艺术家的使命就是聆听"宇宙交响乐"的轰鸣，洞悉那不可见的世界，在想象的飞扬中克服时空的局限。渗透在微观和宏观宇宙中、带有创世之伟大的音乐精神，乃是一种永恒的召唤，艺术家一旦与这种召唤产生共鸣，心灵便会达到一种狄奥尼索斯式的迷狂意境。勃洛克写道："艺术家的使命就在于见到别人所想、听到别人'被风撕裂的空气'中轰鸣的那种音乐。如今没有音乐是很难打动人心的。"（梅列日科夫斯基，2001：376）勃留索夫这位象征派大师在《秘奥》中声称："一道道光就是那样一些迷狂和超感性直觉的瞬间，它们能使人以另一种方式理解世界现象，从而透过现象和表面深入其内核。自古以来艺术的任务就在于刻录这种顿悟和灵感的瞬间。"（Рапацкая，1996：20）这种观点与叔本华、尼采和柏格森相近。

音乐精神于是成为俄国包括象征派在内的现代派艺术创作的"不成文法"，这使得其艺术中充满了来自神话、古代文化、已消失的文明的"元艺术"因素。古希腊、古埃及、斯拉夫多神教和古代印度艺术遗产成为俄国现代派诗人最钟爱的题材。象征派有意背离现实，他们笔下的现实变形了。死亡与梦成了他们借以逃避现实的避风港。革命、梦和死往往成为同一现象的三个不同方面。作为替代方式之一的艺术是生命体验的方式之一，而不仅是创造性想象的产物。艺术不仅是一种可视刺激物，它还是词的音乐性的组合。象征派重视词的音乐性甚于词的语义。在他们的诗中，一定的词的音乐组合结合特定的语境，达到了和谐共鸣的艺术极致。

对音乐性的崇拜成为俄国诗歌史上新阶段开始的一个显著标志。1916 年，20 世纪杰出的文艺学家瓦·日尔蒙斯基写道："……象征派诗人的抒情诗产生于音乐精神，它们如歌如诉，旋律优美，它们的真实性寓于浓厚的音乐性中。""语词不是作为概念以其逻辑使人信服，而是创造出一种与其音乐性价值相适应的情绪。在诗人的想象中，似乎先于语词产生的是语词的旋律，语词即从中产生出来。"（Рапацкая，1996：21）显然，日尔蒙斯基的论述，是总结许多诗人的创作之后得出的。许多诗人都曾说，诗在他们心中产生时，最初不是以语词，而是以音乐形式形成的。诗语的语音和旋律、语词的修辞色彩和联想意象，象征派诗人是从"潜在音乐性"出发予以措置的。节奏的惯性、语词的波叠浪涌、音节的如歌如诉、音响的和谐共鸣，这样一些极富于音乐表现力的手法，广泛见于亚·勃洛克、康·巴尔蒙特、瓦·勃留索夫、费·索洛古勃、维亚·伊万诺夫、安·别雷等诗人笔下。

俄国早期象征派代表人物德·梅列日科夫斯基（1866～1941 年）和济·吉皮乌斯（1869～1945 年），也是哲理和音乐诗创作的重要人物。吉皮乌斯的诗比较注重音乐性和音乐美，这一点曾受到勃留索夫的称赞。梅列日科夫斯基在其历史小说名著中，借主人公之口，表述了他对音乐性的推崇。作家借小说人物之口讲道："诸位会看到，声音在诗歌里是如何重要，而意思是如何无关紧要。""多么令人陶醉！多么美妙的歌唱！意思与我有什么关系？整个的美——全在于声音，在于辅音和元音的选择。为了这些声音，我宁肯舍弃尤维纳利斯的美德和卢克莱修的智慧。不，请诸位注意，多么甜蜜，如潺潺流水。""我以雅典娜的名义发誓，就连上天听起来都感到愉快：仿佛是喝了一口浓烈的上好蜂蜜的醇酒。"（梅列日科夫斯基，2001：56）

俄国象征派对音乐的崇拜在巴尔蒙特笔下达到极致，而在青年象征派笔下得到广泛实践。"神圣的音乐艺术"也是促使勃洛克诗兴大发的灵感来源之一。勃洛克是那个时代相当一部分知识分子心目中的偶像。勃洛克表述了俄国象征派这样一个美学纲领："太初有音。音乐是世界的本质。世界是在具有弹力的节奏中成长起来的——世界的成长就是文化。文化就是音乐的节奏。"在创作实践中，勃洛克善于把潜在的音乐与有声的音乐意象结为一体。勃洛克最为关注的是"世界音乐"问题。他写道:"今天一个重大任务是让生活渗透音乐,被音乐所充满,使生活充满律动、整一、发出锐响。"(Рапацкая,1996:373)音乐是勃洛克最感亲近的一种自然力。对勃洛克来说,存在最崇高的精神基础与音乐概念相关。当然,他从未在专业意义上讨论音乐精神问题,对他来说,音乐精神是一种永远都在自我确立的、创造着我们意识和感觉最高本质的东西。在他笔下处处可以见到"音乐的"和"音乐性"这一类形容词。

维·伊万诺夫(1866~1949年)是"青年象征派"中最博学的一位哲学家、诗人。他继承索洛维约夫的余绪,发展了聚议性理念,把它当作人的宗教关联系统。他认为俄国的未来将产生于全民的、新的宗教文化的诞生之中;而诗人是巫师,能使神祇的活动服从人的意志。诗人艺术家应该创造一种"全民戏剧",通过这种类似宗教神秘剧的演戏活动,人类将在精神上伟大崇高,从而克服个人主义与闻神性的狂欢。维·伊万诺夫的诗同样富于音乐美。他在人的一切存在方式中都能捕捉到音乐之声,把音乐当作自然之生命的等值体。措置语调相近的音节,使其诗中出现一种特殊的音乐组合,其概念消隐,"音响语义"得以凸显。

安·别雷(1880~1934年)是这一时期著名的哲学家、诗人、批评家、文艺理论家。他多才多艺,学识渊博。少年时代他就迷恋索洛维约夫的学说,陶醉于诗歌音乐的创造。他最初的诗歌习作充满了神秘的战栗和预感。他的诗集有《灰烬》《罗马花瓶》等,《蓝天澄金》标志着其创作的成熟。他不仅以诗人的方式,也以艺术家和音乐家的方式感受世界。其抒情诗中的母体、意象、语调乃至语音、节奏,都是绘画与音乐联想的综合。别雷在诗中进行了大胆的实验,他把读者神化,与其进行一种特殊的游戏,娴熟地把过去与未来、18世纪俄国诗语与现代意象融为一体。他的诗集犹如一个各种因素组成的化装舞会。别雷不但在诗中,而且在小说中进行了卓有成效的音乐实验,交响乐的主题贯穿于他的每部小说中。他认为诗的语言能创造出一个语音象征的世界,因为语言首先是一种充满意义的音响。

俄国象征派的音乐本体观在非象征派诗人笔下也得到反映。因·费·安年斯基(1855~1909年)就是一例。他生前默默无闻,死后却名声大振,被公认为这一时期重要的文学批评家、诗人和文学教育家。此外,他还是一位剧作家和文学翻译家,长期致力于古希腊悲剧家欧里庇得斯作品的翻译工作。在音乐诗创作方面，安年斯基也是一位一流诗人。勃洛克认为他是经典象征主义的前驱，阿赫玛托娃和帕斯捷尔纳克、古米廖夫等人则认为他是阿克梅派的祖师爷。后来的阿克梅派向他学习了好多诗学手法，如节律感和丰富的词汇。安年斯基善于发掘生活中悲剧的一面。他在许多方面为象征派大师们开了先河，如记录瞬间灵魂的活动、暗示与期冀、言不尽意、设问等。对其诗才佩服得五体投地的勃留索夫认为安年斯基是俄国象征主义的奠基人，他开启了一个彼时彼刻诗人眼中所呈现的世界。瞬间、转瞬即逝的美从此成为俄国象征主义的共性特征之一。安年斯基和马拉美一样喜欢在诗中隐藏主旨，好让读者穿透意象捕捉内在结构和语义。但在法国现代派诗人中，对他影响最大的是保罗·维尔伦。维尔伦力主诗歌的音乐性，从而使诗成为象征的旋律之雨。安年斯基和他一样，也相信音乐在诗中起着最重要的作用。他也和作曲家一样，力图通过音响效果来表现"情绪色彩"。安年斯基指出："人们习惯于把语言当作传达信息的工具，殊不知它还是美的载体。是一种具有美的价值的现象。""语词的音乐潜力……对于给读者创造一种情绪来说是必要的。""我们太惯于从上而下看待语词，把它当作某种没有色彩的工具，就好像这是一种速记或世界语，而不是最古老最精致艺术中一种具有审美价值的现象，其中生存着以其情绪和图形表现力的全部美丽为特点的世界模型。"（Анненский，1987：294）

象征派的语音中心主义在阿克梅派代表人物笔下也有其回声。天生的乐感使曼德尔施塔姆敏于感受俄语悦耳迷人的旋律美，他有这样一句名诗，表达了他对诗歌音乐美的美学追求："让阿芙洛蒂特仍当她的泡沫吧，让语词回归音乐……"曼德尔施塔姆说过，"曲言法"或"言不尽意"是他从家庭继承来的遗传特性之一。俄国现代派诗人对诗的音乐性的强调和突出，几乎到了把音乐性定位于诗的本体的地步。在某些诗人笔下，诗怎么分行都无所谓，但却不能不诉诸声音，不能不可歌可诵。马雅可夫斯基的梯形诗，原本是他为了标志朗诵时的节奏和韵律而排列的，后来却被人当作一种诗歌定式。白银时代俄国现代主义诗人之所以特别重视诗歌的语音价值和音乐性，一个很重要的原因在于他们的诗写出来后，首先是要朗诵的（在沙龙里、广场上、大厅里等），正因为如此，他们才会给诗歌的音响价值以高度重视。

白银时代俄国现代主义各个流派的音乐诗创作实践，对于中国新诗的创作很富有启发性：诗不单单是时代精神的传声筒，也是一种能给人以美感的语言艺术，长期以来，中国诗坛诗人们却忽略了这一最重要的准则。诗要写得可吟诵，令人回味绵长，令人如饮美酒，令人三月不知肉味。正如一位俄国诗人所说的那样："用自己的话来讲述诗永远都是一件不轻松的任务，而不讲述又不可能。要知道诗中最重要的，不是逻辑的有序性，而是诗如何以其语词的节奏和音响使人入迷。"（Герцык，1993：127）爱伦·坡也说："也许正是在音乐中，诗的感情才被激动，从而使灵魂的斗争最最逼近那个巨大的目标——神圣美的创造。""文字的诗可以简单界说为美的有韵律的创造。它的唯一裁判是趣味。"（潞潞主编，2002：20）

俄国现代派在诗的音乐性方面的实践和他们所达到的成就是俄国诗史上前所未有的高峰。他们诗中的音乐不光是重要的语词象征（符号），而且还是通向永恒的媒介和桥梁。他们笔下的音乐是世界（宇宙）和谐的表现。诗因有音乐的襄助而成为美本身，从而参与对于世界的美学改造。美在这个意义上不再是自足的、绝对的、孤立的存在体，而成为有益于世道人心的认知工具，成为康德所谓的"依存美"。在俄国现代派音乐诗中，语境与语义、语词与音响达到一种非尘世的和谐，从而创造出一种"审美乌托邦"或"音乐乌托邦"。俄国现代派的这类实践，体现了白银时代俄国文化从启蒙现代性向审美现代性转化的特征，他们的骄人成就，甚至得到了当时马克思主义美学家的称赞。列·托洛茨基在评论俄国未来派时指出：未来主义在词的选音方面的成就是不容争辩的。评断艺术形式问题，不能采用纯逻辑、纯理性的态度，而应采用包含了非理性在内的智慧。因为非理性的东西是活生生的和有生命力的。"诗歌与其说是理性的，不如说是情感的东西；而吸收了生物节奏和社会劳动节奏以及节奏组合的人的心理，则在声音、歌曲和艺术语言中寻求其理想化的表现。只要这一要求还存在，未来主义那较为灵活、大胆和多样的节奏和韵律就是一个勿（毋）庸置疑的和有价值的成就。这一成就已远远超出了纯粹的未来主义小团体的界限。"（托洛茨基，1992：128）

老年象征派诗人巴尔蒙特的创作是俄国现代主义的语音中心主义或音乐诗创作最杰出的成就。康·巴尔蒙特（1867~1942年）是19世纪最后十年中俄国帕尔纳斯山上的"诗国之王"。这是一个长于用诗的音乐性打动人心的"竖琴手"。音乐性几乎可以说是其诗歌最重要的表现手段，而瞬间美学则是其音乐的女儿。其诗音乐绵长，富于旋律美和节奏美。巴尔蒙特语言功底娴熟，能使语词随心所欲地变形，随意赋形地传达抒情主人公婉约的心曲，使语词产生如音乐一般的效应。巴尔蒙特断言："诗就是以外在表现的节奏表现出来的音乐。"巴尔蒙特诗句的语音组织消弭了词的界限而将其组合为一种语流，把词语变成了节奏和小溪的潺潺声，变成一组和声，一种流动的水流，变成生活本身的"意识流"。在俄国诗坛上，巴尔蒙特属于第一批从事诗句音响组织化实验的人。他极力赋予人们日常话语中的语词以魔法般的意义。他的《诗即魔法》和《语词的音乐性》都是他对自己诗歌创作经验的总结之作，他的诗歌和"古代的音响"、异国语汇和神话色彩密不可分。

巴尔蒙特作为音乐诗人所受到的赞誉是数不胜数的。安年斯基喜欢巴尔蒙特"抒情主人公'我'温柔的音乐性"。他说："每当你聆听巴尔蒙特时，总会闻到春天的气息……迄今为止，任何人都无法在'如歌的力量'方面与巴尔蒙特比肩……"诚如巴尔蒙特所自诩的那样：在我之前，在俄国，还没有人会写悦耳的诗。别雷认为巴尔蒙特是"俄国纯诗的最后一位巨人"。"巴尔蒙特是唯美主义的一面闪光的镜子。"（Анненский，1987：254）他的诗芬芳、悦耳、好看，他的诗有肖邦的忧郁，有瓦格纳和弦的伟大庄重，也有波提切利的柔美精致。巴尔蒙特认为音乐是如爱一样的一种神圣的运动。当时有人认为，就其诗句精雅的如歌性而言，巴尔蒙特超过了费特。

巴尔蒙特是一个印象主义诗人，他不注重描写身边的世界，而只反映自己的主观印象。他注重再现瞬息即逝的感受之流和沉思，联想丰富，对声色反应极为敏锐，是波德莱尔"对应说"的实践者。巴尔蒙特不但以语词的音乐性、更以色彩的音乐性胜。他的听力带有色彩感——在诗歌意象中实施绘画与音乐的通感。他的诗里有舒曼、斯克里亚宾、瓦格纳、里姆斯基－科尔萨科夫的音响。他的诗最突出的特征是"富于魔力的节奏"、音乐性头韵法和如歌的诗韵。因此巴尔蒙特被称为"俄国诗中的帕格尼尼"，因为他诗歌的音乐性具有非凡的感染力。

巴尔蒙特的美学信念是把语词、音乐和绘画融为一体，这主要体现于其诗的印象主义调性上。在所有艺术中他最钟爱音乐，和拉赫玛尼洛夫、斯克里亚宾、普罗科菲耶夫、沙里亚宾等人过从甚密。他的日记中充斥着听音乐会的记载。其诗"如歌的魅力"对音乐家也很富有吸引力，因为普罗科菲耶夫认为巴尔蒙特的诗最适于谱曲。巴尔蒙特大约有1000首诗被谱了曲。拉赫玛尼洛夫、斯特拉文斯基等人都为他谱过曲。他写过浪漫曲、套曲、"音响诗"、声乐套曲、合唱曲。他的诗"如同悦耳的音流"。巴尔蒙特还常常在诗中使用音乐术语。他的许多诗作都被冠以音乐术语的名称，如《和弦》《语词的和谐》《乐音的召唤》等。他的《我们将像太阳一样》宛如一首诗体颂歌，诗中的太阳隐喻宇宙之美的理想。就音乐性而言，俄国诗人中很少有能与巴尔蒙特比肩者。巴尔蒙特的许多诗适于朗诵而不太适合阅读，尤其适于站在广阔无边的旷野上朗读。就如歌一般的旋律美而言，无人能望其项背。巴尔蒙特改变了俄国旧的诗体，改变了莱蒙托夫和费特的调子，赋予其新的旋律，丰富了新的手法，使音响组织更加精致，以至于词语消失，非尘世的音响浮现。巴尔蒙特是新节奏和新韵律、新诗体的创造者，也是新词的创造者。他既能力避陈腐，又清新自然。当然，巴尔蒙特某些地方过分追求诗歌的音响效果，用词反而妨碍了意义的表达，使得其诗歌的思想内涵有肤浅之嫌，这也是应当指出的。

在所有文学文体中，诗是最难翻译的，之所以难译，是因为译者无论怎么努力，也几乎不可能在诗的音乐性上等值地再现原诗的音韵美、和谐美。诗是不可译的，这几乎成为翻译界的一种共识。弗罗斯特曾言："诗歌就是翻译中流失掉的东西。"对于外国诗歌研究者来说，向母语读者传达令其感动得无以复加的原诗的音乐性，几乎是不可能跨越的语言壁垒。正是在这个意义上，俄国曾有人提议翻译诗不翻译语义，而只翻译语音和旋律。当然，这种"反语言"的主张是不可能付诸实践的。但不管怎么说，研究外国诗歌而不懂得其语言，会是一种永远也无法弥补的缺憾。

参考文献

Анненский И. , Иннокентий Анненский Избранное. Москва，1987.

Бердяев Н. А. , Русская идея//Вопросы философии，1990（2）.

Блок А. А. , О искусстве. Москва，1980.

Герцык，Воспоминания о серебрянном веке. Москва，1993.

Рапацкая Л. А. , Искусство серебреного века. Москва，1996.

Шуман Р. , Избранные статьи о музыке. Москва，1956.

〔俄〕德·梅列日科夫斯基：《诸神之死：叛教者尤里安》，刁绍华、赵静男译，北方文艺出版社，2001。

〔苏〕托洛茨基：《文学与革命》，刘文飞等译，外国文学出版社，1992。

潞潞主编《准则与尺度——外国著名诗人文论》，北京出版社，2002。

原文载于《俄语语言文学研究》2005 年第 4 期

面对现世的无奈　无法进攻的防守

——《卢仁的防守》的存在主义因素浅析

李志强[*]

摘　要： 纳博科夫的《卢仁的防守》是一部颇有争议的小说。本文试图从存在主义哲学的角度对其进行重新阐释。通过对卢仁选择的悲苦与绝望的显现，我们可以发现其防守的多重含义。

关键词： 存在主义　防守　悲苦　隐喻　绝望

B. 纳博科夫的经历是文学史上一个有趣的现象：俄国文学史上有他一席之地，美国文学史也要书他一笔。他的一生颠沛流离：离开俄国后，先后到过德国、法国、美国和瑞士。他的作品争议颇多，众说纷纭。譬如，《洛丽塔》的发表就曾在美国文坛引起轩然大波。但纳博科夫无论是在哲学理念，还是在创作技巧方面都可以说独树一帜，是一位极富个性的作家。在早期流亡德国的创作中，《卢仁的防守》（1929～1930 年）这部长篇小说就集中体现了作家高超的创作技巧和独特的哲学理念。

评论界的说法却不尽然，扎伊采夫很喜欢这部作品，但认为太多病态和不自然的东西；还有一种观点认为作者是想阐明主人公的天才和精神病是融会在一起的（刁绍华编，2000：472）。那么作者究竟要表现什么呢？真的就是想表现主人公的病态吗？

---

* 李志强，四川大学教授、博士生导师。

　　让我们先回顾一下作品本身。《卢仁的防守》创作于纳博科夫客居德国期间。最初纳博科夫以笔名西林将其发表在俄国流亡者主办的季刊《现代人手记》（巴黎）上；之后在流亡者主办的斯拉沃出版社（柏林，1930）付梓。主人公卢仁其貌不扬、性格内向、不谙世事，却极具象棋天赋。从学象棋开始，他就痴迷于棋道，逐渐从一个神童成长为一名大师，在棋场上鲜逢敌手。在柏林的一场比赛中，他遇到了意大利棋手杜拉吉，俩人棋逢对手，下了一盘没有下完的棋。在德国期间，他邂逅了一位俄国富家女子，并同她组建了家庭。这是卢仁人生的一个转折点。妻子一家都不愿意他像精神病一样重操旧业，尽量隔绝他同棋界的联系，找一些其他的事情分散他的注意力，期望他过上正常人的生活。因为他们认为"卢仁的职业平庸而荒诞，只有在如今这可恶的时代，才会有这种职业的存在"（103）[①]。平静了一段时间后，卢仁仍然无法抵挡象棋的诱惑，为了不让妻子知道，他只有偷偷地冥思苦想同杜拉吉那盘没有下完的棋，思考棋局中的防守问题。妻子为了让他彻底断绝下棋的念头，决定带他出国旅行。小说以出国前夜卢仁跳楼自杀告终。

　　文中有两条线索。一条是卢仁的现实生活，沿着这条线索我们看到卢仁在现实生活中所扮演的角色：由于长期痴迷棋艺，他的生活自理能力极差，显得行事怪僻，非同常人，纯粹像一个精神病患者。也许，很多人就是从这一点来判断作者的写作意图的。但他们却没有考虑到为何如此。另一条线索是卢仁的棋坛生涯。沿着这条线索我们可以发现卢仁超凡的聪明才智，可以窥视卢仁的本真存在，可以看到卢仁的棋艺是怎样迅速提高而达到巅峰的。正如作者所言："在卢仁的身上，在他那粗糙、苍白的皮肤背后，蕴藏着某种鲜为人知的天赋。"（4）纳博科夫在描写卢仁棋艺已臻化境时，渲染烘托出了一种神秘的气氛，说卢仁的棋艺已达到了一种境界，信手拈来，挥洒自如，这同庄子对庖丁的描写有异曲同工之妙。

　　　但是他能相当清楚地感觉到这个或那个想象中的方格被某个确定的、聚集的力量所占据，所以他能想象出移动一个棋子后会发生的一声爆炸、一次猛烈的地震、一记闪电之后，整个棋局都会随之紧张地震颤起来，而

---

① 以下作品引文只标出页码。

他则是控制这个紧张局势的主宰，是他在这里收集电能，然后在那里再释放出去。(81)

对卢仁来讲第一位的和真正的现实就是 64 块方格的空间，他的人生舞台就建构在黑白相间的棋盘上。这两条线索交织在一起，显现了一个天才选择的悲苦与绝望，显现了一个天才对生存意义的苦苦追求，奏出了卢仁一生悲怆的交响曲。

从 19 世纪中期开始欧洲进入了一段不平凡的时期，哲学思潮的风起云涌、交替变更，人们思维方式的变化已是不争的事实。非理性主义思潮代替了理性主义，成为西方哲学的主流。非理性主义要求把人当作一个"活生生的"而非抽象的人看待，深入挖掘人内心深处的意识、潜意识等因素，抛开近代哲学从主客、心物、思有等二元分立出发运用理性构建的形而上学体系（刘放桐等编著，2000：11）。纳博科夫深受非理性主义思潮的影响。他的哲学观中带有深刻的存在主义因素。优裕的家庭环境、所受的良好教育及内向的性格使其缺少 19 世纪俄国革命民主主义作家所具有的变革社会、为社会服务的济世情怀，缺少 19 世纪俄罗斯文学传统中对人物的爱和同情以及一种普遍的人道主义精神。众所周知，19 世纪俄罗斯的文学巨匠，从普希金、莱蒙托夫到列夫·托尔斯泰、契诃夫，他们的作品中无不洋溢着这种人文精神。纳博科夫作品中具有的则是另一种"爱"和人道主义，即对人的爱同确定他成为自我、回归自我紧密联系在一起。他一反常规，确立了一种对俄罗斯文学来讲全新的伦理体系，这一体系构建在个人主义及不为社会服务的基础上。这种个人主义并不是我们通常所理解的个人主义，而是一种漠视社会因素、使主人公的内心世界全部表现出来的个人主义，卢仁就是这一特点的明证。他执着于自己的棋道，对社会毫无知觉，使社会误以为他是精神病。但他却有着丰富的内心世界，他的思路极度清晰，逻辑推理能力极强，在棋桌旁更是如此。其实，按照弗洛伊德的说法，"在精神健康和精神疾病的状态之间，并没有本质上的差别，从一种状态向另一种状态的过渡，最多不过是某些一般活动的调整，每个人都能够从自身中发现这样的活动"（斯特劳斯，2002：2）。

无论是"成为自我、回归自我"，还是纳博科夫意义上的个人主义，其中心都是人的自由问题。他把自由"看作人对其可能性的选择，这种可能性不以任何外在条件为转移，也非出于人的主观愿望，而是人作为此在的原始特性。这也意味着自由是此在的先天特性，人注定了是自由的，注定了必需自由选择。"（刘放桐等编著，2000：11）卢仁一生的自由选择就是不断地从非本真世界向本真世界的超越。按照海德格尔的说法，"人们在日常生活中往往把此在当作与其他存在者类似的存在者。以至此在失去了自己独特的个性，不再独立自主地存在，而受到其他存在者（自然环境）和他人（社会环境）的约束，甚至被后者所吞没。这样此在就成了非本真的存在"（刘放桐等编著，2000：11）。

纳博科夫善于运用时间的对比衬托主人公生存状态的变化，因为生存的意义就在于其时间性。他强调的重心是现在，因而反复利用从现在回忆过去、从将来回忆现在的手法突出主人公现在的生存状态，使将来和过去都服务于现在。小说一开始，卢仁就处在从本真世界落入非本真世界的恐慌中，纳博科夫巧妙地用将来反衬现在：不是当天，而是星期一主人公才被叫作卢仁。也就是说，从星期一开始，卢仁才像成人一样真正踏入现实社会，真正接触"烦"的状态，童年无忧无虑的生活亦行将结束。"直到今天，他才真正意识到父亲日前所说的那个转变会给他带来的全部恐惧……现在，这一切都一去不复返了，随之而来的是一些令他憎恶的新事物，那是一个不可抗拒的、无法接受的世界。"（8）此外，作者还巧妙地借助主人公幼时同学的回忆突出主人公从小就与众不同，为与现在状态对比做铺垫。

> 当他努力回忆（在本世纪20年代）卢仁在学校时的样子时，在他的脑海里只能闪现出卢仁的背影——或是卢仁坐在教室的前排，两只耳朵向两旁支棱着；或是他为了远离吵闹，走向大厅的另一端；或是他坐着雪橇回家，双手插在口袋里，身后背着一个黑白点图案的书包，白雪在飘落记忆中只有卢仁的背影。他想跑到他前面去看看他的脸，但那令人记忆模糊的白雪，那无声的纷纷扬扬的白雪，总是盖住他的记忆。这个从前十分腼腆的男孩，现在是一名不安分的政治流亡者了。（17）

这样一来，主人公的现在状态通过与过去和将来的对比更清晰地显现出来。作者的意图很清楚，无论是过去还是将来，都以现在为中心。过去只是已消失的现在，将来则是还未到来的现在。三者构成一个统一的整体。卢仁正是在这三者中充分体验到了孤寂、烦恼、迷惘和绝望，充分体验到了"防守"的困难。

此后不久，卢仁的生存状态实现了第二次转变：由无精打采转向全身心投入象棋。自由之光照亮了他的前路。

直到复活节假期所在的 4 月，卢仁那命中注定的日子才真正来到了。好像有人动了一下开关，整个世界突然昏暗下来。在黑暗中只有一样东西保持着明亮，那就是一种刚刚产生的好奇心，一个他一生都将寄托于此的、令人眼花缭乱的小岛，他的幸福在这儿凝固，4 月的那天也随之永久地被封存了。季节的更替，城市的春天，乡村的夏天，只是在另一个不同的层面继续着——对他根本没有任何影响。（26）

乍一接触象棋，卢仁无忧无虑，脑海里装着的全是王、车、后等黑白子和黑白相间的棋格，思考的尽是进攻、防守等排兵布阵问题。外部世界对他来说，似乎已无足萦怀：它们存在于另一个不同的层面，对他毫无影响。他尽量避免涉入常人世界，努力找回自己的自由、独立和本真存在。此处的象棋已不单纯是一种娱乐工具，它具有极大的象征意义，象征着卢仁存在的本真世界。在象棋中，卢仁感到前所未有的快乐和满足。"后来卢仁逐渐停止使用棋盘，而是在头脑中思考那些错误或妙棋，而且颇为满足地欣赏棋子组成的美妙的曲调。"（44）在这个世界里，卢仁的聪明才智得到了淋漓尽致的发挥。但人不可能生活在真空中，卢仁也不可能生活在象棋中。他是现实社会中的存在者，必然与他人共在，受到"烦"的支配。

一次偶然的机会，卢仁同自己未来的妻子相遇。这次邂逅为卢仁生存状态的再次转变打下了基础。果不其然，妻子一家要求卢仁放弃象棋，远离那种四处奔波的生活。为了妻子，卢仁放弃了下棋。他希望能从家庭中找回失去的东西，于是乎同妻子读书、给岳父帮忙……但现实又一次打破了他的梦想："他同他们做斗争，带着一抹下象棋的色彩，为穿透这厚厚的人层进而走近他的未婚妻而做出种种努力。然而，事实证明战胜他们是不可能的……"（123）"现在，拥挤的人群、人们的走动声和一阵阵的音乐声开始使他心烦了，可是他无处可躲……"（195）他没能战胜周围的常人，没能获得自由和超越，反而陷入他们的环境中，开始一种异化的人生：处处受到牵制和制约。有棋不能下，连接触的权力都已被封存。此处，纳博科夫采用回忆的手法，用现在同过去比较，反衬出卢仁目前生存状态的悲凉与无奈。

> 然而这些谈话却难使卢仁活跃起来。另一方面，由于经常被这样的问题刺激，他的思绪一次又一次地回到了他的童年。可是，他无法用言语表达出他的回忆——只是因为根本就没有成人的语言能够表达他孩童的记忆……上学前的童年，接触象棋之前的日子，他以前从不想这些，倘若偶尔想起，他就微微摇晃一下身子，努力摆脱它们，以不让自己看到潜伏在那些日子里的恐惧和曾蒙受的耻辱。
>
> 而现在，一切都变了，那些日子变成了一个神奇的安全地带。在那里，他的愉快的短途旅行有时会带给他尖锐的快乐感。（161）

他的前经纪人瓦伦提诺夫倒是想让他重操旧业，但却是出于卑鄙的动机。卢仁从瓦伦提诺夫的话语中已明白这是一个陷阱，是一种欺骗。在这种生存状态下的卢仁，对世间的畏惧和恐惧达到了顶点，他渴望获得最好的自我实现，渴望超越自我，追回自己的本真存在……但在现实世界，这却是不可能的。由此，他得出了一个与众不同的结论：先行到死中去，在死中超脱沉沦和异化，领会自己的本真存在，寻找自己的永恒。于是，卢仁这样做了。"整个深谷分成了暗色和浅色的两个方格，在卢仁松开手的一刹那，在凉丝丝的空气灌进他的嘴里的一刹那，他清楚地看见了一种永恒正在热心地不容更改地展现在他的前面。"（254）

小说的题目《卢仁的防守》是一个隐喻。有人认为《卢仁的防守》是一部隐喻小说（Кормилов，1998：358），具有多层含义，从字面上看，此处的防守是指棋局中同"进攻"相对的一个概念。的确，在同意大利棋手杜拉吉下棋时，卢仁一直思考防守问题，而且在此之后，卢仁也始终思考防守问题，他为什么只想防守而不想进攻呢？因为当时他找不到答案。在小说的结尾，"答案找到了。发动进攻的目的是显而易见的。借助着无情地重复着的一步一步的棋，它又一次向同样的激情走去，但那会摧毁生活的梦想。毁灭、恐惧、疯狂"（245）。看来，防守并不是简单的字面含义。否则，为什么进攻会摧毁生活的梦想呢？生活的梦想和进攻防守有什么关系呢？

　　我们仔细品味小说后不难发现，小说中的防守还有另一层的含义，即在生活中，主人公对来自现实的进攻的防守。纳博科夫把人生、社会、现实中的一些问题隐含在棋盘中，所谓"棋盘即人生"就是这个道理。"打字机、地图册和图画都放弃了，因为他现在已经明白，这些只是组合的一部分，只是对他小时候曾经历过的所有棋步的一个错综复杂的重复。"（216）卢仁之所以没有思考进攻，是因为他在现实面前无可奈何，无力采取进攻的姿态，只能采取防守的办法。他对妻子讲过，他生活在美好的梦中，他不想自己的梦想被打破。而进攻却会摧毁他的梦想，他梦想的本真世界。所以他苦苦防守，一旦防线被突破，他的人生也就完结。

　　充分发挥个性，使人拥有回归自我的权力是纳博科夫小说的基调。让他的主人公混同常人是他所不能接受的，纳博科夫小说中的主人公与陀思妥耶夫斯基复调小说中的主人公不同，他的主人公没有任何权力，必须坚决贯彻"主人"的观念。他和"主人"之间没有任何对话的可能。在这一点上，纳博科夫的风格更接近于托尔斯泰的"独白式"小说。纳博科夫不喜欢陀思妥耶夫斯基的风格，从他对普希金、莱蒙托夫、屠格涅夫、托尔斯泰等俄国大家青睐有加，却对陀思妥耶夫斯基颇有微词可以略见端倪。他曾讲道："我的小说构思是固定在我的想象中的，每个人物按照我为他想象的过程行事。我是那个人的世界的主宰，只有我能为这个世界的稳定和现实负责。"（纳博科夫，1998：74）由此，我们可以得出"防守"的第三层含义，即卢仁在"主人"面前没有任何对话、商榷、提出意见（"进攻"）的权力，只能处于"防守"和听命状态。

　　防守失利、极富个性的卢仁寻找永恒去了，他圆了作者的梦，奏响了一曲悲怆的交响乐。但我们在反观纳博科夫早期作品（如《玛申卡》）及后期作品（如《洛丽塔》）后不难发现，这一系列作品何尝不是沿着纳博科夫心路历程的发展轨迹行进的，《卢仁的防守》又何尝不是其发展轨迹上的一个光点呢？

参考文献

Кормилов，История русской литературы 20 – ого века. Москва，1998.
刁绍华编《二十世纪俄罗斯文学词典》，北方文艺出版社，2000。

〔法〕列维－斯特劳斯：《图腾制度》，渠东译，上海人民出版社，2002。

刘放桐等编著《新编现代西方哲学》，人民出版社，2000。

〔美〕纳博科夫：《防守》，陈岚兰、岳崇译，时代文艺出版社，1999。

〔美〕纳博科夫：《固执己见：纳博科夫访谈录》，潘小松译，时代文艺出版社，1998。

原文载于《俄语语言文学研究》2003 年第 2 期

伊·谢·什梅廖夫的欢乐与悲哀

——浅析什梅廖夫小说《上帝的夏天》

戴卓萌*

摘　要： 伊万·谢尔盖耶维奇·什梅廖夫（1873～1950年）是俄罗斯第一次移民浪潮中最优秀的作家之一。《上帝的夏天》是作家创作的顶峰。小说从一个7岁男童的视角来观察世界。作家通过对东正教节日男孩的欢乐与悲哀的描写，展示了东正教俄罗斯精神的实质和俄罗斯民族性格的形成过程。

关键词： 循环结构　家的多义性　东正教俄罗斯精神

"在俄罗斯侨民作家中，伊万·谢尔盖耶维奇·什梅廖夫是最俄罗斯的作家，他充满激情的内心无时不在思虑着俄罗斯，并为它的不幸而忧心戚切。"（Ильин，1956：31）无论在哪里，作家什梅廖夫的创作均以俄罗斯为内容，为俄罗斯著述，为俄罗斯人民写作。作家始终坚信人民的精神力量，以道德为最高标准和对俄罗斯人民的信仰构成了什梅廖夫创作的实质。

什梅廖夫1873年出生于莫斯科，1918年携同妻子来到克里米亚。1920～1921年对什梅廖夫来说是一个急转弯。那个时代人们习以为常的生活秩序突然被中断，人们的命运被急剧地改变了。十月革命使什梅廖夫的创作道路分成了两个部分：在俄罗斯期间的创作和侨民期间的创作。作家经伊·阿·蒲

---

* 戴卓萌，黑龙江大学教授。

宁的再三劝说于 1922 年 11 月去了德国，次年辗转到了法国，并决定不再返回令人断肠的俄罗斯。作家心爱的独生子谢尔盖由于曾在白军服役被枪决。作家原本是一个性情活泼、精力旺盛、感情炽烈的人，到后来却变成了一个白发苍苍的驼背老头，讲起话来声音勉强令人听得见；他那深深的皱纹、凹陷的双眼会使人想起中世纪的受难者或者莎士比亚笔下的主人公。什梅廖夫在国外侨居了 28 年。这段时间里，他不仅在生理和心理上发生了巨变，精神上也得到了再生。作家常常去东正教教堂，求助于上帝，成了一个孤寂落寞的信徒。对于俄罗斯文学来说，侨居后的什梅廖夫完全变成了另一种类型的作家，他作品的主题、风格、形象都发生了变化，作家完全进入了另一种艺术境界。

1925 年，什梅廖夫产生了一个要为流亡国外的俄罗斯人和他们的孩子们写一些警示性作品的念头，以向读者展示真正的俄罗斯和它那永不磨灭的面貌。在什梅廖夫看来，俄罗斯永不磨灭的面貌、它的思想、它的理念就在于东正教信仰之中。侨居时期，宗教信仰成了连接作家和俄罗斯的唯一纽带，是作家生活中唯一的心灵上的慰藉。对于一颗俄罗斯的心灵来说，其民族文化的精髓与核心就是探索和再现过去许多世纪以来蕴藏在人民中间的宗教信仰，为人们的生活提供坚实的精神基础，使人们获得真实的感觉。什梅廖夫的大部分政论文和小说，如《祖国的灵魂》《死者与生者的道路》《谋杀》《基督复活》《莫斯科来的保姆》《上帝的夏天》写的都是这方面的内容。这些作品概括了作家半个世纪以来的精神探索，是对俄罗斯、俄罗斯人及自身和世界的意义的观察与思考的结晶。

《上帝的夏天》（1927～1944 年）是这些作品中最重要的一部，"是俄罗斯民族自我意识运动的分水岭和大事件……这是一本令人兴奋、令人崇敬的书，是一本充满欢乐，洋溢着芬芳气息的书"（Ильин，1996：124）。在这部作品中，作家展示了珍藏在心中的俄罗斯的面貌。小说从一个 7 岁男孩万尼亚讲的故事开始，逐渐演变成对俄罗斯生活和俄罗斯人的详细叙述。什梅廖夫选用一个小孩的身份展开叙述，是因为儿童对周围世界具有一种独特的、纯真的反映，他们能更纯洁、更少杂念、更完整清晰地认识周围的世界，因此这个世界就会以完整、明朗和真实的形式呈现在读者面前。对作家来说，重要的是揭示孩子对世界的理解，揭示俄罗斯民族性格和精神形成的过程。

　　小说共分 3 个部分："节日篇"、"欢乐篇"和"悲哀篇"。作家审视了构成人内心感受的三统一（现象、条件、概念）。在第一部分"节日篇"中，作家描写了东正教 12 个大节中的主要节日：大斋、圣母领报节、复活节、圣三一主日、主显圣容日、圣诞节、圣母进堂节、主显节、谢肉节等。在"欢乐篇"和"悲哀篇"中，也有对节日的描写，如圣诞节等，但更具有个人自传性质。如果说在"节日篇"中讲的是全民的节日，那么"欢乐篇"和"悲哀篇"讲的则是家庭中的故事。在这个意义上讲，它更接近于其他侨民作家的自传体小说，如蒲宁的《阿尔谢尼耶夫的一生》、扎伊采夫的《格列勃的游历》和库普林的《士官生》等。

　　如果说，什梅廖夫以前的写作主旨是关于国家社会的，或者是纯艺术的（如小说《来自饭馆的人》、《离别》或者《死者的太阳》），那么什梅廖夫在《上帝的夏天》里则通过日常生活的细枝末节来展示某种崇高的意义、大众的思想以及人的道德的形成过程。在"节日篇"中，所有的小事、日常用品、摆设，甚至是生活中的情景、交谈均与标题的节日有内在的联系。在"欢乐篇"和"悲哀篇"里，作家的任务是展示人生道路以及人的使命。这里，小事、细节成了某种符号，人通过这些符号可以弄清自己的使命，而人与人之间的相互关系组成了一幅复杂的画面，这里有爱、谅解、诱惑和顺从。这些均服从于"悲哀篇"的基本主题，为小说中父亲的死亡做铺垫。也就是说，如果说"节日篇"是按信仰来讲述生活，那么"欢乐篇"和"悲哀篇"中讲的就是在信仰中死亡，怎样问心无愧地为死亡做好准备。拯救灵魂的问题是该小说的主要思想基础。"节日篇"的前几章引用了《圣经》中的赞美歌，"悲哀篇"的最后几章中也出现了赞美歌，二者形成了一个回路，使全书首尾相呼应。

　　俄罗斯文学宝库中找不到一部像《上帝的夏天》那样描写俄罗斯的作品。蒲宁、库普林、扎伊采夫、巴尔蒙特等侨民作家在怀念失去的俄罗斯的同时，力求在自己的作品中使心目中的俄罗斯复活。但这种奇迹只有什梅廖夫实现了。作家不仅回忆了一去不返的童年、失去的祖国，他还以自己天才般创造奇迹的力量还给人们一个可以触摸得到的、真实的俄罗斯。小说通过充满爱意勾勒出的场景和片段塑造出莫斯科河南岸市区一个姓什梅廖夫的中层商人之家的庭院生活。这是一个光明王国的生活场景，男孩父亲的雇工、俄罗斯手工艺匠和劳动者在这里进行艺术创造。"我们的大院"的居民们进行日常生活中的创造性活动：造桥、造旋转木马、为节日装饰城市、运木料修建民居和教堂等。作家描绘了老木匠高尔金、男孩的父亲谢尔盖·伊万诺维奇·什梅廖夫、伙计瓦西里·瓦西里耶维奇、年轻木工安德列卡和所有信奉东正教的俄罗斯人，描写了他们这些劳动者和创造者怎样勤恳地劳作。作家把他们的劳动作为人类生存最重要的必需的东西来描写。他特别注重大容量的日常生活细节，对心理上的细微差别进行了富有艺术表现力的描写。这种描写再现了复杂多变但触手可及的生活。

什梅廖夫创作的主导特征是清醒的现实主义和现实的浪漫主义诗意相结合。小说《上帝的夏天》的艺术世界是现实的，甚至是有凭有据的，但同时又是理想化的。这是一个 19 世纪 80 年代革命前的莫斯科，是一个幸福、富饶的童话世界："雪橇上的大藤条筐，装的全是红红的酸果蔓果，还有蓝莓、越橘和用来做大斋吃的馅饼和果羹……瞧，这是豆子……有红的、黄的，放在雪橇上，成袋成袋的。这是白菜。雪橇上有大木桶，散发着难闻的酸味。啊，还有浓浓的鲜黄瓜味……土茴香、洋姜味、泡在盐水里的黄瓜泛出金色……这一堆堆的是胡萝卜，可以放些洋葱做馅饼，还有葱、芜菁，还有糖萝卜，像西瓜一样，红红甜甜的……这是蜜饯，有安东诺夫卡苹果脯、云莓脯、醋栗脯、淡紫红色的越橘脯……各种口味的克瓦斯饮料，有面包做的，有酸冷饮的，有麦芽做的，有家酿的，有很早以前放姜的那种……那边烤小面包圈发出噼啪声。有梭形面包、小面包圈、干小面包圈……有甜的、有玫瑰口味的、有芥末口味的、有放茴芹的、有加茼蒿籽的、有加罂粟籽的咸面包……面包还有柠檬味的、带罂粟籽的、带干番红花粉末的，有带葡萄干用筛过的面粉烤制的大面包，还有黑麦面包……啊，这是蜂产品。一派宗教节日的气氛，散发出蜂蜡味……这是果酱。那儿是过大斋用的糖、李子干、桃干、葡萄干和枇杷干，有捆上的无花果、有带叶子的欧庭荠、甜芝麻、糖渍的马林果和花楸果……还有蜜糖饼干，这种饼干有的是。"（Шмелёв，1989：307 – 310）莫斯科大斋前的市场真是丰盛极了，这就是物产富饶的俄罗斯大地。难怪自传体的主人公在这里听见了"俄罗斯各种各样事物和城市的名称"（Шмелёв，1989：310）。作家勾勒的日常生活景象在小说中获得了社会、历史、心理的诠释，唤起读者对象征民族生存基础的革命前的俄罗斯及其人民的思考。

没有日常生活描写的文学就像一棵没有根的树。俄罗斯的日常生活由贵族、农民、商人、小市民的生活构成，这是自古以来勤劳的人们居住的环境，是他们的天地，只有在这里，人的心灵才能为自己找到栖身之地。俄罗斯人的家永远是一棵无花果树，在这棵树上俄罗斯家庭生生不息地繁衍。由此，家的形象，确切地说，含有具体的日常生活意义的"我们的大院"和"家"的概念具有多义性。家是世界的中心，是小宇宙，是精神生活的支点，是作家最珍贵的概念：它代表祖国、家庭、父亲和生命的开始。失去了家，人无家可归，人就失去了根，变成苦命的流浪汉。小说中存在着家和异乡的二元对立。在侨居之地，没有皑皑的白雪，没有俄罗斯鸟儿的欢唱，连星星都是陌生的。这里没有克里姆林宫，没有愉快的花园。这是别人的土地、别人的世界，而心爱的家园俄罗斯已是一个满目疮痍的断垣残壁。被生活磨炼成熟的作家相信，过去的东西是毁灭不了的，人的灵魂是永恒的，和世界一样。它可以把世界纳于自身中。人民理念中的明智性和道德性就体现在日常生活中。作家用自己的记忆和神奇的力量为后来的读者再现了过去。

"我们的大院"对小主人公以及那些信奉东正教的俄罗斯人来说是最珍贵、神圣的地方。在它的每一个角落里，他们都能感到上帝的存在。自传小说主人公觉得："基督就在我们的大院里。在牛栏里、马厩里、窖口上的小棚里，哪儿都有……我们所做的一切都是为了他。"（Шмелёв，1989：326）世界充满了上帝的神赐，俄罗斯人深深地感受到了这种祥和，并用信仰和感情去体验它，去建设俄罗斯。对整个大地的爱在小说中同对天国的追求联系在一起。同时，崇高的精神价值在丰富、牢固的俄罗斯日常生活中找到了支点，在物质世界中得到体现。莫斯科河南岸的家在什梅廖夫的描写中只是俄罗斯和整个东正教生活中的微观世界。小说中的空间和时间被融合在一起。空间和时间与时时光顾每个人生活的基督联结在一起。"我看着耶稣受难的十字架。上帝的儿子在受苦！"（Шмелёв，1989：286）不是在从前受苦，而是在此时此刻。研究者们正确地指出："有生命的东西，而绝对不只是东正教传统固有的基督象征性地光临世界这件事本身，使什梅廖夫的主人公和他的世界具有了能够被理解的精神上的生活稳定性。"（Есаулов，1992：236）把宏观世界放到微观世界中，把无限放到有限的家中，把永恒放到每一秒中，使得小说《上帝的夏天》获得了史诗般的特征。

《上帝的夏天》是一个虔诚的俄罗斯世界。在这个世界里，东正教劳动的日历循环往复，互为联系，相互补充。作品的情节不是以直线形式发展，而是服从于四季的自然交替，呈螺旋式稳稳地旋转发展，从一个节日到另一个节日，年复一年。这种循环结构反映了东正教日历的循环周期：圣诞节、大斋、圣母领报节、复活节、圣三一主日、主显圣容日，然后又是圣诞节，作家就这样建立起一个"光明的俄罗斯王国"日常生活的完整世界。在这个独特的世界中，一切都相互联系着，存在于一个牢不可破的统一体中。这种循环结构象征着生活永不停息。时间均速、自由地为我们展示自己的内核与容量。什梅廖夫传达出的首先是俄罗斯一年中令人心旷神怡的大自然及其节律轻松的平静。这种平静与时间、与交替往复的严格的东正教礼仪交织在一起。俄罗斯人所习惯的故土的气息、心灵的轻松节奏在这里形成了一股用史诗抒情般的、栩栩如生的、触手可及的意识之流。这就是俄罗斯，真实可信的俄罗斯。

一年的节日在小说中以眼花缭乱的更迭形式展现在读者的视野中。作者详细地描绘了人们准备过节的热闹景象、仪式和节日进程，在鲜明的场景中展示出每一个节日的独特性。东正教的节日是俄罗斯民族精神和日常生活中不可分割的一部分。在这些日子里，"我们的大院"的所有人都感觉到自己是在一个人人平等的统一体中。节日在人的生活中有重要的意义。正是在这些日子里，陷入了日常生活"旋涡"的人们能放慢自己生活的脚步，使自己从忙碌中解脱出来去思考关于永恒的问题。甚至像谢尔盖·伊万诺维奇这样的大忙人，在节假日里也放慢了生活节奏，关注起时间以外的永恒的东西。他打开房子里所有的灯，欢乐而忧郁地唱着"主啊，我们向你的十字架鞠躬"。

小说的题目揭示了信奉东正教的俄罗斯人的四季生活在劳动和对上帝、圣母的祈祷中。人们祈祷有个平安之年（夏季），祈祷他们的劳动能受到上帝的祝福，保佑他们免受悲哀和不幸。小说《上帝的夏天》浸透了东正教思想和世界观。作家认为，正是信仰构成了俄罗斯人的道德原则和民族性格的基本特征（Шмелёв，1996：560）。国外东正教教会著名的大主教谢拉菲姆把什梅廖夫称作"虔诚的俄罗斯日常生活描写的作家"，他强调说，什梅廖夫这部作品"无疑是文学形式中描写我们美好幸福的宗教日常生活的最好一部作品"（Черников，1995：265）。

周围的世界在一个 7 岁的男孩的眼中变得高尚起来。他用一双好钻研的、充满爱意与光亮的眼睛去仔细观察这个世界的秘密。在城市的手艺人、农民、神职人员身上,男孩看见了充满真正诗意智慧的生活。小说的叙述从头至尾都是对多姿多彩生活的欢乐的感受。万尼亚在日常的东正教中,在对上帝的信仰中,在赋予周围的世界以人性和神性的同时,认识了生活,感受到来自万物的"有生命的光明、清澈透明的快乐的儿童时代的光明"。精深的《圣经》以崇高的意义充实了男孩的生活。

小说中的基本问题之一是对历史的记忆问题。生活中的瞬间囊括了大千世界。人在纷繁忙碌的日常生活中经常会忘却永恒,而使自己的日子流失于瞬间的忙碌。人总是专注于未来,不愿回忆起过去的神圣的东西。但过去总能让人想到它对现在和将来的权力。只要人关注传统的、永恒的、神圣的东西时,就会发现生活充满了深刻的哲理。

小说中瞬间与永恒的记忆交织成十字状。在它的空间的坐标上,横轴上是作者的时间,而在纵轴上积淀着永恒,无限的时间。这种叙述方式以更大的尺度来体现关于记忆问题的美学思想。什梅廖夫概念中的记忆是宗教道德的范畴,因为它使人感觉到自己是过去的继承人并意识到对未来、对整个上帝的世界的责任感,"要记住"——"我记着呢"像钟声回响在小说的字里行间。这是对俄罗斯虔诚的、平静愉快的记忆,它能修复人的历史记忆中的断裂层。在什梅廖夫对生存的理解中,过去、现在、未来不可分割地融会在一起。他小说中的细节容量大、意义深,有对历史往事的联想,充满了隐喻。他的小说塑造了几代人的生活的景象,肯定了人民创造生活的无限的能力,并保存了对人民的记忆。生活不应该建立在易折之处,而应该建立在过去这一坚固的基础之上。《上帝的夏天》的作者正是这样来理解人类发展的演化的。对什梅廖夫来说,拥有绝对价值的,不是对新事物的崇拜,而是伴随人类世代相袭的、构成先辈生活意义的永恒不灭的东西。不应该忘却自古以来就确立并被岁月证明的规则和道德规范,而是要严格遵守并发扬光大。万尼亚·什梅廖夫就是在这种传统中受的教育。在世世代代永恒的关系中,什梅廖夫看见了人和民族精神不断丰富的基础,看见了生命的延续。

万尼亚·什梅廖夫预感到自己是东正教世界中不可分割的一部分,因为他觉得,一切变成俄罗斯历史的东西是他所经历过的。不只是对历史的了解,而且是对历史的参与,感觉到自己是历史的一部分,这对一颗童心来说是无法表达的欢乐，这是参与先辈的事业，是一种参与到称作东正教俄罗斯国家生活中的欢乐与幸福。

生活中不仅有节日、欢乐，还有悲哀。在"悲哀篇"中小主人公万尼亚领着读者去感受无法回避的悲伤：最亲的人——父亲的生病与死亡。节日按着顺序交替着，和往常一样，圣彼得节有客人来，圣母安息节后腌黄瓜。但没有了往日的欢乐。叙述在悲哀的曲调中戛然而止。但什梅廖夫对存在的见解是乐观的，因为他的主人公深信无限永恒的生活的存在。万尼亚相信，在另一个世界里等待他们的有"基督，还有曾祖母乌斯基尼亚"，还有许许多多无愧于自己一生并按照上帝的意愿走完尘世之路的人们。父亲的葬礼和整部作品在赞美永恒生活和不灭灵魂希望的东正教祭祷歌中顺利结束。

父亲去世前，家里添了一件喜事：万尼亚的妹妹出世了。万尼亚也准备要上学了。看来生活仍在继续着。欢乐与悲哀的交替锤炼着万尼亚"天使般的心灵"。这种交替"时而使人兴奋，时而令人哭泣"，有时充满温柔亲切的感情之光，虔诚地呼唤着上帝。在把周围世界作为精神运动和更新来感受的同时，小男孩感觉到他同周围人浑然一体："一切，所有人和我连在一起，我和大家连在一起。"（Шмелев，1989：480）随着对生活的认识，万尼亚的精神境界变得高尚起来，心灵变得崇高起来，形成了对祖国、对周围人的爱。

小说《上帝的夏天》中人物众多，涌动的记忆展示出作家走过的"苦难的历程"，并从"遥远的年代"为我们引出了各式各样的俄罗斯性格，复现了从父亲和高尔金、民间的能工巧匠——木匠、油漆匠，到看澡堂的、女仆、小贩、乞丐等形形色色的俄罗斯人。正是这些人构成了一个真正的千姿百态的俄罗斯。小说中万尼亚父亲谢尔盖·伊万诺维奇被作家怀着深厚的爱意刻画出来。《上帝的夏天》不只是儿子的敬礼，也是什梅廖夫给父亲树的一座纪念碑。

由于过去和现在的时间的交织、微观世界和客观世界的统一，什梅廖夫的小说获得了惊人的读者亲临的效果，读者仿佛直接参与到描绘的事件中，同小说中的人物一起欢乐、悲哀，读者感到小说中的事就发生在他们的身边。作家借助独特的主题、独特的视角揭示了永恒的生活的价值：真、善、美。"我们的大院"的家庭日常生活方式的画面浸透了被融会于小说形象结构中关于整个俄罗斯、俄罗斯的命运、俄罗斯人的思想，由此形成了史诗般的气势（Ильин，1959：177）。

什梅廖夫战胜了个人生活中的悲哀与绝望，回到了东正教的怀抱，成为生活的强者。同时他也是一位创作中的胜利者，写下了惊人明快的作品，融会了艺术、训诫、完美的形式和深刻的宗教内容，揭示了东正教俄罗斯精神的实质。很多俄罗斯作家想使文学具有神性，力求创作出宗教小说。我们看到这一愿望最终在什梅廖夫的创作顶峰——《上帝的夏天》中得以实现。

参考文献

Есаулов И. , Праздники Радости Скорби//Новый мир 1992（10）.

Ильин И. А. , О тьме и просещении. Мюнхен，1959.

Ильин И. А. , Памяти Ивана Сергеевича Шмелева. Мюнхен，1956.

Ильин И. А. , Собрание сочинений. том шестой, Москва，1996.

Черников А. П. , Проза И. С. Шмелева. , Кулуга，1995.

Шмелев И. С. , Лето господна, Москва，1996.

Шмелёв И. С. , Шмелёв И. С. Избранное. Москва，1989.

原文载于《俄语语言文学研究》2005年第4期

论什梅廖夫小说宗教主题的多元意蕴

王希悦　张　梅　孙忠霞*

摘　要： 俄罗斯文学与东正教精神有着难以割舍的关联。什梅廖夫的创作以浓郁的俄罗斯气息和宗教情怀见长，在他的《朝圣》《禧年》《天国之路》等诸多作品中宗教情愫鲜明。本文从宗教的视角发掘、分析体现在什梅廖夫创作中的堕落—转变、永生、天意等主题内涵。由此阐释与之关联的罪、赎罪、道路、拯救、死亡、奇迹、圣徒崇拜等宗教观念，进而深度把握作家宗教主题的多元意蕴，理解作家独特的创作风格。

关键词： 堕落—转变　永生　天意　多元意蕴

伊万·谢尔盖耶维奇·什梅廖夫（1873～1950年）是一位成就卓著的俄罗斯作家，是20世纪俄罗斯侨民文学第一浪潮的杰出代表。1931年、1932年曾两度被提名为诺贝尔文学奖候选人，评论界称其是"最富俄罗斯特性的作家"。现今俄罗斯中学和大学的文学大纲已将其归为必读作家之列。

什梅廖夫成长在一个笃信宗教的家庭。自幼年起，家人就常带他去著名的谢尔盖圣三一修道院祈祷和朝圣，他曾经回忆道："家里除了福音书，我看不到其他任何书。"（Олег Михайлов，1999：7）经历了祖国多舛命运，在国外定居后，什梅廖夫作为一名思想日渐成熟的侨民作家，把东正教视为自己生活和创

---

* 王希悦，东北农业大学副教授；张梅，黑龙江省社会科学院副研究员；孙忠霞，海南热带海洋学院副教授。

作不可分割的一部分。我们知道，东正教是俄罗斯民族精神不可缺失的要素。一个真正的俄罗斯作家总是会从东正教信仰的角度去理解俄罗斯的精神文化。而东正教精神与俄罗斯文学就有着难以割舍的关联，陀思妥耶夫斯基的《罪与罚》（1866 年）和《卡拉马佐夫兄弟》（1880 年）、托尔斯泰的《谢尔盖神父》（1912 年）、列斯科夫的《大堂神父》（1872 年）、扎伊采夫的《谢尔盖·拉多涅日斯基》（1925 年）等都是鲜明的例证。同样，东正教的精神及价值观念也在深具虔诚心理的什梅廖夫的意识中渗透、体现和发展。什梅廖夫的诸多创作都体现了生活描写与宗教内容紧密结合的特点。下面，我们通过宗教主题这一视角，发掘什梅廖夫创作的宗教意蕴和特征。

一　堕落—转变主题

在什梅廖夫的创作中，堕落—转变主题在《死者的太阳》（1923 年）、《爱情故事》（1926～1927 年）、《天国之路》（1948 年）等多部小说中都有体现。从宗教意义而言，"堕落"即是罪的表现，而"转变"即是得到拯救的一种彰显。罪的概念对于基督教来说很重要，亚当与夏娃偷食禁果的原罪之说是其根本来源。要知道，忏悔、赎罪、拯救等诸多宗教观念都是在此基础上建立起来的。具体说来，在《死者的太阳》这部史诗中，什梅廖夫尝试分析人们远离上帝而陷入罪的原因，对信仰进行了深刻的思考。该作品是什梅廖夫侨居国外后收获的第一部成果，作家将其定位为史诗，将社会悲剧扩展至整个宇宙，借以达到史诗般的艺术效果。进而言之，《死者的太阳》是一部关于十月革命及国内战争的记述，以一位知识分子目睹一系列事件为情节展开叙事，描绘了俄罗斯人、大地、天空、太阳、花园、牲畜、鸟类，甚至整个大自然死亡的故事，是一部关于"生命死亡的历史"。作家表面上描写的故事发生之地是一座带有热那亚风格的古老钟楼的南方小城，实则喻指乌克兰的阿卢什塔。由于革命、战争，该城由热闹非凡、有着诸多游人的小城变成了死气沉沉、一片萧条的不毛之地。书的章节标题"孔雀的末日""布比克的末日""医生的末日""三种末日"等字样彰显了人们的罪孽之重。但什梅廖夫所突出的堕落—转变主题贵在强调"转变"，作家坚信，试图摧毁一切的地狱般的死亡力量并不能抹杀人们的记忆和精神传统，历史性的灾难亦摧毁不了信念坚定的人们，在主人公获得信仰之后，叙述人描绘的是春天的景象，其典型的语义内涵代表生命的复苏："春天……死者不会复活吗？死者会复活！我坚信奇迹！伟大的复活——是的，即将发生。"（Шмелёв，2012：215）

在《爱情故事》中，什梅廖夫不仅描写了罪，而且增加了赎罪这一内容，这个概念不仅可以解释堕落的原因，亦成为作家随后一系列作品《朝圣》（1931年）、《禧年》（1933～1948年）、《天国之路》的审美和表达观念的一个必要范畴。在《爱情故事》中，作家以抒情诗意的笔触描写了15岁中学生冬尼亚第一次萌发的爱情，即他的初恋。尚未涉世的他如同一个"可怜的骑士"，投入了善与恶、纯洁与罪的斗争。在小说中，作家着力彰显了拯救之爱与性本能之爱的对立。前者以从事清扫服务的芭莎为代表，她的结局是离家去了修道院，这正是拯救之爱的隐喻。后者以装着玻璃眼的邻居谢拉菲玛为代表，她是肉欲的象征。小说的第一人称叙事使作者可以详细地描绘冬尼亚与自我内心的斗争，最终，饱经爱之痴迷的冬尼亚战胜了恶，抵制住谢拉菲玛肉欲的诱惑，逐渐恢复健康，精神复原。

《天国之路》中的堕落—转变主题在情节发展中多次出现。从罪到通向拯救的道路是漫长而又艰辛的，主人公不止一次地回到起点，因为人的本性对其应该遵循的简单真理并不那么敏感。另外，在这一过程中，作家采用"重复"这种艺术手法安排小说的结构，亦显示了生活中人们的罪之多。在此，作家彰显的主要思想在于：整个生活就是一次次试炼。对小说的男女主人公来说，他们面临的就是"尘世之路"（罪恶的、肉欲的）与"天国之路"（道德高尚的）的抉择。男主人公维依登加姆梅尔是一名在铁路上供职的机械工程师，他最初沉迷于德国哲学和自然科学，没有任何信仰。维依登加姆梅尔认为"整个宇宙就是物质力量的自由运作"（Шмелёв，1998：19），没有上帝和魔鬼，也没有善和恶。对于他来说，在爱情中亦不存在道德和道德败坏的概念，因为爱情本身只是选择的生理法则，服从这种自然现象要比反抗有益得多。这是一种将爱情视为人的自然需求的观念。在妻子遵循这种法则离他而去之后，维依登加姆梅尔则埋头于天体力学研究，科学成为他的信仰和支柱。而他精神成熟后，理解了"天国之路"，坚信了上帝——这一切都是随着他对达利亚的爱而发展起来的。达利亚是一个孤女，在维依登加姆梅尔的帮助下在修道院做了见习修女。后来又离开修道院与维依登加姆梅尔生活在一起。这种非法同居的爱是被作为罪责认定的，所以，作家为其安排了无生育能力的不幸命运，这是上帝对其"纵欲"生活的惩罚。小说还穿插了达利亚与骠骑兵瓦加耶夫的三日疯狂之爱，以及维依登加姆梅尔在彼得堡迷恋穿着绿色天鹅绒的匈牙利女人……这些在作家看来都是魔鬼的诱惑。小说的一些章节标题"迷惑""堕落""诱惑""试炼""魔鬼的成功"亦加强了这种见证。主人公的多次"堕落"及其"转变"都是循序渐进地展开的，每一个新的考验都变得比以往更加复杂。在这部作品中，小说的主旨已然具有构建体裁的意义，评论界视其为"宗教小说"（Зайцева，1999：14）。此外，这部小说具有鲜明的使徒传记特征。我们知道，在什梅廖夫早期作品《不竭之杯》（1918 年）中已经出现这一体裁端倪，这种风格是基于诱惑、奇迹、拯救苦难、圣徒的帮助、启示、幻想、永生等大量使徒行传传统主题的存在而体现出来的。在最后一部小说《天国之路》中，正如小说最初几行文字所预言的那样，"尘世与天国融合"，其决定了作品两个层面，即现实的叙述和圣徒传记特点的结合。

在堕落—转变这一综合主题内，故事情节的发展也激活了"道路"主题的彰显，主要体现在将人的生命视为道路这一古老语义的呈现，由此，这种特征亦使静态和动态这对运动范畴变得很重要。在什梅廖夫的创作中，这组范畴具有稳固的对立特征，如《死者的太阳》突出静态性语义，而《爱情故事》《莫斯科来的保姆》《朝圣》《禧年》则是主人公"转变"的动态语义占优势。在《天国之路》中，主人公生活之路的静态—动态范畴，在情节发展中不再仅仅作为对立元素被接受，而是被赋予了评价（肯定或否定）色彩。动态开始与人们的忙碌、罪相关，运动成为空虚徒劳的，但动态亦以离奇的方式成为获得静态（平静）的必要要素。在《天国之路》的生活中，人的心灵是平静的，因为它与"最高"定律、世界以及自我本身达到了一致。男女主人公经历尘世的诱惑和情欲的斗争，经历精神的堕落，虽然反复多次，但最终还是走向了精神的寻求、拯救以及重生。应该说，在"堕落"—"转变"这一综合主题中"转变"依然是主要要素，它是以基督教的赎罪和恩典等基本要义为根基的。所以，这一主题蕴含着"拯救"的观念。体现在宗教中，拯救就是避免恶，将人从罪、痛苦、死亡中挽救出来。拯救类型的典型情节就是运动，其终结点是道德转变，生活建构在新的、饱经痛苦而取得的准则基础上，它的稳定性表现在从无价值向有价值过渡和发展。

当然，在什梅廖夫的创作及世界观中，作家对堕落—转变这一综合主题的观念和理解并非一成不变。如在《死者的太阳》《爱情故事》中体现为象征地描绘"堕落"以及随之而来发生的"转变"，合乎逻辑地否定罪；在《禧年》《朝圣》中加入宽恕、降低罪的程度等内容；在《天国之路》中则描绘理想的世界、公开宣扬堕落—转变的存在和趋向。

二 永生主题

永生主题在什梅廖夫这里体现了与死亡及圣徒崇拜的关联，与尘世之路及天国之路的观念紧密相关。在作家的创作中，借助主人公走过的尘世之路，死亡主题得以发展。在《莫斯科来的保姆》中，作家通过保姆的感受描绘了罪人之死的场面，接近于俄罗斯民间传说中对死亡的描述。《朝圣》《禧年》则从宗教的世界观诠释了死亡，这有别于突出与死亡相遇时的心理历程的那种文学传统的描写，如列夫·托尔斯泰的《伊万·伊里奇之死》（1886 年）。在这部小说中，托翁以细腻的笔触描绘了官吏伊万·伊里奇临死前的心理状态以及他的内心觉醒和对生命真正意义的思索。从死亡领会生存的意义，已经包含深刻的存在主义命题。的确，在托翁的《三死》（1858 年）、《战争与和平》（1863～1869 年）、《安娜·卡列尼娜》（1873～1877 年）等诸多作品中都有关于死亡主题的描写和探索，"人的理性生命不是肉体的生命，它是超时空现象，因此这个生命没有死亡"（戴卓萌，2005：107）。这与基督教"永生"观念很契合，"永生"观念强调人的物质生命是短暂的，只有灵魂得到基督教的拯救，升入天堂同上帝相结合，人才能得到真正永恒的生命。所以，死亡只是失去了尘世的生活和肉体存在，这与非基督教的"死亡"意味着永远失去所拥有的一切完全对立。

而什梅廖夫在描绘中，则否定死亡，因为依据圣训，信念和生命有永恒的乐土（天国、福地）。其在小说《朝圣》、《禧年》以及《天国之路》中多次重复的思想就是"上帝那里一切都是存活的！没有死亡！……虽然多年的和平岁月流逝而过，伤口依然因丧失而疼痛、裂开，但胜利的荣耀生命之光是永恒不熄的，因为谁都不会被忘记，什么都不会被遗忘"（Зайцева，1999：17）。与此相关的是，什梅廖夫突出了准备死亡的主题。因为自出生起，人便走在了通向死亡的路上，我们每一天都在逐渐接近死亡。如在《禧年》中，作家指出，人从童年就有这种准备，体现在瓦尼亚大斋前的斋戒祈祷。对于遵守教规者来说，死亡并不出乎意料，在该小说中，征兆和预感已经预先向父亲及亲人们显现，似乎让他们内心做好准备去接受不可避免的事情。从节日和四季的周期循环中，什梅廖夫表达了死亡等于复活的理念。

什梅廖夫本人的神秘体验（与对去世妻子的祷告有关）亦反映在其创作中，主要体现在死者出现在生者的梦中，如对戈尔金来说，是木匠马尔蒂的出现；对达利亚来说，是阿格尼娅嬷嬷的出现。此外，在《天国之路》中，这一主题显现为一个新的视角，即达利亚与生前未曾谋面的现已亡故的亲戚的"神秘"关联。这一关联与其说是宗教信仰现实经验的反映，不如说是作者的幻象，达利亚与尤多娃女士极其相似，作为一种艺术手法，古老庄园女性肖像画的出现，既是象征，亦是浪漫神秘的反映，类似果戈理《遗嘱》（1845 年）"死后的声音"主题，或是帕斯捷尔纳克的诗歌《八月》（1953 年）的描写。在抒情主人公的幻象中，他梦见人们为其送葬，恰逢旧历 8 月 6 日主变容节，帕斯捷尔纳克曾有这样的亲身经历：1903 年 8 月 6 日，他从马上摔下，接受了死亡考验但奇迹般地活了下来。"死神站在墓地，如同林间国家的土地测量员，端详着我死后的面孔，为的是量身挖坑。""并非触手可及的，是某个平静的声音。那是我以往预知天意之音，响着，依然没有衰减。"（帕斯捷尔纳克，2013：479）

此外，永生主题亦与圣徒崇拜相关联。圣徒是第一批复活并享受永生的死者，从而成为被崇拜的对象。在什梅廖夫的艺术世界里，圣徒与其他人物在情节中一样发挥积极作用。在文本结构中，圣徒首先体现在圣徒传记层面。圣徒传记作为文本中的文本，经常为阐释人物的尘世生活服务。圣徒显现在形象、力量中或是出现在其他圣地，正是通过这些体现他们在尘世存在中的作用。而信仰圣徒的主题又与"奇迹"主题相关联，与"信仰和怀疑"这组对立范畴相关联。什梅廖夫的主人公经常得到圣徒的帮助，奇迹亦时常伴随出现，其在情节结构中的作用是表达东正教意识的主导观念之一。干预相关事件进程、巧合、征兆等都属于奇迹。如在《天国之路》中表现为达利亚自杀时得到已故巡警的指点与维依登加姆梅尔相遇，维依登加姆梅尔辗转得到已故兄长定制的首饰等情节。在亲历这些奇迹之后，维依登加姆梅尔相信了必然之外有某种更高力量的存在，一系列无法用逻辑推理证明的奇迹逐渐撼动了他的科学理性思维范式，并推动他走向了皈依宗教之旅。但什梅廖夫的奇迹语义有别于文学神秘主义样态，他以宗教神秘主义创作作品，相信宗教的奇迹有利于净化人物的智慧和心灵。

三 天意主题

基督教的传统天意观认为，上帝惩恶扬善的意志（天意）对世界之运行具有绝对主宰力，上帝高度干预世事，而人的自由意志对此无法做出任何更改。在什梅廖夫的创作中，他主要从东正教的神圣观点突出天意主题。他的天意主题的不变式包括所有奇迹的主题、长老生活方式的主题等。作家将拜会长老并得到祝福的独特经历作为描写对象写进了作品。上帝的梦（神圣的梦）的主题是为揭示天意主题服务的，在什梅廖夫这里，梦的可靠性标志就是十字架。因为十字架不仅是耶稣受难的象征，而且是信仰和救赎的象征。

在《天国之路》中，维依登加姆梅尔的精神朝圣之路是跨越理性的樊篱艰难趋近的。当他心中科学柱石倒塌，没有了科学信仰时，与达利亚的相遇为他带来了宗教信仰，这时他感觉生活充满了生机和活力，他的精神世界萌生了一种模糊意识——或许是"天意"安排了他与达利亚的命运。但此时，在学界的研究者看来，这种"天意"并不完全等同于"上帝"。维依登加姆梅尔所言的"天意"，一方面，表明他模糊地相信可能存在着某种高于人与理性的神秘力量；另一方面，这则是他摆脱罪恶感的一种托词（王帅，2013：116），因为他和达利亚的非婚同居生活是不被认可的。我们甚至可以说，此时维依登加姆梅尔所达到的信仰阶段为希望上帝存在，而并非相信其存在。在该小说结尾场景的描写中，直观天空的流星，机械工程师维依登加姆梅尔抑制住自己好奇的理性。按作者的构思，他的神性认知应该是走过一个从无个性的"绝对"观念到神圣之言的十字路。遗憾的是，小说的构思没有实现。作者只完成了前两部的写作，第三部没有完成就辞世了。天空是难以想象的客观"绝对"的象征，而在主人公的观念中既没有十字架，也没有上帝的化身。小说的女主人公达利亚同她的原型一样，意外地死于车祸，而维依登加姆梅尔则一个人做了修士。因此，什梅廖夫以东正教的方式对待天意主题，同时还包括宗教的象征（天空），但他没有坚持到最后。尽管作家经常有意识地回避天意这一主题的文学神秘主义特点，但在很大程度上，该小说的文学性特征要强于其神学特点，类似这种"天空"描写在米·布尔加科夫的小说《大师和玛格丽特》的结尾也有出现：沃兰德带领自己的随从以及大师和玛格丽特一行数人腾空而去，飞向远方。但这里的"天空"对主人公大师及玛格丽特来说，已然具有象征死亡世界的魔幻特点。

《天国之路》中，作家描绘迷路情节的目的是将神性认知的主题与女主人公在拯救的天意主题中所起的作用联系在一起。在小说中，达利亚应该起到完善深奥道理和知识承载者的作用，正是她为主人公维依登加姆梅尔揭示了通向生活和通向上帝的路。从小说描写中我们知道，达利亚的精神朝圣之路同样经历了一个曲折的过程。她的两次爱情经历起着深化信仰的作用，达利亚与瓦加耶夫之间由最初的情欲之爱提升为以信仰为基础的崇高之爱。她与维依登加姆梅尔的爱情，同样由非法同居、有违宗教伦理的罪恶感，以及出于感恩、不对等的两性之爱转化为对对方的积极拯救。经过长老瓦尔纳瓦的点拨，达利亚终于明白了自己的天意使命，即"引导维依登加姆梅尔走上回归信仰之路，并帮助更多不幸的人走向幸福"（王帅，2013：119）。

《禧年》中描写了天意安排好的死亡。在整部小说中，作家突出了按信仰生活，在信仰中问心无愧地接受死亡，并为死亡做准备的思想。与此同时，作家强调在死亡这一生命中重要的事件中，人的自由要素及其对天命安排的积极参与很重要：人类所有自由行动的目的就是准备过渡到永恒（永生）。这种对待死亡的宗教态度有别于托尔斯泰的《伊万·伊里奇之死》。什梅廖夫探索的通向人生结束之路不是哲学理性的，而是尘世记忆中的积极准备和面对，其借助善事及教会圣礼仪式的净化得以实现。信仰构成了俄罗斯人道德原则和民族性格的基本特征。作家认为，人应该继承和发扬构成生活意义永恒不灭的那些东西，生命延续的意义就在于此。

《莫斯科来的保姆》的天意主题，乍一看来，是外围的，但有学者认为，虔信主题是它的一个变体（Черников，1995：23）。保姆希尼奇娜作为叙述者一直坚信：贫穷并不可怕，可怕的是失去自我。在作家的描写中，保姆的形象被赋予鲜明的象征意义，希尼奇娜是笃信宗教之人，是宗教和民族良心的承载者。用卡佳的话说"你是我的圣像"。战争、革命、女竞争对手的阴谋诡计阻碍卡佳和瓦夏这两个相爱的年轻人结合。但如同天意，保姆安排了卡佳的命运，由于保姆的努力，最终，这对恋人有了幸福的结局。

《库利科沃之战》（1939～1947年）中，天意主题从历史层面得到最充分展现，小说描绘了上帝对整体人民命运的思索。这一视角可以与旧约的天意启示对比：上帝的子民因罪受到惩罚，因为他们不信仰上帝。

通过分析什梅廖夫小说的几个具有代表性的宗教主题内涵，以及对与之相关的宗教内容多层意蕴的深度阐释，我们了解了作家创作中的独特宗教观念。什梅廖夫是深具"俄罗斯性"特质的作家，他关注"生活的宗教"，将"神圣"生活化，将"生活"崇高化，其宗教信仰与日常生活紧密结合的创作独具艺术魅力。

参考文献

Зайцева Л. Е. , Религиозные мотивы в позднем творчестве И. С. Шмелёва（1927 – 1947 гг. ）. Москва，1999.

Олег Михайлов Об Иване Шмелёве//Шмелёв И. С. Избранные сочинения：В 2 – х тт. Т. 1. Повести и Солнце мёртвых. Вступ. статья О. Михайлова. Москва：Литература，1999.

Черников А. П. ， Проза И. С. Шмелёва：Концепция мира и человека. Калуга，1995.

Шмелёв И. С. ， Пути небесные. Москва：Русская книга，1998.

Шмелёв И. С. ， Солнце мертвых. Москва：Эксмо，2012.

戴卓萌：《列夫·托尔斯泰创作中的宗教存在主义意识——谈托尔斯泰创作中的"死亡"主题》，《外语学刊》2005年第2期。

〔苏〕帕斯捷尔纳克：《日瓦戈医生》，王希悦译，北方文艺出版社，2013。

王帅：《天路的历程 精神的归宿——试析什梅廖夫的〈天路〉》，《解放军外国语学院学报》2013年第4期。

原文载于《俄罗斯语言文学与文化研究》2015年第1期

论《静静的顿河》在现代观念上
对《战争与和平》的突破

张中锋*

摘　要：《静静的顿河》在现代观念上对《战争与和平》形成了突破，具体表现在以下三个方面：表现在历史观上，历史是"非理性的"而非"理性的"；表现在人性观上，人性是恶的而非善的；表现在人生观上，人生是悲观的而非乐观的。当然，这里的"突破"并不意味着《静静的顿河》的艺术价值更高，而仅仅是为了说明二者在创作观念上存在着较大的差异。同时，这种差异也说明，《战争与和平》并非一部传统意义上的批判现实主义作品，而《静静的顿河》也不是一部社会主义现实主义的典范之作。

关键词：《战争与和平》　《静静的顿河》　现代观念

应该说《战争与和平》包含了大量的现代观念，比如历史的神秘性和不可知性、人性本恶以及人生的宿命论思想等，但这些观念在托尔斯泰的作品中只是部分地得到了体现，作者终究没能冲破传统观念的束缚，现代意识的澎湃激情被抑制在古典理性的阈限内。而肖洛霍夫却没有这么多顾忌，他的现代观念在《静静的顿河》中得到了全面突破和充分体现。具体说来这种现

---

* 张中锋，济南大学教授。

代观念主要体现在历史观、人性观和人生观三个方面。当然，这种突破并不意味着《静静的顿河》艺术价值更高，而仅仅表明二者在创作观念上存在着明显的差异。

一　历史是非理性的而非理性的

《战争与和平》的创作为时人提供了一种全新的历史观，在托尔斯泰看来，历史不是靠帝王将相推动，不是靠廉价的爱国热情和民族主义情绪推动，也不是靠善恶轮回或因果报应的主观良好愿望推动，更不是达尔文的优胜劣汰、物竞天择式的自然进化，而是充满了偶然性和神秘性。战争为什么会爆发？为什么会取得胜利？为什么战争在此时此地进行而非别时他地？所有这些都是难以预料的，那些所谓的军事天才和设计周密的作战计划，对于复杂多变的战争场面来说是无用的，甚至是愚蠢滑稽的。在奥斯特利茨的战役中，在两军紧张对垒时，不知哪个士兵喊了声："我们被包围了！"就引起了全军水泻般地大溃退。最后稳住部队阵脚的不是各级军官的嘶喊声，而是被忘了通知撤退的几个炮兵，他们那看似无效的持续放炮，却给敌对方造成步兵仍没撤退的假象，从而无意中避免了整个阵线的崩溃。战争是如此，生活也是充满了偶然性和难以预料性。从娜塔莎对安德烈的初恋之热烈，很难想象她日后的背叛；皮埃尔一生经历了结婚、决斗、被俘等事件，而这些事件都是在他意料之外的；尼古拉本来是信誓旦旦地爱着索妮亚，最终却和玛莉亚公爵小姐结了婚。所有个别的偶然行为叠加，便构成了历史。

但是，正当托尔斯泰触摸到历史的神秘之处，人们也期待更多的新奇体验时，作者却令人遗憾地退却了。受基督教的来世观念和西方理性哲学的影响，托尔斯泰的历史观仍然徘徊在理性的全知全能的范围内，即认为历史是可以认知的，历史是存在着规律的，因此，任何事情的发生看似是偶然的，实际上却被现象背后那只"看不见的手"——必然——所支配。在托尔斯泰看来，战争的胜负、家族的兴衰、时世的变迁以及爱情的发生等现象都被冥冥中的"自然法则"或"上帝"支配，这种支配还要服从一个最终的目的，这就是要实现世界或宇宙的至善。并且实现至善的这个目的是客观的，不以人的意志为转移，因此，人世间的一切变化都要服从这一目的，顺之则昌，逆之则亡。托尔斯泰在《战争与和平》中反复申明，不管是帝王将相，还是凡夫俗子，都自觉或不自觉地充当历史实现自己目的的工具。"人自觉地为自己活着，但是他不自觉地充当了达到历史的、全人类的各种目的的工具。""他们每一个行动，他们觉得仿佛都是他们独断专行似的，其实从历史的意义来看，却不是随心所欲的，而是与整个历史过程相关联的，而且是很久以前就决定了的。""他们畏惧，虚荣，欢乐，愤慨，议论，认为他们知道他们所做的事，知道他们那样做都是为着自己，其实他们都是不自觉的历史工具……""假如有一个支配人类行动的法则，自由意志就不能存在，因为人类的意志必须服从那个法则。"（托尔斯泰，1989：1756）

为了说明人类历史存在"自然法则"，存在通向至善这样一个铁的规律，托尔斯泰以他巨大的气魄，在《战争与和平》中设置了俄国抗击法国入侵的卫国战争这一重大事件，以四大家族的兴衰变迁及其人物之间的情感纠葛来表现历史是怎样通向至善的。战争是残酷可怕的，但是战争在人类历史进程中是难以避免的。因此，战争本身可能表现为不善，但战争的结果有可能导致善。正因如此，所有参战人员的行为都不过是盲目地充当着历史的工具。因此，即使率领几十万人的统帅也不再像以往历史学家所描写的那样，是运筹帷幄、叱咤风云的英雄。库图佐夫老态龙钟，由于精力不济，时常在军事会议上打瞌睡。至于怎样打败拿破仑，他并非胸有成竹，而是随遇而安。而拿破仑则充满病态的蛮横和傲气，行为卑琐，性情乖张，他对俄国的大举入侵和他从莫斯科的匆忙撤退，都让人感到莫名其妙。因此，这些所谓的英雄比普通人也高明不了多少，拿破仑被打败、被流放，库图佐夫在战争结束后悄然死去，都说明他们作为工具而被历史抛弃。可见战争本身的发生似乎也成了必要，是历史通向至善所必然付出的代价，这具体表现在托尔斯泰对战争残酷性的描写上。《战争与和平》中的战争场面是异常惨烈和恐怖的。俄法两军在战场上相互厮杀所形成的死尸遍野的惨象，战地医院里锯腿断臂的惨叫声，以及莫斯科使千万人流离失所的熊熊大火，还有拿破仑撤退时几千人淹死在河里的景象，这些都被作者毫无同情心地表现出来。

战争除了给人世间造成巨大悲剧的消极作用外，在托尔斯泰看来，似乎还具有对人性进行洗礼的积极作用，战争能使人觉悟，能惩恶扬善。这具体表现在战争对四大家族的成员们的影响上。安德烈两度上战场，在临死前终于看到了世间名利的虚无，认识到了爱和宽恕的重要性；皮埃尔在当俘虏时遇到了农民普拉东诺夫，彻悟了长期困扰着他的人生意义问题，最终皈依了上帝；尼古拉在军队转移中救助了处在困境中的玛利亚公爵小姐，并从她身上看到了世俗之爱和神圣之爱的差别；整日过着纸醉金迷生活的库拉金家族则走向衰落，妖艳无比的海伦过早病逝，而她的哥哥阿纳托利则在战场上负伤死去。这里最幸运的要数罗斯托夫家族，尼古拉娶了最富有的安德烈的妹妹玛利亚公爵小姐，而娜塔莎则嫁给了俄国最富有的贵族皮埃尔。四大家族的结局之所以各有不同，主要与每个家族以及每个人对"自然法则"或"自然至善"这一目的"领会"的多少有关。可见，小说中不管是战争结局的胜负，还是和平生活的变迁，都和对历史发展"法则"的遵从与否相联系。在托尔斯泰看来，一切都是有序的，都是合乎理性的，正如玛利亚公爵小姐借《福音书》上的话所说的，"若是上帝不许，连一根头发也不会从我们头上掉下来"（托尔斯泰，1989：641）。因此，托尔斯泰在《战争与和平》中，为了达到这种尽善尽美的目的，不惜借用很多巧合，并为这种巧合做了煞费苦心的铺垫和准备。

与托尔斯泰在《战争与和平》中所体现的理性历史观不同，肖洛霍夫在《静静的顿河》中展现的是非理性的历史观。非理性的历史观认为历史充满了偶然性、神秘性、盲目性。历史是一些并没有多少联系的偶然事件的堆积，是没有任何规律可循的。但是，在许多教科书和一些评论家看来，《静静的顿河》及其主人公的悲剧结局却反映了历史规律，即反映了哥萨克人由"一战"到"二月革命"，再到"十月革命"，最终走向布尔什维克领导下的社会主义这一历史必然。人们之所以会形成这样的观点，主要有以下原因。我们认为葛利高里及哥萨克人的悲剧恰恰反映了历史发展的必然性。由此我们对作品中的人物命运也常常怀着矛盾态度：一方面同情他们的不幸遭遇，另一方面又为他们感到庆幸。因为这场灾难使主人公和哥萨克人获得了觉醒，只是为了这个觉醒所付出的代价未免太大了些。这种司空见惯的矛盾观点其实是批评者受政治影响的一厢情愿，如果我们从文本出发，就会发现作品本身并没有体现出这种"意图"。主人公葛利高里历尽磨难，精神非但没有觉醒，反而越来越萎靡，直至精神死亡。站在家门口的葛利高里抬头远望，所见到的太阳不是红的，而是黑的。至于葛利高里所拥抱的孩子，也很难让人想到希望，而是更多了份担忧。在《静静的顿河》中，作者让葛利高里先后怀着三种理想（或信念）走向了战场。当葛利高里首次参加第一次世界大战时，他按照哥萨克的习俗为沙皇而战，但是这个理想不久就破灭了。战争和杀人场面的残酷，使得生性善良的葛利高里感到困惑；最重要的是，不久发生了"二月革命"，沙皇逊位，葛利高里失去了作战的目的和动机。但随后他又为哥萨克人的自治而战，特别是红军将领惨杀哥萨克俘虏的场面，以及他的哥哥彼得罗被红军所杀的结局，更加激化了他的作战动力，他把原来对德国人的仇恨转向了对红军的仇恨，并由于他作战勇敢而当上了白军师长。但是，不久他便认识到，他不是在为哥萨克自治而战，而是为多少年一直奴役他们这个阶层的哥萨克、非哥萨克以及外国贵族老爷们而战，因此，战败后他拒绝登船到外国去。这时他只得选择参加红军，但由于红军的不断肃反、作为村苏维埃军事委员会主席的妹夫科舍沃依的敌对态度，以及红军购粮队对哥萨克人的横征暴敛，葛利高里又不得不参加了反红军的福明匪帮。当匪帮被剿灭，情人阿克西尼娅被打死在逃跑的路上之后，也可以说当葛利高里的生存借口或理想彻底灭绝之后，他只好回到家乡，等待悲剧的到来。就葛利高里自身的经历来看，也很难看出这种为意识形态所需要的历史必然性来，他不过是当时各种意识形态话语相互交织冲突的牺牲品。

从以上分析可以看出，《静静的顿河》中并没有体现出贵族阶级、地主阶级必然要被布尔什维克所领导的无产阶级所代替这一规律，我们看到的只是发生在 20 世纪初的 20 多年里，一场哥萨克人所遭遇的大灾难，是无数的谁也说不清是为什么的战争，毁灭了一个善良的人，一个殷实祥和的家庭，一个曾经自由自在地生活在自己土地上的哥萨克。托尔斯泰在《战争与和平》中的战争描写尽管很惨烈，但它的积极意义却是很大的，战争不仅能够促进一般人爱国主义热情的觉醒，而且还能使不少贵族知识分子的精神得到升华。而《静静的顿河》中的战争却只具有消极意义，战争的连绵不断使人不但丧失了理性，而且相互报复残杀也使人丧失了最起码的人性。20 世纪意识形态泛滥成灾，而意识形态的独霸性、虚妄性和功利性，使这一系列为各种意识形态而发起的战争丧失了起码的正义性。更何况 20 世纪是以人为本的世纪，战争对于个人而言只能是灾难性的，是不得已而为之的事情。对于那种认为《静静的顿河》通过战争而让人寻找到真理的观点，葛利高里的悲剧结局只能是一种讽刺。有人认为葛利高里走了弯路，那正路又在哪里呢？到底有没有所谓的正路？社会对个体的异化关系、对立关系以及荒诞关系这一 20 世纪西方文学的主题，在肖洛霍夫的《静静的顿河》中不是已经得到了充分的体现了吗？那种认为历史可以认识的观点，以及认为终极真理已被发现的宣告，恰恰是人类进入 20 世纪遭遇到悲剧的最主要根源。因此，从这个意义上讲，在对历史的态度上，肖洛霍夫对托尔斯泰形成了超越。

二　人性是恶的而非善的

认为人性是善的还是恶的，往往是划分一个作家是具有传统意识还是具有现代意识的标志。在传统社会，由于生产力低下，人们还不能正面对待自然，这时只能与自然为伍，也即还处在天人合一的状态，在这种情况下也就只能把自然看成是善的。既然把自然看成是善的，那么人性也必然是善的，这就是所谓的人人皆可为舜尧（当然古人也有人提出人性是恶的，但同时承认可以把恶改造为善，因此其和性善论在本质上是一致的）。到了近现代社会，由于生产力的迅速发展，人们征服自然的能力大大增强，这时人们不再把自然看作朋友，而是看作可以研究、索取的对象，于是人和自然的关系也就由和谐变为对立和冲突，自然也就必然成为恶的。既然自然是恶的，那么人性也就成为恶的。这正如康德所说的，自然的历史是从善开始的，自由的历史是从恶开始的。因此，对人性恶的认识，是对人性认识的深化，并且这一观点构成了 20 世纪的一种现代意识。

处在俄国 19 世纪社会转型时期的托尔斯泰，与其他传统作家相比，对人性的复杂性有着更加深刻的认识。托尔斯泰在一篇日记中谈道："最常见的谬误是把人分为善良的、凶恶的、愚蠢的、聪明的。人是流动的，他身上有着各种可能性：曾经是愚蠢的，后来变聪明了；曾经是凶恶的，后来变善良了，或者相反。这便是人的伟大之处。因此不可指责人。他是怎样一个人呢？你指责他，而他已经变成另外一个人了。也不能说我不喜欢。你说了这话，而情况又发生了变化。""最好是写一部艺术作品来清楚地表现人的流动性，就是说，同一个人时而是恶人，时而是天使，时而是智者，时而是白痴，时而是大力士，时而是最软弱的人。"（托尔斯泰，2000：227）人性具有流动性、多变性的观点，或者说人性中既可能包含善也可能包含恶的辩证观点，在《战争与和平》中得到了充分的体现。皮埃尔为人正直，生性敦厚，他厌烦库拉金家族，厌烦海伦的轻浮放荡，但还是由于禁不住诱惑而和她结婚，尽管当天晚上就已后悔；安德烈第一次上战场因负伤而看穿功名，谁知几年后却再上战场，最终丧失了性命；尼古拉性情耿直，爱国爱家，但一次偶尔参与赌博，竟输掉了4万多卢布，这对早已经济凋敝的家庭来说无异于雪上加霜，为此他本人也一度想轻生；玛利亚公爵小姐是个虔诚的基督教徒，当她看到父亲将死时，竟从内心萌发出了将要获得自由的快乐，尽管她自己也害怕这种亵渎、不敬的心理，但却抑制不住；当然，最让人吃惊的还是娜塔莎，就这么一个单纯、热情、美丽的乡村贵族少女，竟然背叛了自己的未婚夫，要和一个花花公子私奔，并不顾由此而导致的自己和家庭的身败名裂。以上所有都表现出托尔斯泰对人性复杂性的认识，这也是他笔下人物特别具有吸引力的地方。

但是，由于托尔斯泰对人性是善的理性认识的局限性，他对人物的复杂性，对人性自身恶的开掘仍有一定限度。在这一点上托尔斯泰和歌德一样，认为恶的存在只是为了造善，人是有理性的，不管他受到多大的诱惑，人总能够从黑暗走向光明，从谬误走向真理，用我们常说的一句话综括就是：道路是曲折的，前途是光明的。正是这种人性善的理性观点，使得托尔斯泰笔下的人物所犯的错误都是暂时的，而并不影响他们走向人性的升华。皮埃尔、安德烈最终都在战争中顿悟了人生，皈依了宗教，把爱看作人生的真谛。尼古拉获得了爱情，振兴了家业。玛利亚、娜塔莎也都获得了爱情。特别是娜塔莎爱家庭、爱孩子、爱丈夫，不再注重穿着打扮，抛弃了虚荣心，成为作者心中理想的女性。至于作品中人性恶的代表海伦和她的哥哥阿纳托利，尽管大自然赋予他们美丽的外表，但其放荡堕落是一种恶的表现，是为作者所不能容忍的：海伦过早地病逝，而阿纳托利在战场上受伤死去。善有善报、恶有恶报的朴素历史观念，使作品反映人性复杂性的程度受到了限制。这里人们不禁要问：坏人为什么一定要命短？好人为什么必定能获得幸福？人性为什么总能从堕落中复活？人的认识为什么总能从谬误走向真理，而不是相反？这里面是否包含作者违背自然的主观臆断呢？或者像阿诺尔多所说的那样，作者只是坚持了肯定的辩证法，而忽视了否定的辩证法？

应该说在这一点上做得比较好、比较彻底的是肖洛霍夫。《静静的顿河》中的人物都不再是理想的典型（典型恰恰是理想性格，是理性的产物，因为它认为人的本质是可以认识的），而是善恶本性并存的普通人，与托尔斯泰笔下的人物相比，他们的性格并不是很鲜明。葛利高里是善良的人，但也是一个生性残酷的人，只不过作者把他的残酷性格归于他身上鞑靼人的血统。葛利高里的作战勇敢和步步升迁与他凶残地杀人分不开，特别是在听说他的哥哥彼得罗被杀死后，他就把俘虏全部杀死；葛利高里在情感上既爱着阿克西妮亚，却又和娜塔莉亚分不开，过着一种畸形的情感生活，造成了两位女性悲剧。葛利高里所犯的一系列错误都是或情欲或理性的软弱（犹豫）造成的，是人性恶所决定的。我们之所以同情他是因为人性恶作为人的一种异化力量，普遍地存在于每一个人身上。葛利高里结局的精神之死，恰恰说明恶的力量之强大。

阿克西妮亚是葛利高里的情人，她热烈地爱着葛利高里，但是由于禁不住情欲的诱惑，她竟委身于她的雇主小利斯特尼茨基，初次的懊悔并没有阻止她一而再地赴约。如此处理这样一个爱情事件在整个 19 世纪的文学中几乎没有，因为爱情在启蒙时代已经被理性化、神圣化和理想化了，它岂能遭到丝毫的玷污？潘苔莱·麦列霍夫是一家之主，他总是谴责葛利高里情感的不忠和儿媳达丽亚的放荡，但是一次他在草棚中遇见妖媚的达丽亚，也禁不住她的诱惑。达丽亚即使患上梅毒将要自杀时，也没有放过向娜塔莉亚透露葛利高里私下与阿克西妮亚幽会的秘密，从而导致娜塔莉亚因报复葛利高里而流产死亡，而这一切仅仅来自达丽亚对娜塔莉亚美满家庭的嫉妒。这是麦列霍夫家庭成员身上所体现出来的人性恶，至于社会上、战争中所表现出来的人性恶，更是让人触目惊心。

战争中的长期厮杀，使敌对双方的理性都降至最低点，人的生命被极端贱视，有些人甚至为了一件衣服，一双靴子，就把对方杀死。战场上滥杀俘虏的场面时常发生，作品中描写最为残酷的杀戮场面是红军和哥萨克自治者们之间的杀俘虏竞赛。首先是红军军事委员会主席波乔尔科夫，把本应由他转送押运的 40 个哥萨克军官俘虏，擅自下令全部处死。在他用马刀把一个俘虏砍为两段之后，其他人也加入了砍杀行动，场面极其惨烈。"两个哥萨克砍死了那个身材高大、威武的大尉。他抓住刀刃，血从被割破的手巴掌上流到袖子里；他像小孩子一样喊叫着，跪到地上，然后仰面倒下去，脑袋在血地上乱滚着；他的脸上只能看见两只血红的眼睛和不断呼号的黑洞洞的嘴。尽管马刀在他的脸上和黑洞洞的嘴上乱砍不止，可是他由于恐惧和疼痛，还是一直在尖声喊叫。那个穿撕掉腰带军大衣的哥萨克，大劈开两腿，跨在他身上，开枪结果了他的性命。鬈头发的士官生差一点儿冲出包围圈——但是一个阿塔曼斯基团的哥萨克的一颗子弹打在一个中尉的肩胛骨中间，中尉正在飞奔，风吹起他的军大衣，像长了翅膀似的。中尉中弹后蹲下去，咽气以前，一直在用手指头抓自己的胸膛。一个白头发的上尉被就地砍死；在与生命诀别之际，他的两脚在雪地上刨出了一个深坑，而且如果不是有几个可怜他的哥萨克结果了他的性命，上尉还会像拴着的骏马一样，刨个不停。"（肖洛霍夫，2000：795）没过多久，波乔尔科夫所带领的红军就遭到报复，尽管他们是经过谈判自动交出武器的，但他本人连同 77 个士兵全被处死。其中一个在对德战争中曾荣获全部四个等级乔治十字章的哥萨克，这个昔日的民族英雄，也被处死，尽管他跪在地上苦苦求饶。作者写到了当时的场景，"可憎的屠杀场面、正在死去的人们的惨叫和呻吟声、等待枪毙的人们的吼叫声，——所有这无比凄惨的、震惊人心的场面把人们驱散了"（肖洛霍夫，2000：941）。还有后来成了麦列霍夫家女婿和村军事委员会主席的科舍沃依，也生性残忍，他不但一枪就把向他缴械求饶的彼得罗打死，而且还残忍地用手挤压彼得罗的正在流血的心脏，让鲜血尽可能多地流出来。后来也正是科舍沃依掌权后的疯狂报复，才使得葛利高里再度逃离鞑靼村，当上了土匪。我们由此不能不感到奇怪，为什么葛利高里的妹妹杜妮亚竟然爱上这样一个恶魔？

在这场战争中，人性的恶已经得到充分的表现。人性变恶是否是战争之因？实际上战争只是外因，内因是人性本恶，只不过战争更加凸显了这一点。说人性恶并不贬低人自身，而是让人们更好地正视人身上这个异己的存在，时时刻刻警惕它的膨胀，并努力用精神因素去同化它，驯服它。因为对恶的漠视往往就是对它的放纵。在对人性的挖掘深度和表现力度上，《静静的顿河》显然超越了《战争与和平》。

三 人生是悲观的而非乐观的

认为人生是乐观的还是悲观的，是划分传统观念和现代观念的又一方法。在传统社会，由于生产力落后，人们生活水平比较低，时常受着大自然的威胁，但这个时候的人们并不认为自然是恶的，同时也不会认为人生是痛苦的、悲观的，因为这时人的主体意识和个体意识还没有觉醒。如果说主体意识的觉醒使人从自然中摆脱出来，把自然当成对象来看待，那么个体意识的觉醒则让人从社会群体中摆脱出来。如果说主体意识觉醒后出于征服自然的需要，还必须借助人类群体的智慧，因而偏重于强调人的本质为理性的话，那么个体意识的觉醒则意味着个体对社会群体所带来异化的警觉，因为个体在本质上是感性的而非理性的。作为传统社会的个体还生活在家族、国家等整体性的观念之中，还生活在天人合一之虚幻境地，还体验不到个体觉醒后承担责任的恐惧和痛苦，并且由于不能正视自然和研究自然，还看不到自然对人的异化作用，而是按照自己的主观需要，回避生活中的任何矛盾，曲意解释社会现象和自然对象，因此，传统社会的人们认为生活是符合理性、可以认识的，因而人生是乐观的。既然如此，传统社会的作家并不太关心现实生活的真实性和必然性，而是从主观愿望出发，去描写一种应然的生活，而非必然的生活。因而，从观念出发而不是从现实生活出发，成了所有古典主义文学的共同特性。亚里士多德在《诗学》中曾论道："如果有人指责诗人所描写的事物不符合实际，也许他可以这样反驳：'这些事物是按照它们应有的样子描写的。'"（亚里士多德，1984：94）传统社会的作家为了使复杂多变的生活满足自己的需要，也就必然要编织理想的花环，依靠偶然和巧合，最终实现大团圆的乐观结局。而现代社会由于个体意识的觉醒，作为个体就已经不满足于像家族、国家等整体观念对个体的压抑和漠视，开始寻找自身的价值。当个体开始处在与自然、社会的对立地位时，一方面他满足于权力实现的快乐，同时也会感到有一种前途莫测的恐惧感和个体生命易逝的悲剧感，因而这时个体眼中的现实生活将是悲观的。19世纪西方哲学史上所发生的象征性事件，就是黑格尔理性哲学大厦的倾然倒塌和叔本华非理性哲学的建立。因此，对生活怀有悲观态度，是现代意识建立的标志。

处在近现代转折点上的托尔斯泰也似乎隐约感觉到了这一点，《战争与和平》中的几个主要人物都有一种莫名的孤独感和空虚感，他们虽置身优越的物质条件中，精神却极度苦恼。皮埃尔这个俄罗斯的首富时常伴随空虚和由此带来的焦虑，在开始时他不得不靠满足肉欲来打发时日，但是此种方式不但未使他摆脱空虚，反而给他带来更大的烦恼，于是他又加入共济会，但还是不能解决问题，直到他被俘时遇到一个农民普拉东·卡拉塔耶夫，他才明白人应该为上帝活着。安德烈是个生活在家族、国家等整体观念中的人，因此他的形象常常给人以崇高之感。但是惨烈的战争打破了他的功名之心，使他看到个体生命的重要性，因此，安德烈精神最为低迷的时期，恰恰也是他个人意识最大程度觉醒的时期。娜塔莎更是如此，她虽然纯洁、单纯，但她不再是一个符合传统道德观念的贤淑之女，娜塔莎的堕落也许是最让人难以理解和吃惊的，但娜塔莎的堕落包含对个性自由的追求。安德烈是崇高的，但崇高的东西是可望而不可即的；阿纳托利的品质也许是可以质疑的，甚至应该是被否定的，但在娜塔莎看来这种行为却是属人的，并且当索妮亚阻止她与阿纳托利私奔时，一向单纯的娜塔莎，竟然说出了这样的话，"我刚一看见他，就觉得他是我的主宰，我是他的奴隶，我不能不爱他。是的，奴隶！凡是他命令我的，我都照办"（托尔斯泰，1989：769）。空虚和孤独，以及竭力摆脱这种空虚和孤独，构成了托尔斯泰笔下人物焦虑的原因。即使《战争与和平》以大团圆方式结尾，但仍然有一种不知即将发生什么事情的不安情绪笼罩着读者。

由此可见，生活不但是空虚的，而且是可怕的。尽管托尔斯泰认识到了个体意识觉醒后人物所必然表现出来的"怪异"行为（其实这也是他笔下人物具有魅力之处），但理性的世界观和乐观的人生观使他对上述人物的行为，不能听之任之。在托尔斯泰看来，解决个体意识觉醒所带来的恐惧、孤独和痛苦的唯一方法就是放弃个体意识的觉醒，回到传统的宗法观念中去。应该说这是一种极为消极的办法，因为这种解决问题的方法是取消问题本身。也许正是出于这样一种考虑，托尔斯泰才会让皮埃尔这样一个具有自由倾向的贵族知识分子接受一个农民的上帝观；才会让曾经"执迷不悟"的安德烈死去；才会让娜塔莎这个最富有个性的贵族小姐，变成了皮埃尔的妻子——一个只知道生孩子和侍奉丈夫的平庸妇女。同时，为了把生活编织得更理想些，托尔斯泰不得不把繁杂的生活简单化，在这里巧合起了相当大的作用。妖冶的海伦和风流的阿纳托利的突然死去，安德烈临死前与娜塔莎的相遇，皮埃尔的被俘与被救，这些都存在极大的巧合。当然，最奇特的还是尼古拉·罗斯托夫和玛利亚公爵小姐的相遇，为了让二者相爱，托尔斯泰不得不搬出英雄救美人的俗套模式。正因如此，尽管《战争与和平》取得了巨大的艺术成就，但我们说它仍没有脱出古典美学范畴。

肖洛霍夫的《静静的顿河》却是一部充满人生的悲观与绝望的作品。肖洛霍夫在该作品中，灭绝了任何可能透露出来的希望之光。作品以生活较为殷实的麦列霍夫家族为着眼点，来展示整个哥萨克人的悲剧命运。这个昔日充满欢声笑语的人家，到了作品的结尾却土崩瓦解了。葛利高里的情人阿克西妮亚，这个饱经生活磨难的不幸女人，却轻易地死在了与葛利高里出逃的路上。潘苔莱，这个一家之主，却患上了伤寒，死在异乡。彼得罗在一场战斗中被打死，他那妖艳多情的妻子达丽亚，患病绝望后跳进了顿河。娜塔莉亚，这个历经情感折磨的女人，因流产而死去。葛利高里的老母亲伊莉妮奇娜，在屡受生活的打击下，在对儿子的极度思念中默默死去。关于伊莉妮奇娜对儿子的思念，读之让人万分悲切，她把收到的儿子的信当成了儿子本身，每天晚上都让阿克西妮亚给她读信，"时间已久，用化学铅笔写的字母渐渐模糊起来，很多字完全认不出来了，但是对阿克西妮亚来说，这并不困难：这封信她已经不知道读过多少遍了，早就背熟啦。就是到后来，那张薄薄的信纸已经变成了碎片，阿克西妮亚也能不打磕巴地把信背到最后一行"（肖洛霍夫，2000：1799）。如此思念儿子的伊莉妮奇娜，临终也没能见到儿子，这个当母亲的最小要求也没能实现，生活对于这位老人来说，真是太苛刻了。葛利高里虽然没有战死沙场，侥幸活了下来，但是活下来的只是躯壳，其精神早已死亡，"哀莫大于心死"。这是麦列霍夫家族生活的悲惨结局，那么在家族之外的社会又是怎么样的呢？葛利高里所生活的鞑靼村，这个昔日富裕热闹的村庄，如今却变得死气沉沉。在这几年的战乱中，鞑靼村几乎每家都有死伤的人员，因而村里剩下的全是老人、妇女和孩子，很少看到年轻人。即使偶尔有本村的年轻人从战场上侥幸回来，也会很快遭到军事委员会主席科舍沃伊的怀疑、审查或逮捕。在生活上鞑靼村的人们变得更加艰难了，"哥萨克们由于不得不忍受种种生活必需品的匮乏，而大骂苏维埃政权。不久前在一个小杂货铺子的基础上建立的统一消费合作社里，几乎什么东西都没有。肥皂、糖、盐、煤油、火柴、烟丝和车轴油——所有这些头等重要的生活日用品全都没有……但是最使人难熬的是没有盐吃"（肖洛霍夫，2000：1820）。尽管生活如此艰难，但粮食征集队还是照样向人们征集粮食，人们稍有反抗，就被当成反革命来镇压，人们仍然生活在紧张和恐慌之中，并且这种局面丝毫看不到有所改善的希望。

对于家庭和社会局势的状况，肖洛霍夫无法给他笔下的人物以任何好的结局。如果我们从一种良好的愿望出发，我们就会责问肖洛霍夫，为什么不能让葛利高里和阿克西妮亚这对有情人终成眷属呢？为什么没有让葛利高里的人格和思想在磨难中得到升华呢？为什么葛利高里在老母亲临终前没能赶回来呢？为什么葛利高里的妹妹杜妮亚要嫁给丧失人性的仇人科舍沃伊呢？这些美好善良的愿望肖洛霍夫都没能实现，也许这在托尔斯泰来看是不能容忍的，但这却是生活本身常常呈现的境况。因为生活本身就是偶然无序、杂乱无章的，乐观的生活观是理性的，是对生活的简单化；而悲观的生活观是非理性的，是对生活原状的认可，是对生活本身认识的深化。只有采取悲观的生活观，才能对生活的丰富性有更深的认识，才能重视人的生存质量，才能更好地抵制来自生活本身的各种不幸和打击。正如美国表现主义戏剧家尤金·奥涅尔所说的，"悲剧能够在精神上激励他们，使他们更加深刻地了解生活。通过悲剧，他们摆脱了日常生活中的无谓操心。他们看到悲剧使他们的生活变得高尚。……悲剧使他们在精神上对事物有深刻的感受，使他们从日常的琐碎欲求中解放出来"（奥尼尔，1988：748）。

以上从历史的非理性、人性的恶、生活的悲观性等三个方面来论述《静静的顿河》在现代观念上对《战争与和平》的突破。现代观念所包含的内容是多方面的，限于篇幅，只能从三个主要方面来阐述。应该说现代观念在《战争与和平》中已经存在并得到酝酿，但还没有冲破理性的看守，还处在含苞待放阶段，还处在黑云压城城欲摧的前夕，到了《静静的顿河》，现代观念则得到了充分的发展和彻底的张扬，迎来了鲜花盛开的灿烂绚丽和大雨滂沱的淋漓酣畅，因此，与《战争与和平》相比，《静静的顿河》在现代观念上获得了巨大的突破。当然，这种局面的形成既有时代的原因，也有作家个人的原因，但这种差异并不能说明哪部作品更伟大，只是在对"突破性"的论述中，我们看到《战争与和平》并非一部传统意义上的批判现实主义作品，而《静静的顿河》也并非一部纯粹意义上的社会主义现实主义的经典之作。因此，对它们在美学观念上的这种独特发掘，才是这篇论文的真正主旨所在。

参考文献

〔俄〕列夫·托尔斯泰：《战争与和平》，刘辽逸译，人民文学出版社，1989。

〔俄〕列夫·托尔斯泰：《列夫·托尔斯泰文集》第十七卷，陈馥、郑揆译，人民文学出版社，2000。

《马克思恩格斯全集》（第二十卷），人民出版社，1971。

《马克思恩格斯全集》（第四卷），人民出版社，1958。

〔苏〕米哈伊尔·肖洛霍夫：《肖洛霍夫文集》第三卷、第五卷，金人译，人民文学出版社，2000。

张志伟、欧阳谦主编《西方哲学智慧》，中国人民大学出版社，2000。

〔古希腊〕亚里士多德：《诗学》，人民文学出版社，1984。（与贺拉斯《诗艺》合刊）

〔美〕尤金·奥尼尔：《论悲剧》，载《外国当代剧作选》，中国戏剧出版社，1988。

原文载于《俄语语言文学研究》2005 年第 3 期

《土尔宾一家的日子》中的象征体系

周湘鲁*

摘　要：《土尔宾一家的日子》是布尔加科夫的成名剧作。作者多处借
用、发展俄罗斯经典作家创造的隐喻—象征形象：家、暴风雪、
城市/文明、草台戏……形成了情节框架之下的内部意义结构。
分析、解读这一象征体系将帮助我们理解作品丰富的哲理内涵，
把握作家创作特征。

关键词：布尔加科夫　《土尔宾一家的日子》　象征

20世纪苏联文学中有许多曾经被埋没的大师，米哈伊尔·布尔加科夫
（Михаил Афанасьевич Булгаков，1891 – 1940）就是其中的一位。布尔加科夫
出生、成长于基辅一个神学院教师家庭，是个典型的"旧俄知识分子"。十月革
命后，他没有像许多出身、观点相近的人那样移居国外，而是留在了苏联。20
年代初他前往莫斯科发展文学事业，并且在小说和戏剧领域取得了醒目的成绩。
但是幸运转瞬即逝，从1929年开始，布尔加科夫的作品无法发表、无法上演，
后期的作品直到他去世十几年后才陆续面世。"手稿是烧不毁的"，在最困难的
时候，布尔加科夫的精神支柱是来自后世读者的承认，他的期盼没有落空。今
天，布尔加科夫早已走入俄罗斯经典作家的行列，法国《理想藏书》甚至将他
的作品《大师与玛格丽特》排在了20世纪俄罗斯文学的第一位。

不过，小说家布尔加科夫的光辉远远超过戏剧家布尔加科夫，以至于人们

---

* 周湘鲁，厦门大学教授。

常常忽略一点：青年布尔加科夫的梦想是在戏剧界获得辉煌成就。是剧本《土尔宾的日子》《逃亡》《卓依卡的住宅》《紫红色的岛》为他了赢得了广泛的文学声誉。小说和戏剧对布尔加科夫来说好比"钢琴家的左右手"，这是一个少见的"叙事和戏剧两种不同的形式结合、平衡的例子"，这样的例子在俄罗斯文学史上曾经出现过："19 世纪的果戈理和契诃夫，世纪之交的高尔基和列·安德列耶夫。在 20 ~ 30 年代的苏联文学中——是米哈伊尔·布尔加科夫。"（Нинов，1988：7）戏剧家布尔加科夫在我国的研究还很不充分。本文将以剧作家的成名作《土尔宾一家的日子》为对象，分析剧中象征在表达戏剧冲突和哲理内涵等方面所起到的重要作用。

20 年代中期的苏联，社会政治意义上的"革命"以内战的停止和苏维埃共和国的成立为标志胜利结束，可是戏剧界的"革命"正进行得如火如荼。梅耶荷德在舞台上进行着令人眼花缭乱的形式创新，带有强烈政治倾向和宣传鼓动色彩的剧目吸引了大批观众。面对以梅耶荷德剧院为首的新剧院的挑战，通过契诃夫作品确立自己传统的莫斯科艺术剧院迫切需要一部反映当代题材的作品赢回戏剧界领袖的地位。在一个宣泄政治激情的年代，契诃夫式的含蓄诗意显然不再合时宜；但是，对于像莫斯科艺术剧院这样有深厚传统的剧院来说，新生无产阶级作家的作品由于图解政治公式在艺术上又显得过于粗糙，无法得到创作集体的认同。这就是斯大林后来评价《土尔宾一家的日子》时所说的"闹剧本荒"的时期。在这种情况下，剧院的注意力转向小说界，于是，布尔加科夫的小说《白卫军》进入了莫斯科艺术剧院的视野。

1924 年到 1925 年，布尔加科夫在《俄罗斯》杂志上连载以十月革命后的苏联国内战争为题材的小说《白卫军》。小说很受好评，但是没有登完全文杂志便因故停刊。不过，《白卫军》引起了正缺乏好剧本的莫斯科戏剧界的注意。1925 年，布尔加科夫同时收到了莫斯科两家著名剧院（莫斯科艺术剧院和瓦赫坦戈夫剧院）的邀请，要他根据小说《白卫军》的情节写一个剧本供剧院上演。作者选择了莫斯科艺术剧院。同年四月，布尔加科夫开始了改编工作，经过多次修改，小说《白卫军》被改编为剧本《土尔宾一家的日子》。

在舞台上，《土尔宾一家的日子》获得了巨大的成功。它在排练之后的第一个演出季（1926 年）就上演了 108 场，尽管在 1929 年至 1932 年被禁止演出，但是截至 1941 年卫国战争爆发，它的演出纪录仍然达到了 987 次，据说，斯大林就曾观看演出 17 次之多。直到现在，这部戏仍然在各地剧院常演不衰，受到观众们的喜爱。不过，如此受欢迎的作品在很长一段时间只被允许在莫斯科艺术剧院一家上演，直到作者去世 15 年后的 1955 年，剧本才第一次正式出版。

《土尔宾一家的日子》讲述了十月革命后的内战年代里，乌克兰基辅一个白卫军军官家庭的命运。1918 年末的乌克兰首都基辅局势混乱不堪。"城头变换大王旗"——打着不同旗号的四五支部队走马灯一样轮番登场又匆匆谢幕。德国占领军由于战败正从乌克兰匆匆撤退；排斥俄罗斯，带有乌克兰民族化倾向的盖特曼傀儡政权随之垮台；逃犯彼得留拉（1917 年组建了乌克兰中央拉达，1919 年 2 月起任乌克兰执政内阁首领，1920 年流亡法国。由于在内战期间屠杀犹太人的行为 1926 年被暗杀）领导的乌克兰哥萨克起义军攻陷了基辅，试图建立新政府；布尔什维克的红军队伍正向基辅步步进逼；前沙皇俄罗斯军官和士兵们则临时组建了一支义勇军（白卫军），目的是抵抗彼得留拉，阻止布尔什维克进入乌克兰。

"这是在苏维埃戏剧中唯一的一部戏，其中白色阵营不是被漫画式地加以表现，而是带着掩饰不住的同情……"（Соколов，2000：186）因为选取视角的特殊性，尽管观众们纷纷涌入剧院，但苏联评论界，特别是"拉普"的批评家对这部剧作一致做出了否定评价，有些评论甚至是谩骂式的（陈世雄、周宁，2000）。对此，布尔加科夫在 30 年代写给苏维埃政府的一封信中为自己辩护：《土尔宾一家的日子》与《白卫军》一样，目的是"用《战争与和平》的文学传统顽强地将俄国知识分子——特别是在内战时期被命运抛进白军阵营的贵族知识分子家庭——作为我国最好的阶层来描写。这样的描写对一个与知识分子血肉相连的作家来说完全是自然的"（Соколов，2000：187）。

作为来自旧俄罗斯知识分子的代表，布尔加科夫借助俄罗斯文学、文化传统中丰富的象征形象和符号，艺术地再现了充满矛盾和对立的历史氛围，表达了对十月革命这一重大历史事件悲剧性一面的认识和思考。

一　家，船，避风港

第一幕第一场，地点是主人公土尔宾的家。尽管作者的舞台说明十分简短，但是综合剧情提供的信息，结合小说《白卫军》中更加生动的描写，这个舞台上的"家"细节丰富，意味深长。壁炉温暖地燃烧着，与户外的严寒恰成对照；年轻的弟弟在弹吉他；客人带来大捧的玫瑰；房间里不时响起钢琴伴奏的歌剧片段；藏书室里陈列着"《娜塔莎·罗斯托娃》、《上尉的女儿》以及许许多多散发着神秘古老的巧克力香味的书"（布尔加科夫，1998：4）；奶油色窗帘把房间里面"和外面的世界隔离开来"。

这是一个温暖、舒适，洋溢着浓厚文化气息的居所，给居所里的人提供物质和精神的双重庇护。土尔宾的"家"形象地体现着俄罗斯旧日贵族知识分子的生活方式和价值观念。这是一座房子，更是土尔宾们的精神家园。他们的亲戚——表兄拉里奥斯克一走进这个家，克服了最初的局促不安后，马上衷心地说出了"你们家真好啊"（布尔加科夫，2004：129）。拉里奥斯克与土尔宾一家是血缘上的亲戚，更是精神上的同道人，所以对这个家倍感亲切。在混乱的伤兵火车上，拉里奥斯克所有东西都被偷光了，只剩下《契诃夫选集》和一条衬裤（因为包着书幸免于难）。这当然是因为大兵们对书毫无兴趣，也是因为拉里奥斯克对钱财糊里糊涂，却与《契诃夫选集》形影不离。这个经历了外部世界混乱的"外来人"比土尔宾兄妹更敏锐地感觉到这所房子的珍贵与独特，也正是他阐发了这所房子的精神价值："……窗帘里灵魂在休息……忘记了内战的一切恐怖。"（布尔加科夫，2004：142）在新时代降临前的阵痛时刻，"外面"不可避免地充斥着混乱和血腥，而这座房子为书籍、音乐组成的宁静生活提供了暂时的避风港。

尽管是土尔宾家的人，姐姐叶莲娜的丈夫塔里别尔格反而与这个家、与家里的人格格不入。布尔加科夫为这个人物设计了独特的对白，让他总是在冠冕堂皇的言辞中暴露冷漠自私的算计。不过，从另一个角度说，从他对"家"的态度上我们更能看到他与土尔宾一家人的根本对立。土尔宾的"家"吸引着与他们旨趣相同的朋友，而塔里别尔格却因此大发脾气："这不是家，是个大车店。我绝对不理解阿列克谢。"（布尔加科夫，2004：131）危难之际他丢下妻子可耻地逃跑，临走不忘嘱咐妻子："你看好我们的房子。"对他来说，这是一笔个人财产，它的价值仅仅是物质上的。尽管生活其中，但是他丝毫感受不到"家"所承载的记忆和情感。因为他像"老鼠"一样从家中逃跑，"家"也演变出另一个重要的象征——"船"："我们的房子就像艘船。"（布尔加科夫，

2004：136）当船将沉没时，老鼠会纷纷逃跑。

叶莲娜自述的梦又一次加重了"船和老鼠"的象征语调。"似乎我们大家坐船去美国……起了风暴。……浪大极了。……水漫到了脚边。……让人恶心，巨大的老鼠。太可怕了。"（布尔加科夫，2004：149）通过这个梦，船和外面的暴风雨联系了起来。航行在暴风雨肆虐的大海上的船——许多俄罗斯研究者指出这个梦的意象直接来源于1915年发表的布宁作品《旧金山来的先生》（阿格诺索夫，2001：126）。在布宁笔下，船是人的机巧、人类文明的象征，乘坐轮船从旧金山来的先生踌躇满志，自以为是生活的主宰，但是在自然面前人类脆弱得不堪一击，死亡出人意料地打破了旧金山来的先生所有的自负和傲慢。大海和风浪是大自然力量的象征，在《土尔宾一家的日子》里，也有这样的象征，只不过没有化身为海上的风浪，而是伴随剧情始终的暴风雪。自然界的暴风雪上升为社会历史意义上的"革命风暴"，摧枯拉朽，对个人苦难无动于衷。"家""船"的象征包含着双重内涵：一方面，它保护人们暂时不受灭顶之灾；另一方面，在代表着大自然意志、历史发展意志的"风浪"面前，"船"被颠覆的悲剧性命运无法逆转。借用《旧金山来的先生》里含义深邃的象征，布尔加科夫极大地延展了舞台，从土尔宾家小小的客厅开始，带领观众来到永恒和无限的宇宙面前。

二　暴风雪，托尔斯泰的庄稼汉

小说《白卫军》开头有一段题词，引自普希金作品《上尉的女儿》："下起了小雪，突然变成了鹅毛大雪。狂风怒吼；暴风雪来了。刹那间黑暗的天空与雪的海洋浑成一片。一切都消失了。""'唉，老爷，'马车夫叫道，'糟了，暴风雪！'"（布尔加科夫，1998：1）这是贵族青年格里涅夫第一次遇到农民起义领袖普加乔夫时的情景。在《上尉的女儿》中，暴风雪不仅是故事发生时的自然气候背景，更是普希金为了表达他的民众历史观而使用的一个关键意象。普加乔夫领导的农民暴动具有"自然力"的特征：无法控制，不可逆料，狂暴地摧毁一切也更新一切，是伟大的创造力，也是伟大的破坏力。从普希金开始，用"暴风雪"指代下层民众的暴动起义成为俄罗斯文学中一个稳固而富有活力的象征隐喻，其在19世纪和20世纪的文学作品中反复出现，生发出各种变体。

普希金对民众自发性力量的评价遵循着他特有的分寸感，并不倾向于做出肯定或否定的道德评价。托尔斯泰受卢梭的影响，把"庄稼汉"与四体不勤、被文明"污染"的知识分子相对立，赞扬甚至美化"庄稼汉"的"天然"美德和智慧（这一观点后来成为 19 世纪 80 年代俄罗斯民粹主义运动的出发点）。20 世纪初反映十月革命和内战的文学作品中，"暴风雪"再次成为十分活跃的意象，出现在各种文本里。诗人勃洛克反映 1917 年革命的诗歌《十二个》中，暗指十月革命的"暴风雪"意象令人印象深刻。他沿用传统的意象，但是加入了自己的阐释：暴风雪中依稀可见耶稣的身影在为士兵引路。他相信民众的力量，肯定"暴风雪"涤荡旧世界的作用，相信在最初的血腥混乱之后，美好的新世界将来到俄罗斯。

在布尔加科夫的剧本中，"托尔斯泰作品里最可爱的庄稼汉"引发了美施拉耶夫斯基——一个白军军官狂怒的嘲讽，因为他的亲身经历无情地证实了这个形象的虚假。布尔加科夫借否定文学前辈廓清了自己的观点和倾向——回到普希金那里，并且用真实可信的描写再现"暴风雪"混乱、残酷的一面（当然，任何作家看到的"真实"总是从某个特定角度观察所得，因此必然带有局限性，布尔加科夫也不例外）。

在根据小说改编而成的剧本《土尔宾一家的日子》中，关于暴风雪的题词不见了，但是"暴风雪"的意象留了下来，贯穿全剧。第一场第一幕，美施拉耶夫斯基走进客厅，带来一身寒气，告诉土尔宾兄弟，抗击彼得留拉的前线"在刮暴风雪"；第二场阿列克谢议论局势时，要大家"瞧瞧窗外，看一看，那儿有什么。暴风雪，暗影……"（布尔加科夫，2004：145）；第二幕第二场，彼得留拉手下的哥萨克骑兵军上场了，一个士兵名叫"乌拉干"，而"ураган"的本义就是"暴风雪"；第三幕，白卫军士官生们在准备战斗的间歇唱起了根据普希金《冬天的夜晚》谱写的浪漫曲，"风暴吹卷起带雪的旋风/像烟雾一样遮蔽了天空/忽而如野兽在嗥叫/忽而如孩子在呼喊"；最后一幕，临阵脱逃的塔里别尔格不期而至，"满身雪花"地走进客厅；结尾处拉里奥斯克总结道："经历了人生的风暴……我们将得到休息……"（布尔加科夫，2004：206）剧本中所有的场景都发生在室内，但是暴风雪始终随着剧情的发展，顽强地提醒人们注意它的存在。剧本中故事发生在新年前的几天之内，暴风雪是剧情的自然背景，但更重要的是，它是承载着厚重内容的一个符号，体现了与土尔宾们发生冲突的历史力量，包含了普希金赋予这个象征的所有多义性。通过"暴风雪"这个意象，布尔加科夫试图表明他和许多旧俄罗斯知识分子对十月革命的复杂心态：一方面，革命是历史车轮运转的必然步骤，非个人之力可以逆转；另一方面，革命正义性的一面并不能遮蔽它消极的一面，即摧毁日常生活伦理规范，使暴力和杀戮成为合法行为。"暴风雪"作为自然的一部分，对"人"来说终究是异己的力量，与"人""文化""文明"相对立。《土尔宾一家的日子》讲述个人选择与历史选择相悖的悲剧，个人—历史的冲突构成戏剧的剧本框架，是戏剧内在情感张力和矛盾冲突之所在，"暴风雪"成为"历史趋势"的形象化身，成为剧中一个不出场的主角。

第一幕的所有动作以土尔宾家的客厅为舞台空间，展示了土尔宾的家人、朋友之间的关系，这是白卫军阵营的小小缩影，它的内部有差异、冲突，甚至分裂，但总体上洋溢着诚挚、温暖的气氛，与外部世界的"暴风雪"恰成对照。第二场"彼得留拉的骑兵司令部"与"家"形成的对比效果极其强烈。这是一个"空荡荡，阴暗的处所"，"入口处点着煤油灯"，士兵和指挥官在处理日常事务——审讯、折磨落入他们手中的牺牲品。第一个是哥萨克逃兵，上场时"脸上全是血"；另一个是鞋匠，挨了揍之后被抢去所有货物；最后是个犹太人，士兵们用火烧他，用枪通条打他，在他不堪折磨要跳冰窟窿时枪杀了他。这里有许多地方使人联想到地狱：血、火、哀鸣、死亡，还有不断传来的对上帝的呼告。在第一幕和第二幕中，布尔加科夫运用高度概括、具有象征意义的细节和词语，形成了强烈的戏剧对比效果（因为有丑化下层人民起义军队之嫌，1926 年上演的剧本中删去了这一幕。但统观全剧，它应当是作者完整构思的一部分）。彼得留拉领导的哥萨克起义军是革命"暴风雪"的一部分，士兵们的暴虐和无辜者的鲜血昭示了历史残酷的一面。

三 "城"的覆亡，草台戏

分析《土尔宾一家的日子》中出现的音乐，可以发现音乐扮演着非常重要的角色。"钢琴""音乐"作为"家"的一部分，是"文化""文明"的象征；土尔宾一家和军官们在舞台上时，钢琴、吉他、浪漫曲、歌剧片段构成了背景音乐；彼得留拉骑兵师则伴随"轰响"的手风琴——民间乐器演奏的民间小调。

音乐渲染情绪基调，暗示人物的文化背景，同时与剧情发展紧密相关，其中一些音乐甚至是象征性的，对深化全剧主题有重要意义。《土尔宾一家的日子》中多次出现歌剧《尼禄》的片段。《尼禄》讲述罗马灭亡的故事。"罗马城的覆亡"这一主题伴随《尼禄》的乐曲声回响在舞台上。罗马城的灭亡与剧中基辅城的沦陷相互呼应，由"家"的倾覆到"城"的倾覆再到"文明"的倾覆——正在发生的事件与人类历史联系起来，"现在"不再是一个孤立的时空，而是置身于宏大的、绵延不断的时间历程之中；俄罗斯、基辅所发生的历史变故也不再是单独的偶然事件，而是文明史上许多类似事件中的一例。通过歌剧《尼禄》，剧作家将神话与现实联系起来，借神话原型蕴含的丰富信息阐发当下事件的文化—历史意义。

剧中"城市"作为文化、文明的体现，又与"郊外"——"严寒"、"暴风雪"和"庄稼汉"的所在——产生对比，于是，"家"与"外面"的对立扩展为"城市"与"郊外"、文明与野蛮的对立。剧作家将时代的冲突，两种历史力量的冲突转化为不同空间的对比，实现在戏剧舞台上。

在评价十月革命前后基辅所发生的一系列事变时，剧中人物多次使用与戏剧、音乐相关的比喻。土尔宾家的大哥阿列克谢是前沙皇军官，十月革命后成为白卫军的军官，率领临时征召的士官生抵抗彼得留拉的哥萨克起义军和布尔什维克。尽管他行动上忠于职守，但是对基辅所发生的一切有自己的看法。他认为乌克兰政府的民族主义政策是一场"闹剧"（"假如您的盖特曼停止这场乌克兰化的闹剧"）。在乌克兰政府首脑——盖特曼可耻地抛下部队逃跑以后，阿列克谢通知部队解散。当激愤的士兵要求前往顿河加入邓尼金领导的白卫军继续战斗时，他将白卫军的抵抗运动也称为"闹剧"："我不领你们去，因为我不会参加这场闹剧，而你们——将为这场闹剧付出鲜血的代价，而且是毫无意义地付出。"（布尔加科夫，2004：177 - 178）阿列克谢深刻地意识到局面的荒诞：彼得留拉20万大军将与200名失去指挥的白军士官生遭遇，他用苦涩的讽刺迎接可怕的命运："来吧！来吧！音乐会！音乐！"哥萨克骑兵在追捕土尔宾家的弟弟尼柯尔卡时骂道："这个耍杂技的！"既然是闹剧，那么不管是否情愿，白卫军分子都成了闹剧的参与者，被称作"耍杂技"的也算是歪打正着。另一位白卫军官把盖特曼的逃亡称为"粗俗的草台戏"，连临阵脱逃的白卫军指挥官塔里别尔格也承认"盖特曼的事原来是场愚蠢的轻歌剧"。无论闹剧、音乐会、杂耍、草台戏，还是轻歌剧，都是娱乐和表演。"闹剧"的评判表明了作者对白卫军运动的态度，同时，却并没有削弱剧中的悲剧激情。在普遍的"闹剧"气氛中，有导演，有演员，有无数的牺牲品，但是没有人为此承担责任，只有一个年老的中学看门人向所有人发问："那谁来负责?"这个微不足道的小人物决心承担自己的责任："马克西姆为一切负责。"在本该上演崇高悲剧的历史舞台上，演出的却是轻歌剧，只是小丑的轻浮在无数牺牲品的沉重背景上不再引发笑声，而是现出可怕的挣狞和荒诞。

在《土尔宾一家的日子》中，象征是一个通道，引领观众从小小的舞台走出，进入巨大的艺术空间和绵延不尽的艺术时间，连接了过去、当下和永恒，赋予作品崇高感。正如俄罗斯研究者叶·亚布罗科夫指出的，"布尔加科夫的风格特征之一是'原型性'与'小品文特性'的综合"，"布尔加科夫创造的作品具有最高程度上的互文性，是一所独特的文化博物馆"（Яблоков，2001：392）。《土尔宾一家的日子》沿用19世纪普希金（《上尉的女儿》）、托尔斯泰（《战争与和平》）的"家庭纪事"手法，通过家庭生活展现重大历史事件。布尔加科夫将充满意味的象征与现实主义描写相结合。他从俄罗斯经典作家那里借用象征，改写象征，并且创造自己的象征。通过运用俄罗斯文化中已有的、沉淀在知识分子意识中的通用"语汇"，剧作家表达了丰富的历史文化内容与充实的哲理内涵，达到了高度的概括性。

参考文献

Нинов. А.，О драмадургии и театре Михаила Булгакова//М. А. Бупгаков-драмадург и художественная культура его времени. Москва，1988.

Лихачев Д. С.，Историческая поэтика русской литературы. СПб，2001.

Петелин В.，Жизнь Булгакова. Москва，2001.

Соколов Б.，Энциклопедия Булгакова. Москва，2000.

Яблоков Е. А.，Художественный мир Михаила Булгакова. Москва，2001.

〔俄〕布尔加科夫：《布尔加科夫文集》第三卷，许贤绪译，作家出版社，1998。

〔苏〕布尔加科夫：《逃亡：布尔加科夫戏剧三种》，陈世雄、周湘鲁译，厦门大学出版社，2004。

陈世雄、周宁：《二十世纪西方戏剧思潮》，中国戏剧出版社，2000。

〔俄〕符·维·阿格诺索夫主编《20世纪俄罗斯文学》，凌建侯等译，中国人民大学出版社，2001。

〔英〕莱斯莉·米尔恩：《布尔加科夫评传》，杜文娟、李越峰译，华夏出版社，2001。

原文载于《俄语语言文学研究》2006年第1期

《日瓦戈医生》的时间、空间和道路时空体

张晓东*

摘　要：　与传统现实主义小说不同的是，《日瓦戈医生》更多写的是一个
　　　　　"偶然的"、精神世界的时空，而对传统现实主义小说中常见的
　　　　　日常生活时空着墨不多。同时，精神世界与现实世界的交点
　　　　　"道路"在这部小说中起到了重要的作用。《日瓦戈医生》的时
　　　　　空体属于"道路时空体"的范畴，而"道路"与"偶然性"是
　　　　　紧紧相连的。

关键词：　帕斯捷尔纳克　时间　空间　道路时空体

巴赫金认为，在文学中的艺术时空体里，空间和时间标志融合在一个被认识了的具体的整体中。时间在这里浓缩，凝聚，变成艺术上可见的东西；空间则趋向紧张，被卷入时间、情节、历史的运动之中。时间的标志要展现在空间里，而空间则要通过时间来理解和衡量。这种不同系列的交叉和不同标志的融合，正是艺术时空体的特征所在。

时空体在文学中具有重大的体裁意义。可以直截了当地说，体裁和体裁类别恰恰是由时空体决定的；而且在文学中，时空体里的主导因素是时间。作为形式兼内容的范畴，时空体还决定着人的形象，这个人的形象在很大程度上总是被时空化了的。

帕斯捷尔纳克的《日瓦戈医生》是一部在时间和空间意义上都和18世纪、

＊　张晓东，北京师范大学副教授。

19 世纪甚至 20 世纪俄罗斯文学传统大为不同的小说。首先，我们来看时间。虽然在一个俄苏文学"现实主义"的语境中小说使我们感到陌生，但是如果从根源上来讲，它又与希腊小说中的传奇时间有着一定的相同之处。这表现在，除了小说以"偶然相遇"组织全文外，小说的时间也是以"巧遇"和"突然间"组织在一起的。它的"偶然性"支配着整个时间，以至于我们习以为常的俄苏文学中的历史时间在小说里显得不是那么重要。在很多时候我们都会体会到小说中起决定作用的就是"天意"：日瓦戈医生与拉拉的相爱是天意；日瓦戈医生与斯特列利尼科夫的相遇是天意；甚至于连革命在作者看来也是天意。正是因为一切都是由天意来决定的，所以小说中还充满种种神秘的救援者，如桑杰维亚托夫和叶夫格拉夫。小说中日瓦戈医生的梦都带有明显的预兆意味。"征兆"在小说中随处可见，比如，安娜·伊万诺夫娜将自己的柜子看作棺材，不久后她就去世了。这在形式上是和希腊的传奇小说有一定的相似性的。

实际上在后来的欧洲文学的发展中，正如巴赫金指出的那样，凡是出现希腊小说传奇时间的地方，主动权都交给了机遇，由机遇控制事物现象的同时性和异时性，这时它或者作为小说中不属于任何人的一种力量，或者作为天意，或者作为小说里的"恶人"，或者作为小说里"神秘的恩人"。与偶遇（它戴着不同的面具）相伴，小说中不可避免地还会出现不同的预言，特别是梦兆和预感（巴赫金，1998：286）。

除了希腊小说传奇时间的特点外，在时间上也看得出来，小说是经过作者精心安排的。小说的时间是两个不同的时间的交错。这两个不同的时间，一个是我们所说的精神世界的时间，自由的时间，另一个就是日常生活世界的时间。它们复杂地相互作用着，尽管这部小说被人们普遍认为是关于历史的小说，但是实际上历史的、客观化的时间在小说中占有的比重极少，大部分的篇幅都让位于主人公们发表自己的思想了。在这里，日常生活世界的时间被迫让步给一个自由的精神世界的时间。在这个世界里，独立的思考和见解是最为主要的。利哈乔夫认为，《日瓦戈医生》是建立在"开放性"时间的基础之上的，但是他说的这种开放性主要还是在一个日常生活世界的时间之中的，同时不可否认的是，作品中同样也存在超越现实的、属于主人公主观意识的时间。

小说中所写的历史时间尽管是两场意义非凡的革命（1905 年和 1917 年的革

命）以及卫国战争等等，但是小说的时间并没有在此停留很久，而是很快就转移到人物的内在世界里去了。大段的人物内心世界的活动使得这部小说看起来就像是回忆录体裁。表现在小说的时间上，与这种回忆录的内容完全相配。小说中有一个出现频率极高的词"那时"，很明确地把时间指向过去。"那时谎言降临到俄国土地上""那时火葬已经很普遍了"，"那时"这个词在小说中俯拾即是。小说中的主人公们也频率极高地沉浸在对往事的回忆中，主要情节的发展都是靠着回忆来推动的，而不是情节即时的呈现，在情节发生的时间里情节都没有得到很好的展示。

主人公，主要是日瓦戈医生，经常陷入沉思、冥想甚至昏厥、沉睡。而这样的一些时间却是日瓦戈医生创作激情最高的时刻。在写《童话》这首诗的时候，他甚至听到了马蹄的声响，这个神秘的、主观的世界里的时空，是帕斯捷尔纳克的艺术创作的最主要的特色之一。这个世界充满诗意与神秘，这个世界里的时间是永恒的，从前、现在和将来都凝聚在一起。在这里我们可以看到明显的新东正教哲学思想"一切统一"的影响。在本体论上，一切统一的思想意味着世界和上帝是统一的，现实世界和上帝的分离是暂时的，分离的根源在于人的堕落，世界的使命就是与上帝结合，人的使命则是与神合一，这个观念符合基督教的思想，特别是符合东正教神秘主义强调的与上帝结合的思想。因为有了上帝的启示，《日瓦戈医生》的时间并不是停留在日瓦戈医生肉身死亡的那一刻，也没有停留在苏维埃时期的50～60年代，在最后一章彻底进入了一个精神的时间。"转眼就是几百年，/同样的云同样的山，/同样的溪流河水间，/悠悠岁月依然。"（第十三首诗《童话》）"仿佛那水流急湍，/也像是络绎的商队不断，/世世代代将走出我的黑暗，/承受我的审判。"（第二十五首诗《客西马尼的林园》）这里的时间指向永恒。更多的诗歌结尾的时间是未完成的，隐喻着基督的复活，"面对复活更生伟力/死神也要悄然避退"（第三首诗《复活节前七日》）。"天边那颗圣诞的星，/像临门的嘉宾把圣婴照亮。"（第十八首诗《圣诞夜的星》）"穷苦的人聚了一群，/捧着蜡烛来到这坟茔，/奇景吓灭了烛火，/复活的他正在起身……"（第二十二首诗《受难之日》）结尾的一章，在表面上看起来似乎与情节无关，但是它是情节的继续，主题的深化。这里的时间属于一个"永恒"的神性世界。《日瓦戈医生》的时间的复杂性还在于，小说的主干情节是在一段时间之内，即帕斯捷尔纳克在给弗雷登伯格的信中所说的，俄罗斯近45年的时间，但是小说中的主人公总是陷于一种不断重复着的时间的圆周中，就像日瓦戈医生听到的女巫库巴利哈唱的歌，在他听来是"用重复和平行叙述的方法，限制住不断发展的内容的进度。一段唱完之后马上又开始另一段，让我们感到惊讶。克制自己并驾驭自己的悲伤的力量便这样表现出来。这是用话语制止时间流动的狂妄的尝试"（帕斯捷尔纳克，1997：423）。我们在读《日瓦戈医生》的时候同样会产生类似的感觉。小说越往后，这种感觉越是明显，在这里显示出俄罗斯新基督教哲学中"永恒复返"思想的影响。

小说中故事的时间发展，经常由于情节转入主人公的内心世界，以及一个自然界（主要是植物）而受到延宕。这个时候，即一个很短的时间内充满了主人公各种各样的思想。这同时也具有超越时间的意义。帕斯捷尔纳克在小说中对时间所做的精心设置是显而易见的。日瓦戈医生对于植物的生长的思考，以及作者在日瓦戈医生心脏病发作以前和弗雷利小姐的几次相遇的描述，还有主人公之间大段的哲学对话，都给我们以这样的印象：时间仿佛有时候就停止了，或是不像在现实世界中发生的那样，简直是过分的缓慢了。

我们已经说过，《日瓦戈医生》中的时间经常性地指向过去，但是与此同时，这些过去的故事又是我们眼前的主人公所讲述的，这些丰富的、细腻的内心活动却又都在我们眼前，读者不自觉地就被带入到一个内心世界（主要是日瓦戈医生的内心世界）中去了。这些时间的转换往往都在一瞬间完成，所以小说中"突然间"这个词的使用频率很高，共计56次。

小说把我们带入一个精神世界的时间大多数是与主人公，特别是日瓦戈医生失去知觉的时刻联系在一起的，失去知觉，实际上是失去对现实世界——一个客体化世界的感觉，而进入到一个神性的世界当中。比如他昏迷中看到"死神"叶夫格拉夫，并由此激起他的创造力，领悟到必须死而复活的情况，以及在密林中他陷入沉思的情况。这样的一些时刻是"恍然"的时分，也是神秘主义者日瓦戈医生进入"灵修"的最高状态。这个时候他不再关注自己是否还在此生或此世，他离开了自己的存在，受到圣灵的引导。历史的时间在这一刻像往常一样经过，但是主人公仿佛没有意识到这一点，他"不知道过了多少时间"。他甚至有另外一套度量时间的标准。拉拉跟随科马洛夫斯基走后，日瓦戈医生"已经忘了什么是时间"。

小说在时间上还有一个特别引人注目的地方，就是小说的时间经常陷入停顿和空白，就像日瓦戈医生在读东妮娅的信的时候的感觉："窗外雪花飞舞。风把雪向一边刮，越刮越快，刮起的雪越来越多，仿佛以此追回失去的时光。尤里·安德烈耶维奇望着眼前的窗户，仿佛窗外下的不是雪，于是继续阅读东妮娅的信，在他眼前飞舞过的不是晶莹的雪花，而是白信纸上小黑字母当中的小间隔，白间隔，无穷无尽的白间隔。"（帕斯捷尔纳克，1997：484）小说中时间的暂停或者说是空白就像是这些白间隔。这些空白并不意味着时间的停止，读者从主人公后来的叙事中可以知道那个时间发生的事件。回忆充满了整部小说，就像是不同的主人公们（实质上就是帕斯捷尔纳克的"债主"）在"追忆逝水年华"。小说中人物的行踪，我们在其他人物的回忆中才能够了解。拉拉对斯特列利尼科夫下落的了解，只是靠别人的回忆。时间停顿了，人的这种回忆并没有停顿。按照日常生活的时间，帕斯捷尔纳克告诉我们，"只能讲完尤里·安德烈耶维奇死前最后 8 年或 10 年相当简单的故事了"，他在之前有一段时间的生命是断裂的，但是在别人的回忆中，我们却并不觉得日瓦戈医生的生命是残缺的，相反，他的生命在这种回忆里显得非常的丰满。有关拉拉的大段的描写是她在日瓦戈医生的葬礼上的内心独白，而她以后的苦难历程则仅仅一笔带过："她已被人遗忘，成为后来下落不明的人的名单上的一个无姓名的号码，死在北方数不清的普通集中营或女子集中营中的某一个里，或者不知去向。"（帕斯捷尔纳克，1997：578）写斯特列利尼科夫的手法亦是如此，他出场极少，我们主要是根据别人的回忆来了解他的经历，而且他后来一出场就带来大段的回忆。比起日瓦戈医生或是拉拉，他的生命更是充满了"间隔"，可以说，在日常生活的时间中，他的生命是残缺不全的，但是我们何以并不这样觉得，反而觉得他的形象和生命都是那样清晰和富于感染力呢？因为他的生命是由别人的回忆连接起来的，这样的形象超越了时间的限制。我们感受到他的丰满，正是在一个精神世界的时间里。

《日瓦戈医生》文本中几乎没有一个十分精确的时间，全文文本只有一处"1911 年 12 月 27 日"提到具体的历史时间，到了小说的第 15 章、第 16 章，才出现"1922 年""1929 年""1943 年"，这在传统的俄罗斯文学中是少见的，在以规模宏大著称的俄苏文学，尤其是在被划为"史诗"的小说中更为罕见。《日瓦戈医生》中最为常见的关于时间的词是"头几年""那时"这一类时间意义并不是很清晰的词。但是，小说中又充满了永恒的、非客体化世界的时间。四季，在小说的文本中总是可以让我们清楚地感觉到。具体的钟点也起着重要的作用，如"五点钟的快车"和"天一亮六七点钟就动身"。

时间的流动速度在《日瓦戈医生》当中也是独特的，这种独特性在于，时间流动的快慢是由主人公，尤其是日瓦戈医生内在的成长情况决定的。日瓦戈医生的童年就像"五点钟的快车"疾驰而过，但是在他精神生活的重要时刻，比方说冥想与深思的时刻，时间就慢了下来，甚至停止。这种情况在第二卷中更为明显。因为这时候日瓦戈医生的思想更为成熟，思考的频率也大为增加。与此相联系的是，在第一卷中出现的一些相对次要的人这时候不知道都跑到哪里去了，关于他们的行踪我们都是从主人公的回忆中得知的。

综上所述，我们可以认为，《日瓦戈医生》中有两条时间线索，一条是现实生活/历史中的时间，还有一条时间线索是属于精神世界的，这个时间在主人公的精神生活中，在自然界一年四季的更替里，以及永恒的复返里。小说中这两条时间线索始终在进行着对话，或是一驰而过与深沉展开的对话，或是时间规律与打破时间规律之间的对话，小说越往后时间越偏向于第二条线索，精神世界的时间也越来越占有重要的位置。

我们来看《日瓦戈医生》在空间上的特点。同时间一样，小说的空间所写的也不仅仅是日常生活意义上的空间。虽然日常生活的空间在小说中具有重要意义，但是这种空间所包含的隐喻却远远超出其本来的日常生活的意义。除此之外，精神世界与日常生活世界、虚与实的交点在帕斯捷尔纳克的小说诗学中具有重要的意义。俄罗斯学者若尔科夫斯基认为，帕斯捷尔纳克在小说中不仅仅对于这些交点所涉及的一切美好事物有一个正面的描写，这些交点本身也是相当美好的（Жолковский，1996：255）。他认为，帕斯捷尔纳克通过"窗"把一切都连接了起来。"窗"可以是玻璃、镜子，对于人来说就是人的眼睛（这一点在帕斯捷尔纳克早期的作品《柳维尔斯的童年》中更为明显）。这些交点往往是主人公一生中最为重要的时刻。虚与实的交点对于研究《日瓦戈医生》的空间意义非常重要。"火车"同样也是这样一个交点（以及与此相关的铁路、车站）。我们认为，这种交点是《日瓦戈医生》空间艺术的最主要的特色。

在《日瓦戈医生》的这些交点中，我们认为建筑（房子、房间以及它的引申）与火车（车站、站台、铁路以及道路）在空间意义上对这部小说起着很大的作用。这种作用的意义在于去除日常生活世界中的各种壁垒、边界、等级，最后达到对日常生活世界空间的克服。

建筑在小说中往往具有一种空间符号学的功能。建筑本身具有的内在性常常被作为人的内在性的隐喻。建筑的窗户就像人的眼睛与一个开放性的世界对视交流。《日瓦戈医生》中，房间、房子以及火车的车厢或是更为宽广的意义——"家"，都具有一种内在的空间意义。在俄罗斯文学传统中，"家"一直有非常丰富的空间意象。在普希金笔下，"家"是人的依托，是人的可栖息的一处温暖的（常常是终生的）场所，他的主人公的理想就是"有一锅汤，锅大就行"（《叶甫根尼·奥涅金》）。著名的文艺学家洛特曼认为，后来在俄罗斯文学中"家"的主题一直在发展，并且发展出了一个新的与家对立的主题。他认为这特别明显地表现在果戈理的作品中。从果戈理那里来的神话原型又被注入到陀思妥耶夫斯基的创作主题之中。陀思妥耶夫斯基的"地下室人"住在像棺材一样的房间里（《罪与罚》以及他的其他一些小说中，思想者—主人公的房间都像是棺材），这时候家已经不是一个让人的灵魂休息的地方，这些"死屋"给人以神启，人通过死来领悟生，领悟复活与重生。俄罗斯学者卡津佐娃在关于帕斯捷尔纳克散文创作的专著中，将帕斯捷尔纳克与列夫·托尔斯泰关于"家"的意象做了比较，因为在二者的思想中，"家"都是最古老又最隐秘的。在我们看来，"家"的意象是具有悖论性的，一方面它可以是客体化世界对人的精神的诱惑，以表面的温馨放弃对精神自由的追求，从而沉湎在这种甜蜜当中；另一方面它的隐秘性又决定了它可以作为人冥想、静修、接近上帝的神性世界。在帕斯捷尔纳克笔下常常出现房子或房间的意象。他有一首著名的诗就叫作《房间里不会再来人了》。房间，以及与它相联系的意象，都可以看作一个外部世界的对立面。在《日瓦戈医生》中，第十三章的题目就叫"带雕像房子的对面"。窗户、拉拉住的房间，对于日瓦戈医生而言是一个近乎神圣的地方，"他这个傻瓜多少次回想起这座住宅，思念它，他走进的并不是一个房间，而是进入自己心中对拉拉的思念"（帕斯捷尔纳克，1997：454）。在卡梅尔格尔斯基大街年轻的日瓦戈注视着那结了窗花的窗户，蜡烛在窗花上燃出一个圆圈。对于拉拉来说，这扇窗户也是神圣的，"……如果时间倒流，如果在某个远方，世界的尽头，我们家窗口的灯奇迹般的亮了，照亮了帕沙桌上的书，我大概爬也要爬到那儿去。我身上的一切会猛地一振"。窗户，在这里不仅仅是作为建筑意义上的窗户，它已经被赋予了神性，属于一个人内在的、与神交流的时刻。同样，具有某种封闭性（四面围住）的房间，也是一个热爱精神生活的人最好的场所。在第十五章，这时候已经忘记"正常的"日常生活的日瓦戈医生，正全身心地投入创作，对他来说，"房间不仅仅是工作室，也不仅仅是他的书房。在这个完全被工作吞没的时期，当堆在桌上的札记本已经容纳不下他的计划和构思，他构思出的和梦想到的形象悄悄地飘荡在空中的时候，仿佛画室中堆满刚刚开始的、画面对着墙的画稿，这时，医生住的房间便成为精神的宴会厅、疯狂的储藏室和灵感的仓库"（帕斯捷尔纳克，1997：561）。这时候，房子被赋予了最高的空间意义。

与"房子"（或是与其密切相关的意象"家"）紧密联系的是"火车"的意象。火车，以及与此相联系的站台、铁路、车厢，甚至由此伸展开去的道路和旅途的意象，在小说中具有重要的甚至是最主要的空间意义。在俄罗斯的文学传统中，列夫·托尔斯泰的小说是广泛运用这种空间功能的主要代表。火车和铁路是托尔斯泰的小说中出现的非常频繁的意象。我们仅以《安娜·卡列尼娜》为例，整个小说中人物的命运都与当时新兴的工业革命有很大的关系，而铁路，作为这场革命的象征物屡屡出现，在开端与结尾都设置了在铁路上的死亡。在开头的时候，安娜目睹了铁路工人葬身火车轮下的惨状。这个开端有明显的象征意义。之后安娜的出现，与沃伦斯基的相遇总是在铁路这个处所。

《日瓦戈医生》同样把主人公的命运与铁路紧紧联系起来。小说中的"男孩子们"，有相当一部分是铁路工人（或技术员）的儿子，"另一个圈子的姑娘"拉拉，与这个圈子也有着这样或那样的关系。小说与火车、铁路、车厢、旅途紧紧联系在一起。通过小说的小标题我们就可以明显感到这一点，如"五点钟的快车""旅途中""在大路上"，其他的小标题也都是充满着空间感的，如"来自另一个圈子的姑娘""斯文季茨基家的圣诞舞会""莫斯科宿营地""瓦雷金诺""带雕像房子的对面""重返瓦雷金诺"。几乎每一个小标题都带有强烈的空间感。作品的时间，正是在这些不同的空间之间的移动而展开的：

家—道路—外面—道路—家—道路—外面—道路（死亡）。

在小说中，"外面"一个是西方战场与梅留耶则沃，另一个是"林中兄弟"的驻地。同样，"家"也有两个：一个是莫斯科的家，另一个是乌拉尔的家。三个女主人中，东妮娅与马琳娜在莫斯科，拉拉在乌拉尔。连接这两个家的就是道路。

基本上，小说的空间总是在道路上来回地转移，我们在《日瓦戈医生》中，很少看到19世纪俄罗斯小说中常见的空间——"客厅"，也很少看到20世纪苏联文学中常见的空间——"战场""农庄""工厂""工地"。小说大部分的空间，都安排在与"道路"相关的各种空间中。小说中人物（无论主人公还是一些着墨不多的人物）人生命运的关键时刻，往往与道路直接相关。日瓦戈医生在去舞会的路上，穿过卡梅尔格尔斯基大街，注意到一扇玻璃窗上的窗花被烛火融化出一个圆圈。烛光从里面倾泻出来，几乎是一道有意识的凝视着街道的目光，火苗仿佛在窥探往来的行人，似乎在等待着谁。这个神秘的注视对于他来说具有决定一生的意义。他在火车上认识了斯特列利尼科夫，在路上被红军游击队所囚禁，在路上邂逅了叶夫格拉夫以及另外一个"神秘的保护人"。来往于乌拉尔和莫斯科之间的旅程更是日瓦戈医生认识生活的关键所在。旅行使空间的移动加强了。日瓦戈医生的父亲是从火车上跳下来摔死的，也是在这个时刻，我们看到了"毒龙"科马洛夫斯基。后来日瓦戈医生的"随从"瓦夏，也是在火车上认识日瓦戈医生的。火车对于瓦夏来说简直是命运转折的象征。瓦夏是在火车上被自己的亲叔叔欺骗，又是在火车上认识了日瓦戈医生——这个对他以后的成长起着很大的作用的人。

我们认为，是小说在时间意义上"偶然"的性质，决定了小说充满道路空间的特点。我们已经分析过，"邂逅"在小说《日瓦戈医生》中起着决定性的结构功能。这是因为小说中的事件被偶然性所支配（看得出来，这一点是作者苦心安排的），而要去叙述被偶然性所支配的事件，道路是一个非常合适的场所。对于"邂逅"或者"相遇"这样的事件，发生在道路上、旅途中非常方便。在道路这个时空点上（尤其是在火车上），不同人的命运在此交错。这些不同的人都有各自不同的时间和空间，会合在道路这个时空点上就开始了一场大型的对话。因为他们相遇的偶然性，在这一刻他们的隔阂在一定程度上被淡化，原来处于不同阶层的人之间的交往在这里有可能变得平等（他们可能是囚犯、教授、农民、军人等），因为这种特定时刻的平等，思想更容易进行交流。在第六章中，我们得知，日瓦戈医生第一次的前线经历，是在喀尔巴阡山的一个小山谷里，这个小山谷原来是一个火车站。在这个从前的火车站里他见到了沙皇。在由"鄙俗的沙皇"这个话题引出来的议论中，日瓦戈与戈尔东谈到了一个重要的思想话题：人民、民族以及他们对《新约》中的人民与民族的看法。来自不同空间的人在火车站里会合，然后又各自散去，事件在这里很快开始和结束。这些事件在小说的思想问题上又有重要的意义。在火车上日瓦戈医生与年轻的猎人波戈列夫西赫邂逅，两个不同时空的人在火车上进行交流（对"19 世纪以来的唯物观点"的争论），到了站台后这个事件就结束了。在第一次去瓦雷金诺的旅途中，日瓦戈医生与囚犯、合作主义者科斯托耶德－阿穆尔斯基也有思想上的交流（关于俄国革命与俄国农民）。可以说，在旅途中所发生的事件，都是思想事件。差不多小说中所有的重要思想都直接或间接与"旅途"有关。

在火车上的旅行，被帕斯捷尔纳克与"家"、与艺术紧密结合在一起："长期的隔绝之后头一件真实的事就是在这列车上令人心驰神往地一步步接近自己的家。来到亲人面前，返回家园和重新生存，这就是以往的生活和遭遇，就是探险者的追求，也就是艺术的真谛。"（帕斯捷尔纳克，1997：191）

道路更与生和死联系在一起，被赋予更为丰富和深刻的隐喻（本来道路的意象就容易让人联想到"生活道路""人生道路""历史道路""走上……道路"等）。日瓦戈医生第一个孩子的问世，与"生命漂洋过海来到陆地"联系在一起，日瓦戈医生更是死在从电车下来的道路上，此前不久他仍在紧张思考。帕斯捷尔纳克在此用了一系列排比："他想到旁边几个正在发育成长的人，一个靠着一个以不同的速度向前走去，想到在生活中不知谁的命运能超过另一个人的命运，谁比谁能活得更长。"（帕斯捷尔纳克，1997：565）

小说中的诗歌《哈姆雷特》在结尾用了一句俄罗斯的民间谚语"走过一生，并不是漫步田园"。这显然是"人生道路"的隐喻。在这里，道路承载了"人的思想的关键时刻"的空间意义，在这部小说中，"道路"是如此重要，以至于在这部小说的时空上，我们认为它属于一种"道路时空体"。

"道路时空体"是巴赫金对长篇小说的时空体所做的类型区分的一种。《日瓦戈医生》也表现出一定的"相会时空体"的特征，相会时空体的一个主要特点是时间在其中占主导地位，但是正如我们所分析的那样，在这部小说中，时间并不是占主导地位的。虽然小说写的是俄罗斯 45 年的历史，但是历史时间出现在我们视野中的并不多，空间在小说中有着更为重要的意义。关于"道路时空体"，巴赫金说，"道路时空体"小说（这里指阿普列尤斯的《金驴记》）的一个特点,是人的生活道路(指其基本的转折关头)同他实际的空间旅程即他的流浪融合到了一起。这里把"人生道路"这个隐喻变成了现实。这条道路处于自己熟悉的祖国领土上,丝毫没有异乡情调,没有格格不入的异邦事物。于是形成了一种独具特色的小说时空体,它在这一体裁的发展史上起过巨大的作用。它的基础是民间文学。人生道路这一隐喻以各种形式变成现实,这一点在一切民间创作中都起着重大作用。简直可以说,在民间创作中道路从来不只是简单的道路而已,它要么是整个的人生道路,要么是人生道路的一部分;选择走的路就是选择人生道路,十字路口总是民间创作中人物一生里的转折点;离家上路和返乡,通常就是人生中不同的年龄段,路上的标记便是命运的标记,如此等等。所以小说中的道路时空体才那么具体,那么自然而然,那么深刻地渗透着民间文学的情节。(巴赫金,1998:307)

人在空间中的移动,人的流浪漫游,在这里失去了我们在希腊小说里看到的那种抽象的纯技术的性质;那里只是为了把空间标志和时间标志结合起来(近—远,同时—异时)。空间在这里变得具体了,并且充满了更为重要的时间。空间充满实在的生活意义,变得对主人公及其命运至关重要。由于这一时空体内涵充实,所以像相逢、分别、相遇、逃跑等因素在其中都有了新的意义,比过去远为具体的意义,远为深刻的时空体意义。

正是道路时空体的这种具体性,才使广阔地展现日常生活变为可能。不过这个生活可以说处于道路的旁边。主人公本人和他生活中的基本转折关头,都在这个日常生活之外。主人公只是观察这个生活,偶尔作为异己力量闯入其中,偶尔戴上日常生活的假面具,但从本质上看他与日常生活无关,也不由日常生活所决定。"主人公自己经历的,是超日常生活的非常的事变⋯⋯"(巴赫金,1998:314)

我们已经分析了道路在《日瓦戈医生》中起到的重要作用。如巴赫金所言,人生道路这一隐喻以各种形式变成现实。不仅如此,小说中主人公(主要是日瓦戈医生)经常面临人生十字路口的选择。这些十字路口总是出现在主人公人生的重要阶段,它的隐喻性很明显。在第六章,日瓦戈医生出诊回家的路上,杰明娜给他用手电筒照亮。杰明娜的"电筒的亮光扫到一条窄小的石砌楼梯,接着往前照亮了逐级向上的肮脏剥蚀的墙壁,把黑暗留给了医生。右边是凯旋花园路,左边是篷车花园路。在远处漆黑的雪地上,这两条夹在石砌楼房中间的街道已经不像是通常意义的路面，倒仿佛是乌拉尔或西伯利亚人迹罕至的密林里的两条林间小道"（帕斯捷尔纳克，1997：240）。在此"凯旋花园路"和"篷车花园路"与"林间小道"联系起来。我们认为，"黑暗的林中路"是一个内涵丰富的意象，在这个空间里人更容易沉浸在自己的精神世界中，沉浸在神秘体验中。随后，小说写到日瓦戈医生陷入某种昏迷状态，在昏迷中，"他看到东妮娅把两条大街摆到书桌上，左边是篷车花园路，右边是凯旋花园路，然后他把那盏温热的橘黄色台灯朝他们跟前推了推，于是街上就变得明亮了，可以工作了，他就写作起来"（帕斯捷尔纳克，1997：241）。这里字面上写的是日瓦戈医生的昏迷，而我们认为其实质是主人公处于一种完全进入精神世界的创作高潮的状态。

"十字路口"本身即具有选择的意味。在小说的第五章，"从梅留泽耶沃往东和往西，有两条大路。一条是土路，穿过森林直通济布申诺。那是一个买卖粮食的小镇，行政区隶属梅留泽耶沃，可是其他方面都超过了后者。另一条是碎石路，它穿过一片到夏季就干涸的沼泽草地通往比留奇。那是离梅留泽耶沃不很远的两条铁路交会的一个枢纽站"（帕斯捷尔纳克，1997：152）。

我们分析过，在第五章，小说的情节发生了很大的变化，那就是东妮娅以一种女人的直觉觉察到丈夫日瓦戈医生对安季波娃护士颇有好感。他们之间的感情就在这个时候出现了裂痕。当我们得知这个情节的时候（日瓦戈医生读信，在信中东妮娅说，"你找安季波娃去吧"），日瓦戈医生正处于这个铁路枢纽。就像我们已经指出的那样，小说中人物的关系就是在这个时候出现了关键的转折，日瓦戈医生与拉拉的爱情就此拉开了序幕。这个铁路枢纽的设置不是偶然的，在这里是一种明显的隐喻。日瓦戈医生的空间历程完全可以看作一种流浪，虽然作者并不为我们详尽描述在一个现实世界的空间里日瓦戈医生是怎么流浪的，但是我们仍能从寥寥几笔细节中（破旧的灰色军大衣，满脸的胡子）了解到。更何况，在精神上，日瓦戈医生确乎是个内心的被放逐者、流浪者。

综上所述，我们认为，小说在空间意义上有着明显的象征意义。这种象征意义决定了小说的时空体是一种道路时空体。

参考文献

Газизова А. А. , Синтез живого со смыслом. Москва，1990.

Жолковский А. К. , Места окна в поэтическом мире Пастернака∥Жолковский А. К. , Щеглов Ю. К. , Работы по поэтике выразытельности. Москва，1996.

Пастернак Б. , Доктор Живаго. СПб. 1998.

〔苏〕巴赫金：《巴赫金文集》（第三卷），白春仁、晓河译，河北教育出版社，1998。

〔俄〕帕斯捷尔纳克：《日瓦戈医生》，蓝英年、张秉衡译，漓江出版社，1997。

原文载于《俄语语言文学研究》2006 年第 2 期

阿斯塔菲耶夫作品中的苏联风雨

于明清[*]

摘　要： 阿斯塔菲耶夫是以描写战争和大自然见长的作家，但他也一直秉承着俄罗斯文学中社会道德探索的传统，从早期的新经济政策到解体前的社会动荡，苏联的重大社会事件在他作品中都得到了体现。从这个角度看，他也是位"天生的道德探索作家"。他认为每个家庭的完善是消解社会危机的根本方法。

关键词： 《鱼王》　《悲伤的侦探》　社会道德探索　家庭

20 世纪的苏联历史似乎在刻意提供一个社会生态演变的完整模板，人们目睹了苏联政权从建立、发展，到失衡和崩溃的整个进程：以十月革命这一改变人类历史命运而震惊全球，以人类第一个无产阶级专政的国家而永载史册，又以一次更大的爆炸——解体震撼世界。阿斯塔菲耶夫有着长达半个世纪的艺术生命，有着俄罗斯作家传统的救国救世的热情，同时他还是一个充满人性关怀的人道主义者，他一直在试图用自己的创作来对 20 世纪俄罗斯社会生态变迁进行文学阐释。

一　阿斯塔菲耶夫——"天生的道德探索作家"

阿斯塔菲耶夫的创作一直秉承着俄罗斯文学对社会道德进行探索的传统，

---

[*] 于明清，首都师范大学教授、博士生导师。

他曾被苏联文学界称为"天生的道德探索作家"。凭着艺术家独有的直觉,他很早就意识到了苏联社会的危机。1987 年,阿斯塔菲耶夫为《悲伤的侦探》中文译本作序言时写下这样一段话:"任何一个国家、任何一个世纪的任何一位艺术家,也没有在我们生活与工作的如此不幸的环境、如此不幸的时代里生活与工作过,我们站在深渊的边缘,清晰实际地,而不是书卷式地体会到哈姆雷特所说的'是存,还是亡?'"此时,他似乎预见到了处在存亡边缘的国家将要经历翻天覆地的变动。在这部作品里,作家似乎首次将视线从诗意的山水转向喧嚣的城市。他对社会弊端的剖析,对人的批判使小说带有鲜明的政论色彩。人们习惯于将《悲伤的侦探》看成阿斯塔菲耶夫从描绘自然到剖析社会的转变,其实,他的作品一直保持着对社会问题的关注。只不过其中有些被他"大自然的歌手"的光环所掩盖,有些则因为历史原因未能让读者及时了解。这部中篇经常和《火灾》《断头台》被并称为最早针砭社会的苏联小说,而阿斯塔菲耶夫其实行动得比拉斯普京和艾特玛托夫更早。在作家的早期作品里,即使在被公认为描写人与自然关系的《鱼王》中,也揭示了严重的社会问题。

阿斯塔菲耶夫在《鱼王》里对很多苏联早期的社会历史问题,比如全盘农业集体化运动,发表过见解。20 年代中期,苏联已经完全由"战时共产主义"转变到"新经济政策",不久后开始用重新组织居民点的办法来调整和变革土地关系。新居民点主要由贫农和中农组成,富农则被迁到远离居民点的贫瘠土地。显然,作家认为这种对土地关系、生产关系和社会关系的"净化"是不适宜的。小说中写道:"不知是什么人认为有必要把好些叶尔博加钦的居民迁至图鲁汉斯克,又把好些图鲁汉斯克的居民迁往叶尔博加钦。"从叶尔博加钦出发的人坐木筏去图鲁汉斯克贩卖木材,本以为可以发财,但能够到达目的地的人很少,许多木筏都被急流卷到石滩上,撞得粉身碎骨。有个妇女曾在迁徙途中看见一个男人双手一字张开被钉在山崖上,"他身上赤条条的,汗毛特重,胡须随风飘动,张开了黑洞洞的大嘴,似乎在对天呼叫;手臂伸展开,好像不让人们再往前走,因为他居高临下,看得见那叫人丧命的河口"。这个横死的男人在警告世人,不要远离家园。阿斯塔菲耶夫有着强烈的家园意识,对故土的情感就好像《乱世佳人》里的斯嘉丽对塔拉庄园一样,那是一种无法用理性和语言解释的依恋和执着。

1990 年,《鱼王》出版时曾被书刊检查机关删掉的"诺里尔斯克人"一章,以另一名称——"心灵空虚"出版了。这个短篇原是作品的第3章，处于"一滴水珠"和"达姆卡"之间，讲述了一个"诺里尔斯克人"从"英雄"到"逃犯"的经历。从20年代末开始，对斯大林的个人崇拜逐渐盛行。1934年12月1日基洛夫遭暗杀事件后，苏联全国开展肃清反革命分子和帝国主义间谍分子运动，一直延续到1938年秋，先后受牵连的人在500万以上，其中40多万人被处决，这成为苏联30年代国内政治生活中突出的大事。此时苏联文坛歌功颂德之作颇多，究其原因，不是由于"圣朝无阙事"，而是作家敢怒不敢言。"诺里尔斯克人"讲述的是一件发生在1937年的故事，阿斯塔菲耶夫用一个普通人在这个混乱历史时期的悲惨遭遇，揭示了时代的悲剧，回忆了那段让人不堪回首的岁月。"诺里尔斯克人"最初是逃犯的代名词，这些所谓的"人民的敌人"被发配到冻土带上建设一个当时还鲜为人知的城市——诺里尔斯克。主人公本是个勤奋的讲习班学员，应该和他的父辈一样享受平静的生活，但战争将他变成了军人。他所在部队执行任务时犯了"错误"，三个首脑被判处5年徒刑，主人公却因为表现出对红军的"不信任"而被判了10年。夏天，不堪凌虐的"诺里尔斯克人"开始逃亡，他拖着残腿，屡次逃跑，一心想走到"能伸张正义的地方"，但都被抓了回来，还加了刑期。这个冉阿让式的"逃犯"没有等到他要的正义，在矿场里开枪自杀了，留给这个世界最后的声音是一声"斯大林同志万岁"和"一声撕裂般的、孤独的、没有回音的射击声"（Астафьев，1990：30）。这个"罪人""逃犯""凶手"从没有伤害过谁，逃亡时处在饿死的边缘也没有抢孩子手中的面包，而是谦卑地向他乞求。他当过上校，得过勋章，为祖国的安危成了残疾人，为诺里尔斯克的现代化建设出过力，在受尽折磨跟屈辱后依然忠于祖国，忠于领袖。他唯一的过错就在于有自己的看法，没有成为一个"只会挥舞着军刀喊'万岁'，却根本不会动脑子的人"（Астафьев，1990：17）。作家始终用"逃犯""诺里尔斯克人"来称呼主人公，显然是想以他来代表一批受到不公正待遇的人。像主人公这样的逃犯很多，他们在官方的悬赏和冻土带恶劣的自然气候之夹缝中苦苦求存，有些变成真正的强盗。阿斯塔菲耶夫不仅同情主人公这样的逃犯，对那些变成劫匪的"诺里尔斯克人"也没有苛责，而是将他们比作普加乔夫。

60年代中至70年代，苏联实行"新经济体制"和倡导"科技革命"，很多农民迁往城镇或者农场，一些代表古老生活方式的村落日渐冷落，成为"没有前途的村庄"。农民的生产方式、价值观念、宗教信仰一概被当作过时的东西加以抛弃。农村源远流长的传统文化、风俗、道德面临着生死存亡的考验。"鲍加尼达村的鱼汤"里那个与世无争的小村落的消失，就是这一社会现实的反映。

"鲍加尼达村的鱼汤"是短篇叙事集《鱼王》第 2 部的第 1 章，描绘了一个坐落在极北地区冻土带上的小村落居民的淳朴、互助的生活。这里神奇的冻土带风光，人和自然比邻而居的融洽气氛，人与人之间善意、友好的关系成了作家心目中的伊甸园。作品中最高尚的"自然人"阿基姆就生长在这里。村庄里的一切都自然而然地产生，这和道家遵循的"道法自然"的原则十分相似。尽管鲍加尼达村的自然环境恶劣，但居民却生活得充实、惬意。捕鱼队每天出去打鱼，归来时，河岸上总是守候着迫不及待的孩子们。村子里天天举行盛宴——喝鱼汤。鲍加尼达村的鱼汤绝不是一顿简单的晚餐，它是团结互助的象征，不仅带给孩子们温饱，还维护他们的尊严，教给他们做人的道理。喝着鱼汤成长起来的孩子懂得尊重他人的劳动，舍得把身上最后一件长袍脱给别人。可是这一切结束得突然而干脆，原计划要通过整个极北地区的筑路工程停止了，鲍加尼达村于是十室九空。村民远走高飞，只留下卡西扬一家。鲍加尼达村的最后一个家庭终究逃不过分崩离析的命运，阿基姆从此无家可归。对于社会生活中发生的变化，他不理解，不明白，并产生一种与之对立的情绪。他对航标灯换成自动的就很反感，认为是那些"待在中心地区的人"闲得没事干，想方设法"把人从一个地方赶到另一个地方，弄得人不得安生"。无休无止地迁移并没有将阿基姆和大自然割裂开来，反而加深了他的依恋之情，尽管当上了汽车司机，他还常常通宵达旦地坐在叶尼塞河边的草地上凝望星空和河水，还常常梦见白色的群山和雄伟的原始森林。阿基姆能够始终保持善良纯真的本性，在很大程度上是因为他固守着自己的精神家园。

1980 年，阿斯塔菲耶夫回到故乡克拉斯诺亚尔斯克州奥夫相卡村居住，其创作进入了另一个繁荣时期。1985 年他的代表作之一《悲伤的侦探》问世。80年代初，苏联政权已经显出衰败的征兆，工业生产持续滑坡，农业增长率于1982 年下降到 1%，"九五""十五"计划均未完成。始于 70 年代中期的进攻性国际战略给国家带来沉重负担，1979 年 12 月，出兵入侵阿富汗数年后，危机中的政权雪上加霜。1982 年起，短短两年多时间里，三位最高领导人相继病故，然后是戈尔巴乔夫上台执政，推行"改革"。这在苏联和全世界都引起注目，也带来了苏联时局的混乱。在这一政治动荡时期里，一向具有强烈的使命感和社会责任意识的作家们苦苦地寻找解决社会危机的方法，几部堪称当代文学经典的作品相继问世，并因其强烈的批判性引起轰动，即艾特马托夫的《断头台》、拉斯普京的《火灾》和阿斯塔菲耶夫的《悲伤的侦探》。它们分别从不同角度对当时社会上存在的种种丑恶现象进行批判和揭露，艾特马托夫的小说触及了苏联当时一直讳莫如深的贩毒现象；拉斯普京用一场火灾表现出人们各种复杂的心态和缺点；而《悲伤的侦探》则有着深厚的社会背景，敏锐地捕捉了苏联社会 80 年代初期的混乱，表现了作家对濒临崩溃的社会生态的深深的忧思，甚至借用《钦差大臣》的情节对社会进行全方位抨击。

尽管这段时间阿斯塔菲耶夫避居偏远故乡，但在科技发达的今天，已没有真正意义上的桃花源。克拉斯诺亚尔斯克边疆州各个村镇的人都来求他相助，他的老家——奥夫相卡村几乎成了州里的"麦加"圣地，连戈尔巴乔夫、叶利钦、索尔仁尼琴这样的大人物都来拜访过。但他写这部小说并非不堪其扰，而是出于对苏联社会混乱现实的忧虑。小说描写苏联和平时期的普通生活，用一个充满悲剧意识的侦探，一个因为伤残而退职的警察的叙述，来反映现实生活，揭露了各种丑恶的社会现象和犯罪行为，批判了精神上的退化和道德上的堕落。作品一出版就成为社会关注的焦点，因为作者所持的立场具有此前多年来文学上罕见的主动性和尖锐性，展示了苏联日常生活的种种丑陋图景：盲目的军备竞赛、贪污腐败、阿谀成风、酗酒、纵欲、犯罪以及道德和情感的匮乏。在社会经济改革正式宣布之前，在苏共第 27 次代表大会确立公开性原则之前，这样的言论无疑具有震撼力量。

阿斯塔菲耶夫是一位终身的外省作家，他青睐乡村的恬静，厌恶城市的喧嚣，因此他很少以城市为题材进行创作，《悲伤的侦探》却是个例外。该书的主人公，民警索什宁在同犯罪行为的斗争中发现自己的努力完全无效。主人公以及作者都为社会整体道德的崩溃感到恐惧和忧虑，这种道德崩溃最终将导致人类残忍、无情的犯罪。在"悲伤的侦探"眼中，无序的社会已经到了崩溃的边缘。长期的军备竞赛造成的民族工业岌岌可危、经济建设弄虚作假、教育上存在重大失误、人们对事物普遍麻木不仁、家庭不稳定、道德水平下降、犯罪率上升、知识分子的市侩倾向高涨等严重问题，无不说明城市社会生态的失衡。

阿斯塔菲耶夫没有让主人公索什宁与其他人泾渭分明，高高在上，而是让他们融为一体。他展示的是普通人因为周围生活的缺陷所承受的痛苦。在小说里，作家就俄罗斯灵魂、俄罗斯性格等问题进行了探讨。小说描写的细节背后隐藏着非常重要的问题：怎么样与人沟通，怎么样帮助人们。"悲伤的侦探"这个题目具有双重含义。一方面，主人公是一个充满悲剧性的人物。他天性善良，随时准备帮助任何有需要的人，即使牺牲自己也在所不惜。因此他选择了警察这个职业。但他并不是按照职责来执行任务，而是听从自己善心的召唤。他个人的力量渺小，经常为自己无能为力的挫败感而沮丧。更可悲的是，他正当盛年就因伤停职。侦探习惯于将人分成好人和罪人，在失去判定人是否有罪的资格后，显得非常茫然。另一方面，他眼中那个混乱和颓废的世界也让人不能不感到悲哀。

《悲伤的侦探》以索什宁的目光和思考剖析了解体前夕苏联社会的各个角落。政府的腐败之风遍及各地，从中央决策层到普通营业科的职员都不例外。上级官员到各地巡视，地方官员阿谀奉承。小说里欢送首都来的"大人"那一幕，是作家对官僚作风最犀利的批判，果戈理的《钦差大臣》里那可笑的一幕居然在维伊斯克市可悲地重现，大小官员齐聚车站，欢送来自首都的"大人"。维伊斯克市就像果戈理笔下那偏远的外省，这位"大人"也和赫列斯达科夫一样并不货真价实，"从衣着和很不庄重的瘪瘪的肚子可以看出，这个'大人'并不太大"。送行画面里出现了现代版本的多布钦斯基和比勃钦斯基：埃季克和瓦季克。这两个技术官吏都是工业学院刚刚毕业的大学生，还很年轻，可是已满口假牙，都穿着"国外缝制的现代的节日盛装"，打着"从阿拉伯或波斯一带搞来的""高雅的领带"，"手指上戴着有字母的戒指"，"衣服上饰有金扣子"。这一身装束暴露了他们的奢靡、虚荣和崇洋媚外的本性。当首都来的高级官员从车上跌下来时，当代的多布钦斯基和比勃钦斯基"熟练地托着'大人'滚圆的屁股"，"大人"已经醉了，总是要往下倒，还几次坠了下来，每次倒下都"引起了多布钦斯基和比勃钦斯基的阵阵兴奋"。作家用了几个巧妙的人物置换就轻易地把《钦差大臣》这部"最完备的俄国官吏病理解剖学教程"用到批判维伊斯克市的大小官员上，又用几句简单的评论营造出"一叶知秋"的戏剧效果，将批判的范围扩展到整个苏联社会。

沃洛佳·戈利亚切夫是维伊斯克市最特别的官员，本是个农村孩子，由当铁路分局局长的舅舅领养。他曾经和劳动人民打成一片，受到过格拉尼娅大婶的影响，一直品学兼优，后来负责指挥维伊斯克市最大的建筑公司。他厌恶腐化的习气，但还是对维伊斯克市的风气低了头，当人们叫他到跟前去时，他也和"大人"在车厢旁同饮了一杯。因为他明白，只要官员满意，原计划拨给其他城市的很多资源就会分配给维伊斯克市，他们就能超额完成任务，而且能为国家"节约"很多资源。不管这些资源本来应该分配到哪里，但所有的领导都将清楚地知道这些国家财富是维伊斯克市省下来的，至于真正应该得到资源的地方为什么不能完成计划，这就和维伊斯克市毫不相关。他的心里充满矛盾，一面唾弃，"这种现象什么时候能了结呢？"另一面又为报纸上对维伊斯克民用建筑公司节约了大量资源的报道而沾沾自喜。

20世纪90年代，俄罗斯人爱走极端的民族性格再次得到充分显现。苏联解体后，社会陷入更混乱的状态，西方化和民族性的冲突愈演愈烈，阿斯塔菲耶夫的《快乐的士兵》描述了此时的社会矛盾和危机。小说写作过程长达10年，从1987年开始，到1997年才和读者见面。这部自传性作品共有两部分："士兵疗伤"和"士兵娶妻"。主人公是阿斯塔菲耶夫的化身，借助一个残疾士兵离开前线，重新回到平静生活的故事，作家回顾了自己充满了矛盾的年轻时代：去前线和离开前线、战争与和平、甜蜜和冲突、诞生与死亡。小说的忏悔中夹杂着诅咒，哭泣里交织着嘲弄，用脏话来诠释神圣，用政论来进行祈祷，以此来表现这个时期的混乱。巴辛斯基认为，小说具有独特的象征意义。作家通过这个身体严重受损，但依然保持完整精神世界的士兵，描写的绝不是"人民的身体"，而是"民族的精神"。作家的名字维克多·彼德洛维奇被分开来用，表达两种完全不同的含义：维克多代表胜利者，彼德洛维奇则是个可笑的普通俄罗斯男人，一个酒鬼，爱唠叨，他时而善良，时而又是个恶毒的失败主义者。主人公曾经是维克多，现在却成了彼德洛维奇，但他随时有机会再变成维克多，因为那个胜利者只是藏起来了，并没有离开。这似乎是20世纪俄罗斯人心灵演变的一种写照，作家满怀着对民族精神复兴的希望。

二　阿斯塔菲耶夫解决社会生态问题的方案——消解现代家庭问题

阿斯塔菲耶夫把家庭问题看作一个"同死亡一样不可理解，无法解决"的天大的谜，为了猜透这个谜，人们已经花费了数千年的时光。家庭这个谜关乎世界存亡，作家曾经说过："如果在一个王朝、一个社会、一个帝国中，家庭开始遭到了破坏，他和她淫荡起来，互相找不到对方，那么这个王朝、这个社会、这个帝国也就垮台了。"家庭的不和睦是社会斗争的原因，"不能创造家庭或者破坏了她的基础的王朝、社会、帝国总是要夸耀所取得的进步，炫耀自己的武力。在家庭瓦解了的王朝、帝国、社会中，和谐也在瓦解，恶开始压倒善，大地也会裂开大缝，吞没那些没有丝毫理由自称为人的败类"。

显然，作家将家庭和谐看作拯救社会的基础。婚姻和家庭是一个很重要的社会问题，它受一定的社会生产方式的制约，又影响着社会的经济、政治、文化和道德风尚的发展。恩格斯早在 1884 年就指出："根据唯物主义观点，历史中的决定性因素，归根结蒂是直接生活的生产和再生产。但是，生产本身又有两种。一方面是生活资料即食物、衣服、住房以及为此所必需的工具的生产；另一方面是人自身的生产，即种的蕃衍。"（《马克思恩格斯选集》第四卷，1995）人种繁衍的基础就是婚姻与家庭。家庭的悲剧使阿斯塔菲耶夫的童年充满坎坷。7 岁时，他母亲淹死在叶尼塞河里，父亲再娶，他与继母关系不好。他在中篇《隘口》里便寄托了对母亲的思念。许多年后，当他成了著名作家，他依然无法忘记母亲早丧的痛苦。他说过，他对命运只有一个请求，就是把母亲留给自己。阿斯塔菲耶夫一直重视家庭问题，甚至将它视为解决社会生态问题的关键，也许正是因为他痛苦的童年经历。

阿斯塔菲耶夫认为，要解决复杂的社会问题，应当"从自己做起。永远应当从自己做起，然后再解决全国的，乃至全世界的问题"（Костылева，1998：249）。面对社会生活的惯性，索什宁意识到个人的渺小无力，并充满悲哀之情。他最终和《火灾》中的叶戈罗夫选择了相同的道路：要改变外界的混乱，首先要克服内心的混乱。索什宁最终为自己找到了出路，就是从自己做起，从自己的家庭做起，并以此作为解决社会问题的突破口。社会由家庭组成，每个家庭像是一个细胞。健康的细胞正常新陈代谢，在消亡的同时也衍生出新生细胞，才能让肌体生生不息。索什宁决定把自己的生活好好安排一番，弄清生活的意义。他将学习如何理解、关心他人，而且不是像过去那样，用"刑警"的眼光审视别人。他听从了嘟嘀什哈大妈简单而真实的人生哲理，决定和妻子修好。夫妻之间"共同克服困难，应当相互容忍对方的缺点"。这个世界上最初的人类是亚当和夏娃，每个人都在寻找另一半，好让自己的生命变得丰盈、完整。亚当和夏娃的再度结合将让这个断裂的时代重新连贯起来。《圣经》说："男人应当各有自己的妻子，女人也应当各有自己的丈夫。丈夫对妻子应该尽他的本分，妻子对丈夫也应当这样。"（《圣经·哥林多前书》第7章第1节）只要亚当找到自己的夏娃，两个人相处得和谐、融洽，那么，他们的家就是伊甸园。

70年代末80年代初，苏联的家庭问题已经很严重，引起了社会各界的注意。1978年10月11日，列宁格勒心理学家Γ.亚历山大洛夫在《文学报》发表的《当家庭患病时，应该给它治疗》的文章中指出，家庭的不稳定和破裂，"显然不是个别现象，它已经构成了严重的社会问题，是苏联20世纪中的家庭危机"（棕榈叶，1981：22）。阿斯塔菲耶夫曾经写过一篇叫作《现代新郎》的小短文，通篇不足百字："在婚礼上，人们对新婚夫妇祝贺，说：'愿你们和谐幸福！共同分享快乐和忧愁！''不娶老婆，我的快乐也够多的哩！'现代新郎这样回答说。"古老的圣训告诉人们，"无论怎样，你们各人都要爱自己的妻子，好像爱自己一样"。（《圣经·新约·以弗所书》第5章第28节）但是，现代新郎却只会爱自己。

阿斯塔菲耶夫用《圣经》的训诫来解决索什宁的家庭问题。他认为，宗教对调整人的道德观念、家庭观念，建立平和的心境起着非常重要的作用。宗教具有道德能动性，是给世界注入爱的有益力量。它会把善灌输到人的心灵里去，从而灌输到人们之间的直接私人关系之中，也就会惠及自然界。索什宁和列尔卡的婚姻具有典型的意义，小说开始时，他们正在分居，这是"现在时兴的做法"。"你们作妻子的，要顺服自己的丈夫"，"不要单注重外裹的妆饰，就如卷头发、戴金饰、穿华丽衣服；却要在里面存着温柔安静的心灵，作不能毁坏的妆饰，这在上帝面前是极宝贵的"。这句话似乎是对列尔卡的告诫。哈伊沃夫斯克的男人们把列尔卡叫作"舞女"，因为她很爱打扮，穿着时尚，走路的时候总是扭动着所有能活动的部位。索什宁爱上的是卸去了所有装饰的列尔卡，当时她正无忧无虑地酣睡着，唯一的装饰就是唇间甜美的微笑，那样子根本不像她在大庭广众之下所表现的一样。尽管列尔卡是个被宠坏的姑娘，不知道如何照料丈夫和孩子，但她深爱自己的家庭。她曾一度和索什宁分居，却在丈夫重伤得几乎残疾时回到他身边，全心全意照料他。列尔卡时髦的外表是一层伪装，她的内心实际上深情而矜持。她的问题在于不能全心全意地展现自己真实的一面，仍有所保留。

同样，索什宁也有自己的伪装，这让他不能对妻子敞开心扉。"你们作丈夫的，也要合情合理的与妻子同住。你软弱，要尊敬她，因为她是和你一同承受生命的恩典的。"（《圣经·新约·彼得前书》第3章第7节）这句话是对亚当们说的。索什宁和妻子分开是为了一个衣柜，他拒绝让妻子将衣柜挪动30公分。作家将衣柜比作果戈理《死魂灵》中的梭巴凯维奇，一个非常固执、独断独行、咄咄逼人的、看起来像头熊的庄园主。梭巴凯维奇和他庄园里的一切都高大、阴暗，给人以压迫感。这个古老的衣柜像是索什宁心中固守的男性威严，他希望能够保留自己作为男人、作为警察的威慑力及压迫感，坚决不许妻子触及。列尔卡走后，他在家里"逍遥自在""为所欲为"，但岿然不动的"衣柜"无法阻断他对妻子的思念。一本书打动了他，虽然作家没有告诉我们书的名字，但这显然指的是修女玛丽亚娜·阿尔科福拉多所著的、享有盛誉的情书《葡萄牙书信集》。5封书信流露的柔情，彻底摧毁了索什宁心中固守的堡垒，让他知道爱情的宝贵。同爱情相比，他所谓的自由和尊严显得微不足道。"他的心里像有什么东西被挪动了地方，如同衣柜被搬了出来。"索什宁想把抛弃了修女的人抓回她身边，"把他的鼻子往那女人温馨的膝头一推——珍惜她吧，轻佻的家伙，和她相比，世界上其余的一切只不过是尘土、垃圾、不值钱的东西……"他借用了法国人和修女来表达自己赶走妻子的懊恼，其真正要表达的是把自己抓到妻子身边，把自己的鼻子往妻子温馨的膝头一推。值得注意的是，索什宁是要把负心男人的鼻子往女人的膝头上推，而不是其他什么地方。要知道，第一次见到列尔卡时，吸引索什宁的就是后者温馨的膝头。"她的两个膝盖露出来。原来，那膝盖根本不是尖的，并没有挑衅性，而是滚圆、白净的。一个光斑像小猫似的，亲昵地在女客的双膝上跳动着。"他们的婚姻出现了裂痕，索什宁受伤又拉近了两个人的距离。从昏迷中醒来，看到妻子坐在病房里，这时，也是关于那个温馨的膝头的记忆唤醒了已经沉睡的爱情。他吃力地把手放在列尔卡的膝盖上，又"想起了这结实、滚圆的膝盖被阳光照耀时的情景，那是在那儿，在林业宿舍里的事，是很久以前的事，是上辈子、上个世纪的事"。

善恶美丑颠倒，好坏是非混淆，这种价值观念和道德标准的变化以及由此而引起的社会风气败坏和人性的泯灭，严重干扰了索什宁信守不疑的人生原则。他既不满意世风的衰微，更不满意自己不得已的软弱与退让，于是内心的痛苦和迷惘到了无法忍受的地步，这便是我们在小说开始看到的主人公的心理和情绪。在故事的结尾，索什宁从达里的《俄罗斯民间谚语》里找到了答案，终于明白了"只应有结婚,不应该有离婚","妻子不是靴子,不能随便抛弃"。最后,他决定不再保留衣柜,把这口"棺材"劈掉当柴烧。他把柜子称为棺材,显然是想埋葬一个人的"男子汉"的生活。两个人的生活需要牺牲,不牺牲旧的东西,就不能建设和完善任何新的东西。索什宁要建设和完善的新东西就是家庭。至此,他终于不再对妻子有所保留,不再是那个到妻子家里求婚,心底深处却懊恼着即将失去自由,恨不得拔腿就跑的"现代新郎"。"两根很粗的导管直接从妻子列尔卡那儿通向他,通向丈夫这里!他们是永久地连在一起的!"和夏娃复合后,枯竭的心中往事全都复活了,长期以来,一直压迫着他,令他窒息的悲伤烟消云散了。离开嘟嘀什哈大妈的墓地时,他心中的悲伤让他无力抬起头面对阳光,几个小时后,找到了出路的亚当怀着他许久不曾体验的对自身能力的信心在写字台旁坐下,心中既不烦躁,也不忧伤。索什宁找到解决问题的方法,因此也就摆脱了困扰他良久的悲伤情绪。小说并没有告诉我们主人公从我做起的计划能否真正成功,但他那轻松、平稳的情绪与原来那种疲惫不堪的感觉和苦闷心情判若云泥,这个转变给人以启迪、希冀、信心和力量。有评论家曾说:"他(阿斯塔菲耶夫)的声音是悲伤的,但却不是悲观主义的,其中既有忧虑,也有希望。"(Ланщиков,1992:125)的确,作家的希望不在于民警索什宁同罪犯的英勇搏斗,而在于普通人索什宁孜孜不倦的精神探求,在于他最终正确的选择。

参考文献

Астафьев В. П. ,Не хватает сердца//Наш современник [С] . Москва:Просвещение, 1990.

Костылева Л. А. ,Русская литература XIX – XX веков [М] . Москва:Омен, 1998.

Ланщиков А. П. ,Виктор Астафьев [М] . Москва:Просвещение, 1992.

《马克思恩格斯选集》第四卷,人民出版社,1995。

《圣经》(天主教思高版),南京爱德出版社,1979。

棕榈叶:《苏联文学中有关婚姻家庭问题的几部作品简介》,《外国文学动态》1981 年第9 期。

原文载于《俄语语言文学研究》2009 年第 1 期

三部文集：20世纪后半期俄罗斯文学进程中的三个里程碑

杨　正*

摘　要： 本文通过对《文学莫斯科》《塔鲁萨书页》《大都会》三部文集及其各自命运的介绍来管窥 20 世纪后半期苏联非官方文学由"地下"走到"地面"，"隐性"成为主流的"解冻"之路。这条道路并不平坦，需要不断面对和克服来自苏联意识形态机器及文学审查制度设置的各种障碍。三部文集的命运向我们诉说了这条道路的艰辛，展示了编者作家们不畏强权、追求真理的勇气和良知。它们创作与结集的过程还颠覆了斯大林规定的苏联统一作家协会的理念，使共同的政治、社会、审美情趣等应当成为作家自由结合的基础这一思想日渐深入作家们的心灵，这一思想也为日后的，即苏联解体后的俄国文学团体、文学杂志乃至整个文学的发展起到了良好的促进作用。许多文集的作者后来成为俄罗斯文学的精英。可以说，这三部文集是 20 世纪后半期俄罗斯文学史上的三座里程碑。

关键词：《文学莫斯科》　《塔鲁萨书页》　《大都会》　非官方文学

1953 年斯大林的逝世给长期处于政治高压下的苏联文学带来了少有的

---

* 杨正，南京大学副教授。

"喘息"机会。赫鲁晓夫上台后,苏联在社会政治生活领域开展了清除个人迷信的工作,文学界也出现了反对行政干预,反对教条主义和庸俗社会学的倾向。一年后作家爱伦堡发表中篇小说《解冻》(1954 年),这部作品成了后来所称的"解冻"文学的先驱。"解冻"是俄国冬末春初的一种气候现象,即李清照所说的"最难将息"的"乍暖还寒"时候。因为"解冻"必然伴随寒潮和春寒,这种自然现象成了历史过渡期的一种比喻。苏共二十大召开前夕,特别是在赫鲁晓夫关于斯大林个人崇拜的秘密报告内容公开以后,社会意识中出现了变革在即的预感,苏联社会对可能出现的新变化、新思潮充满期待。关于这一时期,曾任《新世界》杂志第一副主编的作家弗·拉克申深有体会:"原来习惯于缓慢扭扭转动的历史车轮,忽然转了我们尚能看清的一圈,之后加速前进,闪烁着辐条,把我们这些年轻人也卷入了不可避免的运动,变革——生活。"(阿格诺索夫,2001:482)从斯大林逝世到"二十大"召开的这段时间,作家的创作和作品的发表获得了一定的自由。创作方法上逐渐打破"社会主义现实主义"理论一言堂的垄断局面,开始呈现多样化倾向。以此为契机,俄罗斯文学逐渐走上了由"一元化"到"多元化"的漫长道路(余一中,1994:13)。

解冻初期,官方旧有的文学观念和教条仍非常顽固。以"无冲突论""粉饰现实"为主要特征的小说仍然是官方文学的主流。官方文艺理论家还在强调社会主义现实主义,提出"社会主义现实主义的开放体系",以致《解冻》、《不单是靠面包》及后来的《伊凡·杰尼索维奇的一天》等作品都分别经历了"发表—赞扬—受批判"的相同厄运。由此可见,20 世纪后半期的苏联文学的"解冻"之路并非一帆风顺,而是一条历经近 40 年(1956~1992 年)的漫长之路。正如索尔仁尼琴所说的,这是一条"我们中的大多数人在苏联时期一直匍匐走过的道路,沿途不仅要穿过布满荆棘的外部审查,而且还要穿透苏维埃体制自身的雾霭"(Солженицын,2003:55)。在这一文学进程中,为数众多的文学杂志和文学作品集(以下简称"文集")起到了举足轻重的作用。正是这些期刊和文集及时、生动地反映了社会新风气和新潮流。一批诚实的作家有意识地组织文学队伍,对抗官方作协机构及其奉行的"社会主义现实主义"创作方法,他们大胆刊登与意识形态无关、审美情趣和艺术性不俗的作品。自"解冻"之时起直到戈尔巴乔夫改革、苏联解体,"地下文学"作为一种存在形式一直与官方意识形态推崇的所谓主流文学相抗衡，它们传播的途径主要通过"自发出版物"和"国外出版物"。用俄罗斯学者伊·库库林的话来说，正是这种"不受审查控制的文学积聚了巨大的潜能，它有助于形成自由的、'个别的'，但却有着完善审美功能的成熟的世界观"（转引自 Чупринин，2007：513）。本文拟以20世纪后半叶由一批作家自行出版的三部文集的命运为例来管窥这一阶段苏联非官方文学逐渐由"解冻"到"解放"的过程。

一 《文学莫斯科》（1956 年）

作家维·卡维林的儿子尼·卡维林在回忆自己的父亲一文中说："1955 年这一年，作家被赋予自行编纂和出版文学作品集的权利，如此特殊的待遇自 20 年代起就从未碰到过。"（Каверин，2002：11）《文学莫斯科》文集正是在这一历史条件下诞生的。文集编委会完全属于自发组建的非官方组织。文集的主编是作家艾·卡扎凯维奇，编委会成员还有玛·阿利戈尔、亚·别克、维·卡维林、康·帕乌斯托夫斯基、弗·田德里亚科夫等。1956 年 1 月文集的第一辑面世，继而在同年的 11 月又成功推出第二辑。诗歌方面，文集收录了尼·扎博洛茨基和著名女诗人玛利亚·茨维塔耶娃的几首诗歌。两位诗人长期以来都被官方禁止，作品得不到发表，这也标志着他们重新"回归"文坛。此外还选登了托瓦尔多夫斯基的长诗《山外青山天外天》中无法在官方刊物发表的两章。小说方面，收录了格罗斯曼、普里什文、田德里亚科夫等人的作品。除文学作品外，文集还收录有论文、札记等，比如玛·谢格罗夫的《论当代戏剧中的现实主义》和莉·丘科夫斯卡娅的《业务谈话（文学作品校订工作札记）》。

文集的第一辑刚出版便遭到了"官方文学"的批评和指责。一方面，作家们这种"肆意妄为"绕开官方文学审查的做法被视为极为危险的自由主义，开创了非常糟糕的先例。加上该文集在苏联国外获得了不少的正面评价，这更加刺激了文学官僚们的脆弱神经。另一方面，部分文学界"同僚"的嫉妒心作祟，似乎这种做法对他们而言是一种挑战，因而气急败坏地甘做攻击该文集的急先锋。第二辑的问世更是受到批评界的严厉谴责。攻击的焦点集中在作家亚历山大·亚申的短篇小说《杠杆》上，认为这是对苏联现实的歪曲和"污蔑"。小说中描写了被乔治·奥威尔称作"双重思想"的社会现象。作品公开揭露了集体农庄生活的种种丑态，异常鲜明地指出这种生活方式的虚伪本质。这自然惹怒了那些"老大哥"。实际上，文集第二辑受到激烈批评还有更深层次的社会原因。与第一辑出版的1956年初相比，此时的社会氛围变得更加严峻。该年发生了著名的匈牙利十月事件。虽然最终在苏联坦克的介入下事件得以平息，然而苏联领导人明白，这次事件中匈牙利的知识分子，尤其是作家起了重要的推动作用。虽然，此时苏联社会已经出现"解冻"的征兆，但官方并没有放弃，也不可能放弃对文学的控制。官方对文学界广泛讨论苏联文学审查制度和抱怨当局过分干预文学活动十分不悦。曾担任过苏联作家协会书记处第一书记的费定就曾表达过类似的不满："以前我们过过一段好日子，那时一个编辑手上有20～30个作者，而如今一个作者面对的是10个编辑和10个从其他协助机关派来的人员。这些编辑中还出现了希望靠受贿和攫取所校订作品的稿酬而发横财的人。"（Горяева，2009：326）为此，党的机关报《真理报》上接连发表了三篇社论，斥责在知识分子中出现的"错误思想倾向"，同时也批评了《文学莫斯科》文集。在第二辑出版以后，苏联作协召开会议，会上严厉批评了文集中表现出的"虚无主义、修正主义和小集团主义"（Казакевич，2012）。

这时期发生的著名的"帕斯捷尔纳克事件"足以说明官方控制文学创作的决心。帕斯捷尔纳克本来准备将长篇《日瓦戈医生》交由《文学莫斯科》文集发表，可就在这时官方展开了对他的迫害。于是作家改变了想法，他担心小说在现实条件下不可能在苏联国内发表，所以在写给编委会成员之一的帕乌斯托夫斯基的信中，他明确说出了自己的担忧和不同意见："我是这样认为的，小说的不可接受性会最终使你们所有人都望而却步。然而，只有不可接受的东西才更应该发表。"（Райфман）最终，发表在文集上的是他的一篇名为《莎士比亚悲剧翻译札记》的文章。可以看出，当时文集的作者们还是竭力避免和官方文学代理人发生冲突的。

苏联官方曾向编者们允诺可以出第三辑，但条件是他们必须在苏联作家协会召开的关于该文集的讨论会上做深刻"检讨"。卡扎凯维奇在1958年6月致苏联作协的信中坚决捍卫自己和编辑部的立场，他写道："我凭着纯洁的良心，怀着对自己言语深深的责任感……完全摒弃针对我们的所谓小集团主义的指责。是的，我们捍卫过自己对收入该文集作品的观点……直截了当地说，我并未看到任何可以随意指责《文学莫斯科》文集及其编者的理由，我抗议将虚无主义和修正主义的标签贴在诚实的苏联作家身上。"（Казакевич，2012）卡扎凯维奇这段话表明了部分严肃作家为追求艺术创作的自由而团结在一起，极力抵制官方的文学教条，坚决维护秉持相同创作理念的作家同人。

《文学莫斯科》在苏共二十大召开之前（实际上第二辑的许多内容也是在二十大之前就已经计划好的，只是推迟时间出版而已）便刊登了长期被官方禁止的作家（比如阿赫玛托娃、茨维塔耶娃、扎博洛茨基等）的作品，尤其是将不属于莫斯科作家圈的诗人阿赫玛托娃的诗作也收录进去，这进一步展现了文集编者的勇气和魄力，也表明该部文集是作家们试图摆脱官方长期对文学控制的集体尝试。这是一个志同道合、背负相同文学使命感的作家群体。他们的办刊理念就是希望"重新展示好的文学"（Рейфман）。虽然，编者们的捍卫未能改变文集刚出两辑就停刊的命运，作家群体与官方意识形态抗争的首次尝试以失败告终，但却在苏联文学"解冻"之路上迈出了坚实的第一步。

二 《塔鲁萨①书页》（1961 年）

《文学莫斯科》被迫停刊以后，曾担任该文集编者之一的作家帕乌斯托夫斯基②甚感痛心，但却没有因此一蹶不振，对他来说，"无所作为就如同死亡"（Свирский，1956），他一直在寻找新的机会。创立新文集的构想一般被认为是1958 年在雅尔塔的"创作之家"形成的。当时帕乌斯托夫斯基正在此地度假。有一天，同在这里度假的作家们举办了一次文学晚会，当众朗读自己的新作品。这些作品中有许多当场就打动了听众的心，然而却不能通过官方的途径发表。这种现象在当时意识形态挂帅的文学界并不罕见，诗人谢尔文斯基后来在诗中形象地描绘当时作家与政权的这种紧张关系：

---

① 塔鲁萨是苏联卡卢加州的一座著名文化名城，距首都莫斯科约 150 公里。很多享誉苏联的作家、画家都曾在这里生活和工作过，比如作家帕乌斯托夫斯基、诗人扎波罗夫斯基、茨维塔耶娃等，画家有瓦·波列诺夫和维·鲍里索夫－穆萨托夫等。

② 康斯坦丁·格奥尔吉耶维奇·帕乌斯托夫斯基，苏联著名作家，以文笔优美的散文著称，多次被提名为诺贝尔文学奖候选人。1963年苏联的一次社会调查表明，帕乌斯托夫斯基是当时苏联拥有读者人数最多的作家，甚至超过了官方认可的苏联"第一作家"肖洛霍夫。

主席似大蟒，

出版人如乖兔，

批评家赛过狗熊。

在苏联想当作家，

身体不硬朗哪行！（转引自 Свирский，1956）

发生在雅尔塔的这一偶然事件成为新文集诞生的契机。帕乌斯托夫斯基强烈感觉到"需要突破，需要发出自己的声音"（Свирский，1956）。最终，1961年文集《塔鲁萨书页》（Тарусские страницы）面世。文集的编委会成员包括康·帕乌斯托夫斯基、尼·奥腾、弗·科尔勃里科夫、尼·潘琴科、阿·施坦因伯格等，实际由帕乌斯托夫斯基担任主编工作。

有过这方面工作经验的帕乌斯托夫斯基此次汲取了《文学莫斯科》的教训。在作品选择方面，针对文学官僚的心理，此次充分考虑了文集内容和结构的平衡性。既收录了像叶·维诺库罗夫和尤·特利丰诺夫这样基本不与官方冲突的作家的作品，也收录了一些极可能有争议性的作品（比如帕乌斯托夫斯基《金蔷薇》中关于布宁和奥列沙的章节）。文集大篇幅选登了茨维塔耶娃的40多首诗歌。为免受非议，帕乌斯托夫斯基专门邀请了有官方背景的作家符·伊万诺夫为诗人的作品作序，此举当然是希望能够冲淡文集的"叛逆"色彩。不仅如此，在文集的行文和排版上编者们也费尽心思，甚至不惜要一些"滑头"。序言的作者有意模仿《真理报》社论的行文风格，而表现出的政治进步性比起它的被模仿对象有过之而无不及，比如这样的句子："确立将建设共产主义宏伟计划作为苏共的新纲领展现在人类的面前……"（Свирский，1956）排版上故意将符合官方意识形态的内容用显眼的大号字体刊印，而可能会引起争论的文字则全部使用小号字体。整部文集具有强烈的文化氛围，配有大量插图，不仅有各种知名人物肖像，还有伊·列维坦、康·科罗温、米·弗鲁贝尔等著名画家的未知名作品。

《塔鲁萨书页》出版信息中标注的发行量为75000份，后来由于受到苏联官方的行政阻挠，实际发行量为30000份。然而，这也足以在苏联读者中产生不小的影响，甚至在大学生中还出现了时髦词汇"塔鲁萨的年轻人"（Филд，1998），用来特指那些阅读过该文集并受其影响的年轻人。文集的内容十分丰富，可读性强。如帕乌斯托夫斯基的随笔首次将布宁同时以普通人和作家的双重形象展现在读者面前。在这之后，不读布宁在社会上已经被看作很丢面子的事情。另外，《塔鲁萨书页》也成为许多年轻作家初登文坛的阵地。比如布拉特·奥库扎瓦、尤·卡扎科夫、弗·马克西莫夫等，他们后来在文学上的前途和命运充分说明了文集编者对真正的文学慧眼独具。当然，读者们还能读到已具有一定知名度作家的新作，比如著名诗人尼·扎博洛茨基、大卫·萨莫依洛夫、鲍·斯卢茨基、弗·科尔尼洛夫等人的诗歌新作以及作家格拉特科夫关于刚得到平反的梅耶荷德的回忆录。

由于遭到告密，苏共中央委员会亲自介入，通过专门决议禁止文集的继续发行，没收已出版的册数。1961 年 12 月 23 日苏共中央委员会负责俄罗斯苏维埃联邦社会主义共和国事务局召开会议。会议纪要中指出，《塔鲁萨书页》刊登了一些"文学艺术性和思想性都存在缺陷的作品，这些作品歪曲了苏联农村和苏联人的生活"①，正因为其艺术性和思想性方面的问题，其曾被各家出版社和杂志拒绝刊登。被点名的作品包括尤·卡扎科夫的《面包的香味》等三部短篇、科尔尼洛夫的长诗《司机》、扎博洛茨基的诗歌《行人》、马克西莫夫的中篇小说《我们崇拜大地》、茨维塔耶娃的 40 多篇"颓废"诗歌等。1962 年 1 月 9 日苏联作协机关报《文学报》上刊登一篇名为《〈塔鲁萨书页〉文集的诗歌和小说》的文章，作者认为该文集"总体来说是一本有吸引力的智慧之书"（Осетров，1962），但结尾又指出了文集最大的缺陷是反映当代主题的力度不够。然而，在今天看来，这些作品才是代表了苏联文学以后几十年的发展方向。一方面，他们的作品正视苏联的社会现实，针砭时弊。关注社会主义现实主义作品中根本不可能涉及的社会阴暗面和普通人的真实情感。另一方面，他们不满当时一味粉饰现实的"无冲突论"文学和僵化的文学语言，主张返回 19 世纪俄罗斯黄金时代的文学传统，为文学注入了新的活力和生机。比如，尤·卡扎科夫的这三部短篇小说中作家对大自然的描写非常精彩，表明他对俄罗斯大自然有深刻理解。作品的语言清新自然，无论从风格手法上还是艺术水准上都十分接近屠格涅夫。正如卡卢加州《旗》报上的一篇文章所说的那样："如果在阅

---

① 会议纪要的原文刊登在《帕乌斯托夫斯基的世界》1998 年第 10～11 期。详情请访问杂志官网：http：//www.mirpaustowskogo.ru/magazine/mp－11/02－02.htm。

读尤·卡扎科夫的短篇小说时没注意到像'主席''集体农庄''劳动公分'这样的词，那么可能会认为作品描写的是上世纪 60 年代和 80 年代，或……本世纪初的事。"（Кучеровский，Карпов，1961）作家鲍·巴尔杰尔（帕乌斯托夫斯基的学生）在小说《同城的三个年轻人》中十分敏锐、准确地捕捉到了苏联当代青年人的生存状况和心理特点。美国苏联文学研究专家安德鲁·菲尔德据此认为这篇小说"差不多起到了和塞林格的《麦田里的守望者》对于美国一样的作用"（Филд，1998）。

然而，《塔鲁萨书页》在当时被视为是对苏联审查制度赤裸裸的挑战。因此，无论是帕乌斯托夫斯基亲自给赫鲁晓夫的助手列别杰夫打电话，还是文集的作者们联名致信给苏共中央负责意识形态的苏斯洛夫，都未能改变文集最终被查封的命运。为防止其他地方出版社效仿"卡卢加书籍出版社"企图绕过官方审查"路障"的做法，苏共中央委员会通过一项秘密决议——《关于〈卡卢加书籍出版社〉错误的决议》，决议中严厉批评了该出版社和《塔鲁萨书页》文集，并对许多与该文集出版相关的人员做出行政处罚。根据决议内容，"卡卢加书籍出版社"社长斯拉特科夫受到记过处分；主编列维塔因"丧失政治警惕性和党性而出版思想上有害的《塔鲁萨书页》文集"被解职并记过；州委秘书苏尔加科夫因在《塔鲁萨书页》文集事件中"玩忽职守，对出版社管理不力"（Горяева，2009：327）也受到行政处分。所幸的是，参与编纂文集的作家和文集的作者们并未遭到官方的进一步政治迫害。他们中的许多年轻作家成了此后苏联文学的生力军（如马克西莫夫、奥库扎瓦、特利丰诺夫等）。

《塔鲁萨书页》是一批苏联作家在《文学莫斯科》被官方取缔之后集体发动的一次旨在冲破苏联官方文学审查壁垒的"反攻"，而在这两部文集中均担任过编委的帕乌斯托夫斯基发挥了承上启下的作用。文集的意义不仅在于形成了"新的文学"和文学语言，而且在一定程度上"撼动了官方的教条主义和不能容忍'异端'的偏执。从而为索尔仁尼琴步入文坛做了准备，营造了有利于索尔仁尼琴的社会氛围"（Свирский，1956），也为后来《大都会》文集的出现积累了更多的经验和教训。

三 《大都会》（1979 年）

《塔鲁萨书页》尽管被官方取缔，然而作家们的办刊精神和理念却在苏联社会生根发芽。苏联社会在经历了对西尼亚夫斯基和丹尼埃尔的审判、对索尔仁尼琴的迫害等一系列事件之后，不但官方未能实现通过对意识形态的严格控制达到消灭所有"持不同政见者"的目的，而且使一直处于地下的"潜流"文学蓬勃发展、暗流涌动，大有呼之欲出、成为主流之势。这种趋势并不仅限于文学领域，而是渗入苏联社会生活的方方面面，并最终撼动了整个社会制度的根基。

勃列日涅夫上台后，实行保守政策，加强了对自由思想的控制，苏联社会发展进入了所谓的"停滞"时期。然而，苏联官方文学并没有停止发展，而是寻求花样翻新和新的突破。当谈论祖国的自由被限制时，作家们转而写自己的故乡；当官方禁止自由议论时弊时，作家们就大写特写历史，写苏联人民自我意识觉醒的卫国战争。在"解冻"气氛中成长起来的一代作家创作了辉煌的"军事题材小说"和"农村题材小说"，这两股创作潮流延续了"解冻"后形成的文学繁荣局面。在诗歌领域，兴起了所谓的"宁静诗歌派"，诗人们不愿局限在官方规定的框架内创作，从而转向对生与死、爱与恨等永恒主题的探索。

非官方文学表现出的求变、创新意识更加强烈。《大都会》就是该时期一批年轻的非官方作家在创作内容和形式上所做的一次文学"实验"。文集的创刊动机与苏联历史上一次著名的"推土机"展览事件①有关。文集主要发起者之一——作家维·叶罗菲耶夫认为，《大都会》应该成为"文学中的'推土机'展览"（Метр Ополь，2001：5）。他的想法得到了其他四位作家同人（叶·波波夫、瓦·阿克肖诺夫、安·比托夫、法·伊斯康德尔）的鼎力支持。他们组

---

① 20 世纪 30 ~ 80 年代，苏联艺术领域占统治地位的创作原则是官方唯一认可的社会主义现实主义，与这一创作原则相左的艺术家们的艺术作品则很难发表。1974 年 9 月 15 日，20 名苏联"非官方"的艺术家在街头公园举办艺术展，苏联当局动用了推土机和洒水车，有些艺术作品被推土机就地碾压。当时有不少外国媒体记者和外交官员在场，因此这一事件造成了国际轰动。后来，迫于国际舆论压力，苏联官方被迫做出让步并允许艺术家们举办类似的展览。两星期后成功举办新展，而此次参展的艺术家人数由原来的 20 人上升到 40 多人，并吸引了1500 多名观众前来参观。这一事件后来被称为"推土机"展览事件。

成编委会并开始向一批出色的、有独特创作个性的作家约稿。到了 1979 年 1 月，他们编出了一本近 600 页（共 596 页）的文集，收录了包括 5 位编者在内的 23 位苏联作者（其中 10 位为苏联作协成员）和美国作家厄普代克的作品，该文集具有了一定的国际性。文集的作者由风格各异的作家组成，他们的年龄、职业、知名度和创作才能也千差万别。其中既有列宁格勒的锅炉工，也有西伯利亚的地质学家，还有研究文艺复兴时期意大利文学的专家。文集刊登有诗歌作品（谢·莱因、谢·利普京、弗·维索茨基、亨·萨普吉尔、尹·利斯尼扬斯卡娅、安·沃兹涅先斯基等）、短篇小说（维·叶罗菲耶夫和叶·波波夫的多部短篇、贝·阿赫玛杜琳娜的短篇《很多狗和一只狗》、安·比托夫的 3 部短篇、法·伊斯康德尔两部短篇等）、几部中篇小说（维·特罗斯特尼科夫的《日记选》和鲍·瓦赫京的《皮大衣》等）、阿克肖诺夫的戏剧《四种禀性》和美国作家厄普代克长篇《政变》的节选（作家阿克肖诺夫译）。此外还有一些随笔、论文等。这些作品大多并不涉及政治内容，作品的体裁也各式各样，有诗歌、散文、小说、戏剧等。摆脱官方意识形态的束缚，追求创作自由和创作形式的多样化是文集作者们的共同目标。为此，他们广泛运用了超现实主义、超自然主义、新小说派、视觉诗派、荒诞派等当时被视作"另类"的创作手法。从一定意义上说，他们开辟了后来被称为俄罗斯"异样"文学和后现代主义文学的时代。

《大都会》文集编者的初衷是想以"自发出版物"的形式保持作家和个人的尊严，冲击文学审查制度，表达作家们对创作自由的严正诉求。他们将那些未能通过官方审查的作品结集成书，并完全保留作品的本来面目。文集序言中写道："只能以现有的形式印刷出版。不得做任何增添与删节。"（Метр Ополь，2001：14）。这是一种宣言。目的就是还原文学的本来面目，用"真正的、原汁原味的文学来扩展当时的苏联文学图景"（Залабани，2006：244）。文集的名称"大都会"一语双关，首先，是指文集的出版地是莫斯科这个大都会（метрополия）。其次，词根中的 Метро（地铁）也暗藏深意，在这里，处于地下并迅速发展的"隐性"文学被比喻为莫斯科城下纵横交错的地铁线路，而文集为这些作者们提供了一块虽然简陋，但贵在自由的栖身之所，正如文集序言中写的：

> 流离失所之人的理想就是头顶上能有片瓦遮盖。因此《大都会》就是位于世界上最优秀的地铁线路之上的首都窝棚……作者们对自己的作品负责，这种创作的责任感对我们来说是神圣不可侵犯的。或许，这种意识的增强会给我们整个文化带来益处。《大都会》产生了对无家可归的文学层面虽无穷无尽，但却十分直观的联想。（Метр Ополь，2001：9）

正因为文集的名称有这样几层含义，因此封面上的俄文名称将第一个 O 大写，也是对读者的一种暗示，希望他们能从中揣测编者的匠心。

文集最初的发行量只有 12 册。为了慎重起见，其中的 2 册立即分别寄往美国和法国。编者们尽量将文集的编辑工作公开化，避免与官方发生更多的冲突。因此，其中的一份文集由编者直接交给了时任莫斯科作协书记的菲·库兹涅佐夫。一开始，官方的确没有过多在意。然而，也许正是这种"公开性"震动了苏联国家机构，认为这是对国家意识形态机器的公然挑衅。当定于 1 月 23 日文集的"预展"（即首发式）消息传遍整个莫斯科时，官方似乎才如梦初醒，如临大敌，因为首发式上将有外国媒体记者到场。可是时代毕竟不同了，苏共中央委员和克格勃此刻都不希望直接介入此事，责任就落到了苏联作协的肩上。于是，莫斯科作家组织出面发出紧急通知，要求编者们务必参加于首发式的前一天即 1 月 22 日举行的书记处会议，专门讨论《大都会》文集。会议由菲·库兹涅佐夫主持。讨论的结果是，文集被定论为"支持西方反对苏联行动的政治教唆和旨在将'自发出版物'合法化的企图"（Залабани，2006：246）。甚至有些与会者认为文集带有"海淫"的性质，艺术性方面也无可取之处。会议主席威胁要将维·叶罗菲耶夫和叶·波波夫开除出作协。但是 5 位编者始终坚定自己的立场，仅仅答应作一个让步，即同意取消原定的文集首发式。

1 月 25 日，《美国之音》电台称《大都会》文集将于近期在美国由"阿尔季斯"出版社①出版，另一份手稿也已交付给法国的"加利马尔"出版社。苏联官方最不愿看到的情况发生了，文集在国外的出版已经由"危险"变成铁定

---

① 该出版社当时的所有者是卡尔·普罗菲尔，曾出版过数百部在苏联国内遭禁的俄语书籍，其中就包括纳博科夫、布尔加科夫、沃伊诺维奇、伊斯坎德尔等作家的俄语作品，因而在苏联有很大的知名度。为了赶时间，文稿先是以电版翻印的方式出版，后来才出了排版版本。

的现实。与此同时作协开始对作家采取措施。许多文集的作者被禁止在苏联发表作品。波波夫和叶罗菲耶夫被开除出作协。甚至连部分家人也受到牵连。① 利普京、利斯尼扬斯卡娅等人主动退出了作协，以示抗议。阿克肖诺夫被迫侨居美国，并于1980年被褫夺苏联国籍。《大都会》事件引起了强烈的国际反响。1979年8月12日，《纽约时报》刊登了厄普代克等五位美国著名作家给苏联作家协会的一封电报，文中呼吁苏联作协恢复两位作家的会籍。另外，欧洲的法国、德国和英国等国的媒体也发文声援受到迫害的苏联作家。

《大都会》事件表明，苏联的文学审查制度已经处于穷途末路、日薄西山之境。② 官方采取的反制措施也柔和许多。波波夫和叶罗菲耶夫虽被开除出作协，一方面也是因为这二人刚被特批加入苏联作协，还没有拿到作协证。③ 另一方面，这在一开始只是作为一种威胁手段。后来波波夫在一次访谈中提到，作协曾打算尽快恢复两名年轻作家作协成员资格。而且波波夫在被开除以后，仍然继续在世界文学研究所工作，要知道当时的所长就是带头向文集发难的菲·库兹涅佐夫。而至于叶罗菲耶夫的父亲受到牵连一事，小叶罗菲耶夫给当时的苏共中央总书记勃列日涅夫写了一封信，此后他的父亲被安排到苏联外交部在莫斯科的中央机关工作。

《大都会》文集直到1991年才与俄罗斯读者见面。之后又被不同的出版社再版过两次（分别为1999年和2001年），可见其影响力。文集的编、作者后来大多都成为"新俄罗斯文学"的骨干力量。比如，安·比托夫的《普希金之家》（1978年）被公认为俄罗斯后现代主义文学的开山之作；维·叶罗菲耶夫的《俄罗斯美女》（1990年）被誉为"第一部在俄罗斯出版的国际畅销书"，其编著的《俄罗斯恶之花》（1997年）收集了"20世纪末俄罗斯文学中最优秀的

① 比如，叶罗菲耶夫的父亲老叶罗菲耶夫就受到牵连，当时他正担任苏联常驻维也纳国际机构代表，后被从国外紧急调回，以劝说其子在《文学报》上发表一封公开信明确表示拒绝继续参加编纂《大都会》的工作。最终，小叶罗菲耶夫并没有写这样的信。其父也被迫提前"退休"。
② 从戈尔巴乔夫改革实行政治"公开化"起，苏联的政治审查制度逐步趋弱。1990年苏联最高苏维埃会议颁布《出版和其他大众传媒法》，从此，作为苏联最高文学审查机关的苏联文学出版总署（Главлит，1922年成立）走完了自己的道路，退出历史舞台。1991年12月27日，就在苏联解体后两天，俄罗斯联邦颁布《大众传媒法》，直接取消审查制度。
③ 当时加入苏联作家协会的条件之一是申请者在提交申请时必须提供至少一本已出版的书籍作为审核申请者是否具备加入该组织资格的依据。而此二人在申请时均未达到这一最低要求。但最后他们仍然被批准加入作协，也许是出于作协章程中关于重点培养和鼓励年轻作家的考虑。

中短篇小说"，影响很大；阿克肖诺夫的《伏尔泰男女信徒们》被授予 2005 年的俄罗斯布克奖。苏联的政治文化体制是如何无情和决绝地压制与迫害苏联社会的创造力，由此可见一斑。在像《大都会》文集这样的"自发出版物"前赴后继地冲击下，苏联文学审查制度（甚至连苏联"帝国大厦"）已经摇摇欲坠，苏联文学逐渐完成由"解冻"到"解放"的过程。

我们对 20 世纪后半期苏联出现的《文学莫斯科》等三部文集的命运进行了述评，从中我们不难把握"解冻"后这一时期苏联非官方文学的发展进程以及对官方文学体制的冲击。关于这一点，余一中教授曾这样描述：

> 先是爱伦堡在 1954 年针对斯大林留下的冰冷僵化的体制呼吁"解冻"，继而有帕斯捷尔纳克 1957 年在《日瓦戈医生》中关于尊重人和珍视文化、文明的呐喊，接下去更有索尔仁尼琴对古拉格群岛的控诉、布罗茨基的率性吟唱、拉斯普京关于恢复俄罗斯文化传统的呼唤，庞大的 1960 年代作家群对苏联官方霸权话语的疏离与消解……反对苏联官方文学体制的涓涓细流最后汇成了涤荡这一体制，冲决苏联帝国堤坝的巨流。（余一中，2008：79）

同时应当指出，这三部文集在政治观点、审美方法上是有所不同的。它们之间存在一个不断前进、逐步深化的过程。只是到了《大都会》时才全面从思想与审美等各方面与官方的文学体系分庭抗礼了。

作家群体当然是推动文学"解冻"进程的主要力量，而众多的文学期刊、杂志和文集等则为他们提供了重要的"战斗阵地"。与受到国家审查控制的官方文学期刊、杂志相比，这种"自发出版物"的文学选集具有灵活、自由的优点，它们能够快速、敏锐地捕捉到社会生活中出现的新现象、新变化，并及时反映到文学中，最终借助文集的传播走向读者，产生社会效应。《文学莫斯科》等三部文集的创作与结集过程还颠覆了斯大林规定的苏联统一作家协会的理念，使共同的政治、社会、审美、情趣等应当成为作家们自由结合的基础这一思想日渐深入作家们的心灵，这一思想也为日后的，即苏联解体后的俄国文学团体、文学杂志乃至整个文学的发展起到了良好的促进作用。因此可以毫不夸张地说，这三部文集是苏联文学"解冻"之路上的三座里程碑。它们的命运向我们诉说了这条道路的艰辛，展示了作家们不畏强权、追求真理的勇气和良知，促进了自"解冻"以来"俄罗斯社会意识的解放"（Чупринин，2007：513），成为"新俄罗斯文学"的先驱。

参考文献

Чупринин С.，Русская литература сегодня：Жизнь по понятиям. Москва：Время，2007.

Горяева Т.，Политическая цензура в СССР. 1917 – 1991 гг. Москва：Российская политическая энциклопедия（РОССПЭН），2009.

Залабани М.，Дело «МетрОполь». Новое литературное обозрение，2006（82）.

Каверин Н.，Несколько случаев из жизни Вениамина Каверина. Вопросы литературы，2002（5）.

Казакевич Л.，Об альманахе «Литературная Москва»，и не только，Мы здесь，2012（372）. http：//newswe. com/index. php？ go = Pages&in = view&id = 5299 >

Кучеровский Н.，Карпов Н.，Во имя чего и для кого？ Газета «Знамя»（Калуга），23 декабря 1961.

Метр Ополь：литературный альманах，составители Попов Е.，Ерофеев В. и др. Москва：Эксмо，2001.

Осетров Е.，Поэзия и проза «Тарусских страниц»，Литературная газета［N］，9 января 1962.

Райфман П.，Глава седьмая. «Оттепель». 1953 – 1964 22. Из истории русской，советской и постсоветской цензуры. http：//reifman. ru/sovet – postsovet – tsenzura/glava – 7/

Свирский Г.，О журналах «Литературная Москва» и «Тарусские страницы» Паустовского. 1956 < http：//paustovskiy. niv. ru/paustovskiy/mesta/tarusa/o – zhurnalah. htm >

Солженицын А.，Дилогия Василия Гроссмана. Новый мир，2003（8）.

Филд Э.，Тарусские страницы. Мир Паустовского，1998（11 – 12）. < http：//www. mirpaustowskogo. ru /magazine/mp – 11/mp. htm >.

〔俄〕符·维·阿格诺索夫主编《20世纪俄罗斯文学》，凌建侯等译，中国人民大学出版社，2001。

余一中：《从文学看苏联为什么会解体——〈从苏联到俄罗斯〉读后》，《博览群书》2008年第5期。

余一中：《多元——元—多元——苏联文学74年的发展道路》，《外国文学研究》1994年第3期。

原文载于《俄罗斯语言文学与文化研究》2019年第2期

魂归何处

——身份焦虑中的俄罗斯作家阿·金

王 盈[*]

摘 要： 俄罗斯当代作家阿纳托利·金是生于哈萨克斯坦、在俄罗斯长大的第三代朝鲜移民。在俄罗斯主流文化面前，少数族裔的身份使作家因缺乏认同感而长期感到困惑焦虑；在韩国文化面前，金同样遭遇身份焦虑。金在寻求归属感的过程中，从渴望被主流文化认同逐渐走向对民族性的超越，成为一个极其渴望超越民族界限的世界主义者。

关键词： 阿纳托利·金 身份认同 世界主义

在当代俄罗斯文坛，朝鲜族作家阿纳托利·安德烈耶维奇·金（Анатолий Андреевич Ким）以特色鲜明而著称。他曾一度与弗·马卡宁等人被称为"四十岁一代"作家，并曾数次获奖。亚·普罗汉诺夫称"阿纳托利·金是当代文学中杰出的神秘主义者"（Проханов，1999）。弗·邦达连科评价说，"阿纳托利·金是一位有着东方灵魂的俄罗斯作家，一位细腻的唯美主义者"，"金的小说中回响着有一颗异族心灵的俄罗斯作家的声音"（Бондаренко，2009）。而谢·扎雷金认为，"这位作家特立独行，在俄罗斯文学中像这样的作家如今难以找到"（Залыгин，1981：241）。虽然评论界赞誉有加，

---

* 王盈，哈尔滨工程大学副教授。

不过作为具有文化混合身份的作家，金的身份焦虑始终如影随形，魂归何处正是他心底的痛楚。

一 寻求归属感

"身份认同是指人的自我心理认识，特点为主体的自我等同感和整体感，是人对于自己与某种类别、范畴（社会地位、性别、年龄、角色、范例、规定、团体、文化等）之同一性的认识（部分是有意识的，部分是潜意识的）。"（Левит，1997：136）在文化研究中，身份认同通常指在社会身份和文化身份上对"我是谁"的追问。金曾长期对个人文化身份的确认摇摆不定，并一度深为困扰。他的身份认同困惑正是在自我文化属性确认中因找不到归属感而产生的身份焦虑。

金是在哈萨克斯坦出生，在俄罗斯长大的第三代朝鲜移民，因此他有三个故乡——血缘故乡、出生地故乡和存身立命的祖国。这三个故乡分别具有各自不同的文化传统，对作家而言，这注定了他的文化混合身份。金身份认同困惑源于内外双重因素。外在根本原因在于，三种文化对金的定位都突出了他的异文化特征。在俄罗斯主流文化面前，金被视为少数族裔作家，长期未得到认可；在韩国文化和哈萨克文化面前，金被视为不折不扣的俄罗斯作家。内因则体现为，金面对上述文化时均在不同程度上体会到异己感，因此在金的自我确认中，归属感的缺失带来极大焦虑，并一直伴随在他的人生经历中。

金的祖父是朝鲜移民，20世纪初来到俄罗斯远东地区。1937年大清洗时期，远东朝鲜移民被迫迁往中亚，金的父母及家人被押送至哈萨克斯坦。童年印象中金就隐约感到，自己属于朝鲜人，"不是那里的主人"，民族身份之忧已然扎根于记忆。1948年，朝鲜人结束在哈萨克斯坦的流放生活，金随父母举家回迁远东，在库页岛长大。在此他得知，日本殖民统治时期，堪察加半岛上的朝鲜人是二等国民，日本人被赶走后，朝鲜移民地位依然低下，朝鲜工人的工资仅是俄罗斯人的一半，这种历史和现实成为作家心中抹不去的伤痛。中学毕业后，金考取莫斯科美术学院。就读期间金开始在绘画和文学之间徘徊，当他发现自己想"用语言而非色彩来描绘心灵"时，他毅然辍学从军，尔后定居莫斯科并投身文学创作。走上文学之路一度加剧了金的身份焦虑。身处俄罗斯，朝鲜人是金的身份标签，俄罗斯主流文化圈对他的接纳难免带有民族身份的考量而略呈俯就姿态，而金也因此徘徊在主流文化的边缘，兼具遥望的心理距离和自我审视的潜在怀疑。在寻求俄罗斯主流文化认同时，金的少数族裔身份总会凸显出来，成为他受到质疑，甚至自我怀疑的根源。

金虽然精通俄语、朝鲜语和哈萨克语，却曾经担心自己没有俄罗斯基因，缺少"俄语天赋"。在进军俄罗斯文坛途中，少数族裔的身份使作家更加清楚地意识到自己在主流文化中的"他者"地位，因此不能确信是否会得到主流文化的认可，这种自我怀疑导致作家对自己的族裔身份充满矛盾心理。一方面，金的内心对于自己的民族深感自豪。他曾经将《春香传》译成俄语在俄罗斯出版，将自己由绘画向文学的转身归功于祖先中一位高丽著名诗人，称这位祖先"文学创作的渴望在我身上复苏"。在金发表于 70 年代的早期作品中，塑造了许多善良坚韧、吃苦耐劳的朝鲜主人公，充满着善恶有报的思想。他从不回避自己的朝鲜血统，"我个人的命运不可能独立在这古老的精神本质之外。民族性是精神之树的看不见的主干，它支撑起世上的每个灵魂，不论莫测的命运将其抛向何处"（Ким，2002：334）。然而另一方面，金与朝鲜文化是疏离的。金的父母都是俄语教师，家人信奉东正教。金从小受到俄罗斯正统教育，远离朝鲜文化，他对朝鲜文化的了解仅是间接途径，俄罗斯文化对他的精神滋养远超过朝鲜文化，俄罗斯公民的身份意识已经内化。然而金也习惯以此来审视和辨认个人的朝鲜身份，并力图改变"他者"的地位，融入主流文化。他坚信自己"应当成为俄罗斯作家，因为俄罗斯的大门已对我微微开启"。可以发现在面对俄罗斯主流文化时，金信心不足，尤为担忧不被认可，担心身为朝鲜后裔，他带有东方"血缘"的世界感受不能融合在俄罗斯文学背景中，因而他写道："朝鲜族出身仿佛总会成为我命运隐秘的怀疑理由。"（Ким，2002：496）

1965 年金考取高尔基文学院，1971 年毕业后又留校任教五年，教授写作技巧。金的作品首次被刊载是在他为此奔波了十年之后。1973 年 1 月，列宁格勒的《阿芙乐尔》杂志刊登了金的几篇短篇小说，立即引起评论界关注，人们对他的评价是：有高超的写作技巧和驾驭语言的能力。来自主流文化的肯定使作家信心倍增。1979 年金加入苏联作家协会，在文学界的地位和影响亦有所提升，并已然习惯苏联作家的身份。如果说最初走红文坛时金曾以东方特色引人瞩目，那么从 80 年代起，金笔下的朝鲜文化特征已变得若隐若现，不甚明显。远离朝鲜生活圈的作家接触的更多的是莫斯科的文化圈，这一时期他的主人公几乎是清一色的俄罗斯人，但东方特征还是在人物的世界感受和哲思追求中现出痕迹。

苏联解体带来的阵痛和动荡使全体俄罗斯人经历了身份焦虑，也扰乱了金得之不易的归属感。此外，文学圈分裂为不同阵营，相互间口诛笔伐，金也倍感痛心。面对文学界和政界的纷争，金决定暂时离去。1991 年至 1996 年，金接受邀请，到韩国高校教授俄罗斯文学。他受到礼遇，获得舒适的生活环境和优厚的工作条件，著作均被翻译出版。韩国之行于金而言，不免带有些"寻根"色彩，然而在血缘故乡韩国，金非但未能找到归属感，反而体会到更为真切的异己感。一位韩国文学理论家直截了当地评价道："阿纳托利·金与韩国文化毫无关系。"金为此也曾自问："在俄罗斯有些先生不承认我是自己人，在历史的故乡人们还是让我明白我是外人……那我该何去何从？"（Ким，2002：543）在韩国，当金近距离接触韩国文化之后发现，这里没有自己的精神根基。从韩国归来金对弗·邦达连科感慨道："确切地说，正是在韩国时我感觉到，自己终究是一个纯粹的俄罗斯人，俄罗斯作家。"同时他对韩国朋友讲说，"人都有双亲，对于我来说，韩国是父亲，俄罗斯是母亲，人不能没有母亲"（Бондаренко，2009）。由此可见，金正在归属性的选择难题中挣脱出来。2005 年金获得《林中亮地》杂志颁发的文学奖，在颁奖时列·安宁斯基说道："这东方轻轻袭来的气息神秘而又不可解释，但它存在。虽然阿纳托利·金是朝鲜血统，但他的经历和他的精神都说明，他是一位真正的俄罗斯作家，他敏锐关注的问题我们未曾去理解。"（Аннинский，2005）弗·邦达连科对金的异族特质和文化相融同样持肯定态度，"这是俄罗斯艺术思想内部传来的东方的声音，这是东方与俄罗斯的相遇，这是我们同东方的接触，是我们之中进行的交流"（转引自 Николаева，1998：338）。

作家的身份焦虑至此看似告一段落，然而对于金这样兼具多重文化背景的移民后代而言，确定归属某一单一文化身份则必将面对两难的困境。在金的内心深处，他无法否认多种文化基因对自身的影响。伴随自我认同的过程，作家深切渴望超越民族性的藩篱，对超越的呼唤促使他走向"世界主义"。金对民族文化融合的愿望从未减弱，从某种意义上说，这是他摆脱身份焦虑的最终选择。

二 超越民族性

在金的思想中，希冀消除语言障碍，全人类共同走向美好未来。"那时朝鲜人也好，其他民族也好，都可以没有愤怒怨恨，没有手足相残，没有对恶行的绝望和深刻负罪感而生活在一起。"（Ким，2002：335）金在《我的往昔》中写道，尽管足迹遍布世界各地，但是当他只身一人走在异国他乡陌生的道路上时，都感觉脚下就是家乡的土地，因为他视全球为故乡，金称这种感受为自己的"世界主义"。

"世界主义"（космополитизм）一词最早源于斯多葛派，意在强调斯多葛人是世界的公民。18 世纪基督教的一个教派将世界主义用于宣扬人类普遍得到拯救的理论，自 19 世纪 80 年代开始转变为哲学理论（谢文郁，1991：62）。它强调全人类、世界各国、各个民族都可以平等友爱相处。1788 年威兰在《世界主义者教团的秘密》中写道："世界主义者的名字叫世界公民，具有最根本的和最重要的意义，因为他们把地球上的所有民族都看做是仅有的一个家庭中的许多分支，把宇宙看做是一个国家，在这个国家里有无数具有理智特质的公民，每个民族都按照他们特有的方式方法，为了他们自己的福利而忙碌，以此在普遍的自然法则下促进整体的完善。"（范迪尔门，2005：250）金的"世界主义"倾向是一种具有大同意义的思想，他渴望由此跨越国家和民族性的藩篱，达到人类的和谐共存，精神相通。因此，金执着地固守精神家园，在书写人类精神现实的创作苦旅上孤独地跋涉。金相信善念在人类精神中是相通的，从这个角度出发，他认为自己表达所用的是人类灵魂的语言，这种语言对所有人都是一样的，地球上每一个曾经有生命的灵魂都用这种语言表达过自己内心的善念。这最初的无声的"言"是世上所有美妙的书籍、诗篇的最初精神根基。"世界随着最初的话语而被展示于精神的视野中……能够直接领悟到宇宙生命间无限的创造威力，也许是人所能达到的至高境界。"（耿占春，2007：30）艺术创作最初便是形而上地体现在这种语言当中，而后才化为某一民族的语言形式。作家承认，在每一创作个体的精神品质中都带有民族性格特征、特定历史阶段及政治因素赋予的社会心理特征，等等。金自称是书写人的属性的作家。他认为，从广义上说，全人类只有一个民族属性，即人的属性，这一属性超越民族性和国家性。虽然金的写作语言是俄语，但他未写出的无声语言是人类的心灵之语，这是每一个曾经活在世上的人都知晓、都懂得的。（Ким，2002：544）金所说的超越民族性、国家性的人类心灵之语即真善美的理念。

金的哲学追求与走出身份认同的困惑在世界主义思想中得到融合，因此作家更为坚决地以超越民族性的立场，站在全人类角度思索人类精神存在的未来和复活、永生的可能。他试图在"世界主义"中包容东西方哲学思想，并在创作中兼收并蓄。为实现自己世界大同的乌托邦构想，他从宇宙论和宗教思想中获得最大的精神资源。他以此确立世界大同的合理性，从中找到超越民族性的价值观，打造自己的大同世界乌托邦，在精神世界里设想理想中的人类存在。金早期作品虽多以库页岛朝鲜移民的生活为题材，但作家在反映当代社会生活、挖掘当代人灵魂的同时，提出的问题往往具有人类普遍意义。"他总是试图通过故事讲述者的记忆将过去、现在与永恒相联系，这是作家看待生活的共同性观点的结果，是其独特艺术思维的表现。"（Бавинова，2006：16）金不是把描写人物民族性、社会性方面的精神特质作为主要写作目的，而是集中表现人类的精神实质。他早期作品中出现的"我们"就是汇集了全人类声音的抽象精神存在，已经表现出作家的情怀和宏阔的宇宙视野。"将永恒与瞬间融合是阿纳托利·金哲学世界感受及其诗学的重要方面。"（Андреева，1976：265）哲理性是其创作的突出特征之一，至创作的中后期，这一特征越发明显，尤其在苏联解体之后，金的宗教情怀和世界主义思想成为其创作的精神内核。他的作品中仍不断出现韩国人形象，但已经不带有明显的民族个性特征，与他笔下频繁出现的不同国籍、肤色的人物一样，仅仅是全人类的表现符号。如《昂利里亚》中的韩国歌唱家奥尔菲乌斯，虽然是纯正的韩国人，但人物的名字取自希腊神话人物"俄耳浦斯"，显然已经超越了形象的民族身份，成为一个隐喻的化身。《在巴赫的音乐伴奏下采蘑菇》中，主人公是日本男孩天志，其他人物则来自古今"中外"，显然作者并不是在表现某一国家、民族面临的问题，而是以关注人类整体生存为目的。《约拿岛》中罗马尼亚人、美国人和俄罗斯人共同踏上"寻神之旅"，隐喻了人类对共同精神归宿的寻觅。金渐渐模糊了人物的民族性格特征，以超越民族和国界的视角关注全人类的未来命运，从人的精神实质这一角度来展现他们的终极追求。当视野放大到宇宙，思想锁定于宗教以后，金得到更为广阔的精神空间，身份焦虑带来的痛苦、困惑在此烟消云散。

对于金的民族身份焦虑，娜·伊万诺娃曾有评论。她撰文《后来——新的身份认同探索中的后苏联文学》（После. Постсоветская литература в поисках новой идентичности），分析几位俄罗斯少数民族作家的创作与民族身份的认同问题，其中也提到金的尴尬。她认为在《半人半马村》中，拉动世界大幕可以进入另一时空的隐喻应该结合作家自身做更广义的理解，断言这是金离开本民族神奇艺术世界的隐喻。她提出小说中半人半马隐喻的就是作家自己，因为金是朝鲜和俄罗斯民族性的结合体。而作为一名俄罗斯作家，金时而培植身上的朝鲜民族性，时而又压制，这就是他在文化上的半人半马主义（кентавризм）。她认为《昂利里亚》中描写的世界末日隐喻了作家旧我的终结，终结之后民族性不再成为困扰（Иванова，2003：113）。娜·伊万诺娃的观点不无见地，但将作家的哲学追求都归于民族身份认同的危机似乎太过绝对了。可以认为，金走向"世界主义"的过程中，文化混合身份带来的认同危机无疑成为一个强大的推动力。作为一个少数民族作家，金对各民族和谐相融的向往是不言而喻的，世界主义正是这种内心向往的思想表现。不过，应当指出的是，世界主义这种思想虽然期待着美好愿景，"但对于全体人类而言，它过于伟大，因此永远只能停留在思想阶段"（贝克，2008：1）。世界主义只能作为概念和思想而存在，在实践中是无法得到推行的。因此，金对美好的人性、对人类和谐的未来充满期望，但"世界主义"的乌托邦思想只能是一个理想。

在金寻求身份认同的过程中，呈现出从渴求归属到渴望超越的思想转变轨迹。年逾古稀的金已淡出文学圈，远离人们的视野，并数年未见新作。他的作品仍不断再版，一直拥有读者和研究者，因为他是那样独特，以至于无法被忽视。"他不是沉浮于时潮上的冒险者，但他绝非与历史若即若离的玩世不恭人物，那种类型的作家也十分惹眼。他是具有宏阔的人的整体意识的作家，以对过去、现在和未来的思辨自觉，追究着生存矛盾中的哲学、美学和道德演进与衍变的规律与真谛。"（朱春雨，1987：3）在身份认同的困惑中，金在确认自己俄罗斯作家的身份过程中，找到了更为广阔的心灵归属地。他无法放弃任何一种文化的影响在他身上留下的痕迹，在纠结、反思和追寻之后，金选择了超越，最终走向世界主义，在精神乌托邦的国度，"魂归何处"的追问得到形式上的解决。

参考文献

Андреева И. В., Голубой остров-новая земля//Дружба народов. 1976, №10.

Аннинский Л. А., О романе Анатолия Кима «Белка». http：//www. yasnayapolyana. ru/news / 2005/07/14.

Бавинова И. Е., Творческий путь А. Кима. Ставрополь：СКСИ, 2006.

Бондаренко В. Г., Русский будда Анатолий Ким. http：//www. tribuna. ru/news/2009/07/22.

Залыгин С. П., Своей дорогой//Дружба народов. 1981（6）.

Иванова Н. Б. После. Постсоветская литература в поисках новой идентичности//Русская литература XX века в зеркале критики. Санкт-Петербург：Филологический факультет СПбГУ, Москва：Академия. 2003.

Ким А. А., Моё прошлое//Остров Ионы. Москва：Центрполиграф, 2002.

Левит С. Я., Культурология. XX век. Санкт- Петербург：Университетская книга, 1997.

Николаева П. А., Русские писатели XX века. Биобиблиографический словарь. Москва：Просвещение, 1998.

Проханов А. А., Светоносный мистик Ким. http：//www. zavtra. ru/. 1999/06/08.

耿占春:《隐喻》,河南大学出版社, 2007。

〔德〕里夏德·范迪尔门:《欧洲近代生活:宗教、巫术、启蒙运动》,王亚平译, 东方出版社, 2005。

〔德〕乌尔里希·贝克:《世界主义的观点——战争即和平》,杨祖群译,华东师范大学出版社, 2008。

谢文郁:《世界主义运动评介》,《国外社会科学》1991 年第 9 期。

叶舒宪:《圣经比喻》,广西师范大学出版社, 2003。

朱春雨:《西去的骑手》(代译序),载〔苏〕阿纳托利·金《海的未婚妻》,上海译文出版社, 1987。

原文载于《俄罗斯语言文学与文化研究》2012 年第 1 期

娜·普图什金娜的"乌托邦"剧作

王丽丹[*]

摘 要： 普图什金娜的剧本远离历史，不问政治，无关宗教，只为爱情。剧作家凭借纯粹的爱情主题、"不正常的"女性形象、幽默讽刺的对话基调，创作出"日常生活式的平凡剧本"，成为俄罗斯上座率最高的剧作家之一。普图什金娜爱情之国的"乌托邦"情怀说明关注身边生活、关注情感、活在当下成为俄罗斯人的生活主旋律。

关键词： 普图什金娜 乌托邦戏剧 爱情主题 "不正常的"女性形象

普图什金娜（Н. Птушкина，以下或简称"普氏"）的剧本远离历史，不问政治，无关宗教，只为爱情。这种只讲述日常生活中爱情故事的剧本居然能在20世纪90年代风行俄罗斯乃至独联体大小剧院以及世界其他国家，足见普氏剧本生逢其时，迎合了观众的欣赏期待。1991年苏联解体后，处于文化自我身份认同危机中的俄罗斯人，要么投身于精神寄托，诉诸宗教，要么毅然决然地摆脱旧我，彻底追求物质。但这种匆忙间奔赴"两极"的人们似乎于短期内并没有看到自己积极努力的正面结果，而阵痛的停滞痕迹沉重且明显，于社会、于家庭、于个人而言，都仿佛拖着长长的阴影，且形影相吊，难以摆脱。就在整个社会茫然四顾不明文化走向之际，普氏于20世纪90年代连续推出几部以爱情为主题的话剧，成为俄罗斯剧院走出低谷的前奏曲。在"前价值贬值、新价

---

* 王丽丹，南开大学教授、博士生导师。

值还没有确立的时代大背景下"，在人们"已经把'爱情'一词换成'感情'和'关系'"（Богданова，2003：1）的今天，普氏转身走向传统的家庭，以爱情温暖人心的剧本不仅具有明显的松弛紧张神经的作用，而且"其剧本帮忙填补了这一时期海报上的明显空白"（Василинина，1999：27）。普氏的这些应时而出、抚慰人心的话剧使其一跃成为"俄罗斯最受欢迎的剧作家之一"，今天已经"很难想象 20 世纪末的俄罗斯戏剧如果没有普图什金娜的名字会如何"（Федорова，2001：28）。

剧作家凭借纯粹的爱情主题、"不正常的"女性形象、幽默讽刺的对话基调，创作出"日常生活式的平凡剧本"，成为俄罗斯上座率最高的剧作家之一。普氏的几乎所有剧作均源自身边的生活——可笑、荒诞、悲凉的同时，又弥漫着幸福。

一 "善良的童话"——纯粹的爱情主题

普氏的笔下是清一色纯粹的爱情故事。其故事彼此之间毫无雷同之处，不同的内容，不同的性格，不同的职业，不同的身份，不同的面孔，不同的文化背景……可以说，普氏在创作上"对上帝和人都无所顾忌，能怎么写就怎么写，想怎样写就怎么写"（Василинина，1999：31），全然不顾商业利益，也不考虑剧院是否能上演。《在别人的烛光下》（1992 年）是一出追求仕途却缺少真爱导致的悲剧，《受害者纪念碑》（1994 年）是一个丢失了 18 年又重新拾起的爱情故事，《不正常的女人》（1994 年）是一个荒唐的请求引出的一场悲闹剧，《羔羊》（1995 年）是以非标准语讲述的新版圣经故事，《她临终之际》（1995 年）弥漫着过多甜美的伤感，《来领走》（1997 年）中有筒子楼里日常的小市民习气，《黑珍珠，白珍珠》（1998 年）有为爱勇于放手的感天动地，《预付》（1998 年）中有生命接近尾声时的背叛，《性缺乏》（2001 年）中有为错位的爱而提出的决斗，《母牛》（2001 年）中有对失而复得的爱的不珍惜，《好，劳伦西娅》（2002 年）中有迟来的爱遭遇的考验，等等。

普氏笔下的生活故事也可能发生在你身边。妻子与丈夫彼此间无感情可言，只是依靠惯性生活了 20 多年。妻子生了儿子后，被迫放弃了喜爱的图书馆工作，在家里洗衣、做饭。丈夫对妻子从来视而不见，与朋友醉酒，迷恋足球，偶尔还有婚外情发生，甚至还有一个非婚生的儿子。妻子则通过婚介认识了一位痴迷"俄罗斯灵魂"的意大利富豪，她决定远走亚平宁半岛，实现自己多年周游世界的梦想。丈夫突然意识到问题的严重，试图阻止妻子的行动，想挽救即将离散的家庭。对往事的共同回忆使他们意识到，或许他们之间还有和好的可能，或许他们如比萨斜塔般不断倾斜的家庭还不会在短期内轰然倒塌。剧本《比萨斜塔》（1997年）演绎的故事可能会发生在任何一个家庭中，夫妻之间似乎永远难以理解，一切都无所谓了，只靠惯性维持淡如清水的夫妻生活。这出戏里的"妻子"和"丈夫"均无姓无名，妻子是"知识分子"，一个脑子里塞满了文化联想与自卑情结的图书管理员，丈夫是工人，这一典型的俄罗斯家庭无疑说明了故事的普及性。"剧本的结局既不是幸福结局，也不是悲剧结尾，而是近似于生活悖论，看似比任何一种生活铁律都更符合逻辑的悖论。"（Фукс，1998：169）该剧于1998年被搬上莫斯科舞台时，导演米尔格拉姆（Б. Мильграм）设计了一只橡皮艇。剧终时，夫妇两人坐上橡皮艇出去钓鱼，这时男主人公的一句话可为全剧经典："家庭生活就像比萨斜塔，倾斜，倾斜，但或许永远都不会倒下。"不会倒下并非因为重被唤起的爱情多么有魅力，而是因为"围城"中的人如同橡皮一般，既结实又有弹性，早已习惯了忍耐。导演米尔格拉姆把人物最终未能离家出走的两幕闹剧排成了回归自我的寓言剧。

《比萨斜塔》之所以深受观众喜爱，主要在于这部剧触及了严肃而广泛的家庭问题。离或不离——有人如哈姆雷特一般在这一问题的折磨下苦度终生，难以抉择。仔细琢磨，如同这部戏里演绎的内容一样，谁都有可能犯错，"如果说妻子为了家庭拒绝实现自我，那么丈夫则为了家庭牺牲了真正的爱情"（Фукс，1998：169）。普氏本人对这种磕磕绊绊苦经风雨的家庭生活的解释是："或许，我们生活中这样的人很多，因为我们不善于也不希望去理解别人，而试图将自己的想法、习惯强加于人……对我而言，爱是对人们之间关系的一种渴求。爱是依其本身的规则建立起来的。如果忽视了这些规则，爱就会坍塌。"（Цветкова，2001：7）显然，爱的维持看似简单，但若要经得起岁月的考验，夫妻间的理解与默契是必要的因素。

普图什金娜曾信誓旦旦地表示，"观众走进剧院是为了逃避现实，他在寻找自己的理想，寻找与自己美好情感的契合、安慰与支持"（Чепурнова，2000：

30)，因此剧作家认为真实的生活"任何时候都不应该在剧本中重现"，她不准备"抄袭生活"，而意欲给观众营造陌生化的感觉，颠覆观众的观戏期待，"激起善良的情感"（Чепурнова，2000：33）。因此除了像《比萨斜塔》这样细腻伤感的生活闹剧外，普氏笔下更多的是一些在观众看来完全不可能，却偶尔会颠覆想象地发生于浪漫的俄罗斯人生活中的"乌托邦"爱情故事。一个女人在街上截住一位陌生男子，给他一百美金求他与自己睡觉，只为能让自己20多年前无疾而终的初恋划上一个自以为圆满的句号（《不正常的女人》）；老人把自己的祖传宝石送于初次见面的姑娘（《她临终之际》）；为唤起女友对生活的激情，妻子安排自己的丈夫去诱惑她（《性缺乏》）；为了能与自己暗恋一生的男演员生活一年，可以预付他一百万美金（《预付》）；丈夫和女友背叛了她，她决定与母牛同住一个屋檐下（《母牛》）；女友当着她的面与其丈夫亲热，她竟能"知性地"容忍毫不掩饰的背叛（《来领走》）；等等。普图什金娜爱情之国的"乌托邦"情怀似乎无须赘言。

看得出，普图什金娜的爱情主题不落俗套花样翻新，绝处逢生的爱、痛彻心扉的爱、爱得深沉无声却勇于放手、流年经月的默契却于风烛残年的背叛……有我们身边的生活故事，有看似永远不可能发生的爱情故事，但无论这些故事如何上演，无声的爱都会稳坐"主题"席位。甚至在非爱情主线的剧本中，在关于人与信仰，"关于永远需要偶像与奇迹这一神秘的俄罗斯灵魂的哲理剧本"（Шмелева，2007：32）《小姐》（2003年）中，贯穿始终的仍是爱的元素。看得出，普氏的剧本中任何元素都可能缺失，唯有爱是不变的。

普氏笔下怪诞、荒唐的爱情剧中，主线分明，剧中人屈指可数，但却个个生活"态度积极"，执着于做一个幸福人。普氏的人物甚至在观众看似难以幸福的时刻都沉浸于自我想象的幸福中。他们仿佛置身于一个爱的世界里，每个人都是一个潜在的幸福人，无论他们的生活发生了何种不幸的变化，他们始终坚信一切都会朝着和谐积极的方向发展。不幸的爱情催生了个性的张扬（《预付》），意外的离婚与亲人的背叛换来了和谐与自信（《性缺乏》）（Кислова，2005：219），十八年的漂泊意外遭遇了复合的家庭（《受害者纪念碑》），照顾老母亲的大龄女俘获了俄罗斯新贵的爱情（《她临终之际》），"靠意志、智慧和心灵共同完成"（Ступников，2004：4）的双人舞，圆了年轻人追求自由的梦想（《好，劳伦西娅》）。当然在这一努力营造和谐旋律的过程中唱主角的永远是女性，男人在这场爱情游戏中只有配角的位置，或者他只能算是坐享其成的"渔翁"。

二 "爱拼才会赢"——"不正常的女人"形象

普氏的爱情故事讲述的是生活中的女人，她们的爱情公式是——"爱拼才会赢"。从俄罗斯传统文化观念来看，其剧本中的女性形象常被冠以"不正常的女人"（Вишневская，1998：40）的称号。普氏笔下的 20 世纪、21 世纪之交的爱情故事自然完全不同于 19 世纪和 20 世纪苏联时期的爱情。"对于俄罗斯气质来说，女性的顺从、软弱、腼腆、毫无选择的地位——都是最典型、最鲜明、最大写地（特写地）反映在俄罗斯戏剧文学中。"（Вишневская，1998：181）"卡拉姆津《可怜的丽扎》（1792 年）算是俄罗斯文学中的爱情原型。"（Вишневская，1998：181）普希金的塔吉娅娜敢于首先示爱，其颠覆传统的勇敢形象不仅震撼了那个时代，其余音今日仍在绕梁，那个时代人们眼中的塔吉娅娜可以算一个"不正常的女人"。苏联时期，如果说女性思想已经超级解放，可以主动选择生活伴侣的话，她们却无暇他顾——劳动代替了爱情，"感情成了不被需要的附属品"（Вишневская，1998：181），关于感情的戏，也只有在为数不多的几个喜剧中谈起过。

普氏剧本中的女主人公与此前剧本中的女性截然不同。她们一般是疲于生活的中年女人，她们虽是被生活磨去棱角的劳动女性，却渴望特立独行，对爱有着不懈的追求，她们通常以"不正常的女人"的面目出现，期待并要求奇迹。悲闹剧《不正常的女人》中的她是一位 40 多岁的传染病医生，他是一位 30 多岁成功的商人。一次街头偶遇，陌生的她向他提出一个令他震惊的要求——同她睡觉。"对您来说只是一个 5 分钟的熟悉工作，"她说，"也许 7 分钟……但不会超过 10 分钟！"她心甘情愿为这项"不超过 10 分钟"的工作付费。当他明白了这"熟悉工作"的内容时，其怒不可遏形成了全剧的第一个冲突。他与她争吵，试图给她解释该请求是如何不可思议，令人费解。就在他开始可怜她并对她产生好感之际，她想要个孩子的爆炸性新闻再次使他由一个善解人意的男人变成了一个愤怒的商人。读者与观众或许认为，第一场戏中的她不仅是一个

"不正常的女人",而且是一个为达目的不择手段之人,在千方百计请求之后,她甚至同意为该服务付1000美元。第二场戏中,她在与荷兰人的一笔生意中成功帮他拿下了订单。他爱上了她,但其表白却遭到了她的拒绝。原来,她爱的不是他,而是他身上潜伏的另一个人的影子——她的初恋。剧终时,她突然变得"正常"了,发现自己对他并非只有想睡觉和有个孩子来结束初恋的冲动,而是绝望地爱上了他,形成了剧本的第二个冲突:初恋与真爱之间的冲突。最终爱情战胜了她当初鲁莽的请求及盲目的欲望,她选择了离开。

普图什金娜笔下的女主角在渴求爱的同时,宽容是其爱情旋律的主音符,仿佛皆因她们面对的男人在19世纪被称为"多余人""虚无主义者""新人""空想家""民意派",在20世纪被称为"共产党员""生产者""集体农庄庄员""官员""机关工作人员",在20世纪、21世纪之交又被毒品麻醉、被酒精麻醉、被足球赛麻醉、被铺天盖地的报纸麻醉、被单身生活麻醉、被妈妈的庇护麻醉(Вишневская,1998:182),他们永远不会理解,为什么丰衣足食的女人会产生离家出走的想法,他们更不会懂得,为什么远方有爱的呼唤,他们的妻子却迟迟迈不出双脚,他们最终没有明白的是,妻子们的犹豫不决只为等待他们的幡然醒悟。可见,只有爱和宽容才能把这样的男人纳入自己的爱情视野中,剧作家的女主角们就是如此殚精竭虑无怨无悔地改造他们,让他们学会爱人与被爱。她们可以为爱人编造善意的谎言(《她临终之际》),可以在丈夫去留迟疑之际对其晓之以理(《预付》),可以对苟且的背叛视而不见(《来领走》),可以不计前嫌接受回归的丈夫(《母牛》),可以为爱去犯罪,甚至为爱而死(《在别人的烛光下》)。但也不乏另类。《在别人的烛光下》中50多岁的女文学批评家,事业有成,但生活中缺少真爱,因羡慕嫉妒年轻的女孩子,而最终枪杀了她。普图什金娜本人认为,是该文学评论家所秉持的"现实生活中的爱与真诚注定是失败的哲学理论"(Птушкина,1998:78)最终导致了悲剧。显然,剧作家肯定并歌颂的是传统的道德价值观,弘扬人与人之间的真爱、忠诚与责任。"《来领走》这一剧名可以说是普图什金娜整个创作的象征。行动起来将你的命运引向你的希望所在,无须左顾右盼。要做你自己命运的主人——唯其如此,才会有所收获。"(Василинина,1997:26)无论如何,普氏笔下女性的爱情杀伤力空前绝后,摧毁性极强。普氏关于女性故事的剧本,正如她的一部剧名,无疑是为所有"受害者"所立的一座"纪念碑"。

三 "幽默、讽刺、严肃"——剧情发展的基调

普图什金娜关注的是当代女性的日常生活、情感生活，其笔下的故事以悲剧、喜剧、闹剧、轻喜剧、悲闹剧等体裁轮番上演，一部剧中体裁混合现象也颇为常见。其剧本戏剧性较强，戏剧冲突通常难以预料，但剧情高潮一出现，故事便直接收场，留下无限可能的开放式结局。有剧评家认为，普氏的剧本是"标准的三角恋，荒诞情境的堆砌，些许伤感，外加幸福结局……"（Василинина 1999：20）的确，普图什金娜的剧作结尾很少步入死胡同，"她宽厚待人，毫无偏见，善于理解人物行为的内因，这些因素使其戏剧作品结尾满怀希望，可以轻松地叹口气，抚慰心灵，坚信未来"。（Василинина 1997：26）

普氏剧作"给人物留下幽默的空间。而讽刺和幽默——它们如果不能见证作者的伟大，最起码能证明其健康的思想"（Шмелева，2007：32）。普氏剧本中的女性几乎都已年过四十，"惆怅的抒情音符，已逝的青春与渴望幸福的主题"（Федорова，2001：28）决定了其剧本酷似墨西哥连续剧般伤感，但剧作家特有的幽默与忧伤、简单与深刻感受的独特结合无疑令读者与观众欲罢不能。剧作家真诚与讽刺的讲述风格仿佛专为那些童真永在、渴望幸福、相信奇迹的纯朴读者而存在。剧本《她临终之际》中的塔吉娅娜为照顾多病的母亲，四十多岁还待字闺中，为了让母亲安度晚年，新年之际她租来女儿，再加上敲错门的俄罗斯新贵——伊戈尔，一出浪漫的"新年抒情喜剧"、"天真而离奇的轻松情节剧"，甚至是"莫斯科圣诞节电影童话剧"（Дьякова，2001：23）成功上演。剧本从塔吉娅娜为母亲朗读狄更斯的小说《尼古拉斯·尼克贝》（1839年）开始并非偶然。首先，狄更斯的这部小说就是一个为追求家庭的幸福团聚而努力拼搏的故事。其次，狄更斯本人是位塑造幽默人物的大师。普氏的剧本正是借用了大师的创作背景营造了集"幽默、讽刺、严肃为一体"（Старченко，2004：230）的戏剧氛围。剧中女主人公塔吉娅娜是一位颇具幽默感的女性。当搞错了门牌号的伊戈尔在她家接听女友电话时，塔吉娅娜此时的词句颇具名言警句的范式："最好问问小鸟，她的巢在哪一栋楼里？""别在我家里接电话，这会败坏我的名誉！""猫咪竟咕咕叫！生态完全被破坏了！"这与塔

吉娅娜此前关于生活深刻而严肃的独白相比更显幽默。可见，狄更斯于剧本中的隐性穿行实为普氏剧中童话般的和谐音符，其神秘存在使新年之夜发生的奇迹看似完全合乎情理。2000 年，当电影人扬科夫斯基（О. Янковский）和阿格拉诺维奇（М. Агранович）将该剧搬上银幕时，影片引用了阿赫玛托娃的诗句"请你来看看我吧"（Приходи на меня посмотреть）（1912 年）作为片名。剧作家与导演们追求的家庭温暖、爱情与忠诚的理想不言自明。

《比萨斜塔》看似为一出日常婚姻闹剧，但其剧情完成于风趣幽默的对话基础上。结婚 20 年的丈夫和妻子，当妻子说有"重要的事情"要与他相商时（根据他的经验，如果是重要的事儿，就一定不是什么好事），他立即推托说："吃完饭再说吧。确切些说，球赛结束后再说吧。确切些说……明天需要早起……过后再说吧？一切结束后再说吧！……"最初以为妻子拎着箱子去娘家，丈夫嘱咐给丈母娘带好，这时他却突然想起丈母娘不够厚道："……20 年间她哪怕问候过我一次！哪怕一次！"当得知妻子拎着箱子准备离家出走时，迷恋球赛的丈夫一手拉着妻子的箱子不让走，眼睛却紧盯着电视不肯离开。听说妻子要离婚，抱怨妻子选的时间太不凑巧，与球赛冲突……主人公荒唐的心理加上幽默的言辞使读者与观众认定这是一出喜闹剧。但这出穿插着荒唐的幽默、轻松的讽刺的家庭闹剧却严肃地勾勒出俄罗斯普通家庭的婚姻现状：举步维艰，却难以放手，更难轻松出走。那种悲哀的相濡以沫不如相忘于江湖的举动，普氏的剧中人实难做出。正如比萨斜塔，倾斜无关大碍，不倒就可以继续维持。

普图什金娜剧本以幽默讽刺的基调诉说着严肃的生活话题。因话题通常直奔生活主题，无须铺垫衬托，所以剧作家笔下的剧中人也格外简单，一般为"他"和"她"或"丈夫"与"妻子"。其剧本中没有一闪而过的角色，鲜有次要人物。概因毕业于导演专业，剧作家无心冷落任何一个角色，力图让每个角色都有话可说，让每个人物形象都尽可能地丰满。"一个卓越的戏剧家在写剧本时，必须从心灵深处体验其每一角色的全部情感。"（艾思林，1981：93）在此意义上，普图什金娜堪称卓越。

四　改编剧本（ремейк）——"普图什金娜式的玩笑"

普图什金娜根据圣经情节、古希腊罗马故事或经典作家的作品创作了许多以爱情为主题的改编剧本，如《羔羊》、《黑珍珠，白珍珠》、《给托比吃的燕麦》（1999年）、《啊，亚历山大》、《小王子》、《黑桃皇后》、《会晤波拿巴》、《骗子》（2003年）等。其中《羔羊》一剧曾引起戏剧界的轰动，一度被称为"普图什金娜式的玩笑""20世纪最具争议的剧本"（Яроченко，2000：24）。剧本《羔羊》根据《圣经》中雅各与利亚、拉结的爱情故事改编而成。1996年9月，莫斯科"21世纪艺术俱乐部"私人剧院首次将该剧搬至舞台，导演米尔格拉姆，由茵娜·丘里科娃（Инна Чурикова）和莫斯科大剧院芭蕾舞演员格季米纳斯·塔兰达（Гедиминас Таранда）担纲主演。演职人员阵容之强大令观众震惊，而接下来的话剧则震惊了整个俄罗斯戏剧界。剧评界对该话剧持完全不同的观点，主要集中在话剧中一些色情词汇、人物语言的自由使用上。报纸、杂志一时热评如潮，仅主流报纸就有《独立报》、《生意人日报》（Коммерсант-Дейли）、《莫斯科真理报》、《文化报》、《文学报》、《莫斯科消息报》、《周报》、《银屏与舞台》（副刊）等数家报纸参与讨论。

其中传统的《文学报》对剧本及话剧皆持完全否认的态度："根据报刊评论判断，《羔羊》没能成为批评界的新宠。……《羔羊》除了色情不见任何其他成分，突然腼腆起来的年轻的纯洁主义者没学会区分'淫秽作品'、'下流话'与文学、艺术主题，却以此来震惊观众。"（Мягкова，1996：8）"对《圣经》主题无聊且标新立异的无耻做法实在是不成功的……"（Соколянский，1996）"《羔羊》的受众一方面是那些暂时还没有读过《圣经》之人，另一方面是那些性爱方面存在诸多问题之人。剧本和话剧的作者试图竭尽全力尽可能地同时满足两者的需求。"（Поюровский，1997：23）而支持的一方也有自己的说辞："作者打破了所有的禁忌——用语言讲出性爱场面……这是一部勇敢的、鲜明的、剧烈的、出乎意料的、充满生命力的、高尚的、极具天赋的、简单（且复杂）的、日常性与哲理性兼备的好剧本。清新，卓越，如同子弹。且如同子弹一般震撼。……普图什金娜……寻找且觅到了如何将该事件说得既漂亮直接，又不做作庸俗的词语。"（Рощин，1996）"普图什金娜利用《圣经》情节，目的在于更清晰更有力地证明，在人性中、人的命运中有亘古不变的永恒价值。"（Василинина，1999：10）"米尔格拉姆的《羔羊》是一出精神战胜肉体的版本，它证明，经年之后人还有能力争取到爱自己的权利。"（Касумова，1997：104）对这部"融心理、色情与哲理为一体"（Дмитревская，1997：137）的背叛加爱情剧本的跨界讨论，最终引来了对剧作家铺天盖地的批评，同时也使其声名鹊起。

普图什金娜夸张而好奇地观察自己的同时代人，近距离凝视身边的女性。她热衷于专注不同的面孔，倾听各异的声音，营造奇特的戏剧氛围，塑造出另类的女性形象。剧作家善于将自己对生活的期待与喜悦移植于剧本中，其笔下的剧中人坚信奇迹，坚信生活中的狂欢节不会错过任何人。普图什金娜仅凭自己的爱情故事，一举成为俄罗斯新世纪之交上座率最高的剧作家之一，可见，俄罗斯人已不再关注虚妄的"主义"，不再追求崇高的道德极限，不再向往精神的"乌托邦"，关注身边生活、关注情感、活在当下已经成为他们生活的主旋律。

参考文献

Богданова П. , Надежда Птушкина: «Любовьмы заменили отношениями». Новые известия. 12 – 02 – 2003.

Василинина И. , Надежда. Птушкина Н. М. «Овечка» и другие пьесы〕. Москва: А и Б, 1999.

Василинина И. , Об авторе. Театр, 1997, №1.

Вишневская И. , Ненормальная? . . . . Современная драматургия, 1998, №4.

Дмитревская М. , О свойствах страсти. Петербургская театральная жизнь, 1997, №12.

Дьякова Е. , Барон Мюнхгаузен объявил войну Голливуду〔N〕. *Новая газета*, 2001, №2, 15 января.

Касумова А. , Слово о бедной « овечке ». Петербургский театральный журнал, 1997, №13.

Кислова Л. С. , Мир «зазеркалья» в драматургии Н. Птушкиной//Трансформация и функционирование культурных моделей в русской литературе. Томск, 2005.

Мягкова И. , «Овечка» в поисках гармонии. Литературная газета, 1996, 23 окт.

Поюровский Б. М. , Сексуальные игры у овечьего источника в изложении Н. Птушкиной. *Театр*, 1997, №1.

Птушкина Н. , «Даже крысы чахнут без впечатлений». Московский наблюдатель, 1998, №1 – 2.

Птушкина Н. , Пессимистические записки оптимиста. Театральная жизнь, 1998, №5 – 6.

Пьеса «Пизанская башня». http: //ptushkina. com/Piece/piza. htm.

Рощин М. , Гвоздь или заноза? . Экран и сцена, 1996, 5 – 19 дек. , №47 – 48.

Соколянский А. , Не пропустите. Неделя. 1996, Дек. , №44.

Старченко Е. В. , Современная сказка о московской жизни (пьеса Н. Птушкиной «Пока она умирала » в театре и кино) //Москва и « московский текст » в русской литературе и фольклоре. Москва: МГГУ, 2004.

Ступников И. , Премьера. Па-де-де. Вариант Птушкиной. Санкт-Петербургские ведомости, 12 – 03 – 2004.

Федорова В. , Время Надежды. Современная драматургия, 2001, №1.

Фукс О. Р. , Когда женщина «рвет повода». Современная драматургия, 1998, №3.

Цветкова Е. , Время культуры. Надежда Птушкина: «Ктеатру я отношусь, как к мужчине». Время МН, 20 марта 2001.

Чепурнова А. Н. , Птушкина: Драматургу трудно вызвать умиление. Театральная жизнь, 2000, №9.

Шмелева Е. , У каждого своя вера. Театрал, 2007, №6.

Яроченко К. , Непубличный драматург Надежда Птушкина. *АиФ*, 2000, №40, 4 октября.

〔英〕马丁·艾思林:《戏剧剖析》,罗婉华译,中国戏剧出版社,1981。

原文载于《俄罗斯语言文学与文化研究》2015 年第 1 期

俄罗斯是否存在"女性文学"？

——从俄国评论界关于"女性文学"
这一内涵定义的争论说开来

孙 超[*]

摘 要： 本文主要介绍和分析了近20年来俄罗斯评论界对于在俄罗斯是否存在所谓的"女性文学"问题所展开的论争，同时表明了不宜将女性文学作为单独文学分析术语的立场，并对当代俄罗斯女性作家的创作优势做了论述。

关键词： 女性文学 女性心理 女性视角 创作优势

自从俄罗斯文坛上出现了一大批特色鲜明的女作家，如柳·彼特鲁舍夫斯卡娅、塔·托尔斯泰娅、柳·乌利茨卡娅、维·托卡列娃、加·谢尔巴科娃、瓦·纳尔比科娃、玛·帕列伊、伊·波利亚斯卡娅、尼·戈尔拉诺娃、亚·瓦西里耶娃、斯·瓦西连科、奥·斯拉夫尼科娃、达·鲁比娜等之后，一些问题迫切需要澄清，如什么是"女性文学"，是否有必要将其从整个文学进程中单独划分出来。关于"女性文学"这一术语，在俄国文学评论界产生了激烈的争论，是否可以将文学按照"性别特征"来划分，已成为当代文学研究中的一个热点问题。最近一二十年来就没有终止过类似的争论。

"女性文学"这一称谓出现于20世纪80年代，当时的苏联已入垂垂暮年，

---

* 孙超，黑龙江大学教授、博士生导师。

社会各领域和层面几乎都面临深度的精神危机。从 80 年代末到 90 年代中期苏联（俄罗斯）先后出版了 7 部主要的"女性文学"专集，包括《女人的逻辑》（1989）、《不记恶的女人》（1990）、《纯净的生活》（1990）、《新女骑手》（1991）、《主张禁酒的女人：当代女性小说集》（1991）、《会飞行的妻子：俄罗斯和芬兰女作家小说》（1993）、《Glas. 女性视角》（1993）。除了上述这些受到评论界的注意并广为读者熟知的出版物外，还有一些在各地方省市出版的、不甚知名的文集。从事编辑工作的是在文集上发表作品的作者。文集本身体裁多样，包括中短篇小说、剧本、诗歌、文学评论等，既有一些已经成名的作家的作品，也包括一些当时不为人知的作家的作品。

80 年代的评论界整体上否认将"女性文学"作为一个独立的文学流派来看待。最常见到的说法是："在评论界将文学按照性别特征来区分有些怪怪的味道。正像不存在男性科学和女性科学一样，文学上同样也不存在类似的分类。"（Щеглова，1990：19）应该说，在评论界内部产生的这种看法，在一定程度上是依据思想的，或者更准确点说，是依据意识形态的原则来评价的。一些著名的女性评论家，如娜·伊万诺娃、尤·拉特尼娜等，均避而不谈这个略显挑逗性的问题。其他一些女性评论家的意见有时则充满了矛盾性。这可以在俄罗斯评论界最早论述"女性小说"的评论——叶·谢格洛娃的文章中看到。虽然上面我们所引用她的结论观点是很明确的，但评论家紧接着在文章的后面就同这一结语展开了公开的争论，并开始罗列一些"女性文学"的典型特点。其中之一，根据她的意见，"女性对世界的接受角度从根本上区别于男性视觉"。（Щеглова，1990：19）评论家认为，"女性文学"中最主要的是其对待世界真正女性的、母性的态度。

叶·斯特列利措娃将"女性文学"同俄罗斯古典文学的巨匠们的创作进行了一番比较后得出结论，认为女作家们的写作任务和写作语言同经典范式是不一致的，从而在整体上确保了后者探索的成就（Стрельцова，1994：171 - 178）。

评论家伊·斯柳萨列娃也不倾向于把女性文学看作一个独立的概念，虽然她对一些个别女作家的创作评价很高。她的论据反映了传统的自由派看待这个问题的实质："女性能够并有权从事创作这是事实，这个事实只不过是个事实罢了，而且，看起来，这也不需要作出评价和注解。那么坚持对其进行'女性文学'类型特点的分析是不谨慎的做法。好的小说好就是好，它是作为语言现象而突出的。"（Слюсарева，1991：238）

当然，还有相当一部分女性评论家对此别有一番看法，即承认"女性文学"的存在并将其看作一个独立的文学领域。她们积极借鉴西方一些女性主义文学的批评理论，结合俄罗斯文学的自身特点对当代女作家的创作给予了肯定的评价。如，玛·阿巴舍娃写道："根据已有的资料来看，我们这里出现了女性小说。不，并非以前——10年或者20年、30年前，女性没有写过短篇及中篇。写过。也出版过。但是在'厚重的杂志'上出现了这么多女作家的名字却从来没有过，专门的女性小说文集……一本接一本地出版也是没有过的。况且有关是否存在女性小说的争论也没有过，因为没有争论的对象。"（Абашева，1992：9）根据评论家的观点，新女性小说的出现表明了女性在社会中具有了新的地位，并且她还重新提出了有关文学创作的特点等问题。

其他一些女性评论家，如叶·格谢、尼·加布利埃良、伊·萨夫基娜、叶·特罗菲莫娃、玛·阿尔巴托娃等也把"女性文学"看作当代女性渴望自由地表现自我的合理需求，看作一种捍卫自己独特的女性世界观的有益尝试。她们认为，"女性文学"即是女作家们运用艺术手段实现上述观念的一种可能。

她们积极地参加到有关是否可以按照性别特征对文学进行分类的争论中来。比如，玛·阿尔巴托娃将是否存在女性文学的问题转到权利问题的程度上来。她写道："文学不能按照性别特征来划分！——男性中心主义者这样宣称。在现时段是分开的，而且在过去同样如此，只是带个说明号，男性文学是真正的文学，而女性文学则是备用文学……对于是否存在女性文学以及它是否被全人类所需要这个问题的理解应该只取决于下面这个问题，即妇女是不是人，而且女性世界及其精神世界的各种问题是否同男性世界和精神世界的各种问题一样重要。"（Арбатова，1995：27）与此同时，玛·阿尔巴托娃还提出了重新审视男性独统文坛和文学以往经验的问题。

伊·萨夫基娜也持相同的观点："又一次听到反对派们一贯的论调：'在精神的高度上没有性别之分'，那么有民族之分吗？有年龄之分吗？有信仰之分吗？当然，文学表现的是全人类的价值观念，但是与此同时艺术家书写的又是来自于自己的经验——民族的、宗教的、社会的、精神的、肉体的……性的经验，是'用自身的一切'，'自己的全部整体'来进行创作的艺术个性的一个重要组成部分，在其生物学视角，但在更大程度上体现在女性视角。但是术语'女性文学'在我国的评论界仍然处于半合法的地位，经常作为一道智力难题出现，而不是严肃研究的对象。"（Савкина，1995：211）

不可否认，在男性意识浓重的当代社会，凸显女性意识的主体性是一件好事。但一些评论家过分强调女性的性别，把"女性文学"当作张扬女性意识的载体，似乎"女性文学"的任务就是要颠覆男权社会，摆脱"第二性"的附属地位，凌驾于男性之上并取而代之，这种看法未免有些过激。当然，"一个人之为女人，与其说是天生的，不如说是形成的。没有任何生理上、心理上或经济上的定命，能决断女人在社会中的地位，而是人类文化的整体产生出这居间与男性和无性中的所谓'女性'"（波伏娃，1986：23）。就是说，女性应该把自己的意识融于普遍的社会，消除性别差异，制造出一个相对平等的无较大性别差异的社会，才是人类走向完美的一条捷径。如果一味地以"女性意识"为旗帜，把它抬到绝对的高度，重新从原始思维中培养女性的自觉，不过是把"女性意识"指向虚无，让它成为乌托邦的幻想而已。

有一点是明确的，即在坚持不能并且也不需要将女性文学作为一个特殊的文学概念划分出来的评论家们的论据中仍然可以找到一些区别。如果女性评论家设想出一些方法以证明女性文学不可能对抗"高高在上的'非女性的'创作壁垒"（Стрельцова，1994：171）的话，那么大多数男性评论家们在谈论女性文学时选择的是一种高高在上的、嘲讽的语气，好像是为自己预留一块安全的距离，以便保证自己的学术威望，以此来使大家明白，这一话题似乎根本不值得严肃认真地去对待。

巴·巴辛斯基在自己的《笔注》中不单单将"新女性小说"文集《不记恶的女人》看作一部书，更看作一部文学宣言，在这部文学宣言中作者们是以"某个文坛新巨匠"的集体代言人而出现的，与此同时，他认为，只有这些作家本人才能为这部文集的真正的规模和意义负责。这样评论家好像将"女性小说"带到了整个文坛之外并且为分析其优缺点而摘去了其文学和批评的职业性责任的重负。评论家用全方位嘲弄的口吻掩盖了自己那份惊慌失措。"一声震耳欲聋的枪响"，这是他在谈论这部文集的问世时所下的评语，并且接下来仔细地在文集前言里寻找一切可能的逻辑上的错误。评论家叶·格辛客观地指出了"在谈论所谓'女人的逻辑'时这一经常能遇到的男评论家们故作宽容的评语，其陈腐性和庸俗令人惊叹"（Гессен，1991：11）。

接下来，巴·巴辛斯基表明了自己的观点，"女性化的自我发现只有在有男性列席的情况下——就像是必须的催化剂一样，才能完成。女性胸怀单独地孤芳自赏——这是荒谬的领域。或者是病态的"（Басинский，1991：10）。这种表述，同这篇文章的性质一样，反映了传统的男权评论界对女性创作的一种普遍态度，即用一种男性特有的全知全能、绝对真理的态度取代公正客观的分析评介。这种对女性文学的轻慢态度有时甚至也会波及对待女性的态度。"她，这个絮絮叨叨的妇女又能向世界说什么呢？"——这就是普遍怀疑女性智力水平的尤·库兹涅佐夫的典型论调（Кузнецов，1987：5）。

弗吉尼亚·伍尔夫曾经说过，每个力求坦率地谈论女性的特有心理和独特情感以及性爱感觉的女作家都会遇到这个问题。她坦白承认说，她自己也不能解决这一两难论断，更何况，她还认为，一直到男性们能够耐心地对待女性的这种自我坦白之前，任何一个女作家都不能很好地解决这一点。这个问题一直到现在仍然很尖锐，甚至那些敢于用自己的语言进行创作的女作家们遭到了评论界公开的道义上的指责。在指出 80 年代末期文学是"美学上的退化"时，评论家马·利波维茨基也总是以瓦·纳尔比科娃的小说为例来说明这一点。这些评论家的论调的性质清楚地表明，他们在谈论女作家的创作时采用的并非纯粹文学批评的原则，而是依据文化意识形态领域内的创构原则。这一评价的出发点，正像我们上文已经指出的那样，传统上有以下几点：远离规范，即不合常规性；残缺性；在文学空间之外来审视。

根据谢·丘普里宁的观点，异样文学"如果不与当代小说针锋相对，那么，至少也处在其总语境之外"，他把女作家们几乎没有涉及社会和生产关系，而将注意力集中到那些"评论家以前喜欢称其为狭窄的小圈子和自我利益领域"等方面作为缺点来强调（Чупринин，1989：214）。评论家以此将这种女性们关心的、不含普遍意义价值的思想在读者群中广为扩散。

必须承认，这些批评家的非文学评论的视角是与当代俄国一些优秀女作家的创作品质不相吻合的。他们在整体上轻视这些杰出作家创作的同时，也暴露了自己男权意识极其浓厚的缺陷。这在一定程度上又激活了女性主义者的文学批评。正是这种高高在上的傲然态度惹恼了另外一些坚决捍卫自己写作权利的女性评论家们，使得双方在批判理论上自始至终都充满了浓重的火药味。这不仅于事无补，而且距离真正的文学批评越来越远。

应该说，90年代下半期的评论界已经试图采用一些全新的角度来审视80年代的文学流派，来评价异样文学艺术成就的规模和意义。而且因为有了一定的时间距离，其评介眼光也略显客观与公正。评论家们就此写有很多文章，而且这也是各种各样的由文学期刊定期组织的圆桌会议的中心辩论题材之一，这些所谓的圆桌会议不仅为文学评论家，而且也为作家们提供了畅所欲言的难得机会。多数评论家都承认，80年代的文学评论有些过于神话论了，充满了主观论战性质，其美学基础更多带有宣言性质，而非文学性，并且它从整体上承继了70~80年代评论的总体倾向。而且，当代作家们在回应评论界应坚持传统经典的绝对价值的观念时提出了重新审视作家的传统地位及其在俄罗斯的作用等问题。

90年代中期的评论界仍然保持组建"作家组合"的传统，比如，托尔斯泰娅、皮耶楚赫、彼特鲁舍夫斯卡娅、纳尔比科娃、维克多·叶洛费耶夫、波波夫。评论家纳·伊万诺娃对90年代初期至中期的文坛现状提出了自己的观点。如果其前一个阶段即80年代末至90年代初是以分裂、衰落、对抗及相互毁灭的战略过程为标志的话，那么90年代中期则是以"既谨慎又独立的共存"为突出标志。在评论家眼中，1994~1995年这一时段是趋同的危急时刻，因为发生了一些个别的文学现象从俄罗斯文学的统一整体中分离出去的趋势。统一的俄罗斯文学分解成许多并列的文学分支，其中每一分支又都有自己的美学纲领，"这一美学纲领的具体实施一定程度上参照了整个集体的要求，实现其自己'小组'的道德的硬性强制"（Иванова，1996：216）。每一个这样的文学分支小组都有自己的艺术语言，而俄语就好像是一个它们之间"交际"和"相互协作"的超语言。评论家没有将女性小说单独划分出来，她将女作家们按照其艺术和体裁喜好分成几类。比如，瓦·纳尔比科娃同加·萨普吉尔、弗·索洛金、列·鲁宾施坦等等汇入亚历山大·格列泽尔的"绿灯"组；维·托卡列娃是以灾难小说《雪崩》的体裁开始自己新时期的创作的，这同格·巴克兰诺夫相一致，而尼·萨杜尔和弗·沙罗夫一起被她说成是后现代主义者；巴·巴辛斯基则将斯·瓦西连科和玛·帕列伊视为新俄罗斯写实主义的代表（Басинский，

1993：14）。

同纳·伊万诺娃不同，评论家弗·伊万尼茨基认为，当代"女性小说"的发展历程同整个文化及文学进程是不相吻合的。当 90 年代初期"男性"文化"绝望地相互对骂时，作家协会的旧场所和新地址四分五裂，编辑部的打印机和出版社的不动产被大家一哄而上你争我夺，甚至到了动手打架的地步"，女性们"表现的恰恰相反。她们好像第一次睁开自己的双眼来审视这个世界，并且开始设法弥补先前失去的一切：急匆匆地相互交流起来，出版杂志和文集，组织研讨会，编辑电视节目。男人们相互之间不再往来。女人们则惺惺相惜起来"（Иваницкий，1997：41）。

在为文集《死亡的一英里》而写的评论中，巴·克拉斯诺佩罗夫说道，"女性主义者的创作并不完全遵循传统的男性化的文学逻辑"（Красноперов，1993：317）。他又指出，刊登在同一文集的 3 个作者——柳·福缅科、尼·加布里埃良、艾·阿拉韦尔东茨的作品相互之间并没有多少共通之处，但是相反，却形成"一种情感上的艺术统一体"并且"是在同一的女权心理浪潮中创作出来的"（Красноперов，1993：317）。

另外，还有一种趋势，即透过男性特有的光镜，将当代女性小说看作一个独立的概念。在俄国的评论界，其缘起于奥·达尔克的文章《女性的二律背反》（1991）。根据文章作者的意见，"某种文化学上的和心理学上的惯性总是将那些具有鲜明女性特色的东西排挤到艺术情趣之外。女性的生活经验几乎是以走私者的身份进入到文学中来的，从情节的周边看，经常是来自于'二手'——即来自男性作家。但是只有它才能使从女性手指下流动出的文学成为一个真正独立的现象，而且几乎是美学上具有转折意义的"（Дарк，1991：257）。他是这一时段评论界第一个试图将塔·托尔斯泰娅、柳·彼特鲁舍夫斯卡娅、柳·瓦涅耶娃、尼·萨杜尔、斯·瓦西连科和玛·帕列伊的创作不是放在当代文学的总潮流内去比较，而是在女性小说的框架内审视的评论家。同时，评论家也没有跳出看待女人和女性创作的男性视角。他原则上赞同对"男性"和"女性"特点和品质的传统理解："如果我们审视一下对男人和女人原初的典型的分解的话，那么男人——是习惯于白天的人，具有明确的极强的社会性，而女人——是习惯于夜晚的人，具有更多的隐晦的自然属性……但是当其身上那种原始的和自然的属性最大化地被揭示时——她会因此而使文学生辉。"（Дарк，1991：

257－258）

这种公正的，但是仍没有超出对女性小说的父权审视的态度，后来在其他评论家的文章中也可以看到。比如，符·哈尔切夫将女性小说的创作领域定义为一种能够"讲述还没有人述说过的事实，以及那种男人们无意间，也就是说，单方面又不正确地，按照自己的设想叙述的故事，他们有时带有恶毒的预谋，有时没有恶意……"（Харчев，1992：160）值得注意的是，在这种批评话语下，评论家历来倾向于将女性小说的贡献看作对爱情、家庭和母性主题的挖掘。

这种传统的，以"生硬的两分法和等级化"为突出特点的所谓的"父权制的思维范畴"遭到了女性主义者尼·加布利埃良的抨击。评论家认为，问题的症结在于，"男性的"和"女性的"互相对立的特质在文化中占有的地位与其真正具有的内涵是不相符合的。

不可否认的是，在90年代的评论界仍有一股势力戴着有色眼镜去审视日渐成熟的女作家们的创作。他们经常把女性文学看作太太文学、玫瑰小说、感伤小说等。

"太太文学"还远远不是最反常的文化术语，然而这一术语自身包含了许多反面的标识。偷换概念是传统评论界为了表达一定的社会观念——在这里明显指的是非善意的论调——而采用的一种非常有效的方法。

因此我们再一次地追问，依照女作家本人和一些评论家的观点，到底什么是"女性文学"。

尼·加布利埃良是这样回答的："事先说明，我们这篇文章里的'女性小说'泛指女作家写的小说。"（Габриэлян，1996：31）在这个略显简单的定义后面，她又做出了如下的阐释："看上去，这些定义有些重复，但是类似的强调可以使我们或多或少避开一些涵盖在'男性'和'女性'这两组词内部的标志性的陷阱。因为在这个已形成的文化类型中这些称谓不单单指的是生物学上的性别这样的中性名词，而是自身已带有一些评价因素，这些因子又包括一整套符号的分系统。"（Габриэлян，1996：31）这样一来，正像博·萨特克利夫所指出的那样，"女性小说"这一定义本身就带上了"同妇女在社会和文化中的地位相关的争论因子"（Сатклифф，2000：118）。

尼·加布利埃良将女作家们自身的联合看作一件具有特殊意义和价值的事

情。"（女性小说）文集的出版面世，即按照性别标志而使作者联合起来，无论是在 60 年代，还是 70 年代，甚至是 80 年代初期都是不可能的事情。虽然文集推出的作者相互之间很少相似之处……她们中（虽不是全部）的多数人倾向于解构传统的男人和女人的形象，希冀挣脱掉那种情境，即女人眼中的自己完全是以男人的眼光来评价的，而不是以自己独有的、不再单纯地复制男性的笔力，在自己的创作中揭示展现那些在父权制文化体系中被掩盖的纯女性的特质。恐怕正是这一点，将新女性小说从整体上有别于 60 年代女作家以及 70 年代女作家的创作……"（Габриэлян，1996：42）对于尼·加布利艾良以及其他一些完全赞同她的观点的评论家来说，最主要的是通过文学创作，女性能够表达她们积蓄的经验。

随着时间的流逝，渐渐地在批评界出现了客观审视"女性小说"的趋势。就这一点来说，我们特别重视评论家塔·卡萨特基娜的意见。根据她的观点，90 年代后半期"女性小说"的自身地位发生了变化，与此同时，接受这个文学现象的评估标准也发生了同样程度的改变。她从整体上指出了接受这一文学现象的渐变叠加。"总之，从前有过小说以及与其完全相对应或者作为某种特殊标志包含其中的'女性小说'。当前，看来，这种区分有些转变。有女性笔下的女性世界，这里包括她对于男人的理解，也有男人笔下的男人世界，其中包括其对女性的理解。"（Касаткина，1996：212）评论家指出，在这两种情形下这些理解恐怕未必能与现实相符合。但是，看来，正是"女性小说"作为一种异样审视的出现使得我们意识到了这种有限性，因为全知全能及客观评价的现有体系本身遭到了质疑。

在这里，我们有必要质疑"女性文学"的提法，这一问题是自"女性文学"在俄国出现以来就频频被提及、被追问的。"女性文学"若不是指性别，真正进入作品的到底有多少是属于女性自己的东西？有些东西好像是女性特有的，实际是历史上形成的男权意识，若把这些东西抽除剥离后，真正属于女性特有的东西就少得可怜了。就是这样，里面还有很多落后的东西，或者没有达到我们应达到的高度。所以，我们认为，最好不要太过于强调女权、女性意识、女性身份等。而且，俄国的女性主义批评是在借鉴西方女性主义批评理论的基础上发展起来的。由于西方女性主义批评是基于对女权政治的关注，对妇女解放的关注，所以西方女性主义文学批评从某种视角看是一种政治学批评、社会学批评，大多忽略对于女性文学的诗性关照。在西方女性主义批评理论的影响下，俄国女性主义文学批评也很少从文学特征的角度研究女性文学，往往仅从女性意识、性别抗争、女性命运、婚恋主题等社会学的视角进行研究，而较少从文体特征、叙述方式、语言风格、象征隐喻等视角展开批评，以至于女性主义文学批评疏离了诗性观照，仅仅成为一种社会学的批评。这也是一些女作家们坚决否认把自己列为女性文学代言人的原因。比如说，塔·托尔斯泰娅就坚决反对"女性文学"的提法，根本上也不赞成这种划分。据柳·乌利茨卡娅的意见，"'好文学'或者'坏文学'的评价标准对于我来说，要比'男性文学'和'女性文学'重要得多"（Улицкая，2000：224）。而维·托卡列娃以自己的长篇小说《保镖》中的女主人公——同样是女作家——的口吻道出："问题大致在俄罗斯的记者们以及西方记者们那里都能看到。第一个问题：关于女性文学，好像还存在有男性文学。布宁有这样的诗句：'女性与人类似，并在人们左近生活。'女性文学也是这样。它与文学相似，并且存在于文学左近。但是我知道，文学中具有意义的不是性别，而是真诚和才华的多少……"（Токарева，1997：211）

当个性化逐渐成为当代文学的主体特征时，如果单纯强调某种集体意识就显得有些不合时宜。以柳·彼特鲁舍夫斯卡娅、塔·托尔斯泰娅、柳·乌利茨卡娅为首的一群女作家的创作在当今的俄罗斯文坛占有重要的位置，这已是不争的事实。但是如果我们把她们的创作进行单独审视，有时就会陷入社会学、政治学批评的误区。另外，在多数评论文献中，对"女性文学""女性小说""女性意识"这些新术语的界定不是采用后现代文化所突出的模糊性，就是经常充满了自相矛盾，至今没有一个明确统一的指称。而且，在将女作家们"一网打尽"的同时，容易贬损其中一些具有真正规模和意义的优秀作品。所以，我们在评论这些女性作家的作品时，应遵循文学批评的原则，慎重提出某些容易引起争议的概念，力求还文学批评以本来面目。

虽然我们不主张"女性文学"这一提法，但这并不意味着从整体上否认女作家们的集体创作优势。这些作家们的创作证明了女作家们有特有的心理，有区别于男性同胞们看待世界的独特视角，她们的作品为我们提供了另外一种审视自身的角度。

首先，以塔·托尔斯泰娅、柳·乌利茨卡娅、维·托卡列娃、加·谢尔巴科娃、玛·帕列伊、伊·波利亚斯卡娅、尼·戈尔拉诺娃等为代表的女作家们的创作用通俗易懂的语言表述了人类一些传统的价值观念以及人性存在的最高范畴：童年、爱情、家庭、健康的个性发展、舒适又稳定的生活、和谐的人际关系、对老年问题的关注等。这些文学主题在我们这个越来越物质化、人与人之间越来越淡漠的时代成为迫切需要解决的问题。

其次，这些女性作家的创作以其对日常生活的高度关注重新提出了俄罗斯文化史上的一个新观念，即日常生活同存在之间的相互关系。女作家们特别熟悉生活，并善于将其所描述的同真正的生活同一化：主人公的言行、他们思想的转变、日常举止等等，这一切在她们的作品中都显得非常逼真，这种从世俗琐细生活中提取的点滴展现都属于日常生活领域，它把各色人等集合起来。"日常生活——这是普通的日复一日生活的各种表现形式，这是所有人以及每个个体都熟知的东西。"（Казарина，2000：156）除此之外，日常生活又是紧密地附属于每个人身上的物质世界的体现，并且成为个人生存的延续，是他肉体的外延组成部分。因此，对这些个性十足几乎是生存的各个隐秘细节的密切关注，初看上去，似乎超越了礼节有限范围。实际上，这是当代文学对苏联体制下人们庸俗生活的一种表现。在苏联社会，日常生活中的人们紧密相依，致使这一隐秘生活领域被广为展示。但正是这种暗淡的生活开始渗透那些先前视线所看不到的东西：某些超越时间的生存本质。这种公开的、朴素的、构成这个简单的厨房产褥生活的东西逐渐浓缩、凝结，成为大家视线能够看得到的。在当代多数女作家的作品中，情节的聚焦中心几乎都是主人公对生活难以满足的各种需求，很多问题都在日常生活的层面上得以解决。可以说，透过日常生活表现生存本质，用世俗的琐细枝叶末节来表现生活的永恒本质是当代俄罗斯女作家创作有别于一些男作家创作的又一主要特征。

诚然，女性主义的研究切不可走向走火入魔的理论疆域。女性只有与男性携起手来，面对不合理的以男性主义文化为中心的政治统治格局，面对物质主义对人类文化的共同侵害，共同做出不懈的努力与奋斗，才能完整地表现这个时代真正的人性内容。

参考文献

Абашева М., Чистенькая жизнь не помнящих зла//Литературное обозрение, 1992 (5−6).

Арбатова М., Женская литература как факт состоятельности отечественного феминизма//Преображение, 1995.

Басинский П., В пустом саду: личные заметки на полях русской литературы 1992г.//Литературное обозрение, 1993 (3−4).

Басинский П., Позабывшее добро //Литературная газета, 20 февраля, 1991 (7).

Габриэлян Н., Ева-это значит «жизнь» //Вопросы литературы, Вып. IV, 1996.

Гессен Е., Продолжаем разговор о «новой женской прозе» //Литературная газета, 1991 (28).

Дарк О., Женские антиномии//Дружба народов, 1991 (4).

Ерофеев В., Время рожать. Предисловие к антологии современной прозы, Москва, 2000.

Иваницкий В., Луна на ущербе //Новое время, 1997 (15).

Иванова Н., «Каждый охотник желает знать, где сидит фазан» //Знамя, 1996 (1).

Казарина Т., Современная отечественная проза. Учебное пособие, Самара, 2000.

Касаткина Т., «Но страшно мне: изменишь облик ты…» //Новый мир, 1996 (4).

Красноперов П., Рецензия на книгу «Миля смерти» //Новое литературное обозрение, 1993 (32).

Кузнецов Ю., Под женским знаком//Литературная газета, 11 ноября, 1987 (46).

Материалы круглого стола: Современная проза – «пейзаж после битвы» //Вопросы литературы. 1995. Вып. IV, 1995.

Савкина И., Говори, Мария! (заметки о современной русской женской прозе) //Преображение, 1996 (4).

Савкина И., Мария Жукова: эпизоды из жизни женщин//Мария. Литературный альманах. Вып. 2 [C], Петрозаводск, 1995.

Сатклифф Б., Критика о современной женской прозе//Филологические науки, 2000 (3).

Слюсарева И., Оправдание житейского: Ирина Слюсарева представляет «новую женскую прозу» //Знамя, 1991 (11).

Стрельцова Е., Женский круг//Современная драматургия, 1994 (4).

Токарева В., Из жизни миллионеров [A] //Токарева В. Телохранитель, Москва, 1997.

Толстая Т., Кого спасать-кошку или Рембрандта? //Московские новости, 28 июля, 1991 (30).

Улицкая Л., «Принимаю всё, что даётся». Беседу вела Анастасия Гостева//Вопросы литературы, 2000 (1).

Харчев В. , Вера, надежда. . ? // Север, 1992（8）.

Чупринин С. , Заметки о журнальной прозе 1988 г. // Знамя, 1989（1）.

Щеглова Е. , Полемические заметки о «женской прозе» // Литературное обозрение, 1990（3）.

〔法〕西蒙·波娃：《第二性——女人》，桑竹影、南姗译，湖南文艺出版社，1986。

原文载于《俄语语言文学研究》2005年第1期

文学批评语境中的当代俄罗斯文学奖

朱 涛[*]

摘 要： 苏联解体后俄罗斯文学奖迎来了难得的发展机遇，各类奖项层
出不穷、形式多样，已然构成了当代俄罗斯一个十分重要的美
学现象。不同于苏联时期，如今的文学奖无论在数量还是质量
上均有显著提升，它早已越出作家、评论家等少数人的小天地，
熟谙各种现代商业策略，在商业价值与审美价值之间找到了较
好的平衡，成功地吸引了包括作家、读者、出版商、媒体在内
全社会的目光，成为具有独立价值的社会事件。俄罗斯文学奖
极大地推动了俄罗斯文学事业的蓬勃发展，正在改变和塑造着
今日俄罗斯的文学生活。

关键词： 文学批评　当代语境　俄罗斯文学奖

　　众所周知，文学奖乃是一个国家文学事业的风向标，是反映文学生态的晴
雨表。苏联解体后，由于书刊审查制度的取消、现代商业资本大行其道、后现
代主义之滥觞等，俄罗斯的文学奖迎来了难得的发展机遇，各类文学奖层出不
穷、形式多样①，令人目不暇接，它已然构成当代俄罗斯文学界的一个十分重要

---

* 朱涛，华南师范大学教授。

① 当代俄罗斯文学奖数量惊人，且呈逐年增长的趋势：1998 年，俄罗斯拥有大概 160 个文学奖
（丘普里宁统计数据）；2009 年，俄罗斯存在超过 330 个文学奖项（俄罗斯国家图书馆统计数
据）；而到了 2012 年，这一数字则达到惊人的 579（丘普里宁统计数据）。如今的俄罗斯文学
奖形式多样：既有国家、政府层面的奖，也有私人、财团的奖；既有首都地区的（转下页注）

的美学现象，极大地推动了俄罗斯文学事业的发展，在很大程度上塑造了今日的文学生活。不同于苏联时期的文学奖，如今的文学奖无论在数量还是质量上均有显著提升，它早已越出作家、评论家等少数人的小天地，熟谙各种现代商业策略，在商业价值与审美价值之间找到了较好的平衡，成功地吸引了包括作家、读者、出版商、媒体在内全社会的目光。如今的文学奖不仅是支撑新文学权威、巩固作家在文学界地位的重要工具，也是出版社、媒体的狂欢与盛宴。今日俄罗斯读者感兴趣的已不只是某位作家、某部新作的问世，文学奖本身的策划、宣传、评选、颁奖过程，也成为他们关注的中心，在这层意义上，文学奖显然获得了独立价值，已然成为当下十分重要的社会事件。那么，在今日俄罗斯究竟存在哪些文学奖？它们具有怎样的新特点？文学奖对当代俄罗斯文学发展影响如何？评论界对它又有怎样的看法？

一 当代俄罗斯文学奖——在资本与审美之间徘徊

什么是文学奖？学者 M. 阿巴谢娃曾这样定义："文学奖乃是对文学创作成就的一种褒扬，它定期地并按照奖项所指定的规则确定一组人选（同样也是按规则或由奖项委员会、理事会、评委指定），从候选人名单（长名单和短名单）中选择一位或几位获奖人。奖项通常包含金钱上的奖励，它经常复制这种或那种象征荣誉的称号（奖章、小雕像等）。获奖的决定公开宣布，通常要举行某种特别的颁奖典礼。它是一种证明和支持文学权威的策略。"（Абашева，2012）诚然，文学奖历来是鼓励和认可作家创作的重要手段之一，它关乎一个国家文学发展事业的健康与繁荣。

总的来说，与苏联时期相比，当代俄罗斯文学奖无论是内容还是到形式都发生了翻天覆地的变化。① 资深评论家 H. 伊万诺娃这样评价如今的文学奖：

（接上页注①）文学奖，也有其他地区的文学奖；既有传统文学期刊奖，也有新锐媒体、网络奖；既有针对小说、散文的奖，也有专门面向诗歌的奖；既有面向成熟作家的奖，也有专门针对年轻作家的奖。

① 苏联时期的文学奖多由官方所创办，数量少、奖金少、评奖过程较不透明，更多是一种荣誉，获奖者大都较为年长，且已在文坛具有崇高地位，并与官方维持良好关系；而如今的文学奖除了少数国家层面的文学奖外，多数由私人财团、基金会所创立，数量多、奖金高，且在评奖的宣传、评审、颁奖流程上深谙现代商业资本运作之道，获奖者不乏年轻作家。

"过去，俄罗斯的文学奖具有政治价值，后来随着布克奖进入俄罗斯，在很短的时间内文学奖开始变得具有文学价值，如今文学奖则既具有文学价值，也具有重要的经济价值。"她的这一观察非常准确。总体上，如今的文学奖大都商业色彩浓厚，商业价值被提升到十分显眼的高度。这与过去高度重视政治价值的苏联文学奖相比，无疑是一种反拨，具有一定的积极意义。诚然，当代俄罗斯文学奖在某些方面更像是一场现代商业资本的狂欢与盛宴，石油巨子、天然气大亨纷纷解囊，为评奖进行铺天盖地的宣传，组织豪华的评审阵容，为获奖作家提供高昂的资助，为颁奖仪式举办奢华的酒会……商业资本正利用自己独特的优势和影响力，成功地将文学奖推广到社会的每个角落。

但是，值得注意的是，文学奖有别于一般的商业行为。A. 阿格耶夫指出，"文学奖乃是文学经济的一部分，当然，不是在老生常谈的意义上，即一些人为另一些人隆重颁发一定数量的钱，而是在这层意义上，即通过这一实际上微不足道的行为启动（或者并未启动也是常有的）机制，它应当获得比这些钱本身更多的东西"（Aгеев，1998）；Л. 济明娜指出，文学奖乃是文学声誉市场的一场游戏，它"建构并组织着文学进程、图书出版，为读者们导航，塑造着某些价值体系"（Зимина，2004：122）。在她看来，如今的俄罗斯文学奖不外乎商业目的、艺术审美及一些混合的目的（如大众知名度和艺术价值的混合）这三种类型；K. 普利松指出，文学奖是文学进程的商业要素之一，因为在获奖后，最显著的就是图书发行量猛涨。在他看来，"长名单乃是一份独特的导航图，而短名单及获奖者对于那些追踪文学进程的人而言则是必然选项……文学奖是一些专业人士品味和偏好的展示，是对文学主流进行划界的尝试"。他认为文学奖的得主们并不总是最优文学的标杆、典范，评委们"与其说定位于创作的才华或水平，不如说定位于那些趋势——现实性、流行性、市场行情"（Пульсон，2010：55）。

从以上这些评论中，我们不难看出，评论家们总体上对当代文学奖中的商业元素是持理解和宽容态度的，之所以持这样的立场，并不难理解。首先，众所周知，苏联解体后，特别是最初几年，俄罗斯文学事业衰退严重，图书发行量严重下滑，读者对文学的热情不再，"俄罗斯文学已死"的口号不绝于耳，这时文学奖们的涌现犹如一针强心剂，无疑提振了作家们的士气；其次，时代在改变。如今的俄罗斯已然生活在一个商业化时代，人们对商业资本的大肆入侵早已见怪不怪，电视、网络、媒体都充斥着浓厚的商业味道，文学自然也无法例外。

随着越来越多文学奖的出现，不少文学奖也开始变味，它们不再将文学审美价值放在第一位，而是唯商业价值马首是瞻，这引起了不少评论家们的担忧和不满。如 A. 马尔琴科对不少文学奖创立者的动机表示怀疑，"之所以出现那么多的奖，完全不是因为所有人都希望奖励作家，这首先是文学生活的体制使然：那些习惯了掌控文学的人，自己为自己成立了某个基金会或评奖委员会，有可能三分之二的文学奖只是些摆设"。无独有偶，H. 伊万诺娃对于这一点也深有感悟："终究是躲不过这些文学奖的，因为出现了一些人（或组织），他们希望因帮助了文学而光荣，希望被人记住、知道、熟悉并将会留名。"

Л. 济明娜指出，当代俄罗斯文学奖会经常运用一些从西方借鉴而来的手段，如长名单、短名单，读者可以通过互联网阅读被提名作家的作品并与作家互动等。她一方面认识到这些手段所发挥的正面作用，另一方面也注意到它们可能引发的负面作用。如"炒作"（скандал）便是其中之一。济明娜认为炒作"可被视为一些在文学进程中丧失了自己地位的人的阴谋，是他们渴望关注和获得知名度的一种表现，而从出版商的立场看，炒作则是他们为占据市场份额，避免排名垫底而出的损招"（Зимина，2004：125）。在她看来，炒作只是文学奖获得短期知名度的一种手段，从长远来看，是不可取的，文学奖需要的是健康的价值取向。

O. 斯拉夫尼科娃指出，商业资本对文学奖的大肆入侵所带来的不良后果之一，即文学奖的评判标准正变得可疑，"如今，在总体文学进程中，我们所面临的主要问题是——审美、真实、深度标准本身正变得可疑"。在她看来，小说便是其中问题最为突出的体裁，"虽然它没有死去，但在我们看来，正明显变味"。她认为存在两种类型的创作：一种是作者和读者交流，另一种是作者与上帝、世界、文化交流，读者这时也是参与者。在她看来，唯有后一种类型的创作才能产生真正的、深刻的艺术成果。她呼吁人们不能忘记文学奖设立之初衷，"如今，文学奖的存在正是为了坚守审美标准的必要性，坚守这些标准具有时代迫切性，并被应用于每部书中"。文学奖都应当向布克奖一样坚持自己的审美、文学倾向，而不应该一味迎合市场口味。

二 当代俄罗斯文学奖——好与坏

随着文学奖数量的与日俱增，它给文学界带来的影响并不全然是正面的，一些问题也随之产生，其中表现最为突出的，如各类文学奖良莠不齐、奖项设置重复、评奖标准不一等。俄罗斯评论界也从最初一边倒支持、欢迎文学奖的态势，变得越来越理性。

总的来说，俄罗斯文学评论家们对当代文学奖是持肯定态度的。资深评论家 A. 涅姆泽尔指出，"文学奖乃是为数不多的提醒社会文学存在的机制之一……对我来说，我们文学奖的进一步繁荣，首先意味着信息空间的拓展。正因此我曾一度认为文学奖越多越好"。文学社会学家 Б. 杜宾则将文学奖视为一种社会机制。Б. 杜宾等认为文学奖乃是"这一或那一权威集团集体意志的体现，它将某部典范的作品或其作者从众多作品及作者中挑选出，作为一个具有意义重大的案例，一项典型的成就"。（Дубин，Рейтблет，2006）在他们看来，文学奖的任务在于"提升文学的社会权威性，提升文学作品思想上的影响力、社会角色、审美品质"。C. 丘普里宁认为，"文学奖的意义首先在于按自己的方式巩固、形成这一空间，带领作家进入这一或那一'自己的'圈子，塑造'条约式的'等级，划定文学不同领域（意识形态、体裁、地位）的分界线"。H. 伊万诺娃认为，文学奖"将公众的视线聚焦于有趣的事情上，并为优秀作家提供资助的可能性"。她认为作家依靠奖项所获得的知名度，以及为自己的名字和地位所做的宣传也非常重要。"奖项几乎是从事非商业性写作的诗人或散文家出现在银屏上的唯一机会。"在她看来，"文学奖营造出一副文学整体的正面形象"。A. 阿尔汉格尔斯基指出，"文学奖首先是呼吁对文学空间的关注，在反映它的同时描绘当下文化空间波动的、易变的图景，支持或推翻已形成的声誉，确认新的，将读者的注意力吸引到一些新的名字上，将旧的留给过去"。

文学奖的设立不仅极大地提升了作家的创作热情，对出版界的影响也不容小觑。Л. 济明娜认为文学奖乃是带动作者、推动出版的一种手段。在对当代一些热门文学奖进行分析后，她认为俄罗斯正积极发展文学奖体系，这些奖在意识形态、目的、主题、地位、颁奖形式上各不相同。她认为文学奖一方面是出版事业的组成；另一方面是文学进程的一部分，是作为复兴俄罗斯批评的一种手段。众所周知，文学批评在"大型"文学期刊发行量下降的情况下已然在衰落，在她看来"多亏了文学奖，某些社会文化机制正在生成，它们有能力在将来对读者及出版策略施加影响"（Зимина，2004：126）。

值得一提的是，在推动当代俄罗斯文学发展方面，"俄罗斯布克奖"①（Русский Букер）和"处女作奖"（Дебют）② 贡献突出。俄罗斯布克奖是解体以来历史最悠久的文学奖，至今已连续不断评奖近 25 年。经过时间的沉淀，布克奖在今日俄罗斯文坛享有良好的声誉和崇高的声望，评论家们大都对其不吝赞美之词。如拉蒂宁娜曾满怀激情地指出，"这件事做得正是时候——正好是在爆发了出版危机和读者对文学的兴趣下降的时候"，她把布克奖的设立称为"文学利他主义的行为"。H. 伊万诺娃指出，"布克奖是先驱，第一支火种，点燃了文学的境况，触动了社会和文学意识，撼动了文学集团"；处女作奖虽不如俄罗斯布克奖历史悠久，但上升势头明显，是个被认为可与布克奖平分秋色的奖项。阿列辛认为"这是一个非常民主的奖项，年轻的作者，无论他是来自街头，还是某个铁路小站，只要他有文学才华，就能获奖"。处女作奖成功的秘诀在于不断创新和完善评奖体系。如今，奖励、奖金只是该奖的一个组成方面。处女作奖主持人，著名作家、评论家斯拉夫尼科娃指出，"我们已经不完全是一个奖，我们真正把它变成了一个交流的区域，一个取消了首都与外省、城市与乡村边界的区域。它的确是一个俱乐部，在很多地区、城市拥有自己的分部。奖励暂时还是第一位的，但已经远不是唯一的方面，也许很快就不再是最主要的方面"。

---

① 俄罗斯布克奖创立于 1991 年，是 1917 年后俄罗斯出现的第一个非国家性质的文学奖，于 1992 年首次评奖，每年评审一次，授予用俄语创作的最佳长篇小说。该奖旨在引起广大读者对严肃散文的关注，保障那些确立了俄罗斯文学的人道主义价值体系的作品获得商业上的成功。布克奖的成功引来了众多模仿者，如今已形成了一个庞大的布克奖家族，如"小布克奖"（Малый Букер）（1992）、"反布克奖"（Антибукер）（1999）、"大学生布克奖"（Студенческий Букер）（2004）等。值得一提的是，1992～2001 年的俄罗斯布克奖获奖作品已译成中文，可以参见刘文飞主编的《俄语布克奖小说丛书》。

② "处女作奖"创立于 2000 年，由俄罗斯安德烈·斯科奇"下一代"人文基金会设立，奖金为 20 万卢布，约 4000 英镑，旨在推动和奖励那些用俄语进行创作的年轻作家、文学爱好者。起初，该奖获奖者年龄上限设定为 25 岁，后在 2011 年被打破，改为 35 岁以下。处女作奖分若干类别，包括散文、诗歌、随笔、戏剧和儿童文学等。部分处女作奖获奖作品已被引入中国，译成中文，参见人民文学出版社《俄罗斯处女作奖小说集》（2010 年）。

　　许是应了物极必反的道理，不少评论家已经逐渐发现看似繁荣的文学奖背后所存在的问题。H. 伊万诺娃指出，"如今，奖项如此之多，以至于实际上是在彼此相互抵消，它们的数量超过了优秀作家、作品的数量"。她指出如今文学奖的一个怪象：在当下的俄罗斯存在六个肖洛霍夫奖、三个安德烈·普拉东诺夫奖、两个陀思妥耶夫斯基奖、两个加林 - 米哈伊洛夫斯基奖、蒲宁奖、西蒙诺夫奖、法捷耶夫奖、吉洪诺夫奖、列夫·托尔斯泰奖……A. 阿列辛认为，如今的文学奖异常丰富是非常好的，但"所有这些奖并未形成一个多少有些理性的整体。说实在的，它们也并不总是遵守自己的章程。章程中写着'因某部作品获奖'，却因总体贡献而授奖；写着'因贡献获奖'，却因健康状况而授奖……"

　　与上述提到的布克奖和处女作奖比较，如今也存在一些不太令人满意的文学奖，"凯旋奖"（Триумф）便是其中之一，A. 阿尔汉格尔斯基指出，"该奖几乎从未放弃过自己的原则，总是一成不变地青睐 20 世纪 70～80 年代的作家代表，根本不关注此地和此时所发生的事情"。另外一个使他倍感遗憾的奖项是"诗人奖"（Премия Поэт），"它本应成为一个革命性的奖项，本应成为那种真正具有影响力文学的奖。但实际上，它成了凯旋奖的备胎，即谁要是没获得凯旋奖的话，那么他就会获诗人奖"。在他看来，真正具有文学价值的奖必须是具备竞争性的，且这种竞争性是在生动的文学进程层面上的竞争性。

　　此外，在当代俄罗斯文学奖好与坏这一问题上，还有一些相对较为中立的看法值得我们注意。如 A. 涅姆泽尔认为，"奖项终究是一种手段，是不具备自身价值的……首先，品牌独立自主的发展在我们的条件下是无法实现的；其次，也是非常荒谬的。我们现在之所以无法拒绝奖项，不是因为奖本身的好坏，而是因为我们目前还没有其他比它更好的推动文学的有效机制"。H. 伊万诺娃指出："存在数量众多的文学奖是件好的、快乐的事，为了不仅使获奖者高兴（这是一种为了救赎而做出的牺牲），它们以推杯换盏而告终；与此同时，存在数量众多的文学奖也是件可疑的事，因为过多会降低水准；但终究是躲不过这些文学奖的，因为出现了一些人（或组织），他们希望因帮助了文学而光荣，他们希望被人记住、知道、熟悉谁将会留名。"

三　当代俄罗斯文学奖——公正与非公正

众所周知，公正性事关一个文学奖项的声誉和权威。随着越来越多文学奖的涌现，关于俄罗斯文学奖评选的公正性与非公正性问题日益突出，不少获奖的作品质量与水准令人担忧。几乎所有的评论家都已意识到文学奖评审的不公正性问题，不过他们对这一问题的看法不尽相同。

结合自己多年担任各类奖项评委的经验，H. 伊万诺娃指出，"评委们总是在无数次争吵、痛苦、妥协后，才会产生最后的结果，并且每次评选的结果甚至无法令半数评委感到满意"。她清楚地记得有一届布克奖的评委主席是著名作家 Ю. 达维多夫（Юрий Давыдов），当他宣读获奖者的名字时，他根本不是一副为获奖作家最终获奖而高兴的表情，而是一副经过长时间的痛苦思考后宣布获奖者的表情。因此，在 H. 伊万诺娃看来，文学奖的评选没有，也不可能存在绝对的公正，她本人也写过一些文章吐槽，但还能怎么办呢？唯一的办法就是"为他认为受到不公正待遇的那位作家或作品另辟蹊径、再设奖项、重新来过。我认为，在文学界想要争取公平是不可能的"。

A. 科斯塔尼扬的观点也是掷地有声，他指出"无论听来多么奇怪，但没有哪个奖配得上'公正'二字，永远不能对此抱有期待"。他举诺贝尔文学奖为例来阐发自己的观点。"如果有人按历届诺贝尔文学奖得主的名单来研究 20 世纪文学史的话，尤其是近 20 年来的名单，那么他只会得到一副糟糕的画面。"他认为所有的奖项都是如此，布克奖也不例外。他接着指出了如今的一个怪现象：过去，一位作家往往先是创作，获得了认可，然后才得奖，奖项是对他成功的肯定，.而如今作家只有在得奖之后，才会有人去读他的作品。

A. 涅姆泽尔指出，"当然，没有哪个文学奖能令所有人都满意，这种不公正存在于所有的竞争中"。他同意科斯塔尼扬的观点，即不能按照诺贝尔奖的名单来撰写 20 世纪的文学史，但他认为前者也不完全正确，因为如果不关注诺贝尔奖名单的话，撰写世界文学史也是无法想象的。在此意义上，若离开了布克奖名单的话，那么撰写当代俄罗斯文学史也同样是不可能的。"不公正性乃是文学奖的一个重要组成部分，它总会存在。但与此同时，我觉得文学界非常清楚地明白在何处门槛是可以被跨越的，而何处不行。"

为了更加直观地解释文学奖的公正与非公正问题，Н. 伊万诺娃指出，"在今天的俄罗斯，情况是这样的：如果我们分析布克奖得主名单的话，那么由于那样一种我刚才谈到的非公正性，我们未必能按这份名单撰写一部近30、40、50 年的文学史，这是因为这份名单非常不公正，比如，其中就没有彼得鲁舍夫斯卡娅的名字。我也曾说过，它也没有必要公正。如果我们分析进入短名单的那些名录的话，并且也分析获得提名作家的名单的话，那么我们就会看到我们文学的真正图景"（Иванова，2009：92）。话说回来，Н. 伊万诺娃认为也没有必要为此感到悲观，因为所有评委的评选都是绝对公正的，不存在半点猫腻。在她看来"文学乃是如今俄罗斯民主制存在的唯一地方"，因为各类奖项的评委每年都在更换，这本身就是一种类似于政府更迭的民主。如果有评委干得不好，那么会有人替换他。"的确，决定授予奖项的不是神，而是人。但即便如此，我们每一次都会觉得，评委们履行的是某位集体之神的意志，这是因为在那里会遇到不同的意志，对文学不同的看法，不同的品味。但那些讨论被提名作品的人实际上并不是集体之神。"

四　当代俄罗斯文学奖与今日俄罗斯文学生活

在今日俄罗斯，文学奖正凭借自身巨大的影响力，吸引越来越多的目光，成为重要的社会事件。那么，文学奖能否影响文学生活，并从根本上改变生活呢？

总的来说，评论家认可文学奖在塑造如今文学生活中所扮演的正面角色。Н. 伊万诺娃指出，文学奖"将公众的视线聚焦于一件有趣的事情上，并为优秀作家提供资助的可能性"。她认为作家依靠奖项所获得的知名度，以及为自己的名字和地位所做的宣传也非常重要。"奖项这几乎是从事非商业性写作的诗人或散文家出现在银屏上的唯一机会。"在她看来，"文学奖营造出一副文学整体的正面形象"。А. 科斯塔尼扬指出，"在我看来，文学奖作为文学生活的要素之一是非常好的，让它继续存在吧，让奖项变得更多，并且让更多的作家都能获奖"。О. 斯拉夫尼科娃指出，"我认为文学奖乃是文学生活的一个非常重要的元素，它使文学生活形成结构并容许其存在，否则的话，我们很快就会将文学生活与图书市场的生活混为一谈，一无所有"。不可否认，文学奖对今日俄罗斯文学生活所产生的影响是巨大的，特别是在苏联解体后的最初几年，"俄罗斯的作家们过去都属于作家协会，因拥有会员资格而被视为苏联社会的精英，并因此而享受各种物质上的好处和精神上的乐趣，此时则不仅分裂成为数众多的和互相敌视的小团体，而且不得不在几乎所有的国营出版社都倒闭之后独自解决温饱问题"。（沃罗比约娃，2006：47）在这一背景下，"在上个世纪 90 年代这个转折时期，俄罗斯的文学奖成为俄罗斯文学界许多人士唯一的生存来源"（沃罗比约娃，2006：46）。

除成功地改善了作家的生存与写作境况外，文学奖也同样唤醒了读者对文学的热情。如今的文学奖不仅是作家的盛宴，更是读者们的狂欢，它在吸引读者方面可谓煞费苦心、不遗余力。读者不仅可以通过网络阅读参评作家们的最新作品，也可以与作家们零距离接触，甚至可以直接影响和参与评选。在这层意义上，M. 谢尔盖延科认为读者对于文学奖而言是非常重要的，他们在一些奖项中能影响对获奖者的选择，决定着文学的进程，而对于文学奖而言，与读者的那样一种密切的互动也体现着评审的民主与公正："对于任何奖项而言，读者投票乃是将注意力吸引到奖项本身的一种方式……同时也是实现自身使命的一种手段，即将读者的注意力聚焦于文学。奖项应该爱护自己的声誉，因为这正是它存在的意义。"（Сергеенко，2012）

当然，在文学奖能否影响和改变当代俄罗斯文学生活这一问题上，也存在一些不同的看法。如 H. 伊万诺娃明确指出，"影响乃是可能的，改变却是不可能的"。H. 阿纳斯塔谢夫认为"文学奖只是文学习俗，而并非文学"（Анастасьев，2004：30），他之所以认为文学奖是一种习俗，是因为在他看来，奖项的组成部分（公布评委、长名单和短名单、宣布被提名者名单、预测最终获奖者、最终宣布获奖者）要比获奖人及其作品更有趣。M. 阿巴舍娃则认为"文学奖无法左右文学潮流"，因为，首先，文学奖乃是一些专家个人口味的产物；其次，如今的文学奖正在丧失自己的权威，缺乏某种共同的定位，这引发了人们对奖项的不满；再次，奖项并不能照顾大多数人的利益，对于大多数人而言，今天并没有一种共同的文学语言，而这种共同语言的缺乏阻碍人们将文学奖称为灯塔——指引读者通向更好文学的灯塔。

以上即为俄罗斯评论界近些年来对文学奖话题的一些讨论。从这些讨论中，我们不难看出，评论家们总体上是认可俄罗斯文学奖的，并予以相当高的评价。在如今的俄罗斯文学界流行着这样一种看法，认为当代俄罗斯文学异常繁荣，堪比历史上俄罗斯文学白银时代。笔者认为，这种看法在一定程度上反映了俄罗斯文学勃兴的真实现状，至于它是否可与白银时代相媲美，还有待历史的检验，但有一点可以肯定的是，文学奖对如今俄罗斯文学事业的兴盛所起到的推动和促进作用是巨大的。与此同时，评论界也清楚地看到不少当代文学奖中所存在的问题，并进行了深刻剖析和冷静诊断。从这一点上，我们也不难看出，伟大的俄罗斯文学批评传统并没有随着苏联的解体而消亡，而是在当代得到了很好的继承和延续。如今，关于文学奖的话题，依然热度不减，并且可以预计的是，它势必还会在相当长一段时间内继续进行下去。笔者相信，未来俄罗斯的文学奖会更加丰富和多元，构成会更加理性和健康，它势必会持久、深入地影响俄罗斯的文学生活。

参考文献

Абашева М., *Литературная премия как инструмент（заметки инсайдера）*［J］. Вопросы литературы, 2012. No1.

Абдуллаев Е., *Большой букеровский бестселлер.* ＜ http：//magazines. russ. ru/novyi_ mi/2012/10/a14. html ＞.

Агеев А., Архангельский А., *Литературные итоги года：анкета 《Знамени》 — критики о премиях*［J］. Знамя, 1998. № 1.

Анастасьев Н., *Фантомы. Вопросы литературы*, 2004. № 4.

Дубин Б., Рейтблат А., *Литературная премия как социальный институт. Критическая масса*, 2006. № 2.

Зимина Л., *Институт литературных конкурсов/премий в России. Известия вузов. Проблемы полиграфии и издательского дела*, 2004. № 2.

Иванова Н., *Невеста Букера. Москва：Время.* 2009.

Пульсон К., *Книга класса премиум. Профиль.* 5 апреля 2010.

Сергеенко М., *Читатель как эксперт.* http：//magazines. russ. ru/novyi_ mi/2012/10/ s15. html.

Шайтанов И., Иванова Н., *Литературная премия как факт литературной жизни. Вопросы литературы*, 2006. № 2.

〔俄〕叶卡捷琳娜·沃罗比约娃：《多种多样的俄罗斯文学奖》，朱涛译，《俄罗斯文艺》2006 年第 3 期。

原文载于《俄罗斯语言文学与文化研究》2017 年第 1 期

两根藤上的一双苦瓜

——〔俄〕纳德生和（清）黄仲则

李锡胤 *

摘　要： 本文尝试在西方诗人和东方诗人之间做些比较。比较分四方面：诗人的社会背景和身世、诗人的情结（贫－病情结、母爱－师恩情结、早恋情结）、诗歌成就、后人评说。

关键词： 纳德生　黄仲则　情结　诗歌比较

文学的比较从前专着眼于文学创作的来龙去脉（渊源和影响），后来推广到其他方面。但还有人认为文学创作只有在单一文明的范围内才有可比性。如韦斯坦因说："……企图在西方与东方诗歌之间发现相似的模式则难以言之成理。"（韦斯坦因，1987：115）笔者对比较文学知之甚少，只是读了纳德生和黄仲则两位诗人的作品，感到同样的悲苦苍凉，不免做一番对照。

一　社会背景和身世

（一）大不相同的社会背景

纳德生（Семен Яковлевич Надсон）生活在 19 世纪后半叶，当时俄国资本

---

* 李锡胤，黑龙江大学教授、博士生导师。

主义有所发展，工矿业进步较快，城市人口增加。但国内阶级矛盾没有缓和。1866 年 Каракозов 谋刺沙皇未遂被害，政府加强镇压。70 年代数百名知识分子"到民间去"宣传革命。70 年代末民意党 8 次谋刺沙皇。1881 年 3 月亚历山大二世遇刺。随后政府血腥镇压。民粹派内部"和现实妥协"的观点抬头。文艺界兴起"为艺术而艺术"的主张。进步文人受压制，但批判现实主义的思潮仍在。诗坛上以 Некрасов 为代表的一方与 80 年代受西欧象征派影响的另一方作家形成对立。

黄仲则生活在"乾隆盛世"。清高宗承康雍余烈，生产迅速发展，到他晚年，中国经济总产量居世界首位，人口占世界的 1/3，外贸长期出超。高宗统御全国，夸耀"十全武功"。江南发展尤快，当时全世界有 50 万以上人口的城市共 10 个，而中国占 6 个（江宁、扬州、苏州、杭州、京师、广州）。同时开博学鸿词科，开编《四库全书》。另一方面，屡兴文字狱，强化思想统治。官吏腐败，人民贫富悬殊，矛盾深化；每逢天灾，流民遍野。文人除科举外别无出路；诗坛上宋诗派影响渐大；袁枚从案牍簿牒中解放性灵，可惜又将性灵付与了"燕钗蝉鬓"！

（二）异中见同的身世

两位诗人生年相差 110 年有零，而且生前活动的场所一在以西欧文化为基础的俄国，一在以亚细亚文化为基础的大清帝国，真是"风马牛不相及"。然而贫病交迫的命运把他们联系在一起。看下面简化的年表，就不用多言了。

1. 纳德生

出生（1862）俄历 12 月 14 日（公历 26 日）生于彼得堡。父为音乐家，犹太血统，年轻时死于精神病。母生于贵族门第，后为人做家教和保姆。

7 岁（1869）母肺病，改嫁；后父精神失常，自缢死。诗人随母居舅家，入学。

9 岁（1871）开始写诗。

11 岁（1873）入第二军事寄宿中学。早慧，母病重，诗人不忍离母，经劝逼才返校。不久母死，年 31 岁。

16 岁（1878）开始发表诗作。初恋 Наташа Дешевова。

17 岁（1879）中学毕业，入巴甫洛夫军校学习。因病赴梯弗里斯休养近一年，后返校。继续发表诗作。Наташа 肺病猝卒。

19 岁（1881）受 А. Н. Плещеев 赏识。这时开始咳嗽，咯血。

20 岁（1882）编入陆军，驻喀琅施塔得。单恋一女子，未果。结识 В. М. Гаршин、К. Н. Леонтьев 等人。

21 岁（1883）天寒衣单，受寒，病加剧。

22 岁（1884）赴瑞士、德、意等国治病（用文学基金贷款）。

23 岁（1885）回国居乌克兰养病。第一本诗集问世，声名鹊起。

24 岁（1886）1 月诗集再版问世，3 月出第三版。科学院授予普希金奖章。不久受 В. П. Буренин 攻击，称诗人为"文学基金的食客"。

25 岁（1887）1 月 19 日病逝于雅尔塔，实足活了 24 年 36 天。

2. 黄仲则

出生（1749）农历正月初四生于高淳。父为县学生。

4 岁（1752）父死。"家壁立"，母督之读，后读于舅家。

9 岁（1757）"试为制举文，援笔立就"，有神童之目。

15 岁（1763）结集之诗始于本年。

16 岁（1764）应童子试，拔第一。｝初恋发生于此数年。

17 岁（1765）补博士弟子员。

18 岁（1766）与洪亮吉交。

19 岁（1767）娶妻。从邵齐焘学于常州。"家贫孤露，时复抱病。"乡试未中。

20 岁（1768）江宁乡试未中。依徽州同知。

21 岁（1769）客湖南按察使王太岳幕。

22 岁（1770）江宁乡试未中。

23 岁（1771）省试不中。客沈业富太守署中。冬入朱筠幕中校文。

24 岁（1772）采石矶赋诗。冬，客随园度岁。

26 岁（1774）江宁乡试未中。

27 岁（1775）主寿州正阳书院讲席。冬，北上京师。

28 岁（1776）应乾隆东巡召试，取二等，充武英殿书签官。

29 岁（1777）举家至京师。顺天乡试不中。

30 岁（1778）在京受业王昶门下，极文酒之盛。

31 岁（1779）顺天乡试不中。参与翁方纲"都门诗社"。

32 岁（1780）顺天乡试不中。家眷南归。游山东，冬返京师。

33 岁（1781）秋游西安，访巡抚毕沅。冬还都，病甚。

35 岁（1783）为债主所迫出都，将复至西安，次解州，四月二十五日卒。
实足活 34 年 3 个月又 21 天。

二　诗人的情结

（一）贫－病情结

纳德生的生父和后爸都患精神病早死，母亲改嫁后 4 年得肺病而死，年仅 31 岁。纳德生 17 岁那年也染上肺病，折磨终生；贷款出国治疗也没治好，不久病死。他只因为上不起正规学校，才进免费的军校；有一次病休后返校，因衣衫单薄，途中受寒，病加剧。贫病交迫的生活，形成他内心的情结，反映在他的诗篇中。例如《母亲》（1878 年，生前未发表）诗中描绘了他儿童时代的悲惨生活。全诗如下。

母亲

睡吧，孩子们；走累了：

七俄里路真够走的！

瞧，鞋子本来是破旧的，

新鞋子哪里买得起。

冷吗？给你破絮，盖上吧……

没有一片柴——阴冷的屋子！

孩子啊，贫穷逼死人，

教我如何对付这日子？

今天我把你爸的尸骨

草草埋进土里，

我的小鸟儿呀，天一亮

妈早早去串门乞贷。

黄仲则的贫病情结更为突出。他少时家贫孤露，时常抱病，"好作幽苦语"，塾师说他："一身寥落已自怜，况复疾疢来相缠。"他 20 岁以前，离家途中得病，有"事有难言天似海"的浩叹，同时还自信"岂有生才似此休"；平生也有一些"草堂风雪看吴钩"之类的激昂之音。但经过八次试场失利，举家移京（"全家如一叶，飘堕朔风前"），债台高筑，八口难支的时候，诗人谑浪笑傲；不知者以为"逾闲荡检"，实则伤心到了绝望的程度。诗人 20 岁出头就自知"年命不永"。25 岁对洪亮吉说："脱不幸我先若死……"。33 岁寓京师，友人武亿访问他，"病寝一木榻……太息曰：景仁惫甚，脱不幸死，奈何?"

（二）母爱－师恩情结

母爱情结在纳德生身上是十分明显的。从他的传记看，他一生唯一的亲人只有母亲，而且 11 岁头上就失怙。他写过 3 首题为《母亲》的诗（1878 年，1880 年，1886 年），蓼莪之悲，不堪卒读。这里只引一首。我想，再加任何话，都是蛇足了。

母亲（1886 年）

回想童年，无限凄怆：　　　　　　欢乐的幻想向我飞来，
陌路人家将我收养，　　　　　　　低低地向我诉说情怀，
在昏暗屋角里悲泣，　　　　　　　轻轻地吻我眉睫，
体会吃嗟来食的艰难。　　　　　　吻干我童稚的泪水！……
逆来顺受，糊弄半饱，　　　　　　静夜……斗室教人烦闷……
人间的爱却是稀少。　　　　　　　月光透帘波泻如银……
当静寂的寒宵，　　　　　　　　　我把头深深埋进衾枕，
从无人来床前为我祈祷。　　　　　寻找忘忧的梦境！……
在被遗忘的角落，孤独无告……　　唉！窸窣脚步声……
我抑郁——羸疾使我苦恼，　　　　依稀在呼唤，越来越近……
因悲愁而过早老成，　　　　　　　只听得一声"孩儿"，
因伤心而善感多情……　　　　　　娘的双臂把我紧紧搂定。

你来了，娘，在我身旁，
亲娘呀！……你终于从天而降！
为苦儿带来礼品
从虚无缥缈的远方？
就像以前晚上
从草原带回蝴蝶——鲜艳翅膀，
从河塘带回金鱼——细鳞闪光，
从园子带回果子——气味芬芳？
还为我唱一支动人的歌？
给我讲：熹微的光影里，
缭绕的烟雾之际，
天真无邪的人儿在环飞？
安琪儿午夜降临大地

在凡人们中间休憩，
收集祷告者圣洁的泪滴，
串上晶莹的银丝？……
今天，娘呀，儿更需要怜惜，
今天——嗨，我恨死这些人！——
他们嘲弄我，冷酷无情，
深深刺伤幼稚的心……
快来呀，娘亲！……

咳，都因为娘爱抚的玉手，
幻象充满了无限温柔，
我渐渐闯上我疲倦双眸，
贴紧早已湿透的枕头！……

黄仲则的母爱情结比较隐晦。我想这是因为诗人生前母亲虽然含辛茹苦，却还健在。他人海栖迟，"临风叹，只六旬老母，苦节宜偿""亲在名心留百一"，因为《孝经》上说："立身行道，扬名于后世，以显父母，孝之终也。"黄仲则诗中有不少怀念母亲的名句。例如别母远游时"白发愁看泪眼枯"，离家生病时"今日方知慈母忧"，抱病出京，途经井陉时"谁与高堂寄消息，此身已度井陉来！"直到濒死，诗人"作太夫人书，目已瞑！"诗人的母爱情结还从《题洪稚存机声灯影图》《新安程孝子行》《寻墓篇为程仲南作》等诗篇中折射出来。

尊师是中国文化优秀传统的一个内容，西方文化较为淡化。黄仲则诗中怀念师恩的作品相当多。他弱冠拜邵齐焘为师，师生意颇相得。邵师也把他视为"孔融小友"，赠诗相勉。虽然两年后邵师捐馆，黄仲则却永生铭记，集中在不同年代追念邵师的诗词共6首，有"想先生当日，也曾凭吊；此时弟子，空哭青山""后死亦知终未免，愿分抔土作比邻"等。诗人对凯龙川和潘峨溪两位房师也一直怀念。

（三）早恋情结

两位诗人都早在15～16岁就发生初恋。

纳德生的初恋经过很简单。他在日记上写道：1877 年 11 月（当时他 14 岁零 11 个月）结识 Дешевовые 一家，包括两位家长和一儿一女（女儿即 Наташа）。1878 年 1 月 30 日写道："我的绝望情绪完全消失。我重新与生命和解了。"然而诗人怀疑 Наташа 别有钟情，于是他又堕入悲伤，而且疑心自己误会。造化播弄人，过了 16 个月 Наташа 染急性肺炎而死。诗人还写道："1879 年 3 月 31 日。她——我的太阳，我的明星——长逝了……消失在可怕而不可知的黑暗之中，所谓死亡！上帝呀，让她的灵魂安息吧！"他写诗献给她：

> 我又是孤单一身……
> 从此无可恋之人
> 也无可思慕之人！……

诗人的"怀疑"是事实。1885 诗人在法国尼斯治病时追记他目睹 Наташа 与一位男士在花园约会。诗人当时曾萌投河自杀的念头，仅因为这年天旱河中无水而未遂。纳德生的初恋像短梦一样结束了，但他一直痴恋着梦境中的情人。肺病折磨他时，他梦见 Наташа 在身边安慰他。诗人死前第二年（1885 年），出版第一本诗集，扉页上写着："献给 Н. М. Д-ой。"接着是一首短诗：

> 这些不是我的手写下的，
> 是你，像从前一样，把着我手写的，
> 如果有半句诳语，
> 将会使你在九泉辗侧不安！

纳德生的第二次单恋是肤浅的。他编入陆军，驻扎在克龙什塔特，认识了一位并不有心的女子，不果而散。

黄仲则的初恋对象是表妹，反映在《如梦令》（晓遇）、《奴儿慢》（春日）、《醉春风》（幽约）、《浪淘沙》（幽会）等词作以及日后追忆的 16 首《绮怀》诗中。具体情节丘竹师的《黄景仁的恋爱诗歌》、郁达夫的《采石矶》等都有详述，不再复引。仅仅读"似此星辰非昨夜，为谁风露立中宵？""茫茫来日愁如海，寄语羲和快着鞭！"就胜过多少《疑云》《疑雨》！

黄仲则生平还有一些平康艳事，这是中国旧时代文人陋习，不用多言。但即使在这类逢场作戏的场合，诗人也不同于"浮花浪蕊"。"多缘刺史无坚约，岂视萧郎作路人。"自讼也是一种情感的流露。

总而言之，两位诗人都有初恋情结。纳德生是俄国式的"多情却被无情恼"（苏轼），黄仲则是地道旧中国式的"薄命怜卿甘作妾，伤心恨我未成名！"（魏子安）

三　诗歌的成就和特点

两位诗人留下来的作品主要是诗歌。

照 1916 年《纳德生诗集》（Стихотворения С. Я. Надсона，第 28 版）所收作品来看，诗人共创作 565 首篇幅不长的诗。他的诗到十月革命前先后共印行 218000 本。

黄仲则生前未能见到诗集刊行。死后翁方纲选刊《悔存诗钞》，删去全部绮语。他的《竹眠词》始刊于 1834 年。此后"刊而仍毁，再刊再毁"，终于赖诗人的孙媳吴孺人勤力针黹，积钱雕版，以达于成。现《两当轩集》共收诗 1181 首，词 216 阕。

纳德生天才横溢，虽然一直没有书香条件，却取得诗人桂冠。他的诗直抒胸臆，真诚感人。其中不少诗篇被谱入歌曲，广为传唱。但可惜诗人年命不永，才力未臻完全成熟，许多诗模仿普希金、莱蒙托夫，未尽脱窠臼。有人指出，他作品中所用词语不够丰富，而叙事诗似嫌一般化（如《布良斯克的老爷》《佛陀三宵》等）。

黄仲则天赋极高。少时读书，博闻强记，7 岁就有神童之目。他的诗才汪洋恣肆，不拘一格。有人以为他真的"诗少幽燕气"，有人以为他宗李杜，都未免片面。集中《三忠祠》、《余忠宣祠》、《东阿项羽墓》、《金缕曲》（岳坟和韵）、《虞忠肃祠》等都是大气磅礴之作；《车中杂诗》摄下了乾隆盛世的"流民图"。难怪 200 年后，缪钺读《两当轩诗》"更从激壮赏豪思"。

说也凑巧，两位天才，生前不但人不逢时，而且诗也不逢时。

19 世纪末叶，俄国上层知识分子纷纷倾向尼采的"艺术即是表示自我"，和波德莱尔的象征派。而纳德生的遭际却把他引向涅克拉索夫、赫尔岑一边；

他反对"为艺术而艺术",主张反映现实生活。他的一首诗中叙述农妇的儿子Ваня,只因为遇见老爷和他的贵宾,忘了脱帽致敬而被送去当兵:"老爷一瞧——这小子没有脱帽。/'造反了!快扭送当兵算了。'"他自叹力薄,在《致迦尔洵函》中写道:"病躯使我不能更好地了解农民的生活。"但他在1882年还有勇气与忧患较劲儿,他写道:"И уш где-ж ты, кручина, девалась!···Приди — я с тобою померяюсь силой!"真是可人!可怜的是到了逝世前两年,诗人感到绝望,他写道:"我的缪司(斯)死了······/她只在瞬间照亮了我;花儿谢了,焰火熄了,留下深沉的夜,像坟墓里一样漆黑!······"

黄仲则生逢"乾隆盛世"。朝野重科举,而他8次应试不中;"一第比登天"——在那时候这是很大的打击。文坛上乾嘉学派开始形成,士人重考据;而对黄仲则而言,正如袁枚答黄生书中所说:"考据之功,非书不可,子贫士也,势不能购尽天下书······"诗坛上宋诗派占上风,其特点是"以文字为诗,以才学为诗,以议论为诗,且其作多务使事,不问兴致,用字必有来历,押韵必有出处"(严羽《沧浪诗话》),而至性至情的黄仲则正不屑为此,他要"春鸟秋虫自作声",他甘愿"华思半经消月露,绮怀微懒注虫鱼"。淦克超在《黄仲则的诗》一文中说得相当中肯:"他偏生在清朝全盛的时候,要想'决踦'、'破槛'真是谈何容易!······何况文弱的书生,文弱的诗人呢?"

四　后人的评论

后人的评述很多,这里只选极少数的几则,褒贬都有。

(一)评纳德生

谢德林:"(纳德生)是一位优秀的天才青年。"

契诃夫1887年的一封信中说"纳德生的诗才比同时代所有诗人加在一起更高"。契诃夫认为当时青年诗人首推迦尔洵、柯罗连柯和纳德生3人。

基辅大学生界1886年向纳德生致函写道:"您的诗篇以神奇的天才体现了我们赖以生活和因之激动的一切,使我们痛苦和使我们高兴的一切,表达了我们的悲愁、挫折和希望。我们从您的诗篇中汲取力量和爱心,找到我们思想的回响,听到鼓舞的声音。我们要对您说:你的诗留在我们心坎里,永远是贞洁

和神圣的。"（纳德生的档案材料）

纳德生诗集出版后第二年，布立宁（В. П. Буренин）写杂文讥刺他是"文学基金的食客（нахлебник）"（事实上纳德生临死前用仅有的钱偿清了文学基金的贷款）。

俄国白银时代的未来派诗人对纳德生颇有微词。马雅可夫斯基口气更尖刻，在纪念普希金125华诞的诗中写道："身后排名，我与您相近：你在 п 部，我在 м 部。中间还有谁人？……糟糕，挤进一个纳德生。我们要求把他撵到后面 щ 部去。"

（二）评黄仲则

家贫孤露，时复抱病，性本高迈，自伤卑贱，所作诗词，悲感凄怨。（邵齐焘）

（仲则诗）咽露秋虫，舞风病鹤。（洪亮吉）

仲则，秋声也，如霁晓孤吹，如霜夜闻钟，其所独到，直逼古人。（吴蔚光）

（仲则诗词）不啻哀猿之叫月，独雁之啼霜也。（王昶）

如芳兰独秀于湘水之上，如飞仙独立于阆风之巅。夫是之谓佩才，夫是之谓仙才。自古一代无几人，近求之，百余年以来，其惟黄仲则乎！（张维屏）

翁方纲、张埙等名流均尊宋诗。张埙《论诗四绝》注云："仲则存时，予颇不惬其诗。"

翁方纲刊《悔存斋诗》，"凡涉绮语及饮酒诸诗皆不录存"。洪亮吉有句："检点溪山余笠屐，删除花月少精神。"（杨钟羲《雪桥诗话》）

黄仲则《两当轩集》诗希蹑太白，予读之，颇有杜、韩气息，而似太白者转少。（汪佑南）

（仲则）律诗则不免靡靡之音；盖天赋奇才，中年早死，故养未纯粹，诣未精深耳。（朱庭珍）

黄仲则《竹眠词》鄙俚浅俗，不类其诗。（陈廷焯）

想起我与父亲的远别，重逢时节也不知在何年何月，家道又如此，真正叫人想起我们常州诗人黄仲则的名句来："惨惨柴门风雪夜，此时有子不如无。"（瞿秋白《饿乡纪程》）

诗人作不得，身世重悲酸。吾乡黄仲则，风雪一家寒。（瞿秋白）

二百年来灵气在，天才犹使海潮惊。（钱仲联）

参考文献

АН СССР，История русской литературы. Москва，1954.

АН СССР，История русско-советской лиературы. Москва，1959 – 1961.

Надсон С. Я.，Стихотворения С. Я. Надсона，Петроград，1916.

Соколов А. Г.，История русской литературы конца ХIХ в. Москва，1984.

黄葆树、陈弼、章谷编《黄仲则研究资料》，上海古籍出版社，1986。

黄葆树编《纪念诗人黄仲则》，学林出版社，1983。

黄仲则：《两当轩集》，上海古籍出版社，1979。

〔美〕韦斯坦因：《比较文学与文学理论》，刘象愚译，辽宁人民出版社，1987。

徐稚芳：《俄罗斯诗歌史》，北京大学出版社，1989。

原文载于《俄语语言文学研究》2004 年第 1 期

多元文化语境中东干故事传说比较研究

张　冰*

摘　要： 中亚地区将19世纪以来定居吉尔吉斯斯坦与哈萨克斯坦的中国甘肃和陕西回族后代称为东干人。本文旨在探讨俄罗斯汉学家李福清在多元文化语境中对东干人这个特殊的复杂族群的来源及东干民间文学的发生、变异特点进行的独到的比较研究。

关键词： 多元文化语境　东干故事传说　李福清　发生学　变异体　情节单元

中亚地区将19世纪以来定居吉尔吉斯斯坦与哈萨克斯坦的中国甘肃和陕西回族后代称为东干人。东干民间故事传说是俄罗斯汉学家鲍里斯·利沃维奇·里弗京（Борис Львович Рифтин，1932－2012，中文名李福清）院士汉学生涯最早涉足的研究领域。自20世纪50年代首次发表研究论文触及东干民间文学，到2011年俄文版《东干民间故事传说集》（Дунганские народные сказки и предания）增补本中文版在华问世，半个多世纪间，李福清搜集编选了一系列东干故事传说等民间文学语料文集，对东干人这样特殊的复杂族群的来源及东干民间文学的发生、变异特点进行了全面的探究阐析，探讨民间故事与文人小说、戏曲创作间的关系发展，多元文化语境中民间传说故事情节母题、民间文学模式的生成变异问题。他采用情节单元比较分析原则，在国际上首次将东干故事传说文本分解为一个个独立的情节单元结构，进行相关体裁、题材的比较研究。

在李福清看来："东干人民间文学较丰富。包括民歌、传说故事、笑话、谚

---

* 张冰，北京大学教授、博士生导师。

语、谜语，以前还有人知道一些戏曲。"（李福清，2011：14）他从东干人那里首次听到被他们称为曲子的流行民歌——《孟家女》，也因此有了他以后的首部研究论著《万里长城的传说与中国民间文学体裁问题》（Сказание о Великой стене и проблема жанра в китайском Фольклоре）。

许多中国大约已经失传的作品保留在东干人的故事传说中。"迁住到外国的一部分民族一般特别注意保存带来的风俗习惯与民间文学作品，有时比在他们的故乡保存的还好。"（李福清，2011：11）东干人传统的民间文学作品都是他们的祖先从中国带来的。李福清在青海、甘肃收集的民间故事集中就发现了流行在东干那里的故事，如《人心不足，蛇吞象（相）》等；他也在东干人的曲子中发现了西北回族中普遍流行的曲子《阿哥马五哥》。

迁移民族对本族文化传统的继承表现在各个方面。李福清研究了东干人对散文故事的叫法，一类叫 gujir（"古今儿"），另一类叫 fu（"书"）。他指出，"古今儿"就是一般的民间故事，来自于中国西北甘肃和陕西的方言对故事的称呼。东干人对这一方言的采用，深刻地说明了他们深受祖先文化语境的影响。同西北地区的汉族人一样，东干人把故事也理解成对古代和现代事件的叙述，因此，"古今儿"的说法顺理成章地进入到东干语中。而在东干人身处的俄罗斯文化语境中，对"故事"则以"过去的事件""古时候的事情"为指称，譬如俄罗斯民众对"勇士歌"的述称 strina[①] 逐字译就是"古时候的事情"。这种祖先的文化影响，通过李福清对东干人来源地——中国西北以外"故事"指称的研究得到了进一步的佐证。"中国的一些方言中，西北之外对故事还有其他的叫法。例如在江西南昌，故事被简称为'古'，是'古代'或'很早的事儿'的意思。在厦门也称'古'，在潮州也称'古'，都是'很早的事'的意思。我们看得出，这里强调的是对过去或古代事情的叙述。"（李福清，2011：21－22）

东干的传统民歌、谚语、谜语、传说故事是回族与汉族的共同创作。各民族虽宗教不同，风俗有区别，但民间文学的内容和体裁大多数是共同的，这是世界各民族的普遍现象。"如世界有名的《卡勒瓦拉》称为卡累利阿-芬兰民族史诗。苏联南部摩尔达维亚人（现在是独立的国家，称摩尔多瓦）与罗马尼亚人语言大体相同，摩尔达维亚人信东正教，罗马尼亚人信东正教也信天主教与

---

① starina，即 старина（былина）。

新教。他们的传统民间文学，如史诗也是共同的，成为东罗马史诗，民间故事也相同。"（李福清，2011：11）在李福清的研究中，东干民间文学与中国西北民间文学中，这样的例子不胜枚举。如，中国西北流行的民歌——"花儿"或"少年"，就是东干人的"少年曲子"。中国西北地区流行的民歌《珍珠倒卷帘》在中亚东干人那里也非常流行。

但是，如果再考虑到"四句头"（частушка）是流行于俄罗斯文化特有的民间文学体裁，就不难理解为什么中国西北流行的民歌"花儿"或"少年"，到东干人的"少年曲子"中便发生了"每四句一首"的变异，但是"少年曲子"也仍然异于"四句头"，与"四句头"整首四句都关乎同一叙事的情节结构不同，"少年曲子"的"头两句与第三、四句并没有关系"。显然，迁移民族文化的生成、演进和发展，在对本族文化传统的继承中，因其迁移地新的文化语境，受到诸多外族文化的渗透和影响。作为"移居民族"的东干人构成复杂，其中以北方民族占多数。除了与"汉人的交融以外，还包括了伊朗人、突厥人，甚至可能还有满族和蒙古族的成分"。"在东干人民间文学当中，甚至一篇故事里，我们不仅会遇到远东和中亚民间文学里的怪异形象，而且会遇到近东—中亚神话体系中的怪异形象"，"如故事《秃子》就提到佩里女国（刚好也是近东和中亚民间文学中的角色）的几座大门，一座由凶神——巨人歹乌子守卫，另一座由妖魔古怪守卫，而第三座由野人鬼（野人的鬼魂）守卫。歹乌子出自伊朗寓言，是指伊朗神话里的可怕的多毛巨人，吃人的恶魔，是专门害人的"（李福清，2011：31）。

口头文学所具有的变异特点是公认的事实。"所以民间文艺学家，认为口头文学与书面文学的差别特征之一，就是它的'变异性'（或者说'异文'）。"（钟敬文，1988：8）李福清的贡献在于，他到东干人居住地进行村落调查、村民走访，记录第一手口述文本，比较研究大量的文献资料和民间文学理论，试图通过对东干人这样一个特殊的多元组合的族群，近百个故事文本的具体文学事实、体裁、语言、情节单元结构等的阐析解读，阐述其民族的非纯粹性和跨文化语境的复杂生成变异，及其导致的文学的"变异"性。这不仅仅是进行简单的母题比较，"好几个母题合起来还不会变成一个民间故事"（李福清，1988：7），"故事的任何一个情节离开其他情节都无法进行形态学和发生学的研究"（Пропп，1928：126）。因此，论及李福清东干民间文学研究，便不能不谈到多元文化语境中的文学发生学问题。

"文学的发生学，是关于'文学'生成的理论。"严绍璗倡导的比较文学研究意义上的"文学发生学"，主张"关注文学内在运行的机制，从而阐明每一种文学文本之所以成为一种独特的文学样式的内在逻辑"，而"从文学发生的立场上观察文学文本，则可以说在'文明社会'中它们中的大多数皆是'变异体（variants）文学'"，"在文学的'变异'中所形成的新的文学样式（文本），都是本土文学传统的延伸和在另一层面中的继承"（严绍璗，2011：67）。严绍璗以文学变异体观为基本出发点，以"原典实证"构成基本学理的文学发生学理论为我们认识李福清东亚民间文学研究的深刻意义和价值，提供了极好的理论观照和探索视野。

李福清不仅在《东干民间故事传说集》中编著了68个东干故事传说，还在书后附录的一百余页的长文《故事情节比较研究》《未收入本集中的故事情节》中对每个故事情节，以及未收入该书的其他18个情节结构，进行了发生学意义的实证文本的系统、翔实的比较阐发。其文章《东干故事传说情节的来源和分析》的俄语原文便是"Источники и анализ сюжетов дунганских сказок"。

在李福清参与记录，也是全书第一篇的神奇故事《张大杰打野鸡》的研究中，他注意到，中亚东干人普遍流行的这个神奇故事情节在艾伯华的《中国民间故事类型》、汤普森的《民间故事类型索引》、池田弘子的《日本民间故事类型与母题索引》、崔仁鹤的《朝鲜民间故事类型索引》，以及丁乃通的《中国民间故事类型索引》中都有迹可循。这个故事情节更是存在于早在一百多年前就与中亚回族的祖先们生活在一起的汉族、藏族、撒拉族、蒙古语系的几个民族（西伯利亚的布里亚特人、甘肃的东乡人、伏尔加河的卡尔梅克人）等的民间文学中。"远东文化圈中的其他民族，从中国西南的佤族到最东边的日本民族，也同样有这类情节。有时也能在菲律宾，在土耳其发现这一故事系统的扩散的余波。不过在形式上已发生很大变化，在菲律宾是从这一方面，在土耳其是从那一方面完全被改变了。"（李福清，2011：238）

只在《张大杰打野鸡》一篇故事中，李福清列出的情节单元"异文"，就有几十种之多，也显示出他研究的重要特点：从大量丰富的材料出发，并找寻与之相适应的研究方法。谈到自己的这部东干人故事传说编著，李福清曾说："我自己阐发了一种特殊的文本分析原则，将每个文本分解为一个个独具意义的情节单元，其中某些便是一个个母题。然后对每个极小的情节进行比较研究。这无论在中国，还是在俄罗斯都尚属首次。"① 从最小的情节单元入手，李福清将东干人的这个故事传说中包含的若干情节母题与这些"异文"逐一进行比较研究，揭示出其生成规律。

如东干族中这类故事中独特的"青白蛇搏斗"母题，"故事主人公帮助白蛇"的情节，使得其有别于汉族原来的故事文本。它常见于中国西北回族等少数民族故事传说中，但在汉族和中国东部、南部的其他民族故事中或者完全见不到，或者形式上已经非常弱化。"而且变得更接近于邻近的突厥－蒙古语系民族的故事，这些民族就是西北省份中与回族和睦相处的撒拉族或东乡族，还有最西边的一个突厥民族——土耳其族，他们也有白蛇与黑蛇斗争的母题。"他说："东干族同这些民族在遗传上并非都有联系，但是他们既然亲密无间地生活在一起，他们之间就必定有许多世纪的密切文化（民俗、民间文学）交往，只是对此还没有作过专门研究而已。"（李福清，2011：23）在柬埔寨或土耳其，这类情节的异文则一再提到中国，提到中国皇帝，用以替代中国民间故事中常见的龙王，同样与其是以中国为中心向四外传播有关。而东亚其他各族异文故事中这一情节，因为海上捕鱼业的强势，则"异化"多与水域的主宰有关。同样，《张大杰打野鸡》中的另一母题——"有魔力的圆圈"的生成显然得益于中亚和西伯利亚的民间文学传统……

"没有正确的形态研究，便不会有正确的历史研究。如果我们不能将故事分解成一个个组成部分，那我们便无法进行正确的比较。而如果我们不会比较，那又怎么能够弄清诸如印度和埃及的关系……"（普罗普，2006：15）

李福清进行的大量翔实的文本和田野记述、"原典"阐释自成体系，独具特色。他在所做的 68 个东干人故事及未收入该书的 12 个故事包含的上百个情节母题的比较分析中，对很多民族民间传说情节母题特征提出独到之见，譬如

---

① 参见李福清 2012 年 6 月 13 日给笔者的信。"Чжан Бин! Я очень рад, что Вы пишите про мой анализ дунганских сказок. Я сам разработал особый принцип анализ тест делится на отдельные значимые в сюжете единицы, некоторые из них могут совпадать с мотивами. И веду сравнение именно по этим мелким микроэпизодам. Такого никто не делал ни в России, ни в Китае. Я думаю, что на симпозиуме в Тяньцзине Вы можете сделать сообщение о моих дунганских сказках и принципе их сравнительного изучения. Мне самому кажется, что анализ Сюэ жэнь-гуя получился неплохим. Еще раз спасибо за внимание к моей работе. Ваш БР."

"在国库下面挖掘坑道和识别尸体"是东干故事中较为稳固的母题。李福清还直接提出很多具有相似之处的情节母题是否存在发生学方面的联系问题；同时，在发生学意义上推断每个情节母题的原型和生成的地点；揭示每个情节发展，即异化生成的途径关联。他对上百个情节母题的异化生成研究表明："文化传递的基本形态就是这样的——原话语经过中间媒体的解构和合成，成为文化的变异体，文化的变异体已经不再是文化的原话语。之所以有新文化（或新文学）文本的产生，不是为了重复原话语，完全是为了本土文化的需要。"（严绍璗，2011：67）

正是在这一意义上，李福清在进行第 61 号传说故事《白袍薛仁贵》的情节比较研究中提出了"错合"（контаминация）概念。《白袍薛仁贵》是李福清1954 年在吉尔吉斯米粮川村从村民那里记录的唐朝统帅薛仁贵的故事。薛仁贵作为公元 6 世纪的唐朝名将，驰骋沙场，曾远征当时的高丽、天山地区的突厥部落等，战功卓著，其传说故事广为流传。李福清认为，他记录的东干薛仁贵故事的情节异化生成，其实正是中国、蒙古、朝鲜等东亚各地相关传说故事和东干人常用的传说故事情节形式的错误融合。譬如，李福清记录的东干故事中薛仁贵和朋友们喝酒花掉钱的情节，与传统的《薛仁贵东征》中他将钱都付给武术师的情节相悖，但是这种"错合"却符合东干民间文学的情节模式：主人公供朋友吃喝。李福清还逐一分析马伟林诺夫叙述的东干异文、清代无名氏的通俗小说《薛仁贵征东》、无名氏的戏曲《定天山》等历史文献、民间传说、小说文本、戏曲剧本中情节的具体表述和变异，说明东干人故事中薛仁贵杀死老虎，其他猎人与他争斗失败同他结拜兄弟的情节"十分可能看作是关于薛仁贵情节的各种异文的独特错合"（李福清，2011：491）。东干"异文"显然更多地体现着自身传说故事模式，以及勇士歌、史诗性等文化语境特征。"错合"一词源于《淮南子·俶真训》："阴阳错合，相与优游竞畅于宇宙之间。"李福清通过强调"错合是以两种场合中的行动同唐朝时代的关系来减弱主人公姓名的相似性"（李福清，2011：488），探讨多元文化语境中民间文学传递的生成变异，表明"在文学的'发生学'的机制中，作为它内在'异质文化语境'的文化传播的所有形式几乎都是在不正确理解的逻辑中进行的"（严绍璗，2011：67），其研究意义和视域已经远远超出"文本"立场以及具体的情节结构、故事模式的比较阐析。

李福清对东干故事传说中众多角色形象的剖析也形象地表明了文学生成理论的"变异体"观。譬如，他对阿訇、喇嘛、和尚和道士等典型形象的研究，他说："因为回族很早就信仰伊斯兰教，所以故事里应该也能见到阿訇这个人物。但情况并非如此，就拿本书来讲，只有几篇里面出现过阿訇。还有一个引人注意的奇怪现象，中国记录的回族民间故事阿訇这个人物较常见。由此可以得到这样一个印象，即伊斯兰教观念和仪式对中国回族故事的影响远远超过对中亚回族故事的影响。这也许是因为，伊斯兰教是中国回族区别于汉族邻居的主要标志，正是与这种情况有关，宗教方面的内容才在其民间文学中得到一定的表现。而在中亚，回族住在信仰伊斯兰教的突厥语系的民族中间，他们并不需要在自己的民间文学中强调伊斯兰特点。相反的，他们却追求对以前在远东的日常生活特殊风貌的描写。"因此，也不会奇怪"东干人故事中就有了喇嘛、和尚和道士"。这"并非源于喀尔喀蒙古语里对这个词的规定读法，而是源于另一种蒙古语系的语言，很可能是从甘肃土族话中借来的"，妖怪"猛蛊子"这一形象则"反映了不仅是蒙古族的，也是藏族的多头怪物的观念"（李福清，2011：27-31）。

"变异体"观还体现于李福清东干民间文学研究的另一重要方面——对民间故事与文人小说、戏曲创作间的关系生成发展的探讨。他以自己记载的东干传说《白袍薛仁贵》与章回小说《薛仁贵征东》、平话《薛仁贵征辽事略》和薛仁贵戏剧中的情节变异做比较，"发现了一些故事情节由平话演变为小说，从小说演变为说书，又从专业的说书返回到民间流行的故事这样一个有趣的循环发展过程"（李福清，2003：2）。在李福清看来，"改变为口头作品而进入民间文学中的有古典章回小说，也有话本小说，如《俞伯牙摔琴》，甚至还有传统的戏曲情节，像张羽煮海的传说。他们给所有的民间散文作品都烙上了特别的痕迹。古典小说的口头异文有很多地方接近于民间故事特别是神怪故事，而同样地，故事又明显地受到其他散文作品的影响。这种影响表现为故事的某种生活化，表现为故事的全部艺术构思都有'向生活靠拢的性质'，也同样表现为故事情节的话本化。这就引起主人公所扮演的角色变得根本不符合神怪故事的特征，也引起作者的立场发生改变"（李福清，2003：38）。

李福清在东干民间文学研究中还提出了许多有见地的看法。如："东干族与汉族同有一个特点，一个故事情节在几个体裁中表现，但区别是东干人的民间文学没有像汉族那么多种体裁，如汉族孟姜女有传说，民歌，弹词，鼓词，宝卷等等，东干人只有传说与曲子。"生活的真实与故事的"真实性"并不互相印证。"对叙事性民间文学来讲，文学艺术世界与现实之间在总体上表现出了不吻合的情况。"（李福清，2011：38）

显然，李福清的研究具有追寻还原"本原文本"，阐发"异文"生成"文化语境"的独到之处。因此，其研究不仅在实践上提供了大量的实证文本，也在丰富和拓深多元文化语境中文学生成理论的研究上给我们以极大的借鉴和启示。

民间文学研究是李福清享有国际学术声誉最主要的成就之一。无论是他汉学研究兴趣的源起，还是日后其在中国古典文学、俗文学、中国年画及东方学诸方面的研究成就，以及他融通中西古今的比较方法论，莫不与民间文学研究息息相关。

李福清 1950 年考入列宁格勒大学东方系中国文学专业学习。为了学说汉语，大学一年级，1951 年夏天他独自来到了当时苏联吉尔吉斯斯坦加盟共和国境内的一个村子——米粮川，这里居住着东干人——19 世纪从甘肃、陕西来的回族后代。在这里，李福清第一次听到老乡们讲述的《孟姜女哭长城》《白蛇传》等中国民间故事、民间传说和民歌，产生了浓厚的兴趣。1953～1954 年他又专门到这里学习汉语口语，搜集民间口头文学故事，包括许多民歌、谚语，小孩子特别喜欢的谜语等，并以此为素材写作年级论文和毕业论文，崭露头角。其中，四年级论文《东干人传统民歌的新材料》（Новые материалы по традиционной дуганской народной песне）便发表在 1956 年第 5 期的《苏联东方学》（Советское востоковедение）杂志上；五年级的毕业论文《中国成语、谚语和歇后语》，也运用了这些资料。这些民间文学故事传说为他日后的研究提供了第一手最基本的重要素材。1958 年，李福清在科学院第 27 期《东方学所简报》（Краткие сообщения Института востоковедения）上发表了《韩信传说——东干人流行的中国历史传说之一》（Из дунданских исторических сказаний：сказание о Хань Сине），将他在米粮川记录的传说与书面材料做了比较研究。"在此之前，除了广州 1929 年《民俗》周刊 66 期第 6～8 页，发表过张冠英《传说与史实——关于萧何、韩信的传说》之外，没有关于韩信传说的记录，我的记录可以说是最早的。"（李福清，2003：2）同年，在科学院《民族学所简报》（Краткие сообщения Института этнографии）上也发表了《东干人流行的中国历史传说》（О дунданских исторических сказаний）；1977 年，李福清和两位东干学者合作，选编了《东干民间故事传说集》（Художественный мир дунганской сказки // Дунганские народные сказки и предания），由莫斯科科学出版社出版。该书问世后，引起苏联国内外广泛关注，苏联的《亚非人民》（Народы Азии и Африки）、德国的《本事》（Фабула）等都有专文报道，学术界对该书传说故事的"原汁原味"，以及李福清进行的情节结构分析原则等给予高度评价。2011 年，该书增补后，又经过中国东干语研究专家海峰教授对以俄文字母写就的东干语原稿的转写，以及连树声等人的翻译，中文版在中国面世。

自东干人的民间传说研究开始，李福清的民间文学研究渐渐涵盖中国，乃至东方各族民间传说、故事、神话等各个方面，并长期在俄罗斯科学院、俄罗斯国立人文大学等俄罗斯、中国高校培养汉学人才。俄罗斯国立人文大学东方文化与古希腊罗马文化学院院长伊里亚·谢尔盖耶夫·斯米尔诺夫教授断言了"一个有关中国民间创作研究的李福清学派"的出现。

参考文献

Китай и окрестности. Мифология, фольклор, литература. К 75 – летию академика Рифтина. Б. Л. Москва, РГГУ, 2010.

Пропп В. Я. , Морфология сказки, ЛЕНИНГРАД：《ACADEMIA》，1928.

〔俄〕弗·雅·普罗普：《故事形态学》，贾放译，中华书局，2006。

〔俄〕李福清：《我的中国文学研究五十年（代自序）》，载李明滨编选《古典小说与传说（李福清汉学论集）》，中华书局，2003。

〔苏〕李福清：《中国神话故事论集》，中国民间文艺出版社，1988。

〔俄〕李福清编著《东干民间故事传说集》，海峰东干语转写，连树声俄语翻译，上海文艺出版社，2011。

严绍璗：《比较文学与文化"变异体"研究》，复旦大学出版社，2011。

钟敬文：《中国神话故事论集》，中国民间文艺出版社，1988。

原文载于《俄罗斯语言文学与文化研究》2013 年第 4 期

资源与触媒

——俄国文论一议

白春仁 *

摘　要： 研究俄国文论，需要有我们自己的眼光和理论体系及其方法，需要从中国文化的立场出发，引进的文论应该为建设中国学术服务。20 世纪的俄国文论，创造性成果主要体现在重要学者和学派的专著上。善于同其对话，以获取思维启发、理论借鉴是发展我们学科的可靠途径之一。

关键词： 文论　视角　对话

俄罗斯文学是耐读的，由这个文学咀嚼出来的理论，便也厚重、扎实。这又得益于西欧理论的实证的科学方法。关注文坛事件，品藻创作，指点得失，在俄国传统中属于文学批评的责任。留给文学理论的，则是探究文学作为艺术的本质，它的内在结构与外在功能，它的变化与发展。所以俄国的文论普遍带有鲜明的基础性，多归于所谓基础研究一类，较之种种风光一时的文学热点话语，自然更值得我们注意。

然而，中俄文论的交流，在国际学术沟通日盛的大背景下，倒成了一个沉重的话题，一个困难的话题：过去我们失去了自我，现在须要找回自我。几乎整个 20 世纪，这两个邻国难解难分的特殊政治关系，一直左右着科学文化相互

---

　* 白春仁，北京外国语大学教授、博士生导师。

交往的性质和特点。从以苏为师的"一边倒"，到反对教条主义和修正主义，结盟与交恶风云变幻，使文化交流完全失去了自然的形态和自由的环境。多少年来，我们在文学上引进苏的东西，内容不容选择，只能随着讲"别、杜、车"，独尊现实主义。别的什么主义和学派，不是不允许传播、交流，就是涂抹了一层异端的色彩，叫人躲避犹恐不及。就这样，两种文化的双向交流萎缩成单向的灌输，科学的自由讨论蜕化为对教条的虔诚膜拜。尤其致命的是，国内在更长时间里对民族文化传统普遍地表现出漠视，殃及教育。其结果就是如今传承乏人，与域外的文化对话遭遇了断层与错位。在 20 世纪 80 年代后，较为宽松的学术环境中，文论研究冲破了单一化模式的壁垒，破除了自我封闭之枷锁，面向世界开展对话，但一度又陷入了另一种单一模式中：唯西方文论马首是瞻，在移植他人精神文化与人文学术中丧失自我。但 20 世纪末，世界格局发生巨变，俄罗斯社会转型启动，尽管经济低迷，思想的解放已经带来了学术的活跃，坚冰既破，浪涛汹涌。于是人们重新关注起俄国文论的动向，然而内心免不了疑虑重重：它在 20 世纪可还有堪称自己的建树吗？

其实，找到值得交流互补的内容是不成问题的。最迫切的倒是调整心态，转变角色，成为名实相符的文化主体，在交流中地位要平等，判断要自主，接受要有选择，从照搬他人、丧失自我，进展至包容他人、发展自我。首先，得立下明确的目标，坚定不移，取他人文论为资源和触媒，用以发展民族的文学科学。看俄罗斯文论，也应将其放在世界文论的交互作用中来衡定。它在 20 世纪本来就同西方文论相倚相生，或相反相成，我们也就该一视同仁，无分厚薄。其次，中俄百年来的国运、体制、社会太多类同，从而精神文化与人文学术面临不少共同的课题，与之对话会更有兴味也更感亲切。这样，引进俄国文论，就成了我们研究文学的思想资源，以彼之长补我之短。但这还不够，尤为重要的是，引进俄国文论，要让它成为理论创新的触媒，即在中俄两种文学传统的碰撞中，促生新的思想、新的观念。甲乙融通产生丙，而丙非甲非乙，亦甲亦乙，已具有新质，这在文论史上已得到无数实例的证明。所以触媒的作用，应成为我们追求的根本目标。

讨论了文论交流中我们应取的立场和追求的目标后，可以据此看一看俄罗斯文论能够给我们提供些什么。

近年，经过学者们的耙梳整合，20 世纪俄国的文学创作展现出的璀璨全景，是穿透了苦难的顽强的光芒。20 世纪俄国的文学理论，连同相邻相交的学科，同样保持了顽强的生命力，同样贡献出了光彩四溢的学术精品，充实了人类的科学宝库。这些建树过去我们也并不陌生，但如今集中起来盘点一下，确有徜徉于智慧海洋之感，令人刮目相看。

文学理论的著述素有系统与专题、综合与局部之分。俄罗斯文论集大成的综合之作，已译介过来的有季莫菲耶夫（Л. И. Тимофеев）的《文学原理基础》（俄文初版 1940 年）、波斯彼洛夫（Г. Н. Поспелов）的《文学原理》（俄文初版 1978 年）。两书都作为高校教材盛行全国，也都反映了当时正统的文论思想。波著成书于 70 年代末，虽维持主流的文学观念，却已容纳了国内多方的研究成果，着力于揭示文学自身的特质和规律。这是基于苏联意识形态的颇有深度又相当完备的一种文论范式，不妨看作一个体制和一个时代的里程碑。苏联解体后 10 年的争论与反思，催生了另一个范式，即哈利泽夫（В. Е. Хализев）的《文学原理》（俄文初版 1999 年）。这也是正式颁行的高校教科书，然而时过境迁，已非体现苏联国家意识形态的专制话语，而是学者独立自由的声音。如果称其为权威的话语，那只是因为其出自莫大资深教授之手，且得到同人如潮的好评。从书评判断，作者当下的学术立场倾向于传统派，并不算激进。所以他的书应视为诸多可能的思想倾向之一，是多声中的一家之言，不觊觎什么里程碑的意义。这一点是我们今天读俄国著述时不可忽略的。尽管如此，把哈著拿来同波著比较，清清楚楚看得出学术时代的嬗变。其中使笔者印象深刻的有这么几点。第一，波著立论的出发点，把文学视为意识形态，文学是社会革命与进步的手段，骨子里仍是历史社会学的立场。哈著让文学回归到艺术，视文学为一个艺术门类来重塑论述体系，而没有蹈袭数十载一贯的旧例。对正统的成说，既不见情绪化的维护，也不见政治化的针砭。但我们在旧范式里最感关切的一些问题，牵动神经却又聚讼纷纭的问题，作者都在适当地方给出了冷静客观的说明。这就把意识形态斗争的余绪，导入学理探讨的轨道。第二，哈著文学理论带有鲜明的俄国色彩，因为整合了一个世纪来俄国学者的理论建树。不同学派、不同倾向、不同方法的研究成果，凡属真知灼见有所发现的，都广收博采，给它一席之地。它是名副其实的集大成之作，造就出面孔簇新的多元开放的体系。它透露的学科视野之广阔，思想之活跃，前所未有，仿佛无声地告诉人们：文论的开拓正无可限量。第三，哈著是又一个开风气之先的标志，是广泛吸纳世界文论精华，而且很不容易地做到了融会贯通。国人见解与外人观点的比照契合十分自然，收到相得益彰之效。由此可以感受到俄国文化同欧洲学术传统的血缘关系，也不能不叹服俄国学人精研欧美理论的苦心孤诣。作者利用近 20 年学术界译介研究外国文论的成果，与本国资源沟通起来做整体观，才实现了内外学术的接轨。虽是初步尝试，但那国际的眼光、海纳的胸怀、缜密的思辨，确实令人耳目一新。

不过这类综合性著作，功在系统归纳，所以多取教科书或工具书的形式。而原创性的文论，主要出在专题上，是局部的探幽发微。要说 20 世纪俄国文论的贡献，关注学者的专论才是进入正题。对这一时期文论的历史回顾，无论着眼于学派、学者或是专著，在俄国和中国都有人认真地做，本身无疑是非常有价值的事。只是我们的立足点应还有所不同。俄国学者的具体文论思想固然重要，我们立足其中，从中思考自己引出怎样的理解与结论就更为重要。其实人们接受外国文论，心里都有一把尺子，立足于自己的文化，只是自觉程度不同而已。倘能有意为之，他人学理便会给我们展现始料不及的意蕴。顺着这条思路，俄国 20 世纪文论中有一些重大课题和学理，值得我们深入地去了解，去思考，去对话。

一　现实主义——文学与生活的关系

对百年间的俄罗斯文学来说，这可称是天字第一号理论问题，虽然至今没有满意的答案，围绕它展开的学理的生灭和思想的消长却构成一段富有教益的历史。

20 世纪初，列宁以论托尔斯泰和文学党性的文章，奠定了俄国马列主义文论的基石。沃罗夫斯基（В. В. Воровский）发挥别林斯基等人的思想，阐释了进步文学对革命的意义。由是形成文论中的社会学派，主张文学必须服从现实的政治任务。

卢那察尔斯基（А. В. Луначарский）、弗里契（В. М. Фриче）等更提出各种社会学观点，阐述文学的历史发展。一些教条主义者发挥说，作家创作是由经济关系和阶级成分决定的，文学的内容和目的无异于社会科学的内容和目的。不久，这种极端见解被视为庸俗社会学，遭到摒弃。1932 年，官方提出社会主义现实主义的理论，用以区别于 19 世纪的古典现实主义。据说，旧现实主义是批判的（并不尽然），新现实主义才是建设的，旨在描写革命发展中的现实。于是社会主义现实主义被奉为正统的创作方法而独霸文坛，实际却只存在了二三十年。50 年代兴起农村文学和战争文学，革命发展之说便偃旗息鼓。作为补救，70 年代又有人倡言"社会主义现实主义的开放体系"，终因脱离实际而不了了之。80 年代解禁以来，官方教条声名狼藉，连累得现实主义也少有人提了。

然而，对俄国文学来说，现实主义犹如挥之不去的影子。现实主义的概念在现代通指文学表现生活的真谛，再现社会人生的真正本质。它要求艺术世界应符合生活发展时代变迁的特征，应契合社会历史的情境。这一创作原则实际上是对再现内容的规定，明确无误地超出了艺术表现方法和艺术表现风格的含义。对作家来说，这是他对世界的认识和感受。对作品来说，这反映着文学与生活的关系。俄国作家普遍的社会良心和犀利目光，决定了他们在创作原则上的取向。

那么文论家呢？20 世纪重要的理论家对这一系列的问题都有过深入研究。他们一个共同的理论基点，是把文学看成一种认识活动，当然是艺术的审美的认识，通过艺术再现来把握生活，把握社会和人。所以，作品怎样再现生活，生活现实如何变为艺术现实，艺术认知的规律是什么等，在文论家手里都得到了多重视角的阐发，如诗学、语言学、艺术符号学、美学。巴赫金的审美建构理论，就演绎了艺术现实的生成机制和作家的能动作用。我们对艺术现实的本质，由此获得了深刻而又生动的理解。

当问题与现代主义、后现代主义联系起来，又出现了新的复杂性。在俄国20 世纪初产生了现代主义文学，世纪末出现了后现代主义文学，经过近年的研究已公认是不争的事实。与现实主义概念的情形相仿，现代主义与后现代主义在狭义上指称艺术方法和艺术风格，在广义上说的还是艺术创作的原则，甚至也超出文学，扩大为人文科学和艺术中的普遍思潮。一般认为，两者都是对认识论上的理性主义和实证主义进行反思甚至反动的结果。

现代主义的感受，世界纷繁复杂，充满混乱和怪诞，是无法用艺术如实再现的。因之，知人论世不可能是颠扑不破的终极真理。文学要表现生活，不必追求真实与可信，不必追求再现生活形态。文学中的艺术现实，是高度假定性的，亦即改变生活施以虚构，可以反逻辑悖常理，写出怪诞奇幻来。好像这更接近世界的实况，更适应人的有限的认识能力。

后现代主义在认知的相对主义上又迈出一步。传统理性主义和实证科学尚不能提供可靠的准确的世界知识，文学艺术又怎能为混乱无序的人类社会建立起有序的模式呢？作品不在乎反映现实，作品并不表现现实，它更多是一个符号现象。因此，后现代主义否认有认知的权威，一切不同的认识都是可能的，也都是平等的。它对待一切充满怀疑，流露出揶揄戏谑的神情。

这两股相继风靡西方的思潮，自有其合理的核心，所以在俄国得到呼应。但在俄国，它们并非简单重复欧美的模样，如上面概括的那样。它们更没有占据欧美那种地位。摆脱现实生活，放弃把握世界的目标，割断现实主义传统，这在俄国文学家看来，无异于自我毁灭。那么传统与新风的矛盾是怎么解决的？在新的历史时期，文学与生活的关系获得了什么新内涵，具有什么新特点？这应该成为我们研究 20 世纪俄国文论的最重大最有意义的课题。

二 形式方法——诗学的奠基

活跃在 1916～1928 年的形式方法，是俄国文论的重大转折。此前是看重文学作品的思想意蕴、它与生活的关系和对社会的作用。文学的形式方面和艺术方面没进入文论的视野，也就是没有建立在自己文学传统之上的诗学。一批博学青年不约而同向旧的文学研究发难。哲学的、社会学的、心理学的视角都不足以说明文学之为文学的特质，都忽略了文学赖以生存的诗语——文学的语言，因而也就难登艺术的堂奥。学术的敏感和创新的锐气，把他们联合在形式主义大旗下，而学术观点却远非整齐划一的。不过正无以矫枉，于是出现了一些片面的、极端的见解。比方说"艺术就是手法"，似乎手法自具价值，语言自含玄机。不当地夸大形式的作用，难免阻塞了探求文意的道路。但这并不值得大惊小怪，生活本身会出来纠正。后来这些"形式主义者"大都跻身于优秀作家学者的行列就是见证。有时，不肯容忍一点"邪门歪道"，便可能扼杀一颗优秀的种子。

形式方法不仅有宣言、有纲领、有主张，它更有研究的实绩且传之久远。首先是诗的领域，以严谨的科学方法分析诗章格律、韵脚、句法、词语重叠等的规律性和它们的表达效果。诗语的创新，反对因袭，出奇制胜，被奉为诗艺的圭臬。从此，俄国才有了研究作诗法的学问。小说方面著名的实例，是从托尔斯泰作品中引导出艺术手法的概念，从神话创作中归纳出情节元素及其组合模式。立足艺术特质合观诗文，独创了影响深远的审美范畴——陌生化或奇异化，相当于我们常说的就生避熟之意。

综观那时的研究取向，可以说俄国文论的很多基因已露端倪。把目光集中到作品身上，解剖文本，分析文本中的文学要素，研究它们的组合规律，最终要从中找出所谓文学性——这个思路已经预示了结构主义的萌生。把关注形式具体落实到关注语言，强调诗语的异质和独立，试图透过语言认识文学的奥秘，体现了俄国语言学同文论相倚相生的传统，以及分则两伤、合则两利的经验。

形式主义作为一个特定的文论流派，它的主要代表人物（如什可洛夫斯基、雅克布逊、蒂尼亚诺夫、日尔蒙斯基、托马舍夫斯基）都有许多珍贵的思想与见解值得探讨。至于他们创新的精神，治学的严谨，更给我们扩大了思考的空间。

三 文学语言的艺术论——维诺格拉多夫

文论的一个难题，是如何把作品思想和艺术统一起来研究。而在艺术方面，语言无异占据核心地位，历来为人们所乐道。然而怎样把语言作为艺术来阐发，怎样把握语言与意蕴形象的水乳交融，却不得其门而入。论来论去，语言与内容还是两张皮。这个问题在 20 世纪的俄国文论中，被维诺格拉多夫（В. В. Виноградов）解决了。

他的学术贡献之一，就是创建了一门关于文学语言的科学。这是融合语言学与文学理论而别开生面的成功模式。他不是从既有的理论范畴出发，寻找学科契合之点，而是从文学作品的分析入手，梳理语言与艺术的内在关联，思考整体和谐的奥秘。还在青年时代，他便致力于古典文学的语言艺术研究，上起普希金，下迄契诃夫，都有专著专论问世。每论一家，必有新说和创见，勾画出作家卓尔不群的独特面貌，因此被学界誉为研究之经典。晚年他建构科学体系时，由作品导引出来的一系列特有的概念、范畴、理论见解，便综合成了系统、严整、独立的文学修辞学。其中最具代表性的理论，就是早已变成学术界共识的作者形象论。

靠了这一科学范畴，作品中文学因素与语言因素自然地得到了统一；作为艺术现实的内容和作为内容载体的语言，终于摆脱了孰主孰从的无谓争执，共同臣服于作者。在主体意识日显强烈甚至膨胀的现代文学中，此说尤其表现了巨大而深刻的阐释能力。

维诺格拉多夫的治学原则，讲究从作品精研中获得独创的发现，讲究在历史演变中把握事物本质，努力把微观的缜密同宏观的深刻结合起来。这对后继者无疑具有重要的启示作用。他的文论思想学理性强，因而普适性大。举凡重要的学术见解和理论构架，虽说以俄罗斯文学（且主要是 19 世纪古典）为依据，却都是作为普遍适用的原则加以审视的。所以，我们读来还不难沟通，尽管原著的表述不属于平易畅晓的一类。

四　开拓结构与符号之路——洛特曼

苏联时期唯一得以形成并享誉国外的文论学派，就是以洛特曼（Ю. М. Лотман）为首的结构主义符号学派。它的出现是时代的标志。因为 20 世纪中期，兴起系统论、信息论等科学方法，语言学和符号学思想在人文科学里影响日增，人们挣脱教条主义禁锢走向世界也就势所必然。更何况苏联的一批学养深厚的语言学家和文论家向来与欧洲同人声气相投，不可能对科学的新进展无动于衷。

科学潮流和时尚的风行，自有其内在根据。但新潮的实绩多少、影响大小，却相去甚远。洛特曼一派标举结构与符号，不是赶时髦，也就不是过眼烟云。他们出于一种科学的信仰，认为揭开结构与符号现象的奥秘，定会于科学有所贡献。新视角的脱颖而出，为沉闷的学术界吹来一股新风。人们积极用新方法重振本国的人文学术，很自然地融进了文论的历史进程。在 60～70 年代，洛特曼学派推出的著述成了当时最有生气、最富创意的研究。发端于 20 世纪初的形式方法的作品内在要素分析、艺术机制分析、诗律研究，此时在洛特曼手中提升为系统全面的文本结构分析。而半个世纪积累起来的对种种符号现象的观察（关于俄国符号学史的论著）到此汇入了符号学研究的大潮。

洛特曼的理论建树，在文学方面早广为人知，如诗章的结构模式和层级分析、艺术（首先是文学）文本的结构描写、第二性模式化符号系统的理论、文学符号的多元性、文学的艺术思维特点等。读他的著作，不能不叹服他驾驭结构与符号的得心应手，也不妨说出神入化。结构主义后来遭人非议的，是热衷构筑普遍性的结构模式，却忽略了结构中个人独特的创新的因素。符号学引人疑虑的是立能指为中心究竟对理解文学特质有无补益。幸运的是，洛特曼没有重复前人的片面性。他并不醉心形而上的玄理，不爱好空洞抽象的思辨。最初他用传统的历史社会学方法研究古代文学，转向结构主义符号学时已是学识丰富的文学史专家。他又酷爱俄国文化，对文化史具有广博精深的了解。他晚年致力于文化符号学的开拓，驾驭文化材料左右逢源，游刃有余。所以他善用鲜活的文学事实丰富结构的变化和符号的功能，而不是用模式框死独特而多彩的艺术世界。总之，对结构与符号如同对一切科学假设，他能活看而不是死看，研究思路常有出人意料的转折。

文学与文化，在洛特曼符号学中处在密不可分的互动关系里。洛特曼居然演绎出堪称体大思精的这样一个文化符号学，正是因为看出文化是与语言符号系统同构的，也是与文学符号系统同构的。考察文学一定离不开文化。符号域（民族文化的环境和背景）、文本间交际、民族间文化交流、文化类型、文化的中心与边缘——洛特曼提出的这些范畴和见解，把文学从内在结构又拉向外在功能。这不是取代文学，这是以文化透视文学。当今俄国文论中文化视角的抬头与扩张，多半就有洛特曼文化符号学思想在推波助澜。

洛特曼符号学理论是篇未完稿，还有待发展，但已对文论乃至整个人文科学产生了重大影响。对我们来说，这当然是值得研究和利用的文论资源，是引进新方法的触媒，是创立自己符号学研究绕不过的一块跳板。

五　从哲学人类学生发出文论来——巴赫金

洛特曼的文论，明显地顺应了时代的科学潮流。可巴赫金（М. М. Бахтин）文论一出，简直语惊四座，不知何处来，不知何处去。从论题到术语到精神，都极为独特。如今专家们理出了一些头绪：他在彼得堡大学攻读的是古典系，专学古代欧洲的文化经典，20 世纪初受到欧洲文学和德国哲学的影响，接受了白银时代文化氛围的熏陶。尽管如此，巴赫金文论仍像一个意外的收获，一个意外的类型。投以因循的眼光，他太出格太破例，因而他的话语无足轻重；投以探索的眼光，他有创见，不同凡响，因而他的话语弥足珍贵。

对话主义、复调小说、狂欢化、时空体、大时间——这些独出心裁的术语，直指具体生动的文学现象，在巴赫金著作中都有系统详尽的阐释。但这种学术创新的来源，或说创新的原动力，则是作者的一种哲学关怀，一种哲学人类学的思想。从哲学上思考人及其意识，就是关注人的存在：他的社会行为和社会责任，他与别人的交往对话，他在艺术中的嬗变和时空形态等。由此生发出来的一系列文论范畴，无不渗透着对人的存在价值的肯定，对人的独特个性的尊重，对人的道义精神的信任。优秀的文学作品，无论是写人的作者还是被写的主人公，在巴赫金看来无不体现着这一人文精神，这种人道思想。

正是哲理性与人文精神，使得巴赫金文论具有了开放的特点，内涵丰富，余味无穷，好像总在等待后人前来对话和阐发。现在越来越多的人接受了这位不太讲求学术规范的奇特学者，因为实在感到他立论高远，启人心智。而且从近年俄国的情形看，张扬人的生存价值和精神自由，用以抗衡精神颓丧、物欲侵蚀，在人文领域呼声中日见高涨。这或许说明，巴赫金的突兀现世，恰是暗合了历史的要求。不错，在他的前瞻性里，有理想的甚至空想的成分，如普遍实现平等对话的人际关系，如通过多声话语探求科学真理，如复调小说未来主导文坛，如文化人的社会责任与艺术创作的和谐统一。凡此种种，都闪烁着预见的光芒，又都透着理想的色彩。唯其如此，才显出巴赫金文论独具的魅力：哲理的意境深藏于系统翔实的学理之中。

同样相伴 20 世纪，同样自成一格的文论大家，还不能不提洛谢夫（А. Ф. Лосев）和利哈乔夫（Д. С. Лихачев）。正是上述这些已经谢世的文论家，以及一批做出独特建树的优秀的后继者，构成了 20 世纪俄国文学理论的历史风貌。

我们试着举出它的基本特征：理论建立在文学实际的系统研究上；个人只能是独特视角，发展靠多元的对话互补；跨学科是学术开拓创新的有效途径；文论离不开哲理、人文关怀、民族文化精神；绝不可少国际对话，绝不可无独立立场。

了解别人最终还是为了充实自己。俄国文论的成绩和失误、长处和不足，都值得深入研究。这首先要做译介的工作，庞大而繁难，却是我们俄语界义不容辞的。进一步更重要的是与之切磋对话。以他人为镜子反观自己，是自我认识的一个重要方法。从本文的粗疏描绘中，我想可以得出一个印象：与俄国文论的认真对话是不会白费力气的。

参考文献

Виноградов В. В. , О языке художественной литературы. М, 1959.

Воровский В. В. , Максим Горький. М, 1910.

Лихачев Д. С. , Поэтика древнерусской литературы. Л, 1967.

Лосев А. Ф. , История античной эстетики. т. 1 – 8. М, 1963 – 1994.

Лотман Ю. М. , Внутри мыслящих миров. М, 1999.

Луначарский А. В. , Диалог об искусстве. М, 1905.

Поспелов Г. Н. , Теория литературы. М, 1978.

Тимофеев Л. И. , Основы теории литературы. М, 1971.

Хализев В. Е. , Теория литературы. М, 2002.

Шкловский В. Б. , О теории прозы. М, 1925.

〔苏〕巴赫金著，钱中文主编《巴赫金全集》，晓河等译，河北教育出版社，1988。

原文载于《俄语语言文学研究》2005 年第 2 期

维·马·日尔蒙斯基的历史比较文艺学研究

吴泽霖*

摘　要： 维·马·日尔蒙斯基是苏联历史比较文艺学派创始人。本文研究了日尔蒙斯基的理论探讨过程，阐述了日尔蒙斯基关于历史类型学的观点、国际文学相互影响的观点和民间文学方面所进行的历史比较研究。

关键词： 日尔蒙斯基　历史比较文艺学　历史类型学

维·马·日尔蒙斯基（B. M. Жирмунский，1891 – 1971）是苏联当代著名的文艺学家，苏联科学院院士。他继承和开拓了俄国维谢洛夫斯基历史比较文艺学方法的有益经验，把马克思主义唯物史观的基本原理运用于比较文学研究中，成为与西方比较文学思想方法不同的新学派——苏联历史比较文艺学派的创始人。或许他的理论建树有着历史和时代的局限性，但是，正是他把具有悠久传统的俄国维谢洛夫斯基历史比较文艺学推进到一个崭新的发展阶段。他通晓多种语言，著有许多文学理论和文学史方面的论著，特别是在诗学、民间文学、东西方文学研究方面颇有建树。

一　维·马·日尔蒙斯基的理论探讨和苏联历史比较文艺学的奠立

应该指出的是，在十月革命前后一个时期，对文学现象进行历史比较研究

* 吴泽霖，北京师范大学教授、博士生导师。

这一方向的发展是不景气的。比如历史文化学派将各民族文学的联系视为国际流行思想的消极借用，而无力阐明在文学中这种影响的特性；语言学派则忙于大量收集个别性的"平行"或"借用"等外在相似性的事实，而不去揭示其规律性和思想意义。

日尔蒙斯基在十月革命之后便开始了自己的探索。20 年代和 30 年代，他发表了一系列著作，为历史比较文艺学新的方法论原则的建树进行了大量的探索。尽管日尔蒙斯基自 20 年代初就趋向于历史比较方向的研究，不过一开始他采取的是形式主义的研究方法。从他的一些研究著作，如《抒情诗之结构》（1921年）、《韵律，它的历史和理论》（1923 年），以及他的博士学位论文《拜伦和普希金》（1924 年）来看，日尔蒙斯基还没有从当年最风行的俄国形式主义流派中分化出来。如在《拜伦和普希金》中，他为了绝对客观地解决问题，而把研究的目光仅仅局限于所谓文学的内在因素上。他指出，应该直接研究作品本身，而对于"影响"，他仅仅是从诗学方法的传统意义上加以理解。社会的、思想的、个人履历方面的诸因素在这一研究中都未涉及。但是，值得注意的是，在这一研究中，日尔蒙斯基用具体事实证实了这样一种思想：对影响的接受不是消极地把握，而是通过积极的改造，甚至是斗争，来创造出自己的艺术个性。

经过了长期的理论探索，日尔蒙斯基在 1935 年所作的《比较文艺学和文学影响问题》这一报告中，才第一次提出了人类社会历史发展的统一性决定文学历史过程的统一性的观点。他指出："按照这种观点，我们可以而且应该把在社会历史发展同一阶段上出现的相似的文学现象加以比较，不管这些现象之间有否直接影响。""比较应当成为揭示与社会发展的一定阶段相适应的文学现象规律性的一种方法。"由此，他提出类型学的方法。他还指出，苏联比较文学的目的和任务就是根据世界历史发展的马克思主义观点来建立"总体文学"（всеобщая литература）。这一报告标志着在经过长期探索之后，日尔蒙斯基终于把马克思主义唯物史观运用于俄国传统的历史比较方法，对于苏联历史比较文艺学方法论的进一步发展具有奠基性的意义。他自己也认为，这是他科研历程中的"一个转折点"。

在此基础上，日尔蒙斯基在 30 年代还发表了学术专著《俄国文学中的歌德》（1937 年）、《普希金与西方文学》（1937 年）。在这些研究中，他把注意力特别集中在对借鉴的创造性改造上。他指出，普希金和过去的文学、和当代西方文学之间复杂的关系是由普希金参与其间的俄国文学的发展进程及其所描绘的俄国社会现实历史所决定的。日尔蒙斯基正是在这种复杂的相互关系中，勾画出普希金作为诗人的个性特征及其创作的民族特点。同时，他也指出，对于歌德，就像对于所有外国作家一样，在借鉴其作品时创造性的想象和改造不可能是没有限度的。其限度就是"由作品和作家的为历史所制约的客观独特性"。这样，就同时否定了一些比较文学学者的可以主观随意地接受外族文学的观点。

在奠立苏联历史比较文学方法时，日尔蒙斯基指出维谢洛夫斯基是自己最直接的先行者。1940年，他主持编注的维谢洛夫斯基的历史比较文艺学经典遗著《历史诗学》出版了。他在长篇序言中，系统地阐述了维谢洛夫斯基历史比较文艺学的精髓，也指出其固有的弱点。他说："维谢洛夫斯基没能展示出文学发展过程在其所有阶段上的规律性，没能建成作为科学的文学史的宏伟大厦。其失利的原因不是偶然的，它存在于维谢洛夫斯基这位具有实证主义理论原则教养的学者的全部学术创作的方法论前提之中，他试图通过自己那种历史归纳法，从偶然到偶然地，不要任何哲学和美学前提而揭示社会历史和文学过程的普遍规律。"（Жирмунский，1979：135）最后，在指出苏联历史比较文学的方法和维谢洛夫斯基历史比较文艺学的继承关系时，日尔蒙斯基说："苏联文艺学的任务就是要举起从这位伟大的学者手中落下的旗帜，依据马克思列宁主义对历史过程的全面理解和对文学创造特点的认识，把他所开创的工作继续下去。"（Жирмунский，1979：136）

应该指出，日尔蒙斯基初期对于文学影响问题的讨论往往表现出当时苏联文艺学中风行的把文学现象仅仅作为一般意识形态，而忽视对文学影响的特殊性的研究的弱点。他在之后的研究中逐步克服了这种"社会的直线性"，而注意分析影响文学的诸种民族历史因素和文学现象的特性。

日尔蒙斯基在40年代发表了一系列论文，阐述自己的历史比较文艺学思想。如《作为比较文艺学问题的东西方文学关系》（1946年）、《试谈东西方文学关系问题》（1947年）。但是，苏联历史比较文学方法的发展道路是不平坦的。40年代后期，由于苏联"左"倾学术思潮的泛滥，以及对所谓"世界主义"的批判，比较文学被视为反动学科而遭到禁止。日尔蒙斯基因其著作中谈到俄国作家受到西方文学的影响而被放逐，维谢洛夫斯基也受到批判。

直到 50 年代中期这一学科的活动才有所恢复，日尔蒙斯基、维谢洛夫斯基得到平反。1957 年 1 月 11 日，苏联科学院决定在列宁格勒的俄罗斯文学研究所创立"俄外文学关系研究室"。1958 年，日尔蒙斯基得以出席全苏民俗学会议和第 4 届国际斯拉夫学者会议，并分别作了题为《民俗学的历史比较研究》和《斯拉夫民族的史诗创作和史诗的比较研究》的报告，这对于苏联历史比较文艺学的发展有着重要意义。

1960 年 1 月 18 日，在莫斯科召开的有苏联三大研究所和全国各研究机构、高等院校代表 400 余人参加的"各民族文学的相互联系与影响"比较文学讨论会，是苏联比较文艺学发展上的一次重要的会议。在会上，日尔蒙斯基作了题为《文学的历史比较研究问题》的报告。在报告中，日尔蒙斯基对自己的历史比较文艺学研究进行了总结，并根据马克思主义关于人类社会历史发展的统一性和规律性制约着作为意识形态的上层建筑的文学的发展的观念，提出了历史比较文艺学的概念和范畴。在报告中，他特别注意阐述了文学方面的类型学的相似和影响问题。他强调，类型学的比较研究的重要性在于，"它可以使我们确定文学发展在其社会制约性中的一般规律性，同时也可以确定作为比较研究对象的文学的民族特征"。他着重指出，影响的社会制约性本身是取决于民族的、社会的和文学的发展的内在规律性的。他把借鉴的形象的社会变形解释为是一种创造性的改造和对于作为互相作用的前提的社会条件、对于民族生活和民族性格的特性的一种适应（Жирмунский，1979：75）。

1967 年在贝尔格莱德召开的第 5 届国际比较文艺学会议和 1970 年在法国波尔多举行的第 6 届国际比较文艺学会议上，日尔蒙斯基分别作了题为《作为国际现象的文学潮流》和《作为比较文艺学对象的中世纪文学》的报告。

在《作为国际现象的文学潮流》中，他指出，割裂历史的具体发展和作家的世界观与风格的体系而单纯经验性地对比大大小小的文学事实，根据其间存在某些外在的、常常是偶然的、有时完全是虚伪的相似性而对影响或外在"推动"的机械性理解加以解释，所有这一切都是使所谓"比较方法"一般地受到广泛怀疑的原因。他在报告中阐述了怎样用科学的方法区分类型学的相似和文学的影响，并且提出了克服欧洲中心主义而建立真正的世界文学史的问题（Жирмунский，1979：137、156）。

在《作为比较文艺学对象的中世纪文学》中，日尔蒙斯基指出，欧美国家的现代比较文艺学，原则上和事实上都只是将自文艺复兴以来的文学现象作为研究的对象。而他认为，必须把中世纪文学也纳入世界文学过程的比较研究的总体框架之中。而这就要求考虑到这一时代所特有的社会历史特征（Жирмунский，1979：158、172）。

1971年3月，在莫斯科召开了"斯拉夫文学比较研究的理论与方法论问题"讨论会，它成为比较文学学科在苏联重整旗鼓和苏联历史比较文艺学派的重新振兴的盛会。经过几十年来苏联学者的努力，苏联历史比较文艺学的基本理论体系已经形成。而正是在这一年，日尔蒙斯基逝世了。

苏联历史比较文艺学的基本理论体系的建立是和日尔蒙斯基的名字紧紧联系在一起的。日尔蒙斯基曾援引舍维列夫的话指出历史比较地研究文学的意义："一切客体，如果没有其他客体的比较，在其孤立状态下是无论如何不能被确定、被明确的。"而科学研究的趋向正是从简单对比和确定异同，走向对它们进行历史的解释。根据马克思主义唯物史观和上层建筑与基础相互关系的理论，日尔蒙斯基指出，人类社会历史发展的共同过程具有一致性和规律性，这一思想是历史比较地研究各民族文学的基本前提。因为历史发展的共同过程决定着作为意识形态的上层建筑的文学或艺术的规律性发展。这样，在历史过程的制约性中研究世界各民族文学间相互联系和异同，文学的比较就被置于科学的基础上。

日尔蒙斯基认为，文学现象的相似，一方面可以是社会文化发展进程的相近造成的，由此而产生历史类型的类似。根据这一观点，可以对诸文学现象（体裁、风格、情节、主题、作家、流派……）进行历史比较研究。另一方面，文学现象上的相似也可以是各民族之间的文化、文学的接触、交融所致。而这种联系与影响得以实现的基础则是该社会、该文学中有"输入"这种影响的内在需要，其自身有着类似的发展趋向。同时，影响的实现总是伴随着接受者对于借用因素进行创造性改造，通过具有独特创造个性的作家的运用而接受过来，融会到自己民族文学的传统中。

因此，日尔蒙斯基的历史比较文艺学不仅重视研究各民族、国家文学的相似性的规律，而且也重视研究其差异性的规律。在这一理论基础上，他深入探讨了过去时代的文学对当代文学的影响，东西方文学现象的类型学比较和相互影响，而且用历史比较文艺学方法对民俗学进行了大量研究工作。

二 日尔蒙斯基关于历史类型学的观点

日尔蒙斯基指出，在不同民族的社会发展的同一阶段上，会出现大量类似的文学现象。在没有直接的相互影响和接触的情况下，这种类似的特点可以称为历史学的类型。

正如受到同一种历史时代相类似的社会生产力、生产关系状况的制约而使欧亚许多国家的社会政治关系出现过很多相似的特点一样，在意识形态——特别是在文学艺术领域里，同一社会发展阶段上的不同民族间，在缺乏直接联系或影响的情况下，也会出现十分相似的特点。这种历史类型学的相似不仅要比我们想象的多，而且是民族间文学影响的前提。当然，这些历史类型学的相似，还会伴随着各民族社会历史过程的具体特点所造成的各自的重要区别。比较研究这些特点的重要性在于确定在社会制约中的文学发展的共同规律及各族文学的民族特点，确定由于历史过程的地域性特点，以及这种特点所造成的民族的、历史的独特性所引起各民族文学现象的个别性差异。

作为历史类型学相似的例证，日尔蒙斯基举出在东西方各民族封建时代基本上没有直接的文学影响的情况下，各自所产生的一些类似的文学现象。如各民族的英雄史诗：中世纪日耳曼语系和拉丁语系民族史诗、俄罗斯人的壮士歌、南斯拉夫人的英雄歌，以及突厥语系和蒙古语系民族的史诗创作等的相似；又如在12～13世纪时，法国普罗温斯的行吟诗人和德国歌唱武士爱情的游唱诗人的骑士抒情诗与稍早一些时候（9～12世纪）流传在阿拉伯人中的爱情诗歌的相似；再如西方12～13世纪流传的诗体骑士小说和11～13世纪伊朗语文学中的所谓爱情史诗的相似。

日尔蒙斯基指出，尽管近代文学与中世纪文学相比，体裁方面传统的、典型的、稳定的东西已为更为分化的民族特点和更为个性化的艺术手法所替代，但是，仍然不乏这种历史类型学相似的例子。比如，市民戏剧和家庭小说这种新的体裁几乎是在18世纪资产阶级启蒙时代的英国和法国同时出现的。这是和当时这两国资产阶级的活跃及为其生活利益和艺术趣味服务的文学的产生相联系的，不能认为是影响使然；又如德国和英国浪漫主义的产生也可以追溯于同一年代——1798～1800年，而当时英国和德国的老一代浪漫主义代表几乎还没有个人间的接触。

日尔蒙斯基指出，这种历史类型的相似性特征可以表现在思想和心理内容上，也可以表现在主题情节、艺术形态和艺术境界以及体裁结构、艺术风格特点上。当然，这些历史类型的相似性特点又伴随着各民族、国家社会历史差异而造成重要分歧。

作为一般文学史过程的例证，日尔蒙斯基指出了文艺复兴以来欧洲各民族文学——社会思潮间相同的、有规律性的一系列演替以及与各种思潮相联系的主要文学艺术流派的更替与斗争。这些流派的类似是可以用这些民族的社会发展条件的类似来解释的。比如，欧洲各民族进入近代社会后出现的各民族文学共有的规律性的文学流派演替：文艺复兴、巴洛克式、古典主义、浪漫主义、批判现实主义、自然主义、象征主义、现代主义……

同时，由于各民族具体的社会历史条件和文学传统的差异，这些思潮和流派在不同国度形成和延续的时间是不同的，并且形成不同的民族特色。而在某些文学思潮与流派之间，还可以存在过渡性质的现象。比如我们正是在这个意义上谈到所谓的"前文艺复兴"和"前浪漫主义"。又比如，19 世纪早期批判现实主义代表巴尔扎克、狄更斯、果戈理，他们与浪漫主义紧密相连而不同于后来的福楼拜、萨克雷、托尔斯泰。对这些过渡性现象的比较研究可以揭示出其相似的、合乎历史规律性的特点。日尔蒙斯基又指出，一般文学过程的个别阶段在不同的民族文学中表现出的典型程度可能是不同的。在有的民族文学中可能表现得经典些、辉煌些，在有的民族文学中可能就表现得弱一些。比如，法国和英国 19 世纪的经典现实主义就比德国更强一些。

在谈到文学现象变化的社会历史原因时，日尔蒙斯基以社会历史对浪漫主义和批判现实主义体裁的制约性为例，指出浪漫主义时期历史体裁（历史小说、历史剧）之盛行与法国资产级革命时代历史主义的发展，与重视民族的过去和民族自觉高涨条件下艺术地再现过去的尝试是相联系的。而抒情戏剧、抒情的（"主观的"，或以自我为中心的）长篇小说这些新的浪漫主义体裁的发展又是与这个剧变时代中个体与资产阶级社会之间的冲突这一重大时代特征相联系的，是与渗透到个人内心世界的个人主义的发展相联系的。

经典的资产阶级现实主义文学对当代资产阶级社会的批判则推出了当代社会小说这一主导体裁。它推出当代先进的主人公，揭示出生活中的种种冲突和由社会关系所造成的种种心理。他认为，文学中种种时代性的更演，不能认为是国际文学模式影响的结果或仅仅是文学形式内在演变的原因。

在指出各民族文学发展相似性的社会历史原因时，日尔蒙斯基强调了民族、阶级的差异性。他指出，马克思把浪漫主义视为对法国革命和与之相联系的启蒙运动的第一个反响。不过，这一"反响"在不同的社会阶级、不同的时间、不同的民族那里是各不相同的。这也就是浪漫主义文学具有形式上多样化和呈现出五光十色的特征的原因。

日尔蒙斯基还指出，东方诸民族的文学在中世纪是走在欧洲文学之前的，由于长期处于封建社会而没有进入如欧洲一样的文学过程。如今他们的民族复兴带来的社会领域和文学领域的飞跃，使他们有可能利用先进文学的经验，他认为，他们不必再简单地重复欧洲所经历的所有文学阶段。

三　日尔蒙斯基关于国际文学影响的论述

正是在文学发展的规律受社会历史发展规律性制约这一基本前提下，日尔蒙斯基进一步指出文学过程的历史类型的吻合总是和国际性的文学相互影响作用错综交叉在一起的。因为他认为，人类社会历史上不存在个别部分之间没有相互影响而绝对孤立发展的例子。一个民族的文化越发展，他和其他民族的联系和相互影响就越密切。这种相互影响、作用的最一般的情况就是，在社会发展中走在其他民族前边的民族比较进步的文学对于社会关系比较落后的民族文学的影响。比如在近代的欧洲，可以勾画出文学影响的显明的连续性，在某一历史阶段处于社会发展先进地区的国家轮次成为这种影响的源头。15～16 世纪意大利的文艺复兴、17 世纪法国的古典主义、18 世纪英法的资产阶级启蒙文学运动、19 世纪法英的批判现实主义，就都曾受到过这种国际性的影响。

同时，日尔蒙斯基又指出，这种规律不是绝对的，比如 19 世纪俄国批判现实主义所产生的国际性影响，就是与革命前俄国社会发展的水平不相称的。这是和 19 世纪俄国社会解放运动的高涨、社会人道主义的高涨相联系的。

在文学影响的问题上，日尔蒙斯基反对片面的、直线性的理解。他提出所谓反向的（обратный），乃至反动的影响的可能性。他举出现代派（他认为这是"帝国主义时代文学颓废思想的产物"）所具有的世界影响。他又举出西班牙和意大利在封建化复苏和天主教反动时代对欧洲文学的影响（这是与欧洲 17 世纪巴洛克风格问题相联系的）。所以他指出，在这个问题上，把文学风格流派想象成为一个统一的流脉是不正确的。应该研究存在于文学过程每一阶段的社会矛盾和斗争的复杂性。

日尔蒙斯基还探讨了对过去的经典作家及其文学遗产的接受问题。他认为，不能认为过去时代的经典作家的影响仅限于和他有着同样社会基础的文学范围。否则，就不能理解莎士比亚对不同时代、不同民族、不同流派作家的深刻影响。日尔蒙斯基指出，那些属于不同文学流派、不同社会集团的作家可以从以往伟大的经典作家的丰厚的遗产中，按其不同的历史时代，找到某些合乎他们要求，能为他们解决某些迫切的创作问题所必需的东西。

当然，对过去遗产的创造性认识不是没有限度的，其极限在于这些经典作家作品本身客观的、被历史制约的特点中。而在超出思想和艺术上相近的界限方面，就会对之产生冷淡，甚至排斥。

根据上述的国际文学相互联系和影响的理论原则，日尔蒙斯基进一步讨论了有关研究文学间影响的一些方法论方面的问题。

首先，影响的产生不是偶然的，不是单纯来自外部的机械性推动力的结果，而是有规律性的，受社会制约的。这一制约性取决于前一时期民族、社会、文学发展的内在规律。为使影响成为可能，就必须存在着对这种输入的要求，必须在该社会中、该文学中存在着多少已在形成的类似的发展趋向。他在这里引用了维谢洛夫斯基的所谓"迎汇的潮流"的概念。在一民族内部，这种"迎汇的潮流"的存在，在很多情况下也使确定有否影响成为难题。比如 18 世纪英国和法国资产阶级启蒙文学中的市民戏剧和家庭小说这些体裁的产生。正如一些法国研究者认为的，起码在这些体裁发展的初期，应该从民族文学的传统中，而不是从英国的输入中来探讨其渊源。而此外，如晚期的狄德罗的市民戏剧及其理论，就已经清楚地表现出受到英国作为一个先进国家的资产阶级启蒙思想的影响。

因此，历史类型的类似和文学的相互影响是辩证地相互联系的，在文学发展过程中，应视为同一历史现象的两个方面。

其次，任何文学影响中都存在被借用的形象的社会性变形。我们应把这种变形视为适应社会条件（民族性格、文学传统、作为借鉴主体的作家个体）对所借鉴的形象进行的创造性改造。

日尔蒙斯基援引马克思的举例说，17 世纪法国戏剧"正是依照他们自己艺术的需要来理解希腊人的，而在达西埃和其他人向他们正确解释了亚里斯（士）多德以后，他们还是长期地坚持这种所谓的'古典'戏剧"。

日尔蒙斯基还列举 18 世纪英国人弥尔顿（1608～1674 年）以《圣经》为题材的长诗《失乐园》对德国市民文学的影响——出现了克洛卜施托克①的同一题材的宗教长诗《救世主》。而弥尔顿笔下具有清教徒英勇的革命精神的撒旦的悲剧形象已经变为基督这一不抵抗主义的英雄的抒情形象。他的全部伟大在于温柔地忍受不可避免的苦难。日尔蒙斯基认为，弥尔顿的基督教史诗在 18 世纪德国文学土壤上的变形，这种文学影响中的变形鲜明地表现出两国社会意识形态的区别：17 世纪英国清教运动作为革命资产阶级战斗性的意识形态和政治上无力的德国市民阶层感伤地陷于对内心抒情感受的内省观照的虔敬主义。

最后，在谈到与研究国际文学相互影响相联系的最广泛的问题——传统和"影响"在意识形态发展中的一般作用时，日尔蒙斯基批判了庸俗社会学的观点，指出意识形态发展的相对独立性。

他认为，特定时代和社会倾向的文学都不是在空地上产生的，而是在与现存意识形态（包括文学）传统相互影响的复杂过程中产生的。文学作品对社会现实的反映，绝非是消极的复写，其特性是在作家的社会意识的历史性制约下形成的，是由国际的，特别是民族的文学传统决定的，是在社会历史和文学的发展过程的统一性、规律性之中，在各个局部的经常联系和交相作用下形成的。

因此，文学中的任何一种思想斗争都同时表现为与现存的文学传统的斗争，表现为它进一步的发展、形态变化和局部或全部的战胜传统。因而，把作家的创作与民族的和国际性的文学传统加以比较，与影响过该作家的前辈和同时代人加以比较，以确定他们之间由历史制约所造成的异同，是具有重大方法论意义的。正是凭借这种比较，才能认清作家的创作独立性和他在民族和世界的文学共同发展中的地位。

日尔蒙斯基指出，文学的潮流是一种国际的现象。他反对旧比较文艺学往往夸大民族间个别作家的偶然性的"相遇"，而将其视为影响文学发展的基本因

---

① 克洛卜施托克（1724～1803 年），德国启蒙运动诗人。

素。他以司格特历史小说和拜伦抒情诗的国际影响的经典事例证明，这类文学影响的每一个个别性的事实都应该纳入总的国际文学过程中，如此才能获得其社会历史的和文学自身发展上的解释。

日尔蒙斯基正是把文学过程作为整个社会历史过程的一部分来理解其统一性和规律性的。他认为基于这一思想，才有可能建构总体文学，揭示其特殊的规律性。由此，他提出，真正的总体文学应当克服西方传统文艺学的欧洲中心主义，必须使古典的和当代的东方文学、亚非文学在宽广的历史图景上找到自己相当的位置。他指出，对欧洲文学的历史的研究，要更加深入地了解东方古典文化和文学的影响，因为他们当时在总的文化发展上是走在欧洲前面的。

四 民间文学方面的历史比较研究

在对历史比较文艺学进行基础理论研究的同时，日尔蒙斯基把历史比较文艺学的方法运用于民间文学的研究，并获得了卓越的成就。他对民间文学的研究，涉及一系列基本和迫切的问题。如各民族、各历史时代民间文学主题情节相似的原因和性质，各民族间民间创作的发展规律和文体形式的共同性和统一性；民间文学领域中民族间接触的性质与特点，一般文学在民间文学发展过程中的作用；在异族包围中的个别民族群体的民间文学的命运；各民族的诗学的共性与个性等。

日尔蒙斯基否定了旧形式主义的比较文学的方法，指出他们往往是无原则地在纯粹是外在的相似性的基础上，对比一个个民俗学上的事例，而不考虑形成影响关系的具体历史的和文学发展特殊性的前提，不考虑对所借鉴的"形象"的加工改造的社会制约性。他认为，所有这些都造成人们对比较文艺学的怀疑态度。

日尔蒙斯基将历史比较文艺学的理论运用于民间文学的研究，奠定了民间文学比较研究的新理论的方法论原则。在关于英雄史诗、叙事诗、童话等体裁的发展史的著作中，他有成效地运用了这些方法。他指出民俗学研究的三种比较方法：第一，史类型学的比较，即从社会发展条件的相似性来解释在发生学上没有相互联系的文学现象的相似性；第二，史起源比较，即考察民俗学现象间发生的亲缘性及其之后分化演变的历史原因；第三，基于民族间历史的相似性及其社会发展的前提，来确认国家间文化相互影响、相互作用或借鉴关系。

他指出，这三种比较研究的方法是既有联系又有区别的。

而日尔蒙斯基特别注重历史类型学的理论原则在民间文学研究上的作用。因为它的前提就是他所主张的历史比较文艺学的基本理论——历史发展过程的统一性和规律性，及其在同一社会发展阶段中文学艺术发展的相似性。他认为，民间文学中形象、主题的社会历史内容及其和社会现实本身的变化相联系的演变，对社会意识形态的反映这些问题，应该依循马克思主义关于历史过程及其在民间创作中的反映的思想加以研究。

所以，日尔蒙斯基指出，存在基于社会发展相似性上的民俗学现象中的类型学相似性，这一点并没有取消在民俗学上国际相互作用的问题。恰恰相反，社会情况的相似正是这类相互作用的前提条件，是发生方式上的补充因素。因为在实际的历史环境中，从来不存在绝对孤立的文化发展。

正是基于这一思想，他努力寻找研究借用和接触联系问题的新途径。比如说，日尔蒙斯基关于"游动情节"的论述，就贯穿了这种求索精神。他的出发点是：接触联系是有自身规律性的，实质上是历史类型性联系的特殊表现形式。许多的所谓游动情节，从根本上说，起源于各种古老的关系，古老的社会制度、风俗习惯、典礼仪式等。它们的产生及其性质也是受类型制约的。后来，这类情节失去了与这个或那个民族实体的直接联系，开始从这一民族传到那一民族。而这种传统本身和在新环境中被掌握并发生变异的过程，也是服从历史类型规律和整个民间创作的更为深广的进程的规律的。

因此，日尔蒙斯基既承认在某些场合存在着"借用"的可能性，但是又把主要注意力用来论证它们的相似性具有历史类型的性质。他认为这种相似性首先起源于社会生活和文化的相似现象；然后是对过去的民间文学传统的继承性，它决定着情节联系的稳定性。

日尔蒙斯基认为民间文学的相似情节中存在着类型的相似或是接触性的相互作用，这首先乃是一个历史的问题，对这一问题的研究应该考虑到各民族历史发展的具体条件和各民族间文化的相互作用。在历史过程的各个阶段，各种民间文学体裁对于各民族间的影响，表现出各不相同的"渗透性"。比如人民的英雄史诗一般说来是最少受到国际影响渗透的，因为它是被人民的英雄主义理想化了的自己民族的历史，因此它不易"游走"而较少能从别的民族借用情节和形象；而民间故事的情节却具有国际性。因为它没有直接的民族、历史、地理上的依存关系，而且，其散文形式也易于从一种语言转述为另一种语言，易于创造性地进行适合该民族环境的情调上的改造。

比如，欧洲和亚洲的很多民间故事（神话的、动作的、趣闻轶事的）的情节都具有国际性，如《穿靴子的猫》《睡美人》《灰姑娘》……而像伊万王子、大灰狼这类故事，在俄语、德语和乌兹别克语的文本中情节的发展很难说有内在的逻辑。因为这些故事中的一些细节，像一系列没有内在逻辑必然性的连续的奇遇，彼此衔接贯穿，可以轻易地删掉或改动一些情节而并不损害故事的全局。所以也可以断言，如在《灰姑娘》的民间故事中，关于凶恶的后娘及其女儿们虐待年幼的前妻之女的共同主题，或是死去的母亲相助的情节，或是更古老的说法——长在母亲坟头上的树或奇异的动物（图腾祖先）的帮助的情节，它们也可以用社会关系、风习信仰的相似性加以解释。它们可能互不依赖地存在于极不相同的民族的民间故事中。

日尔蒙斯基指出，民间故事通过借用从一个民族转入另一民族，这是一个毫无疑问的事实。忽视这一事实致使有些民间故事的研究者不去考虑很多民间故事情节的国际性，而每每把实际上是国际性的民间故事财产认作民族特殊性的特征。同时，也正是对某一国际性的民间故事情节在各民族间的各不相同的变体的比较研究，可以使我们更分明地确认这些民间故事在各民族中的变体所表现出的独特性。而正是这种在风俗习惯、社会关系及民族思想形态上特殊的民族性内容，在特定方向上使传统的国际性情节模式得到补充和变形，从而使这一民间故事变为该民族的文化财产。

这样，日尔蒙斯基把类型学理论与影响流传的研究相统一，力求科学地解释民间故事的产生、发展、流变的规律。

在民俗学的领域中，他同样反对欧洲中心主义，而把研究的目光投向全世界各民族文化。他援引大量的研究成果指出，大多数童话，起码是神话的故乡，很可能正是在近东和中东，它们从那里承袭了神话的色调和大量非西方所有的民俗主题。他在谈到阿尔内①的索引时，指出这一索引所建构的童话体系的统一性，反映着在漫长的接触中历史形成的一定的文化区域的共同性。因而它也就

---

① 阿尔内（1867～1925年），芬兰民间文学研究家，提出民间文学作品的比较分析和分类方法，编有《童话人物索引》（1910年）。

有着历史地形成的界限。超出这一界限，这一体系就不再适用。他指出，不应该继续把那些新发现的题材仅仅作为旧的欧洲索引的附录和补充，而应该在当今引起广泛关注的民族童话中寻找其自身题材结构上的规律性。而新的索引应该建立在更新、更合理的童话体系基础上。

日尔蒙斯基正是在他的历史比较文艺学思想的基础上，重新提出维谢洛夫斯基关于建立总体文学的思想。日尔蒙斯基认为，只有把文学过程作为整个社会历史过程的一部分来理解其统一性和规律性，才有可能建构总体文学，揭示其特殊的规律性。

在对比苏联历史比较文艺学和当今西方的比较文学时，日尔蒙斯基指出，西方比较文学的一个缺点就在于它和一般文艺学相分割。这种分裂的结果是否定了历史的乃至文学发展的一般规律的，从而使总体文学变为各民族文学的个别现象的简单集合，把各民族间的文学联系和相互影响变为各国作家之间的一系列偶然经验性的"相遇"。而马克思主义关于全部人类历史（也包括文学）过程的统一性和规律性的法则第一次使总体历史以及总体文学史的历史建构成为可能。苏联的历史比较文艺学正是以此为武器，为建构真正的总体文学体系探索着道路。

参考文献

Веселовский А. Н. , Историческая поэтика. Ленинград, 1940.

Жирмунский В. , Сравнительное литературоведение. Ленинград, 1979.

原文载于《俄语语言文学研究》2004 年第 1 期

论巴赫金文艺观中的"审美客体"说

董 晓*

摘 要： 巴赫金对俄国形式主义的批判性超越在于他对形式主义理论中"文学性"的独特理解。在探究"文学性"的过程中，巴赫金对"审美客体"的概念进行了深入思考。在对审美客体的拓展性阐释中，巴赫金对艺术作品"内容与形式"的辩证关系进行了富有启发性的诠释。同时，巴赫金自觉地将其对审美客体的理解运用到批评实践当中，对经典作家作品的"文学性"进行了富有创建的解读。

关键词： 巴赫金 审美客体 文学性

巴赫金作为20世纪影响深远的苏联文艺理论家，对20世纪初的俄国形式主义文艺观进行了深刻的批判性的继承与超越。通过与形式主义者的"批评的对话"，巴赫金一方面指出了俄国形式主义理论的诸多缺陷，如忽视文学同社会—历史的关系，否认文学特殊的意识形态性等"封闭自足观"，以及由此而导致的畸形的文学发展史观等；另一方面，巴赫金也总结了俄国形式主义的理论贡献，在俄国形式主义这个"好的对手"身上寻找到了拓展自己的文艺观念的基点，将俄国形式主义理论所主张的"文学性"引向了更深的层次。巴赫金对"审美客体"所作的思考，正体现了他对俄国形式主义理论局限性的超越，对"文学性"内涵的拓展与深化。

---

* 董晓，南京大学教授、博士生导师。

一　"审美客体"概念的提出

"审美客体"这一概念是巴赫金文艺学著述中经常涉及的理论术语。巴赫金赋予了这一理论概念以独特的内涵，以此展开了对俄国形式主义理论中"文学性"这个重要概念的深入探究。

美国批评家弗·詹姆逊指出，"俄国形式主义者的独特主张，便是顽固地坚持内在文学性……因此，不论他们的系统思维的最终价值如何，文学批评只能从他们的起点开始，马克思主义者对他们的最有条理性的抨击（如托洛茨基与布哈林对他们的指责）也从未否认过他们在起始时这种方法论上的正确性"（詹姆逊，1995：34）。巴赫金正是通过对俄国形式主义理论的批评将对"文学性"问题的探讨引向了深处。他认为，俄国形式主义者在追寻文学作品之"文学性"的过程中，只注意到作品表层技巧的、语言的现实，而忽视了本应得到更多关注的艺术作品的"审美的现实"。因此，他把对作品"文学性"的论证放置于对作品"审美的现实"的考察之中。由此，巴赫金引入了"审美客体"这一概念。正如迈克尔·霍奎斯特等人所指出的，在巴赫金看来，"审美客体表现为由物质形式所传达的价值整体，同时又与其他的价值，例如政治的或宗教的价值相结合，这些价值是在具体的观赏活动中发生作用的"（克拉克、霍奎斯特，1992：233）。显然，巴赫金运用这一概念，是想超越俄国形式主义设定的"形式与内容"或"材料与手法"之框架。在巴赫金看来，既然人们早已认识到，对于艺术作品而言，"形式倘若离开与内容的关联，即离开与世界及其要素的关联（这个世界是以认识和伦理行为为对象的），它就不可能获得审美意义，也就不能实现自己的基本功能"（巴赫金，1998a：331）；既然单凭俄国形式主义者所推崇的"手法的新颖"不可能有任何积极的建树，那么，探究作品之"文学性"的目光无疑应当指向一个更高的层次，即作品的整体艺术世界。按巴赫金一贯坚持的"对话"与"交往"理论，这个整体艺术世界应当包含读者、作者和作品三个方面的价值交往、碰撞，即"艺术是创作者和观赏者相互关系固定在作品中的一种特殊形式"（巴赫金，1998b：82）。由此可见，巴赫金文艺观当中论及的文学创作过程中的"审美客体"这一概念，并不单指艺术作品，而是指作者有意识地灌注于作品中的，通过作品的内在形式结构因素充分而独特地艺术化了的，并且与作品的阅读—接受者的审美感知发生强烈共鸣的那一部分东西。无疑，这种意义上的审美客体存在于艺术作品之中，但却与艺术作品的外部世界紧密相连。这种审美客体就是巴赫金所要探讨的文学作品之本质属性。巴赫金认为，文学作品具有"文学性"之关键就在于这部作品获得了真正的审美客体。

二　"审美客体"概念对形式主义理论的超越

巴赫金认为，审美客体存在于"审美的现实"之中，而"审美的现实"是与文学作品的整体艺术世界相联系的。因此，对审美客体的理解也必须着眼于文学作品的整体的艺术世界。巴赫金指出，"表现美学不能阐释作品的整体性……表现美学的根本性错误在于：它的代表人物制定自己的基本原则时，是从分析一些审美因素或个别的、通常是自然界的形象出发的，并不是以作品整体为依据的。这是所有现代美学的通病，即热衷于构成要素"（巴赫金，1998a：164）。虽然巴赫金所说的"表现美学"指的是格罗塞、K·朗格、柯亨等美学家的观念，但很显然，他对表现美学缺乏对作品艺术世界作整体审视的评价，其实也是针对俄国形式主义理论的。巴赫金一贯反对俄国形式主义者忽视文学作品的整体艺术世界，而只将目光停留在作品内部单个的艺术要素上的做法。他指出，"世界的一切价值都可进入审美客体……作者的立场及其艺术任务必须放在世界之中，联系所有这些价值来加以理解"（巴赫金，1998a：287）。对文艺作品进行整体的审美观照，把握文学作品整体的艺术世界，是超越形式主义的"内容与形式"或"材料与手法"视角之局限，进入艺术作品的审美客体，从而把握其内在"文学性"的前提。

巴赫金将"施于作品身上的审美活动（观照）的内容"称作"审美客体"，借以区别于外在的文学作品本身。也就是说，审美客体是"建筑于艺术作品基础之上但又不等同于作品的那个世界"。"审美客体，亦即艺术创造和艺术接受的对象"，"美学应该明确艺术观照中纯审美的内在成分是什么，亦即明确审美客体"。"审美客体的实现过程，即实现艺术任务本质内容过程……"（巴赫金，1998a：350）显然，作为艺术创造和艺术接受对象的审美客体，在巴赫金眼里，具有某种动态性质，它不是静止的，而是一个能动的过程。按巴赫金的观点，只有当艺术作品与被审美认识了的现实、通过行为施以了审美评价的现实处于紧张而积极的相互决定的关系中时，审美客体才会显现，作品才因此而活起来，具有艺术的意义。这种动态性就在于：巴赫金强调了审美客体中诸因素之间的互动关系。巴赫金认为，"审美客体是包容了创造者自身的创造物，因为创造者在客体中发现了自身，并鲜明地感觉到自己的创造积极性。或者换个说法，审美客体是经过创造者本人自由而爱怜地共创呈现在他自己眼中的创造物"（巴赫金，1998a：372）。这里可以看出，在巴赫金看来，作为作品"文学性"之体现的审美客体，是与作者之主体性紧密相连的，是作者与他的创造物相互作用的结果。既然作者（艺术作品之创造者）的因素得以被观照，那么，由于作者是以代表着伦理和社会之价值的因素进入审美客体的艺术审美世界的，故作品"文学性"的生成是审美因素与非审美因素交融互动的结果。巴赫金对这种互动关系的揭示，克服了俄国形式主义将文学视为封闭自足的系统的狭隘眼光，赋予了"文学性"以动态的、开放的考察。

既然作为作品"文学性"之体现的审美客体在巴赫金看来与非审美的伦理、宗教等意识形态因素紧密相连，那么，那些哲学的、政治的、宗教的、道德伦理的等非审美因素如何才能成为审美客体中的有机成分呢？换言之，即非审美因素是如何在审美客体中被审美化的呢？这是巴赫金对审美客体这一概念的阐释中最值得关注之处。因为，如果这个问题不能解决，那么审美客体中审美因素与非审美因素（艺术化成分与非艺术化成分）的混杂势必会滑向庸俗社会学批评观的边缘，而巴赫金毕竟是与庸俗社会学文艺观势不两立的。

在审美客体中，创作主体即作者获得审美意义的关键在于取得"外位的立场"。在巴赫金看来，"外位性"立场对于创作者而言极为重要。因为只有获得这种外位立场，作者才能超越自身之外，在另一个层面上完成真正的艺术体验，从而超越实际的伦理—道德价值生活体验。巴赫金指出，"只有他人在我的体验中才能与外部世界有机地联系在一起，才能在审美上令人信服地融入这一世界，并与这一世界相协调"（巴赫金，1998a：137）。这就是说，只有外位的立场才能保证创作主体以超越的、客观的眼光感受事物，只有在另一价值视野中占据另一立场，才能赋予所表现、观照的对象以客观化性质。观照对象的客观化是审美客体得以实现的重要环节，因为只有观照对象的客观化才能够保证它的充分艺术审美化，而不成为创作主体任意宣泄其主观情绪的工具，才能够避免成为伦理、宗教、道德或社会政治等非审美因素的附庸而丧失了审美性。换言之，外位立场所实现的审美对象的客观化，是审美观照对象取得真正的艺术独立的保证。当年席勒在他的《论美书简》中说，"伟大的艺术家为我们表现对象（他的表现具有纯粹的客观性）；平凡的艺术家表现他自己（他的表现具有主观性）"（伍蠡甫、胡经之主编，1985a：500），其实表达的就是这个意思。席勒在他的另一部著作《论素朴的诗与感伤的诗》中还说："艺术家的真正秘密在于用形式消灭内容。排斥内容和支配内容的艺术愈是成功，内容本身也就愈宏伟、诱人和动人；艺术家及其行为也就愈引人注目，或者说观众就愈为之倾倒。"（什克洛夫斯基等，1989：35）席勒所言的"形式消灭了内容"的艺术境界，对后人启发甚大。20世纪初的俄国形式主义者充分借鉴、发挥了这一观点。俄国形式主义理论家鲍里斯·埃亨巴乌姆在他的文章《论悲剧和悲剧性》中写到，"艺术的成功在于，观众宁静地坐在沙发上，并用望远镜观看着，享受着怜悯的情感。这是因为形式消灭了内容"（什克洛夫斯基等，1989：40）。而形式之所以能够消灭内容，盖因作者以超越性眼光，从外位的立场观照审美对象使然。外位立场使作者克服了非审美的功利性因素的限制，避免了沉溺于所表现对象的情感纠葛之中而不能自拔的危险，获得了艺术审视事物的自由，具有了将观照对象艺术审美化的可能，从而使观照对象具有了摆脱现实功利之属性而获得艺术形式属性的可能。因为在巴赫金看来，一切领域的文化创造，都绝不是要以客体内在的材料来丰富客体，而是把客体转移到另一价值层面上，给它带来形式的恩赐，在形式上革新它；而如果与被加工的客体融为一体，则不可能有形式的丰富。

形式消灭内容应是审美客体的理想境界。而欲至此境界，内容的审美形式化（艺术化）是关键。来自现实功利的伦理认识层面的内容只有充分形式化才能进入审美的层面，被艺术形式"幼稚化"和"单纯化"，即去功利化，成为审美客体的有机成分。于是，"审美客体便把内容纳入到一个新的价值层面中，纳入到隔绝开来的、最后完成的、价值上自足的美的世界"（巴赫金，1998a：332）。形式消灭内容，不是说舍弃内容，而是要以审美的方式消化内容。巴赫金从来不像俄国形式主义者那样相信艺术"永远不反映飘扬在城堡上空的旗帜的颜色"（什克洛夫斯基等，1989：11），他只是强调艺术必须审美地反映。换言之，在对审美客体的阐释中，巴赫金对内容因素予以了充分的关注，只不过，他关注的问题是：一般意义上的内容如何才能成为审美客体的有机组成部分，即成为充分艺术形式化了的内容？他认为，"艺术说到底是获得审美形态的认识内容或行为（广义的）内容"（巴赫金，1998b：6）。显然，这里所说的"内容"已经是文学作品中充分审美化了的"内容"，它是不能从完整的审美客体中抽出来的。这正如当年列夫·托尔斯泰所言，"如果我想用文字说出我打算用长篇小说来表达的一切，我就得从头开始写出我已经写的那部长篇小说……如果把文字表现的任何一个思想从它所在的贯穿关系中抽取出来，它都会失去其含义，而大为减弱。（我想）这种贯穿本身不是由思想，而是由某种别的东西造成的"（托尔斯泰，1956：268）。托尔斯泰隐约感觉到的这所谓"某种别的东西"，其实正是构成整体艺术世界的有机性。这种有机性起着消化内容、将内容艺术审美化的作用。只有具有了这一有机性，审美客体才真正生成。当年俄国形式主义者之所以重"形式"贬"内容"，从某种角度上讲，乃是针对人们有时为了所谓"挖掘内容"而对文艺作品实施的"肆意强暴"。不过，倒是巴赫金在这个问题上看得更深了一层。他所认同的文学作品的内容是一种"审美的意识形态"，是与某些评论家从文学作品中榨出的"不好的哲学、轻佻的社会政治宣言、模棱两可的道德、风行一阵的宗教学说"格格不入的。在巴赫金眼里，这些被榨出来的意识形态的东西本身与作品真正意义上的艺术化了的内容已相去甚远。巴赫金认为，作为审美客体有机成分的审美化内容是不可以在艺术创作过程之外被作者认知的，它只能通过艺术作品整个的审美客体来整体地把握，它无法脱离审美客体中有机的相互关系的组合。所以，巴赫金指出，"艺术家对自己的创作过程无话可说，他整个儿体现在被创造的产品之中……我们也只能到作品中去寻找他"（巴赫金，1998a：103）。巴赫金说，"认识和伦理行为的现实，带着自己被认识被评价的特点进入审美客体，并在这里实现了具体直觉的联合、个人化、具体化、独立化以及最后的完成。总之，是借助于一定的材料获得全方位的艺术外化。我们完全同意传统的用语把这个现实称之为艺术作品的内容（更精确的说法是审美客体的内容）"（巴赫金，1998a：331）。显然，审美客体中的内容是经过艺术审美化了的、超越了一般认识伦理层面的内容。

那么，一般意义上的哲学的、政治的、宗教的、伦理的内容，如何才能成为真正的文学意义上的内容呢？换言之，一般意义上的内容如何才能成为审美客体的有机组成部分呢？巴赫金认为，必须清醒地意识到，这些认识伦理因素以及就内容而发的见解和伦理评价，并不能进入审美客体，成为它的有机成分，在他看来，视内容为认识性的理念整体、一种思想和主旨是极端错误的。巴赫金认为，审美客体中的内容，必须处于几个意识形态系列的交叉点上。这是巴赫金审视一切作家作品的方法立场。因为在他看来，唯有这样的内容才有可能被人们强烈地、审美地感受到，也即才有可能真正地融入审美客体之中，成为它的有机组成部分。在这里，巴赫金又一次突出了艺术"交往"的意义，因为巴赫金认为，文学作品只有在作者和读者相互作用的过程中作为这个相互作用事件的本质因素才会具有艺术性。这种审美交往完全是独立的，并且不可归结于意识形态交往的其他类型（政治的、法律的和道德—伦理的等）。他明确地说："如果说政治交往创造相应的机构和法律形式，那么审美交往建构的只是艺术作品。如果它拒绝这个任务，如果它开始追求创造哪怕是转瞬即逝的政治组织或任何另外的意识形态形式，那么它因此就不再成为审美交往并丧失了自己的独特性。"（巴赫金，1998b：83）同时，文学作品中的所谓"内容"必须真正成为"形式"中的"内容"，才是审美客体的有机成分，也就是人们通常所说的要成为由形式表达出来的意识形态的评价。这种评价绝不能转为某种劝谕的、道德的、政治的或其他论断的内容。巴赫金强调，这种评价只能存在于作品的节奏中，存在于修饰语的、隐喻的价值运动本身之中，留在被描绘事件的展开顺序中，靠材料的形式手段来实现。这种充分形式化了的"内容"，才会以"审美方式的驳难"之途径被接受者审美地观照。如此看来，作为俄国形式主义的对手，巴赫金充分继承了形式主义者对艺术形式的重视，把形式看作艺术作品最本质的存在，把形式评价看作比作者单纯的论断和结论本身更加深刻的价值估量。不过，巴赫金赋予了形式以活力，形式不再如形式主义者所理解的那样囿于纯粹外部的、不含价值因素的材料配置的方法。巴赫金所理解的形式具有情感意志的张力，其间包含了创作者和观照者对材料之外的某种东西的评价态度，也就是说，形式乃审美客体之生命力的体现方式，是审美客体的建构。巴赫金完全不赞同俄国形式主义者融建构形式于布局之中的做法。因为在他看来，建构形式是审美客体产生审美效应的表现方式，是审美存在所具有的形式，而布局形式只是外部材料的存在方式。巴赫金所言的形式显然与内容有着有机的联系，体现了它的能动性：它一方面属于材料，依附于材料；另一方面又从价值角度帮助人们超越作为经过组织的材料的作品，即超越作为实物的作品。

巴赫金始终把内容看作审美客体的必不可少的结构因素，而与之相对立的是艺术形式。倘若离开了这一相关性，艺术形式就根本没有了任何含义。诚如巴赫金所言，"不是形式屈附于对象身上，而是形式出自对象内部，作为对象的表现，甚至是对象的自我界定"（巴赫金，1998a：167）。在阐述艺术形式对内容的能动功能这一问题时，巴赫金运用了"孤立"（изоляция）或"隔离"（отрешение）的概念。他认为，俄国形式主义者提出的所谓"奇异化"（"陌生化"）观点，其实是艺术形式的孤立功能的不够明确的表述，而在巴赫金看来，孤立乃是把事物、价值和事件从不可或缺的认识和伦理序列中隔离出来的一种方式，是作品的形式获得个性的条件，"孤立功能提出并界定了材料及其布局组织所具有的意义"（巴赫金，1998a：362）。也就是说，"孤立"是内容获得形式意义的条件，同时，也是使形式具有意义指向的条件，"孤立"作为艺术手段，是作品获得美学意义上的完整独立自足性，从而产生审美客体的重要条件。美国哲学家杜威在《艺术即经验》一书中很好地阐释了这个道理，并与巴赫金的思想产生了共鸣："只有整体的各个构成部分具有促使某自觉经验达于顶峰的独特目的时，设计和体形才失去外加的性质而成为形式。"（伍蠡甫、胡经之主编，1985b：22）要真正做到内容与形式的有机融合，必须使创作者的审美反应成为"反应之反应"，按巴赫金的表述，即不是对事物和含义本身做出反应，而是对他人眼中的事物和含义，以此人的价值相衡量的事物和含义做出反应。"生活如果从自身出发，不走出自己，不超越自身，就不能产生审美上有价值的形式。"（巴赫金，1998a：169）对于创作主体而言，只有超脱于自身个人情感之上，超越个人体验所在的那一价值层面，才能获得真正的审美体验，进入审美客体之中，即所谓"我必须不再害怕，才能把恐惧作为一种确定的心态（而不是确定的事物）来体验；我不再爱的时候，才能体验到我的爱所包含的全部内心的情感"（巴赫金，1998a：211）。

一般意义上的来自现实伦理世界的内容一旦进入了审美观照之中并实现艺术化，成为审美客体之有机成分之后，它将超越作者本人的价值视野，获得独立的审美意义。这时，它将拥有无限宽广的被审美地感受的可能性。从这个意义上讲，文学作品一旦拥有了"文学性"，也即一旦形成了审美客体，那么这个审美客体所具有的真正艺术审美化了的文学内容必然是超越作者个人、超越时代的，必然对外在于它的现实生活有独特的预见力和穿透力。这种对生活的把握是唯有真正具有了审美客体的真正艺术作品才具备的。因为，作者和接受者的思想情感在审美客体之中交融、碰撞并得以升华，这升华了的碰撞之火花超越了创作者和接受者个人原先的主观意志，突破了他们各自的功利性的主观意念，在非功利性的纯粹审美层面上完成了对原先的创作主体和接受者的思想启迪。而这种思想的火花，创作者在艺术创作过程之外是无法得到的，接受者在审美体验过程之外也是无法获得的。它只存在于审美客体的审美效应过程中。

巴赫金对审美客体的阐述有助于人们理解"文学性"生成过程中诸因素之间的关系，从而在对"文学性"的把握上，真正达到他的"好的敌手"——俄国形式主义者所期望达到的目标。领会审美客体的生成过程，可以更好地理解席勒所向往的"当形式消灭了内容时"的那种境界；可以使我们意识到，为了包装某个思想而去写作和为了逃避思想说教的泥潭而执着于外在形式技巧的把玩都是对真正"艺术性"的亵渎。

三　审美客体概念在批评实践中的体现

巴赫金虽然是俄国形式主义的批判者，但他却在克服了形式主义的片面性的同时，充分借鉴、吸取了它的精髓。在对作家、作品的研究过程中，在具体的文艺批评实践中，巴赫金自觉地运用审美客体的概念观照文学作品，发现了蕴藏在文本中的如韦勒克所言的"有意味的形式"，从而成功地揭示了作品独特的艺术内涵，赋予了作品新的生命。

譬如，巴赫金在论及列夫·托尔斯泰的长篇小说《复活》时，紧紧抓住了《复活》这部长篇小说艺术形式的根本特质——艺术批判手法，通过对小说文本的剖析，揭示出了托尔斯泰文学创作中深刻的矛盾——清醒的社会审判的激情与他抽象的只承认道德的自我完善和勿以暴力抗恶的思想体系之间的深刻矛盾。在评论托尔斯泰的作品时，巴赫金自觉地避免将托尔斯泰的思想体系从他的作品中生硬地搬出来妄加评论的做法，而是透过对他的作品的整体艺术世界，亦即他的作品的审美客体的整体性观照，发现他的审美客体与他的思想体系之间的不协调性，从而深刻地揭示了他的艺术个性。

巴赫金论拉伯雷和陀思妥耶夫斯基的两部著作更加体现了他对作品审美客体的独特关注。

在《弗朗索瓦·拉伯雷的创作与中世纪和文艺复兴时代的民间文化》一书

中，巴赫金一方面考察了拉伯雷小说的社会历史、文化渊源及其历史功能，使对作家的研究有了历史的维度，同时又深入到拉伯雷作品内部结构的剖析中，使研究又有了艺术形式研究的诗学的维度，并将两者有机地结合起来，从而成功地揭示了拉伯雷创作中独特的审美客体。譬如，巴赫金细致而独到地分析了拉伯雷小说中的广场语言、民间节日的形式与形象、筵席形象、怪诞人体形象以及物质—肉体下部形象等内部构成因素。而在分析过程中，巴赫金又并不像形式主义者那样囿于纯粹结构和语言分析的狭小天地，而是将这些具体构成拉伯雷小说的成分因素看成是具有内在活力的"有意味的形式"，揭示出这些艺术成分所具有的与这些形象本身不可分离的独特含义——以狂欢式的诙谐破坏官方所描绘的时代及其事件那种美好的图景，用新的观点看待它们，从民间广场嬉笑的合唱观点说明时代的悲剧或喜剧，从所有的关于当代及其事件观念中，把有利于统治阶级的任何官方的谎言和局限性的一本正经统清除掉。于是，透过拉伯雷作品的体裁、风格等形式因素，包含在"狂欢化"艺术风格中的"对权力和旧真理"的颠覆这一思想便被巴赫金揭示出来。这个思想是拉伯雷作品的审美客体的本质所在。

同样，在《陀思妥耶夫斯基诗学问题》一书中，巴赫金自觉地克服了以往研究中忽视陀思妥耶夫斯基作为一名个性化作家的艺术形式的独特性，却在从小说中截取出来的所谓内容中去寻找创作特点的缺憾，深入到对陀氏小说审美客体的研究中，细致地分析了陀思妥耶夫斯基小说中主人公和作者的关系、作家对人物思想的艺术处理方式、作品的体裁特点、情节布局特点以及语言类型等艺术形式问题，从中发掘出这些艺术形式本身所具有的独特的思想。在这本作家专论中，巴赫金并没有直接去论述陀思妥耶夫斯基的思想，他关注的只是陀思妥耶夫斯基小说的形式，他深入到陀氏小说世界的内部，从诸种形式之间的相互关系中总结出富有创见的陀氏小说最本质的形式特质，即所谓复调—对话小说的形式。这一小说形式在巴赫金看来是富有艺术生命和张力的艺术形式，通过对这一艺术形式的理论概括，巴赫金富有见解地揭示出陀氏小说独特的思想内涵：对处于紧张对立的两极冲突之间的人的灵魂之颤动的深刻体悟与揭示。巴赫金的着眼点都在细致的形式方面，但形式分析中却处处揭示了陀思妥耶夫斯基小说审美客体的本质特征。譬如，巴赫金在分析陀思妥耶夫斯基的语言时，运用独特的超语言学的方法论，突破一般语言学的规范，把双声语视为研究的主要对象,从中找出陀氏主人公的语言的精微、独特之处,展现了陀氏小说中令人惊奇的种种"微型对话"的艺术世界。陀氏小说中到处存在的大型对话和微型对话构成了陀氏小说复调—对话性的基础。巴赫金对陀氏小说语言特征的分析,为他揭示出陀氏艺术世界的复调—对话性的本质特征做了有力的铺垫。巴赫金对作品形式的分析最成功之处在于:他善于从最细微的形式中窥探出本质的意味。譬如,他分析陀氏小说的语言,可以细致地对陀氏小说中暗辩体、带辩论色彩的自白体、隐蔽的对话体等语言现象进行研究,但所有这些研究却是为了揭示陀氏小说审美客体的根本特质。

巴赫金对审美客体的独到理解和阐释,他借此实现的对俄国形式主义学派的借鉴、批判和超越,以及他自己的文艺批评的实践表明,他的有关审美客体的理论阐述有利于人们深入地把握文学作品的整体艺术世界,揭示作品艺术生命力之所在。

参考文献

〔苏〕巴赫金著,钱中文主编《巴赫金全集》(第二卷),晓河等译,河北教育出版社,1998b。

〔苏〕巴赫金著,钱中文主编《巴赫金全集》(第一卷),晓河等译,河北教育出版社,1998a。

〔美〕弗雷德里克·詹姆逊:《语言的牢笼——马克思主义与形式》,钱佼汝译,百花洲文艺出版社,1995。

〔美〕凯特琳娜·克拉克、迈克尔·霍奎斯特:《米哈伊尔·巴赫金》,语冰译,中国人民大学出版社,1992。

〔俄〕列夫·托尔斯泰:《列夫·托尔斯泰全集》第 62 卷,莫斯科,文学艺术出版社,1956。

〔俄〕维克托·什克洛夫斯基等:《俄国形式主义文论选》,方珊等译,生活·读书·新知三联书店,1989。

伍蠡甫、胡经之主编《西方文艺理论名著选编》(上卷),北京大学出版社,1985a。

伍蠡甫、胡经之主编《西方文艺理论名著选编》(下卷),北京大学出版社,1985b。

原文载于《俄语语言文学研究》2008 年第 4 期

作为一种体裁的俄罗斯故事

——普罗普故事学中相关概念的释义

赵晓彬*

摘　要： 普罗普是苏联著名的民俗学者，举世公认的民间文艺学研究的一代宗师。他的研究广泛涉及俄罗斯的民间故事、史诗、仪式、风俗等文学、文化现象。其中，故事在他的研究中占最重要的地位，并且成为一种完整的自成体系的体裁形式。为了更准确地理解普罗普对俄罗斯故事这一特殊体裁的认识，本文对普罗普著作中出现的与故事体裁相近似的概念分别进行释义。

关键词： 故事　体裁　民间文学　普罗普

　　20 世纪 60 年代以来，苏联著名的民俗学者、民间文学研究的一代宗师弗拉基米尔·雅科夫列维奇·普罗普（1895～1970 年）在国际上受到广泛的关注，法国的结构主义者对他尤其推崇，出版了大量的译著及研究专著和论文。近些年来，在俄罗斯学术界也陆续出版了普罗普的全集和研究他的论著。普罗普治学勤勉，一生共有 6 部专著：生前出版的专著有《故事形态学》（1928 年，1969 年）、《神奇故事的历史根源》（1946 年）、《俄罗斯英雄史诗》（1955 年，1958 年）、《俄罗斯的农事节日》（1963 年），去世后出版的专著有《滑稽与笑的问题》（1976 年）、《俄罗斯故事论》（1984 年）。此外还有他在不同时期撰写

---

　　* 赵晓彬，哈尔滨师范大学教授、博士生导师。

的文章，后来学术界收集并出版的 4 部论文集有：《民间创作与现实》（1976年）、《民间创作诗学》（1998 年）、《故事·史诗·歌曲》（2001 年）、《民间创作·文学·历史》（2002 年）。可以说普罗普的著述颇丰，并且前后自成体系。俄国学者梅列金斯基（1969 年）、叶列米纳（1986 年）、契斯托夫（1984 年）、普济洛夫（1995 年）、洛特曼（1992 年）、泽连宁（1998 年）等都对普罗普的学术思想进行过论述。

普罗普的研究广泛涉及民间故事、史诗、仪式、风俗等诸多文学与文化现象。他的研究方法在当时是开创性的，他从以上民间文学与文化现象入手，归纳出它们的共同叙事结构模式，并对其进行共时性和历时性分析，找出其中的叙事规律、结构框架及变化原因。他的研究方法对法国结构主义、叙事学以及人类学的研究产生过极大的影响。普罗普的研究重在寻找民间文化形态的构建及表达的规律。所以，人们习惯把普罗普的研究称为民间文艺学、俄罗斯的民族诗学。他的研究曾对世界语文科学做出巨大贡献，他本人因此被视为俄国最有魅力的学者之一。著名学者普济洛夫对普罗普评价道："这些著作中所包含的思想，是学者鲜活的富有创作性的思考，他对民间文学的理解以及研究中练就的原则，将得到传播和壮大，像普罗普这样的学者将既属于现在，又属于未来的科学。"（Путилов，1975：15）可以说，当代的民俗学家在自己的研究中都不可能绕开弗拉基米尔·雅科夫列维奇·普罗普的民间文艺学思想。

一　俄罗斯故事——一种自成体系的文学体裁

在普罗普的许多著作中都涉及故事（сказка）这一小型体裁。如《故事形态学》《神奇故事的历史根源》《故事·史诗·歌曲》《俄罗斯故事论》等。尽管在《俄罗斯故事论》一书的引言中，普罗普曾十分慎重地确定了自己的任务："我们的任务并不是要弄清对故事广泛的全方位的研究，揭示所有与故事相关的问题，而只是想轻启开通往这一宝库之门，从狭缝里窥视它。"（Пропп，2001：6）但我们可以说，《俄罗斯故事论》一书对故事这一小型体裁已经做了全面的系统研究。作者写这部著作的时候早已享誉俄罗斯，而这本书的出版，使他在国际上更是名噪一时，声望倍增。该书颇具学术价值，任何一位民俗学家都可以在这本书里找到新的内容。

众所周知，普罗普在以往研究故事的著作中并没有提及"体裁"这一术语，只有在《俄罗斯故事论》之后的著作中才开始把故事作为一种完整的自成体系的体裁来研究，并且该书的绪论还涉及了与故事相关的其他一些类似概念。

按照普罗普的定义，对故事的研究，不仅仅是一个分支学科，而且也是"一个具有百科全书特点"（包括多种学科）的独立科学。人们通常在民族与语言的交汇处去研究故事。但若放眼全世界来看故事，就会发现其中的一些世界通用的情节。所以，他认为有必要先从本民族的故事情节着手，再找出世界共有的故事情节。"第一，每一个民族，有时是几个民族，他们都有自己的民族性情节。第二，即使有些情节具有一定的共性，但不同的民族也会创建出不同的形式……并且，第三，世界规模的比较民俗学有着长久的前景。这就需要有一定的前提条件，其中之一，就是首先要充分掌握民族的材料。俄罗斯故事首先就应该由俄罗斯人来研究——这是俄罗斯人的职责！"（Пропп，2001：9）

什么是故事？普罗普首先是从"故事"的概念着手研究故事的。他指出，只有在俄语和德语中，该词才具有民族性标记。"故事"一词开始有一个比现在更常用的意义，即指所说出的或写过的话是有法律效应的文件。但从17世纪以来，这个词的意义发生了变化，甚至与前面说的意思有所矛盾，即我们现在所理解的意义。由此，普罗普得出结论：其一，故事是一种叙述性体裁（说，讲）；其二，故事是虚构的（在沙皇阿列克谢·米哈依洛维奇的命令中有一句话："故事不是往事。"）。（Пропп，2001：20）

在对"故事"的概念进行界定的时候，普罗普还确定了"情节"的意义："对照体裁，我们会发现，区别不仅仅在于情节，而且还在于我们会从不同的艺术形式出发来构建体裁。每一种体裁都有独特的，属于它且在某种情况下只属于它的艺术性。这一特点也应把握和明确。"（Пропп，2001：23）普罗普给故事下的初步定义是：故事是口述（叙述），这种叙述以自己的诗学特性区别于其他种类的叙述。接着普罗普引入了阿·伊·尼基法罗夫的定义："故事是一种存在于民间，供消遣娱乐的口头叙述，具有从平常意义看不平常的事件内容（科幻的、神奇的、自然力的），并且以其特殊的修辞结构而区别于其他的叙述类别。"（Пропп，2001：24）普罗普认为这一定义是理解故事的基础。

故事还有一个特征，虽然尼基法罗夫也指出了，但不够明确，那就是大家不相信所说内容的真实性。关于这一特征，别林斯基早在比较故事与壮士歌的时候就曾指出："作为第二种创作（即故事）的基础总会发现一些隐藏在后面的思想，讲述人本人也不相信他自己所讲的东西，这一点特别适用于俄罗斯故事。"（Белинский，1954：354）这是故事很重要的一个特征，虽然初看上去会觉得这不是故事的特征，而像是听者的特性，他们可以选择相信或不相信，但远不是所有人都不相信故事。俄罗斯学者阿尼金在《俄罗斯民间故事》这本书里也写道："过去，有时人们相信故事的真实性，就像当今我们相信历史文献短篇或特写一样。"（Аникин，1959：10）而普罗普不同意阿尼金的观点，他认为，阿尼金这样说只是为了表明故事是现实的几千年的独特历史。但是随便拿起一本历史教科书，就可以知道事实上并非如此。普罗普认为阿尼金的"故事是通过幻想虚构来再现现实"的观点是不可信的。因为从这些叙述中，毕竟还是能够得出一个对故事模糊的认识。

为了更准确地弄清楚这一问题，普罗普建议把故事从一些相近的体裁中区分出来，作为区分故事的标志，保存故事的"无法实现性"，即不相信被讲述内容的现实性。下面就是普罗普在著作中对一些与故事体裁相近的概念所做的区分。

二　普罗普故事学中的相关概念

普罗普故事学中有七大相关概念。

（一）故事与神话（сказка и миф）

普罗普认为，在研究故事的时候，神话是与之相关的体裁之首，且出现在故事之前。故事具有供大家消遣的意义，而神话则具有神圣的意义。普罗普把那些非现实的原始的民间短篇故事称为神话。原始民间流传的短篇故事都带有某种非凡的宗教含义，可以把这些内容称为一种宗教的礼俗。

随着人类意识与神文化的出现，神话逐渐变成了关于神灵仙人的短篇故事。神话绝对不是供消遣、娱乐的，尽管它的情节也十分有趣。神话是与崇拜相联系的。人们崇拜的是神，而神可以帮助人们。这就意味着，若说神话与故事之间是有区别的，就是指二者的社会功能之别。神话是讲述宗教秩序的，而故事是讲述审美的。神话的出现要早一些，而故事的形成则晚一些。这样，神话与故事之间的区别就不仅在于它们本身，还在于人们对待它们的态度。

（二）故事与往事、真事（быль，быличка，бывальщина）

人们把那些讲述非现实的宗教内容（区别于故事）称为往事、真事。人民坚信往事的真实性。"在传说中解读那些林妖、水怪、田妖、美人鱼等魔鬼生物，这些生物在人类面前展现了自己超自然的力量——善与恶，讲述与这些生物相遇并成为传说中的一部分。"（Пропп，2001：35）人自身也可以成为这些往事的客体，但不是有生命的、自然的，而是死者、鬼魂、会变形术的人。同样可以成为客体的还有大自然，它被某种神秘的力量操纵着。至于往事的来源、产生方法、诗学、情节等，与故事相比则完全是另一回事，因此普罗普把往事、真事从故事这一范围划分了出来，并且主张运用另一种区别于故事的方法去研究。

（三）故事与传说（легенда）

普罗普认为，还需要把传说从故事中分离出来。无论是往事还是传说，它们都有自己的信仰内容。"传说"一词不是指民间的，它是具有拉丁教会色彩的词语。往事是基督教前的真事的留存，而传说则有着基督教性质。《旧约》与《新约》里的人物也就成了传说中的人物（Пропп，2001：38）。传说与故事的区别不仅在于各自的当事人，而且在于对待自己所讲述内容的态度。传说的目的是道德说教。传说与故事的不同之处还在于它的起源。由于传说反映的是基督教的内容，所以一部分俄国传说产生自拜占庭，伴随着基督教的发展而发展，较故事要晚。所以传说与故事就有着不同的诗学，但普罗普并没有否定传说与故事也有着相同的结构系统。但是，仔细地研究故事和详尽地研究传说都表明二者之间的结构是不同的（Пропп，2001：39）。

（四）故事与口头传说（сказание，предание）

口头传说（或口头流传的故事）这种体裁也不能列入故事之中，但普罗普却将不能反映历史真相但有时又的确反映和包含历史真相的讲述（рассказы）归入其中。传说接近于精神因素，而口头传说则更接近历史歌曲。口头传说是口述对某一历史片段或历史个人抑或历史事件的态度。普罗普根据英雄的著名程度、历史名称或事件，区分了口头传说这一体裁，但认为这一特征并不是最主要的区分特征。由于这种体裁的诗学研究少于其他体裁，以格里兹内伊（雷帝）命名的故事，不一定就是历史性的口头流传的故事。普罗普认为每一体裁的诗学才是最重要的。在研究口头传说的同时，普罗普又划分出笑话（анекдоты）这一体裁，并且认为这一区分是有必要的，而口头传说这一体裁应该也需要进行内部的划分（Пропп，2001：43）。

（五）故事与民间手册（народная книга）

还有一种体裁也与故事紧密相连，即民间手册。民间手册是中世纪城市文化的产物，那时打印机已经出现，民间叙事体裁广为流传，并且深受中等阶层的喜爱。在俄罗斯也有民间手册，尽管这一术语针对俄罗斯的文献资料来说并不恰当。从贝宁时（1857 年）起就已确定了"中篇小说"（повесть）这一术语（Пропп，2001：44）。孳生于民间文学土壤的民间手册开始变成资产阶级的中篇小说并展现了长篇小说的端倪。普罗普认为，把民间手册与故事相等同是方法上的错误，该方法错误正是源于在故事之外研究民间手册，这是两种相互关联且交叉但又有着各自的内在特性、历史命运和运用方式的体裁。

（六）故事与民间讲述（сказы）

民间讲述是指以第一人称叙述的、关于过去或当代的事件的民间口承文学。普罗普把关于听到、见到和感受到的讲述，如对当今英雄、新旧生活、国内战争与卫国战争以及对当代一些著名活动的回忆，甚至关于所有戏剧般的事件的讲述，都列入民间讲述，这是有深刻艺术性的现实性的讲述。这样的讲述在民间一直就有，只是在革命之后才得到发展。普罗普认为，这样的民间讲述多种多样。"讲述"一词在俄语中有多种意义。作为体裁，这种讲述也有多个种类：有半科幻和完全科幻性质的讲述，也有现实性质的讲述，还有文学性质的讲述。

（七）故事与笑话（анекдоты）

从其他的体裁中，普罗普又分出了笑话（趣闻）。笑话是一种简短的叙述，却具有出人意料和机智的结尾。普罗普认为，"笑话的结构绝不与故事的体裁特征相矛盾"。阿法纳西耶夫在收集民间故事的时候，也把笑话归入其中。关于狡猾的小偷，欺诈、凶恶且不忠实的妻子，懒汉等的故事也可以属于笑话。"把民间幽默从故事中分出是没有根据的。"（Пропп，2001：48）。普罗普建议把类似的讲述归为一种具有独特结构的特殊故事之中。这样一来，区别于这里所探讨的其他体裁，笑话就可以归为故事范畴，但也有一些笑话不能归属于故事。标准可能就是社会性的民间笑话（产生在农民中间的），是日常故事中的一种形式，而历史笑话及发生在城市中的笑话，则与故事没有任何关系。

三　俄罗斯故事的分类

普罗普在把故事从一些口头散文体裁中分出后，对故事进行了分类，明确了故事的大致类型。首先，他列举了阿法纳西耶夫的故事分类：关于动物的故事（与之相近的有关于物品、植物、自然力的故事），神奇的、神话的、幻想的故事，壮士歌的故事，历史传说故事，短篇故事或日常故事，关于死人、巫婆和林妖的往事故事，民间笑话故事，使人厌烦的故事，俏皮话。

其次，他指出："仔细看这一分类，我们会很容易发现这种分法有某种无序性，但却很容易区分类别，因此分类的优点也就变得很明显。"（Пропп，2001：50）普罗普认为，历史传说讲述的往事都不属于故事范畴。令人厌烦的故事和俏皮话也不是故事，但接近于故事。因此，普罗普认为阿法纳西耶夫对故事的分类实际上就归属于以下两大类型：一是关于动物的故事，二是关于人的故事。第一种是神奇的故事，第二种则是日常短篇故事（包括笑话）。由此普罗普指出，阿法纳西耶夫的划分尚不十分确切，事实上第二种类（关于人的故事，日常短篇故事）可以与第一种（关于动物的故事）相交叉。

不过，正是这种划分在普罗普之后的当代教科书中却保留了下来。民俗学者祖耶娃指出："故事是所见事件的一种，它可以是几种体裁的统一体。俄罗斯故事通常可以分为下列几种体裁：关于动物的、神奇的、日常生活的。"但祖耶娃对这种分法并不是持完全肯定的态度，她承认这种古典分类法的不足："并不总是在故事的体裁之间，甚至不同体裁的叙事作品之间能找到清楚的界限，因为情节可以改变作品的体裁属性……"（Зуева и др.，2001：134）

最后，普罗普在自己的著作中对阿法纳西耶夫的分类法稍作改动。根据情节大致的相关性，他把俄罗斯故事分为三类：关于动物的故事、虚构的（神话的）或神奇的故事、日常短篇故事。

　　本文从普罗普著作中的"故事"及其相关概念出发，对普罗普的故事学进行了初探。在《俄罗斯故事论》一书中，普罗普把故事作为一种体裁类型加以研究，观察了他所搜集和研究的故事的历史。普罗普在故事学领域首先将结构类型学方法和历史类型学联系起来研究故事，可谓故事学研究领域一场哥白尼式的革命，而将故事研究视为一种完整的自成体系的体裁研究，对于故事学研究可以说是一种创新观念。本文对普罗普关于故事的界定及其相关概念分别做了初步的释义，相信会对今后进一步全面理解普罗普的故事学思想助以一臂之力。我们的研究正如同普罗普在研究俄罗斯故事之前所言，"只是想轻启开通往这一宝库之门，从狭缝里窥视它"。

参考文献

Аникин В. П. , Русская народная сказка. Москва，1959.

Белинский В. Г. , Статьи о народной поэзии. Пол. собр. соч. -т. 5. Москва，1954.

Зуева Т. В. и др. , Русский фольклор. Москва，2001.

Пропп В. Я. , Исторические корниволшебной сказки［М］. Москва，1998.

Пропп В. Я. , Морфология волшебной сказки. Москва，1998.

Пропп В. Я. , Русская сказка. Москва，2000.

Пропп В. Я. , Сказка. Эпос. Песня. 2001.

Путилов Б. Н, Проблема фольклора в трудах В. Я. Проппа//Типологические исследования по фольклору. Сб. ст. памяти В. Я. Проппа（1895－1970）. Москва，1975.

原文载于《俄语语言文学研究》2007 年第 1 期

论俄语词汇学与文学修辞学的联姻

凌建侯*

摘　要： 现代俄语词汇学与文学修辞学的联姻是指把语言学研究与文学文本分析结合起来，在词汇层面上揭示作品的语言风格和艺术语言的某些特点。这种交叉研究不仅会扩大俄语词汇学研究的理论视角，对其他语种的词汇学研究提供启发，而且还能使学生在学习词汇学知识的同时直接接触如何用语言学知识研究艺术语言的问题。

关键词： 词汇学　文学修辞学　诗语　洋腔洋调诗

如何把语言研究与言语研究有机地结合起来，是越来越多的语言学者思考的一个重要课题。随着现代语言学的确立和推广，语言作为"体系之体系"①的构造特征得到了精细的解析，解析的方法则被引入了文艺学、心理学、社会学等相关的人文和社会学科。大致从 20 世纪中期开始，语言结构体系的研究逐渐转向了语言的（交际、认知等）功能和应用的研究，言语作为独立的研究对象逐渐成为语言学者关注的焦点之一。"文学修辞学、叙述学、诗学、文章学、演说术等或新或旧的学科，都在各种话语理论的辐射中不断开拓自己的视野。"（白春仁，2000）

---

* 凌建侯，北京大学教授、博士生导师。

① 指语言这个总体系是由各个分体系组成的，如语音体系、词法体系、句法体系、词汇体系、修辞体系、方言体系，以及简单句体系、复合句体系、行话体系、术语体系等。Р. О. Якобсон 很赞成 В. В. Виноградов 提出的这个范畴。

一 背景与问题

作为俄语语言学的一个重要分支，俄语词汇学研究词汇体系及其特征，广义词汇学还包括词源学和辞典学。20 世纪初期以来，随着语言学方法论的不断发展，俄语词汇学的研究视角和内容也在不断丰富，相继或平行地出现了历史词汇学、比较词汇学、描写词汇学、辞格（传统修辞或实践修辞）词汇学、功能修辞词汇学等。但无论是上述的哪种视角，基本上都取用从"单词"到"文本"的研究路线。就是说，先对单词做出定位，譬如属于什么词义类型，有无同义词和反义词，有无同音词和近音词，搭配能力如何，是新词还是旧词，是外来词还是固有词，是文语词、俚俗语词还是术语词，是富有感情表现力色彩的词还是修辞上中性的词，在此基础上再谈论怎么使用它才符合俄语规范等问题，然后在不同文体和语体的话语（文本）中找出适当的例子加以说明。类似的研究对于把握词汇体系的特征以及辞典的编纂具有不可替代的重要意义。但是，对于俄语习得，特别是对俄语学习者和研究者来说，俄语词汇学的大部分成果主要是解释了词汇的规范，即在一般情况（语境）下用对了还是用错了的规范，在如何用好特别是用活方面依然具有可以开拓的广阔空间。所以，词汇学研究也不妨横向拓展，采取从"文本"到"单词"的理论思路。不在文本之中很难体会到用词的好坏，更何况在艺术文本之中还经常出现不合语言规范但符合艺术规律的活用的情况。

从"文本"到"单词"的词汇学研究已经不是纯粹的内部语言学的研究，而是语言学与演说术、诗学相结合的研究。具体地讲，是把文学文本分析与词汇学理论结合起来，在词汇层面上揭示艺术语言特点的研究。俄罗斯不少学者已做过大量的富有成效的工作，而且他们切入艺术语言的角度和方法大都是整个语言学研究的角度和方法。雅克布逊曾说："诗学研究言语结构的问题，就像美术理论研究绘画的结构。因为语言学是研究各种言语结构的一般科学，所以可以把诗学看作是语言学的一个组成部分。"（雅克布逊，1994：172～173）这种说法虽然极为偏激，因为把文学只看作一门语言艺术，就会忽视文学的认识、伦理、心理、教育等因素，但道出了语言学和文艺学的联姻对文学研究的重要意义。Жирмунский（2001：41－42）的诗学理论也以语言学为基础：

普通诗学或者理论诗学的任务是系统地研究诗歌的各种手法，对它们进行比较性的描述和分类，因为理论诗学依靠具体的历史的材料，应当建立起那个由各种科学概念构成的体系，诗艺史家在解决个人所面临的各种问题时就需要这些概念。既然诗歌的材料是词，那么应当把语言学提供给我们的各种语言事实的分类确立为诗学的系统理论的基础。这些事实中的每一个服从于艺术任务的事实，也就都成为诗歌的手法。因此，理论诗学的专门章节应当符合语言科学的每个章节。

接着他从语音学、词法学、句法学、语义学和词汇学 5 个角度详细讨论了诗艺基础，因此他的诗学理论被反对者戏称为"诗歌语言学"（巴赫金，1998a：220）。В. В. Виноградов 和 В. М. Жирмунский 一样，虽然同包括 Р. О. Якобсон 在内的俄国形式主义学派进行过激烈的争论，但是在形式主义这个大框架内的争论，现代语言学在文学研究中的基础地位不但没有改变，反而有所加强。当然，В. В. Виноградов 与前两者有所不同，主要表现在其诗学观的语言学基础并不单一。一方面他利用了俄国形式主义语言学和索绪尔语言学的成果，另一方面又借鉴了以 Karl Vossler 和 Leo Spitzer 为代表的新洪堡特派的思想。譬如在不少论文学语言风格和全民语发展史的论著中，他发展了现代语法学观念和洪堡特及新洪堡特派关于语言即艺术创作的观念，从语言修辞学与言语修辞学相结合的角度考察文学语言和全民语的互动关系（Виноградов，1955），他还借助对文本内部语音、语法、词汇及其功能等各修辞—语义层的分析来确定作品的核心形象——作者形象（白春仁，1993：252～260）。

应该说，把不断更新的语言学理论与文学研究结合起来，是 20 世纪俄国语文学研究的重要方向之一。在这一领域首开先河的俄国学者有深受洪堡特影响的哈尔科夫学派的领袖 А. А. Потебня，此后俄国形式主义者 М. М. Бахтин、О. М. Фрейденберг 等人在 20 世纪 10～20 年代各自取得了重大的成就，而且还对欧美的叙述学、文体学等形式主义文论研究产生了不小的影响（申丹，2001：4～5；Attridge，1996：44）。不同的"语言学诗学"思潮基于不同的语言学理论发展起来，彼此区别又相互发扬。我们选择现代俄语词汇学与文学修辞学交叉研究，主要目的当然不在于借助文学作品这个丰富多彩的语料库来探讨语言的一般规律，而是试图利用俄罗斯语文学大师们的研究成果来解决我们在"现代俄语词汇学"教学和研究中碰到的一些实际问题，其中最主要的一个问题是如何运用词汇学知识进行自己的研究。

二 研究的理论基础

十月革命前后，俄国已有学者了解索绪尔《普通语言学教程》中的一些基本观点，特别是莫斯科语言学小组的主要代表 Р. О. Якобсон 和 Г. О. Винокур 对语言和言语的区分表露出了极大的兴趣。这个区分实际上既是索氏建立语言的语言学（内部语言学）的先决条件之一，也是最引起人们争论的观点之一。在 Г. О. Винокур 看来，探讨语言规范体系的任务由内部语言学来担当，探讨言语及其个人风格的任务则由修辞学来担当。因为修辞学研究语言现象，其视角在于"说话人如何有目的地使用语言"，修辞学分析个人的言语"是要受言语所遵循的目的左右的"，诗学研究的正是个人的文学话语及其风格如何转化为新的规范因素，如何转变成"能够涵盖一般语言规范体系的新'规范'体系中的一个成分"。换言之，诗歌创作不只是对一般语言规范的偏离，同时也生成新的规范。首先以新的诗语规范因素的形态出现，而后这些因素通常会进入普通语言规范体系。由此可以看出，在"诗学只是修辞学的一个部分"（Винокур，1990：29）和"诗歌是行使着审美功能的语言"（Якобсон，1987：275）的背后，隐藏着俄国形式主义学派试图从文学研究的角度在语言与言语之间建立起牢固联系的努力，这就是在用语言学理论分析文学文本的基础上总结出语言艺术，特别是诗歌创作的普遍性规律。

对于巴赫金的诗学理论而言，语言学同样占据着基础地位，但巴赫金取用的不是现代语言学，而是他自创的超语言学（металингвистика）。超语言学思想形成于 20 世纪 20 年代，但概念本身首次出现在 1963 年："我们的分析，可以归之于超语言学；这里的超语言学，研究的是活的语言中超出语言学范围的那些方面（说它超出了语言学范围，是完全恰当的），而这种研究尚未形成特定的独立学科。"（巴赫金，1998b：239～240）。实际上，这是一门研究话语对话性的特殊的言语语言学，其特殊性主要表现在它一开始就是为分析陀思妥耶夫斯基作品的语言风格服务的。当然，我们所关注的并不局限在小说话语的对话性上，而是在词汇层面上分析一些文学作品，特别是它们的语言风格和主人公的言语个性。

词汇学研究单词，与语义辞格理论研究单词（如考察单词与其所指述的事物之间存在何种关系）、传统修辞学研究单词（如考察词语在上下文中与其他词语的关系）、与超语言学研究单词相比，存在着较多的交叉之处，但角度有所不同：

> 比如，古旧词或方言词的细微意味，告诉我们存在着别的语境；告诉我们这些词出现在哪里，是适得其所的正常用法（如古代文献、方言）。不过，这别的语境是语言的环境，而不是言语的环境（指确切意义上的言语）；这还不是他人的语言，而只是不属于任何人的未组成话语的语言材料。只要词语的细微意味带上某种程度的个人色彩，也就是说只要确定无疑地存在着他人的一番话语，而这些词恰恰借自此处，或者仿此运用，那么，我们面对的已是一种模仿他人风格的现象（仿格体），或者是讽刺性的模拟（讽拟体），或者是其他诸如此类的现象。（巴赫金，1998b：246）

显然，这里的"适得其所的正常用法"指的是什么样的用法为我们提供了正确使用的规范；"语言的语境"实际上是抽象出来的某种言语的语境，就像课堂上用于句法分析和修辞分析的句子所处的一般语境那样；"个人色彩"指的是个人话语的特色，特别是文学话语，往往会有所创新，形成别具一格的个人风格，作家主要是在各种风格独特的他人话语中，而不是词典里采撷言辞，因此他所仿用的言辞在某种程度上也就带上了别人的色彩。假如仿用者对被仿用的言辞施以特定的意向，不同于被仿者的意向，那么就会出现仿格体、讽拟体或故事体的文体特征。对词汇细微意味的不同理解，从一个侧面表明了语言学和超语言学在研究视角和方法上的不同和互补。根据巴赫金的观点，我们可以得出"语言的生命在于交际"（白春仁，2000）的结论，表面上看，这是跨过了语言的语言学直接进入了言语的语言学，不过巴赫金并未忽视前者的重要作用，"超语言学的研究，不能忽视语言学（现代语言学或语言的语言学——笔者注），而应该运用语言学的成果。无论语言学还是超语言学，研究的都是同一个……现象——语言，但研究的方面不同，研究的角度不同。它们两者应该相互补充"（巴赫金，1998b：240）。实际上，任何形式的言语研究，都离不开作为整体的语言和某一整体的语言（用洪堡特的话讲就是语言和具体语言）的研究，与此同时，言语研究反过来又会拓宽语言研究的视野和思路，两者是相辅相成的。

三 实例分析

在现代俄语中，从其他语言借用词汇是产生新词的重要途径，而外来词通常分为两大类。第一类是无限制使用的外来词汇。它们在俄语固有词汇中没有等值词，根据同化程度可分为 3 组：完全丧失了外来语源特征（如 картина）、形态上还保留着外来语的某种特征（如 жюри）、国际通用词汇（如 интернет）。第二类是使用上受到特定限制的外来词，也分成 3 组，即未普及的书面语词（包括科技术语）、异域风情词、未本族语化的外来词（不被民族语言所固定下来的语言单位）。未本族语化的外来词与异域风情词一样，都带有极为明显的"外国"特征，但后者是母语中没有相应的概念而不得不引入，前者一般都有相应的概念和语汇，譬如"斗牛士"是异域风情词，"拜拜"则是未本族语化外来词。未本族语化外来词实际上并不存在于语言的词汇体系中，只是个别人在口语中使用的。俄文有一个专门的讽刺性说法，讲的是"滥用"外来语汇这一现象，叫作"喧响的外来语"。但"不入流"的外来语汇在文学作品中却时有出现，洋腔洋调诗或夹杂外国词语诗就是用大量的未本族语化的外来词创作而成的。在日常生活中绝大多数国民一致呼吁要避免"喧响的外来语"，在文学创作中诗人却可以"肆无忌惮"地采撷外来语汇，读者对这类作品还津津乐道。原因何在？主要原因大概就在于这里的语言行使着审美的功能而不只是纯粹的交际功能。

夹杂外国词语诗（意大利文 poesia maccheronica），是指一种戏谑诗或者讽刺诗，诗歌文本中夹杂着母语中并不使用的许多外国词语，或者根据外语风格仿编的许多词语；古罗马时期已为人所知［公元前 4 世纪罗马诗人奥索尼乌斯（Decimus Magnus Ausonius）的诗作］。"夹杂外国词语诗"这个名称出现在 15 世纪的意大利，指的是这样一类布尔列斯克（法文 burlesque，文体故意与情节不相符合的作品）诗作，其语言是由拉丁语词和拉丁语词形的意大利语词混合而成的［譬如 16 世纪福伦戈（Teofilo

Folengo）的作品]。在俄国诗歌中，米亚特列夫（И. П. Мятлев）讽拟崇拜法国的俄国贵族们的言语，创作出了夹杂外国词语诗的典范之作（《库尔久科娃女士国外观感和印象记》）。夹杂外国词语的风格在散文作品中也同样被使用，通常用来刻画言语（屠格涅夫小说《父与子》里叙述人的言语）。（Прохоров，1974：230）

从上述定义中可以概括出夹杂外国词语诗的三个特点：其一，这种文风的作品从古至今在西方各国都普遍存在，而且对诗歌以外的文学创作产生了影响；其二，从内容上看夹杂外国词语诗一般都具有讽刺的特点，从体裁渊源上看带有民间戏谑文化的因素；其三，各个时代的此类作品在用词上既有相同又有不同。相同主要表现在对外来语汇的讽拟，不同主要表现在作为被讽拟对象的外语侧重不一，从中可看出时代变迁和意识形态转型的特点。福伦戈的六音节体长诗《巴尔杜斯》共20卷，作者把它看作"一盘意大利食物"，按照16世纪时的习惯"由面粉、黄油和奶酪简单混合而成"（The New Encyclopaedia Britannica，1993：603）。全诗由当时的官方语言——拉丁语创作而成，但充满了仿拉丁语词形的意大利文学语汇和意大利方言语汇，表面上的词形相同反而更加突出了意大利语词的低俗，凸显出文体风格与内容的格格不入，这使作品获得了强烈的讽刺效果，而且不是一般的讥嘲，而是通过对文艺复兴时期被绝大多数人文主义者所忽视的民间价值观念的确认，颠覆中世纪宗教、政治、伦理乃至科学观念的狂欢式的戏谑。巴赫金曾多次提到福伦戈的创作和洋腔洋调诗对拉伯雷狂欢小说《巨人传》的影响（巴赫金，1998c：170）。米亚特列夫在《库尔久科娃女士国外观感和印象记》中描写了坦波夫省的女贵族库尔久科娃去西欧旅行的全过程：

我来到了彼得堡	В город Питер дотащилась
给自己，也给阿涅塔	И промыслила билет
以及铜匠哈里顿，	Для себя, э пур Анет,
搞到了船票。	И пур Харитон ле медник.
"继承者"号轮	Сюр ле пироскаф «Наследник»
载着全部乘客	Погрузила экипаж,

起航开始了旅行。　　　　　　　Приготовилась в <u>вояж</u>.

（笔者译自 Мятлев，1969：182）

作者借助对法语、德语等西欧词汇的讽拟，栩栩如生地刻画出女主人公无知、自信又好表现的性格，展现出 18 世纪末 19 世纪初期俄国上上下下的贵族们，不论男女老幼，从首都到地方，从物质到精神，"一切都向法国看"的社会时尚。

马雅科夫斯基在写于 1925 年的短诗《百老汇》（1998 年）中，描绘了 20世纪 20 年代美国的社会面貌：机器昼夜轰鸣，美国忙个不停，人们有了空闲，要么嘴巴里嚼着口香糖（<u>чуинг</u>，chewing），要么是给孩子喂奶，但不管大人还是婴儿，满脑子想的都是挣钱（<u>Мек моней</u>，make money），仿佛连吃喝都变成了生意（<u>бизнес</u>，business）的一部分。① 如果《百老汇》使用美语词，旨在更加生动、可信地突出美国民众为生活忙碌的画面，表达作者对资本主义社会的强烈讥讽之情，那么对下面这首 20 世纪末期发表在《文学报》上的小诗而言，讥讽的对象正好相反。

妞拉的论辩

叶甫盖尼·贝格尔

纽拉对阿加费娅说：
——你看我的 opinion，
现在行情真神了，
未婚夫有一长队。
虽说我对此还很愉快，
但需要对他们区别对待，
阿加费娅，他们这些人
让我们俩讨论讨论吧。

Нюрины　дебаты

Евгений Бергер

Агафье говорила Нюра：
—Чудесна нынче <u>конъюнктура</u>，
И мой *опинион* таков，
Что есть немало женихов.
Но，хоть я этому и рада，
<u>дифференцировать</u> их надо，
Давай，Агафья，мы вдвоем
По ним <u>дебаты</u> проведем.

———————————

① 来自英文的 *бизнес* 一词现在已成为俄语词汇体系中的一个普通词，但在 20 世纪 20 年代初期它却是一个未被本族语化的单词。

首先，没有工作的，	Во-первых，исключим из <u>квоты</u>
或者银行里没有外汇的，	Тех，у которых нет работы
我们就从限额中勾除掉，	Или <u>валюты</u> в банке нет，
根据需要还得讲平等。	А есть с нуждою <u>паритет</u>.
个子实在太小的，	И тех，кто ростом слишком мал，
即使有资本也不保留。	Пусть и имеет <u>капитал</u>.
我们就此 finish 开场白——	Но *финишируем* вступленье—
一个一个地来评选：	Начнем само перечисленье：
瓦尔福洛梅还是个大学生，	Варфоломей еще студент，
他没有能力建立权势，	Он не создаст <u>истеблишмент</u>，
伊万我瞧不起，	Ивана я не уважаю，
对他我要提出 impeachment，	Ему *импичмент* выражаю，
谢苗不讨我喜欢——	И мне не нравится Семен—
他天生滑头不守规矩，	<u>спонтанно</u> <u>нелоялен</u> он，
想要帕夫林转变成顾家的人，	А <u>трансформировать</u> Павлина
冒的危险大得很。	Весьма опасно в семьянина.
不过瓦西里真叫我喜爱：	Зато Василий мной любим：
我和他之间有默契。	Есть у меня <u>консенсус</u> с ним！

（笔者转译自 Голуб，2003：109）

在一首只有 26 行且诗行很短的小诗里，作者使用的外来词达 15 个，其中受特定限制的外来词达 11 个，而在无限制使用的外来词当中，绝大多数在形态上保留着外来语的某些特征。诗中的外来词，依照同化程度或者从新词角度讲是"新"的程度，可以分为三个等级：第一等级是未本族语化的外来词，譬如опинион、финишируем、импичмент，它们直接借自英语，属于任何俄语词典都未收录的新词；第二等级是没有得到普及的外来词，有文语词дифференцировать、дебаты、трансформировать 和术语词 конъюнктура、квоты、паритет、истеблишмент、консенсус，尽管它们早已进入俄语词汇体系，从词汇学角度看早已不是什么新词，但或多或少带点"新"的味道，就是说，一读就会让人想到这通常只是在书面语中使用的外来词；第三等级是无限制使用的外来词（如 валюты、капитал、нелоялен），如果把这些单词从其所在的句子里独立出来，或者置于实用语言中，那么读者一般不会去注意它们的词源特征，但在这首诗歌的整体氛围中，它们却获得了与前两个等级的外来词比较接近的外来词词源上的联想潜能。

词源联想是诗语审美功能的具体表现之一，"词源在诗歌中经常起着很大的作用"，特别是对诗文中的新词而言，其意义"很大程度上取决于语境"，原因在于新词会"迫使读者思考词源"（Якобсон，1987：298）。在这里，外来词在读者的词源联想中获得了附加的含义，但这并不是新词身上经常发生的"词义变新"的功劳，外来词的词义本身并没有更新，新的是作者选用外来词的目的，使几乎所有外来词带上特殊情味和含义的目的。首先，未本族语化的 3 个来自英语的单词在诗中最为显眼，没有一点英文知识的人恐怕都不会认识这些词，作者利用它们的"酷"劲儿去感染其他等级的外来词，使这些原本早已不是新词的外来词的词源更加突出，并不同程度地带上了"新"味和"洋"气，获得了强烈的感情表现力色彩。其次，"新"词、"洋"词是"新新人类"的用词体系中的有机组成成分，就像黑话之于黑手党一样，这些词除了具有较为强烈和刺激的表现力色彩外，在他们的使用中并不会出现附加含义，但"洋"词若发自老者之口、出自老者之手，味道就会大变，或变成戏谑性的模仿，或变成讽刺性的模拟。在这首口语体的小诗中看得出，作者并不是纯粹为赶时髦和求刺激而使用大量外来词的"新新人类"，叙述人（作者）和主人公（妞拉）之间的意向距离很明显，倘若妞拉是叙述人兼主人公，或者说抒情主人公即作者，那么她在使用"新"词、"洋"词时一定会挑选与"新新人类"的身份比较般配的口语体的外来语汇，而不会出现法律、经济、政治、外交、生产等不同领域的术语和文语词。所以，作者与其说在模仿"新新人类"喜欢用的"洋"词，倒不如说是在模仿喜用"洋"词这个特点。再结合诗文的内容，我们可以看出，这是通过对喜用外来语汇风格的模拟，来讽刺"喧响的外来语"这个现象。最后，外来词身上的讽刺意味还表现在用词不当和"洋"与"土"的对照上。就外来术语和文语词的用词不当而言，文体上的格格不入自不待言，从语义上看也存在不少"滥用"的现象，譬如 дифференцировать 和 импичмент 两个词，前者一般用来区分事物或现象，后者在英文原义中虽有"指责""怀疑"等意思，但在俄文中它是有"弹劾"这个特定词义的术语，从语言规范的角度讲，这里应该使用类似 различать 和 обвинение 这样的单词，尽管如此，读者并不觉得有什么不妥，不觉得作者用错了。再来看"洋"与"土"的对照，妞拉喜欢使用外来词，小姑娘身上可谓"洋味"十足，但她本人却是个地地道道的俄罗斯人，因为"妞拉"是一个"土味"十足的俄罗斯小姑娘的名字，作者不为她取名为"阿霞（Ася）""阿尼娅（Аня）"，而偏取"妞拉"的用心可见一斑。不光是说话人妞拉的名字如此，诗中提到的所有人名（"阿加费娅""瓦尔福洛梅""伊万""谢苗""帕夫林""瓦西里"）都不带一点点洋气，它们都是颇具斯拉夫民族特色或者东斯拉夫民族特色的名字。

综上所述，喜欢使用外来词、"洋"与"土"的对照、词汇学意义上的用词不当等，这些都是作者有意为之的，目的在于通过刻画主人公特定的言语个性使整首诗充满强烈的讽刺意味，而讽刺的对象既不是外来词本身，也不是外来词身上所能表现出来的外国的生活方式和意识形态特征，而是当代俄罗斯社会中"美语词泛滥"这个现象。透过这个现象，读者可以看到作者对当代俄罗斯青少年的"崇洋（美国）"心态的戏谑立场。

参考文献

Attridge Derek., Closing statement: Linguistics and poetics in retrospect//*The Stylistics Readers: From Roman Jakobson to the Present.* Ed. J. J. Weber. London, New York, Sydney, Auckland: Arnold, a member of the Hodder Headline Group., 1996.

The New Encyclopædia Britannica: Micropædia [C]. Vol. 7. 15th edition. Encyclopædia Britannica, Inc., 1993.

Виноградов В. В., Проблема исторического взаимодействия литературного языка и языка художественной литературы //Вопросы языкознания, 1955（4）.

Виноградов В. В., Стилистика—Теория поэтической речи—Поэтика. Москва, 1963.

Винокур Г. О., Филологические исследования: лингвистика и поэтика. Москва, 1990.

Голуб И. Б., Стилистика русского языка. Москва, 2003.

Жирмунский В. М., Поэтика русской поэзии. СПб., 2001.

Маяковский В., Навек любовью ранен. Москва, 1998.

Мятлев И. П., Стихотворения. Сенсации и замечания госпожи Курдюковой за границею-дан лэтранже. Л., 1969.

Потебня А. А., Теоретическая поэтика: учеб. пособие для студен. филол. фак. высш.

учеб. заведений. СПб. , 2003.

Прохоров А. М. ,（гл. ред. ）Большая советская энциклопедия. т. 15. Москва，1974.

Френденберг О. М. , Поэтика сюжета и жанра. Москва，1997.

Якобсон Р. О. , Работы по поэтике. Москва，1987.

〔苏〕巴赫金著，钱中文主编《巴赫金全集》（第二卷），晓河等译，河北教育出版社，1998a。

〔苏〕巴赫金著，钱中文主编《巴赫金全集》（第六卷），晓河等译，河北教育出版社，1998c。

〔苏〕巴赫金著，钱中文主编《巴赫金全集》（第五卷），晓河等译，河北教育出版社，1998b。

白春仁：《边缘上的话语——巴赫金话语理论辨析》，《外语教学与研究》2000年第3期。

白春仁：《文学修辞学》，吉林教育出版社，1993。

〔俄〕波利亚科夫编《结构—符号学文艺学——方法论体系和争论》，佟景韩译，文化艺术出版社，1994。

〔俄〕费尔迪南·德·索绪尔：《普通语言学教程》，商务印书馆，2011。

〔俄〕罗曼·雅克布逊：《语言学与诗学》，载〔俄〕波利亚科夫编《结构—符号学文艺学——方法论体系和争论》，佟景韩译，文化艺术出版社，1994。

申丹：《叙述学与小说文体学研究》，北京大学出版社，2001。

原文载于《俄语语言文学研究》2005年第2期

波戈金、佩平与官方民族性

朱建刚*

摘　要： 俄罗斯历史上的"官方民族性"曾在尼古拉一世时期作为主流
　　　　意识形态对彼时的政治、外交、文学文化等领域产生了重大的
　　　　影响。佩平院士在 1873 年曾对"官方民族性"做出了否定性的
　　　　评价，由此招致著名史学家波戈金的反驳。"官方民族性"正是
　　　　在这场争论中越发显出它的特色及意义。

关键词： 波戈金　佩平　官方民族性

　　1873 年，著名革命民主评论家车尔尼雪夫斯基的表弟，后来的彼得堡科学
院院士佩平（А. Н. Пыпин，1833 – 1904）出版了名为《从 20 年代到 50 年代的
文学观特征》的著作。该书第三章即以官方民族性命名："传统的因素得到了发
展和完善，上升到了完美真理的高度，似乎成为一种以民族性命名的新体制。"
（Пыпин，1873：63）作为一名著名的自由主义思想家，佩平对官方民族性及其
所包含的内容基本上持否定态度。他把这一时期（1820～1850 年）俄国内政外
交上的失败（尤其是克里米亚战争的失败）统统归咎为官方民族性在内部秩序、
司法和行政等方面的诸多不足。并且，在佩平看来，官方民族性与斯拉夫派实
际上是一回事。"说实话，体制（官方民族性——引者注）常常并不认可斯拉夫
派（同样它也不喜欢'思想'），但其实质时有相同之处，因构成其整体观点主
要部分的是忠诚、保守主义、民族独特性及或多或少对欧洲的敌视态度。"

---

　　* 朱建刚，苏州大学教授、博士生导师。

（Пыпин，1873：87）佩平的这种论断引起了保守阵营的强烈不满，年逾古稀的莫斯科大学历史学教授波戈金（М. П. Погодин，1800－1875）立刻撰文《论斯拉夫派》予以反驳，由此引发了学术界对官方民族性的再度反思。从今天来看，佩平的认识存在着许多曲解，然而，恰恰是佩平在争论中的观点及态度直接影响了整个苏联时期对官方民族性的接受，也影响了波戈金等保守派人士在苏联时期的接受。因此在介绍这场争论之前，不妨先让我们回到 1832 年——官方民族性①的诞生之年，看看它的本来面目。

一　官方民族性：背景与内涵

目前学术界多数意见认为：官方民族性的详细阐释最早见于 1832 年乌瓦罗夫（С. С. Уваров）作为莫斯科学区教育督办向沙皇尼古拉一世提出的呈文。此后，在 1833 年他升任教育大臣时的讲话中又进一步加以整理完善。那么，为什么会出现官方民族性呢？

众所周知，19 世纪 30 年代，在俄国历史上似乎并没有什么特殊的事件发生。但如果往前推几年就不难发现：首先，1812 年沙皇俄国取得了卫国战争的胜利，打败了入侵的拿破仑；其次，1825 年爆发了十二月党人起义事件，导致继位的尼古拉一世深受刺激，对十二月党人及其主张的西方启蒙理念十分警惕。起义失败之后，尼古拉一世加强了对社会的控制，建立了第三厅，设立书刊检查制度，自亚历山大一世以来的自由主义氛围为之一变。

直到 18 世纪末，俄罗斯在西欧人的眼里仍然是"化外之民"的形象。虽然彼得大帝改革已经让俄国在学习西方的近代化大路上狂奔了一百多年，启蒙运动的大师如伏尔泰、狄德罗等人虽也受邀去过俄罗斯，但多半是带着传经授道的使命感去的。另一位启蒙思想家卢梭干脆就认为："俄国人民还没进步到开化的地步。"（卢梭，2003：58）事实上，当时的俄国统治者们对西欧也确实存在着崇拜的情结。一味推行西化的彼得大帝自不必说，他之后的叶卡捷琳娜女皇、

---

① 需要说明的是，官方民族性实际上是佩平在 1873 年赋予的名字。在此之前，它一般被称为"乌瓦罗夫公式"（Уваровская формула）或"体制"（Система）。本文为论述方便，便不做区分了。

保罗一世、亚历山大一世都对法国或英国充满了羡慕。因此，可以说自17世纪末以来，俄国的国策就是学习西方（尤其是法国），首先是科技，而后是政治思想和文化。启蒙运动思想在俄国的传播，使得俄国社会出现了一大批崇尚西欧文化的精英人士。这一西化的浪潮到1812年卫国战争结束后突然有了转向。

在入侵俄国之前，拿破仑所在的法国几乎是欧洲唯一强国，只有英国靠着英吉利海峡负隅顽抗。拿破仑的希望就是击败俄国，从而使英国放弃抵抗的希望，统一全欧洲。然而这个梦想在俄罗斯的严寒和莫斯科的大火面前破灭了。俄罗斯人的顽强和英勇把欧洲从拿破仑的统治下解放了出来。正如美国史学家巴巴拉·杰拉维奇所指出的："从十分现实的意义来看，俄国通过与拿破仑的战争收获不小。首先它从头号强国的覆灭中大大提高了自己的地位，其次，俄罗斯帝国又增加了新的领土。"（杰拉维奇，1978：31）不过除了现实的收益外，1812年卫国战争更重要的意义在于它改变了俄罗斯人的心态：自彼得大帝以来一直是俄国学习榜样的西欧，尤其是超级大国法国，居然被自己打败了。这种心态的改变，甚至导致了沙皇在维也纳会议上"有一种得意、神秘、甚至以救世主自居的情绪"（梁赞诺夫斯基、斯坦伯格等，2007：292）。正是这种沾沾自得的情绪影响了亚历山大一世晚期的改革政策，使他从年轻时代的启蒙信徒转变成一位专横、保守又有神秘主义倾向的君主。也因为如此，佩平在论及官方民族性起源时认为它并非始自尼古拉一世，而是源自亚历山大一世晚年。

1825年12月1日，亚历山大一世在滨海小城塔甘罗格突然去世。12月26日，一批贵族军官带领三千余名士兵在圣彼得堡发动了兵变。虽然兵变很快被镇压，但诚如伯林所言："十二月之变，沙皇尼古拉一世毕生耿耿难以释怀。"（伯林，2001：9）作为君权神授的皇帝，十二月党人的起义意味着对沙皇神圣地位的挑战，是大逆不道的行为。这种行为缘何产生，这是尼古拉一世极力要搞清楚的。12月29日，根据沙皇旨意成立了以陆军大臣塔吉舍夫（Татищев，1763－1833）为首的"有害社会思想审查委员会"，对有关人员进行详尽的调查。1826年5月，沙俄政府结束了对十二月党人的调查，发表了《调查委员会报告》，其中特别提到了西方思想对十二月党人的影响。同年7月13日，在处死五位十二月党人的同时，尼古拉一世发表了审判国家罪人的宣言。宣言特别强调防止有害思想的侵袭，告诫父母要注意对子女的道德培养。正如有学者指出的：所谓国家的道德基础，便是"基于人民自然品质的对于教会的爱、对于皇帝和国家的忠诚"（白晓红，2006：32）。

官方民族性正是在这种背景下被提出来的。1832 年 12 月 4 日，乌瓦罗夫向尼古拉一世递交了《莫斯科大学考察报告》，其中分别涉及了道德状况、教学及大学的普遍风气等问题。乌瓦罗夫认为，俄罗斯学生本质上是好的，但受到了来自西方的各种思想的腐蚀。要解决这个问题，关键在于教育，在于对现存教育情况做必要的改变。比如要在学校里加强东正教教育，增加俄罗斯历史的教学课，让学生通过对本民族历史文化的了解增强民族自信，这样才不至于轻易成为西方思想的俘虏。乌瓦罗夫说："正确的、可靠的教育在我们的世纪是必要的，它伴随着深深的信念和温暖的信仰，东正教、专制和人民性那些真正的俄罗斯保守因素已成了我们社会的伟大事业最后的一线希望、最可靠的力量保证。"（Уваров，2014：326）

在东正教、专制制度和人民性这三原则中，前两者的概念比较明确，也比较重要。乌瓦罗夫很重视基督教，他甚至提出："严格地说来，只有两种文学、两种思想的脉络、两种文明：基督之前的古代文明和基督之后的现代文明。"（Riasanovsky，1961：84）他进一步指出，只有东正教才是人类和社会道德与文化发展的基础。相对于法国大革命之后的西欧启蒙思想横扫一切的状况，乌瓦罗夫为俄罗斯的稳定感到庆幸："幸运的是，俄国保持着对救世因素的热忱信仰。没有这些救世因素，俄罗斯就不可能过上幸福生活、强大起来、生活下去。"（Уваров，2014：135）不难看出，乌瓦罗夫把东正教的存在看作俄国在精神上优于西欧的一个重要条件。事实上，这种对东正教优越性的强调贯穿了整个 19 世纪俄国宗教史。即使到了 19 世纪末 20 世纪初的白银时代，宗教哲学家别尔嘉耶夫（Бердяев，1874 - 1948）也认为："在俄罗斯民族的深处蕴含着比更自由更文明的西方民族更多的精神自由。在东正教的深处蕴含着比天主教更多的自由。"（徐凤林，2006：20）但就乌瓦罗夫本人而言，他并非虔诚的宗教徒，对于东正教也没有从理论上进行非常详细的论述。他只是提出了要把东正教作为俄国精神源泉这一命题，将其贯彻到学校教育和文学创作中，从而与西方的启蒙思想抗衡。针对东正教在理论上进一步展开论述是由后来的波戈金及斯拉夫派等完成的。

专制是保证俄国政治稳定的基础。乌瓦罗夫说："君主专制构成了俄国政治存在的主要条件。俄罗斯这个巨人屹立于此，就像屹立于自己伟大的奠基石上一般。陛下的无数臣民都感受到这一真理：尽管他们的生活环境、教育程度、与政府关系各有不同，但他们都充分地感受到了这一切。救世的观念——即俄罗斯生活在强大、仁慈、开明专制精神中并受此保护——应当深入到国民教育中去并与之发展。"（Уваров，2014：135）专制并不等于"暴政"，相反东正教观念下的君主专制可以令不同阶层的臣民受到保护、得到发展。这种观念，在后来的斯拉夫派思想家霍米雅科夫（Хомяков，1804 - 1860）、萨马林（Самарин，1819 - 1876）等人的论述中得到了进一步阐释。

关于民族性，乌瓦罗夫的定义并不明确："民族性不在于往前走或停顿，它不要求思想的停滞。国家的组成就像人的身体，随着年龄增长不断变化外貌，面容（черты）每年都变，但面貌（физиономия）不会变。"（Уваров，2014：136）笔者认为，乌瓦罗夫笔下的人民性实质上是宗教性和专制性的合二为一，具体到生活中，民族性可能有各式各样的表现形式，但主要体现为人民对东正教的虔诚与对沙皇的忠诚。这一点和当时别林斯基等人强调启蒙思想的论述有很大不同。① 甚至可以说，乌瓦罗夫的官方民族性是一种反启蒙的理论。在阐释了宗教性和专制性的基础上，乌瓦罗夫对俄罗斯民族的定义是："俄罗斯民族不是一个种族（этнос），而是以对自己政权的无限忠诚联合在一起的文化共同体（сообщество），在这一点上俄罗斯民族完全区别于受启蒙主义堕落哲学影响的西方民族。"（Зорин，1996：138）

除了理论上的论述之外，乌瓦罗夫还陆续提出了一些具体措施以强化俄罗斯社会的民族认同感，比如对以启蒙思想为主的私立学校教学招生设置诸多限制；通过 1835 年的大学章程取消了高校的自治权利；加强了对学生的管理，但提高了教授的待遇。其中最重要的一点是首次在大学哲学系建立了俄国史、俄国文学、俄国文学史教研室，进行本民族文化的宣传工作。

乌瓦罗夫毕竟深受欧洲启蒙精神熏陶，并不是顽固的蒙昧主义分子，这就决定了他鼓吹官方民族性的最终目的并非要回到彼得大帝改革之前的愚昧、落后状态。从今天来看，"东正教、专制和民族性"这三原则并非通常所谓的反动

---

① "народность"既可译为民族性，又可译为人民性。实质上在 19 世纪 30 年代俄国文坛，关于这一概念的争论是一个很热门的话题，从普希金、果戈理到别林斯基等人都对此做过具体的说明。官方民族性概念作为当时的一种阐释，因其官方背景而往往被人视为反动、蒙昧，实则不然。

或蒙昧主义手段，它既有现实的意义，即保证俄国远离欧洲革命动荡，又有文化上的意义，对这三原则的强调显然也是对俄罗斯民族特性的强调。这两种意义互为因果：为了避免革命，所以要强调民族特性；俄罗斯民族的特性保证了它能远离西欧的革命动荡。如此公开声明自身与西欧的不同，这在整个俄国历史上恐怕也是第一次。另外需要指出的是，除了官方民族性之外，19世纪初的沙皇政府为了塑造自身国际形象也费力甚多。针对法国作家、旅行家居斯廷（А. де Кюстин，1790 – 1857）在《1839年的俄国》一书中描绘的专制、粗鲁、野蛮形象，尼古拉一世除了迅速将其列为禁书之外，还以官方名义邀请了普鲁士学者哈克斯特豪森（August von Haxthausen，1792 – 1866）赴俄考察半年，最终在沙皇的资助下出版了两卷本的《俄罗斯帝国》，以对抗居斯廷著作的消极影响。

二 波戈金及其对官方民族性的阐释

波戈金是莫斯科大学第一位严格意义上的俄国历史学教授，他的教授职位即是乌瓦罗夫为了弘扬俄国文化、宣传俄国历史而提出设立的。因此，在佩平及此后的研究者看来，波戈金自然而然就是"'官方民族性'思想最鲜明的表现者"（Казаков，1989：7）。不过，从历史上来说，波戈金一生身兼多职，著述等身，门生众多。尽管思想保守，又与沙皇政府有着千丝万缕的关系，但不能简单地将其视为官方民族性的吹捧者。波戈金首先是一位历史学家，他对官方民族性的理解和阐释首先是通过他对俄国历史的研究来实现的。正是在这个意义上，他的学生之一，后来著名的斯拉夫派代表萨马林才深有体会地说："在波戈金之前，俄国史的主流趋势是在本国历史中寻找与西欧民族类似的内容以作对比。据我所知，波戈金至少是第一个对我和我同伴指出有必要用俄国自己的标准解释俄国史的人。"（Барсуков，1891：4）独特的历史自然需要独特的标准来衡量。萨马林在此所强调的"俄国自己的标准"实际上即以此前波戈金再三强调的俄国历史独特性为基础。

自19世纪30～70年代，波戈金陆续发表了几篇文章，如《论世界通史：就任帝国莫斯科大学正式教授时的发言》（1834年）、《历史格言》（1836年）、《俄国史与西欧国家史的相似性，关于起源》（1845年）、《彼得大帝》（1846

年）以及晚年所写的《论斯拉夫派问题》（1873年）来讨论俄国历史的独特性。概括地说，波戈金对历史有两个主要论断：第一，历史是有规律的；第二，俄国历史自有其独特性（所谓"两个欧洲"的学说）。波戈金指出："一切哲学体系都只是思想的片面发展，所有的体系组成了一个逐步发展的整体。""真理只有一种，但所有人都是从自己的角度去看它。"（Погодин，2010：119）上述观点明显受到19世纪30～40年代黑格尔哲学的影响。俄国历史的独特性是波戈金极力强调的，从而为强调俄国文化特殊性做铺垫。在《俄国史与西欧国家史的相似性，关于起源》这篇文章里，波戈金开篇就说："西欧国家将自己的起源归结为征服，它决定了此后的一切历史，直至现在。"（Погодин，2010：250）作者引用了法国史学家梯也尔的一段话，结合西欧国家形成的历史证明英法史学界对这一观点的普遍认同。有压迫者必然有反压迫者。在波戈金看来，西欧各国出现的封建主和农民阶级的对抗一直发展到现在法国大革命对暴力王权的颠覆，正是暴力征服的必然后果。这种暴力滥用的结果，最终必将导致西欧的衰落。正如波戈金用三部曲来归纳的："征服、阶级分化、封建制度，有中产阶级的城市，仇恨、斗争和城市的解放——这是欧洲三部曲的第一幕悲剧。专制政体、贵族阶级、中产阶级的斗争、革命——这是第二幕。法典、底层阶级的斗争——听天由命的未来。"（Погодин，2010：252）

但沙俄帝国自有国情在此，波戈金是从历史、地理和道德三方面论述俄国历史特殊性的。仔细说来，这三方面实际上与乌瓦罗夫所持的三原则非常接近，可以说把后者没有说清楚的一些问题从历史根源上予以澄清了。第一点，历史上的差异。"从第一眼我们就注意到，在俄国历史的因素中绝对没有一点西方历史的形态。没有阶级分化，没有封建制度，没有可以躲避的城市，没有中产阶级，没有奴隶制度，没有仇恨，没有荣耀，没有斗争……说真的，我们有编年史的美好传说，我们的国家并非始于征战，而是邀请的结果。这是区别之根源！西方的一切源自征战，而我们却来自于邀请、无条件的占有、满怀爱意的约定。"（Погодин，2010：252）由于俄国历史的开端是和平的，最初的留里克大公和奥列格大公都是"受邀而来和平的客人，人民希望的保卫者"（Погодин，2010：254），因此他们与人民、与贵族的关系也是比较和谐的。波戈金接下来详细分析了大公与贵族、与人民之间的密切关系，一方面为自己所坚持的"诺曼起源说"做论证，另一方面也是强调沙皇专制在俄国存在的合理性。

第二点，波戈金突出强调俄国空间巨大、人口分散等特点，以强调俄国专制的必要性。这一点在后来的史学家索洛维约夫（Соловьев，1820－1879）的著述中也多有提及，常被用以强调对沙皇专制在思想上的支持。

第三点，波戈金强调的是道德上与西方的差异，这主要涉及基督教的问题。在波戈金看来，"瓦良吉人接受了基督教并将其在斯拉夫人中传播开来，后者接受它也是根据自己的本性，并无阻碍，而在西方这一切正好相反。我们是外来者向本地人推广宗教，西方则是本地人向外来者推广。并且，我们接受的是在很大程度上与西方对立的东方信仰，西方的信仰来自罗马，我们的则来自君士坦丁堡。此处并非展示两种教会之区别的地方，我们只指出与上述政治区别相对应的一些情况。西方更努力向外，东方努力向内；他们有出卖，我们有保护；他们有运动，我们有安宁；他们有拷问，我们有宽容。因为致力于外，所以西方教会有必要与世俗政权争斗并有一段时间高居其上。我们则致力于内，放任世俗政权为所欲为"（Погоди，2010：263）。必须要承认，尽管波戈金在论述中对俄国历史做了不少美化，但他所指出的俄国史与西欧史的不同也确实存在。西方是以宗教征服了西欧野蛮民族的基督徒；俄国则是在 988 年由弗拉基米尔大公主动接受拜占庭帝国的基督教，经历了罗斯受洗之后成为欧洲文化的一分子。这两者的主动被动关系不同，最终侧重点也不一样：西方强调外向型的暴力征服，俄国则讲究内向型的道德精神完善。因此，在波戈金看来，俄国历史的特殊性就为官方民族性的存在及发展提供了适宜的土壤。

当然，不能说俄国东正教果真如波戈金所说，充满"安宁""宽容"等，但在彼得大帝改革之前，俄国东正教与世俗政权确实存在着某种平衡。彼得的改革打破了上述平衡，也使得俄国与西欧两种史观在俄国进入一个矛盾对立、平行发展的时期，即俄罗斯的所谓"欧化时期"。当然，这种平行发展是以社会的极大分裂为代价的，即上流社会奉行西欧史观，而底层民众则维护着传统的斯拉夫史观。这就涉及史学家对彼得大帝的评价问题。波戈金在 1846 年第 1 期《莫斯科人》杂志上发表了题为《彼得大帝》的文章，列举了俄国社会生活因彼得改革而发生的诸多改变，赞扬了彼得对俄罗斯的再造之功。"他看到了一切，想到了一切，干涉一切，赋予一切以动力、方向或生命。我重复一遍：无论我们想什么，说什么，做什么，更难或更易，更远或更近的一切都可以追溯到彼得大帝。他是钥匙或者锁。"（Погодин，2010：233）波戈金继而认为，彼得大帝开辟了俄国历史的新时期，但不能把今天所有的崇洋媚外都归咎于他。此外，如果说彼得大帝为俄国历史开辟了欧化阶段的话，那么尼古拉一世则在乌瓦罗夫的三原则之后开辟了俄国历史的民族化时期。在稍后出版的《俄国历史札记》中波戈金又重申了这一点："亚历山大一世确立了俄国对欧洲的优势，终结了俄国历史的欧化时期；沙皇尼古拉的统治则开始了独特的（民族主义）时期。"（Погодин，1846：34）换而言之，尼古拉一世开始关注俄罗斯民族自身的特性，不再像以前的沙皇那样一味崇尚西方了。

从以上几点不难看出，波戈金对官方民族性是肯定的，他从历史的角度对官方民族性做了深入的阐释和论证。这些论述不仅把官方民族性与俄国民族主义的兴起联系在一起，同时也为此后某些斯拉夫派思想的发展提供了进一步思考的出发点。他与斯拉夫派的这种联系直接为1873年佩平对他的批判埋下了伏笔。

三 佩平对官方民族性的理解

亚历山大·佩平在《从20年代到50年代的文学观特征》中虽然对官方民族性做了彻底的批判，甚至作为一名知名的西方派，他也顺带批判了斯拉夫派，但实际上，佩平批判官方民族性的最终目的在于否定尼古拉一世的统治，否定整个沙皇专制制度。只不过在1873年这个时候，有些话不能说得过于直白，佩平只能先从舆论出发，把作为沙皇政府意识形态的官方民族性批倒。作者首先指出了它的重要性："要谈这一时期的文学思想，必须对官方宣称的民族性有概念。因其构成了思想生活发展之基础。这一思想生活对于文学与科学而言是必须的。"（Пыпин，1873：63）不过，何谓"民族性"？应该如何理解和把握它呢？佩平接下来做了详细的论述。他首先定了调子："许多优秀的同时代人早就开始怀疑这一体系的'民族'特征了。他们认为官方民族性满足了大众的忠诚；但又认定：在更宽泛意义上官方民族性完全不是民族的。因为就其独特性而言，它没有给民族思想和物质力量的发展提供出路，使得绝大部分人民处于奴隶制下；最后，即使是其中占主流的也是借自西方的反动观点。"（Пыпин，1873：65）佩平在这里所说的，其实包括了一个前提：所谓"民族"的，须是有利于国家和人民的。根据这个基本立场，他在后续论述里分别以外交、内政、宗教、教育、文学等一系列的事实来证明官方民族性的失败，即沙皇制度的失败。

在佩平看来，俄国曾是欧洲的拯救者，然而克里米亚战争却揭示了一个悲伤的事实：英法、撒丁王国、土耳其、奥地利、保加利亚等许多国家都对俄国以怨报德。根本原因在于官方大肆宣传的"东正教、专制和民族性"事实上没有得到欧洲各国的承认，官方第一次塑造的自我形象并不成功，"'民族'因素只是赋予外交政策一种虚假而教条的形式"（Пыпин，1873：65）。再看内政问题。官方民族性强调的"专制"事实上也没有起到积极作用。沙皇制度出于独裁的需要，强调中央集权，扼杀了社会舆论参与社会改革的活力。尼古拉一世所仰仗的官僚机构又思想僵化，不思进取，最终导致了克里米亚战争的失败。由沙皇及其官僚管辖的东正教会同样如此，其限制共济会及圣经阅读团体，对分裂教徒的管理越发严格。在这样的背景下，教育事业止步不前，所谓的"人民教育"只是停留在上层社会中，农奴制的存在使得绝大多数农奴根本不可能上学。相应地，大学教育也陷入了停滞状态。沙皇及官僚们对大学自始至终充满警惕，禁止在大学开哲学课，以防大学成为革命思想的发源地和传播地。对于高层的这种认识，即便是开明如乌瓦罗夫者，即便他身居教育大臣之高位，也无计可施。

在佩平看来，官方民族性对俄国整个文化界也有诸多消极影响。公共舆论因缺乏言论自由而衰落，如果说彼得大帝时代还因为学西欧，社会舆论可以对俄罗斯生活陋习提出诸多批判，那么到了尼古拉一世的时候，对独特性的过分尊崇已经使得许多人不敢公开嘲笑或批判俄罗斯生活了（果戈理写了《钦差大臣》，意在为官僚阶级照照镜子出出汗，结果遭到后者的全面抨击，使得果戈理出走国外，多年不归）。原因就在于官方民族性是俄国社会主流对数十年来俄罗斯生活的认识："这一认识的实质就在于俄国是一个完全独特的国家和民族，不同于西方。"（Пыпин，1873：82）俄国需要通过对这一特性的确认来塑造自己的国际形象，体现自己在文化上的成熟："俄罗斯生活被认为进入了自己最后的成熟期，被解释成不同于全欧洲的生活，甚至宣称以独特性与后者对抗。这一独特性赋予俄罗斯生活独立于欧洲发展潮流之外的状态，完全不同于欧洲。"（Пыпин，1873：79）换而言之，卫国战争的胜利使得俄罗斯冲昏了头脑，在追求独特性的路上舍本求末，为了坚持所谓的独特性而放弃了国家、民族的基本利益。在文学上，普希金、果戈理等一批知名作家思想也发生转变，对官方民族性进行了各有侧重的阐释和宣传。尤其是果戈理，一下子从一位敢于批判农奴制黑暗的作家化身为宣扬东正教、鼓吹沙皇专制的作家："政论几乎局限于文学趣味上，轻浮的故事或小说、肤浅的文学批评、冷漠的历史或其他文章、游记和各种趣闻材料构成了这一时期文学的实质内容。"（Пыпин，1873：98）这是令佩平这样的自由主义者尤为痛心的。

佩平的论述有许多深刻之处，代表的也是当时自由主义知识分子对沙皇统治意识形态的总体认识。不过，他谈论较多的是社会背景、政治、外交等问题，是从19世纪70年代的政治形势来审视19世纪30~50年代的官方民族性，政治色彩较浓，同时也不无一种事后诸葛亮式的"聪明"。更重要的是，佩平是自由主义的西方派，立场已经决定了立论。因此，佩平的文章充满了"我注六经"式的偏见，以至于他直接把斯拉夫派等同于"蒙昧主义的同伙"（Пыпин，1873：245），这是令波戈金极为不满的地方。

四　波戈金的反驳

1873年3月，由陀思妥耶夫斯基编辑的《公民》（Гражданин）分四期发表了波戈金的文章《论斯拉夫派问题》，对于佩平的批判做出了回应。波戈金首先把佩平对斯拉夫派的指责与分裂教徒对东正教徒的批判做了对比，两者都是怀着仇恨用歪曲的方式攻击了自己的对手。因此，波戈金说："在佩平的文章里有许多敏锐而坚实的观察，但总体上有大量错误、不准确以及居心叵测——更不必说他和他的读者都完全有权拥有的个人之见。"（Погодин，2010：488）

作为亲历者，波戈金在文章里详细介绍了斯拉夫派的起源与发展情况，并对佩平的指责做了逐一答复，如"斯拉夫派幻想着西方文明的没落及东方文明的崛起""斯拉夫派对西方有着极端的仇恨"等（Погодин，2010：490）。波戈金认为这些说法都是不实之词，佩平本人也不认识任何一位现实中的斯拉夫派人士。事实上，早期的斯拉夫派比西方派更了解西方：霍米雅科夫对西欧文学如数家珍，对黑格尔也不陌生，他的《论英国书简》（1848年）曾在俄国思想界激起反响。舍维廖夫更是精通多门语言，还写过关于莎士比亚、但丁等人的著作。身为西方派的别林斯基仅能依靠俄国报纸和朋友的翻译来了解西方，即便后来更具代表性的赫尔岑对西方的关注也主要限于政治方面。在波戈金看来，斯拉夫派对西方文明的把握其实更有依据，更为深刻，远非佩平自以为是的判断所能概括的。

谈到官方民族性，波戈金认为："佩平先生发明了一个非常好的词：官方的、国家的民族性。遗憾的是，他没有好好解释其中意味，反而过于随意地运用了这一词语。"（Погодин，2010：505）波戈金认为，不能把官方民族性等同于乌瓦罗夫的"东正教、专制和民族性"三原则。因为后者只是乌瓦罗夫本人向沙皇递交的一份报告，官方并无明确发文去宣传推广这一观点，尽管有"许多熟悉历史、熟悉人民、熟悉生活的严肃的俄国人"（Погодин，2010：506）已经接受了三原则。波戈金在这里要强调的是，三原则本身是好的，但佩平硬给它加上"官方"的称呼，刻意强调它的官方色彩，而忽略了思想界对它真正的认可，这是一种混淆是非的做法，也是自由派攻击斯拉夫派时的常用手段。

作为波戈金晚年总结性的作品，波戈金在《论斯拉夫派问题》中还全文插入了一篇旧作《论俄罗斯古代》（1845 年），再度强调了俄国历史的独特性，与佩平西方派思想形成对话。作者认为："像西欧一样，我们也有中世纪，但只是以另一种方式存在。我们也像西方一样完成了同样的进程；完成了一样的任务，只是方法不同；达到了一样的目标，只是道路不同。对于那些善于思索的欧洲史学家、哲学家来说，这些不同尤其构成了俄国史的趣味性和重要性。……无条件崇拜西方的时代已过去了，只有那些还没来得及学完旧课程的落伍者才会又去开始学新的。"（Погодин，2010：246）波戈金的这段话看似离题，实际上仍然围绕着俄国历史道路的特殊性展开，不同的民族有不同的发展道路，成败得失也有不同的标准。这一点，跟官方民族性强调的俄国民族特性也是内在呼应的。

波戈金自称是一位"热爱祖国，对欧洲心怀感激又祝福人类"（Погодин，1876：1）的俄罗斯人，这说明，他并非那种通常意义上眼光狭隘的保守派历史学家。他对官方民族性的阐释，对佩平及自由派史学家的反驳，在一定程度上虽然有为官方唱赞歌的嫌疑，但从今天来看，也是对俄罗斯民族性的一次历史阐释，并非简单的学术跟风之举。

俄罗斯民族性与专制、东正教的复杂关系，显然不是简单的"自由与反动"这样的范畴所能涵盖的。不妨回忆一下英国的思想史研究者艾琳·凯利（Aileen Kelly）在为《俄国思想家》所写导言开篇所举的那个例子："为了向莫洛尔女士（Lady Ottoline Morrell）解释俄国革命，罗素（Bertrand Russell）会说，布尔什维克专制虽然可怕，但这好像恰是适合俄国的那种政府：'只要自问一下，要如何治理陀思妥耶夫斯基（Dostoevsky）小说里那些角色，你就明白了。'"（伯林，2001：1）从这个意义上说，可不可以说波戈金早就洞察了这一切呢？

参考文献

Nicholas Riasanovsky, *Nicholas I & official nationality in Russia 1825 – 1855*, California：University of California, 1961.

Барсуков Н. П., Жизнь и труды М. П. Погодина. Книга 4. . Санкт-Петербург：Погодин и Стасюлевич, 1891.

Зорин А., Идеология «православия-самодержавия-народности»：опыт реконструкции. Новое литературное обозрение. 1996（26）.

Казаков Н. И., Об одной идеологической формурле николаевской эпохи//Контекст. Литературно-теоретические исследования. Москва：Наука., 1989.

Погодин М. П., Взгляд на положение европы после Парижского мира：Письмо в редакцию газеты «Le Nord»//Погодин М. П., Статьи политические и польский вопрос (1856 – 1867). Москва：Типа. Августа Семена, 1876.

Погодин М. П., Избранные труды. Москва：Российская политическая энциклопедия, 2010.

Погодин М. П., Исторические отрывки. Москва：Типа. Августа Семена, 1846.

Пыпин А. Н., Характеристики литературных мнений от двадцатых до пятидесятых годов. Санкт-Петербург：Исторические очерки, 1873.

Уваров С. С., Государственные основы. Москва：Институт русской цивилизации, 2014.

〔美〕巴巴拉·杰拉维奇：《俄国外交政策的一世纪 1814—1914》，福建师范大学外语系编译室译，商务印书馆，1978。

白晓红：《俄国斯拉夫主义》，商务印书馆，2006。

〔法〕卢梭：《社会契约论》，何兆武译，商务印书馆，2003。

〔美〕尼古拉·梁赞诺夫斯基、马克·斯坦伯格等：《俄国史》，杨烨等译，上海人民出版社，2007。

徐凤林：《俄罗斯宗教哲学》，北京大学出版社，2006。

〔英〕以赛亚·伯林：《俄国思想家》，彭淮栋译，译林出版社，2001。

原文载于《俄罗斯语言文学与文化研究》2020 年第 1 期

论洛谢夫的美学理论及其主要特征

刘　锟*

摘　要： 洛谢夫的美学理论是一个深邃而复杂的体系，体现了 20 世纪俄国宗教哲学固有的"整体知识"的理念和理想，力求达到对感性世界的完整认知。他的美学理论的建构借鉴和发展了西方人文思想的本体论、认识论和方法论知识，也与他的一切人文科学理论，如神话学理论、语言学理论、现象学和辩证法、音乐哲学、宗教哲学、历史哲学、社会学思想等彼此贯通，而对一系列相关概念的分析和界定是理解其美学思想的关键。

关键词： 洛谢夫　美学　象征　表现

A. Ф. 洛谢夫（1893～1988 年）在俄国人文科学史上堪称一个传奇或一个神话。尽管洛谢夫命运多舛，历尽坎坷，但他以对知识的强大直觉和追求真理的良知，成为一个真正"人的象征"，被誉为"俄国（文化）鼎盛时代最后一位杰出哲学家"以及"俄罗斯精神传统的捍卫者"。洛谢夫的学术视域异常广阔，理论涵盖了数学、语言学、哲学美学、符号学以及史学，这些理论各自体系严谨，而且相互贯通，一脉相承，综合体现并发展了从古希腊到当代西方人文科学领域的科学方法和思想精髓，以及俄罗斯哲学对世界的独特思考和感悟，而美学在洛谢夫的思想探索中占有重要的地位。其美学研究历时 60 余年，著述有《古希腊罗马美学史》和其他美学研究著作。"在俄国和世界美学史上，洛谢夫的理论都占有独特

---

* 刘锟，黑龙江大学教授、博士生导师。

的重要地位，他是一个具有广泛的精神和思维视界的思想家。他能够把欧洲传统美学各个主要历史阶段，包括古希腊、中世纪、文艺复兴时期及现当代的本质直觉和思想发现与 20 世纪美学意识，通过自己独特的现象学辩证法加以融合，从而展现人类文化和生活中审美经验的现实性和不可超越的意义，并且为之找到了具体的解决途径和分析方法。"（Бычков，2009：60）洛谢夫独特而强大的创作潜力使他的学说获得了整体性知识的特点，他的思想方法体现了俄国宗教哲学固有的"整体知识"的理念和理想。

洛谢夫的美学思辨研究最初是从"艺术世界观的结构"和艺术的本质问题开始的。在 19 世纪 20 年代，他除了写作一些关于音乐和音乐剧的文章来记录自己对戏剧的感受之外，作为 Вл. 索洛维约夫的研究者，他还开始撰写专著《体系美学研究》。1927 年，这部著作的第一部——《艺术形式辩证法》得以出版。《艺术形式的辩证法》不论是内容还是方法论方面都是洛谢夫美学理论的奠基性著作。在这本书中，哲学家从现象学和辩证法的角度阐述了艺术的本质特征。苏联时期，从 30 年代起，洛谢夫因无法从事纯粹哲学研究而转向美学史研究，同时讲授美学学术史。20 世纪 60～80 年代，他完成并出版了 8 卷本的《古希腊罗马美学史》。无论是从内容上还是从资料占有量上讲，这一系列著作都具有无可比拟的学术价值。1978 年，他的《文艺复兴美学》出版，其间也撰写了许多文章，包括为哲学百科词典撰写相关词条。从事学术研究 60 年来，洛谢夫美学方面的主要著述有：《柏拉图的艾洛斯》（1916 年）、《古代的宇宙和现代的科学》（1927 年）、《普罗提诺关于数的辩证法》、《亚里士多德对柏拉图主义的批判》（1928 年）、《神话辩证法》、《古希腊象征主义和神话概论》（1930 年）、《历史发展中的古希腊罗马神话》（1957 年）、《古希腊罗马音乐美学》（1960～1961 年）、《美学范畴史》（1965 年）、《符号问题和音乐艺术》（1976 年）、《文艺复兴时期的美学》（1978 年）等。在这些著述中，洛谢夫的理论观点得到充分的阐述。

20 世纪开始，艺术在人类生活中的价值和意义被从不同层面、视角进行阐释，而在当今美学等学科被神话化的后文化时代，对艺术的具体研究在一定程度上有助于把人文意识引入正确轨道。洛谢夫不但提出了许多美学问题，而且这些问题大多在他的论证中得到了相应的解决。他在《艺术形式的辩证法》中开宗明义，指出这是适用于美学领域的抽象逻辑，其任务就是建立一个范畴体系，揭示艺术的逻辑构架。但在洛谢夫看来，这只是美学的一个抽象阶段，是第一个阶段，而"社会学"才是更重要的阶段，是"活的艺术的真正的原生力量"——洛谢夫早期的理论不论是神话学、语言学，还是名谓哲学，大多涉及社会学的视角。

一 洛谢夫美学的古希腊渊源

《古希腊罗马美学史》是俄罗斯第一部对古代希腊罗马美学进行全面、完备和系统研究的论著，因此对美学研究来说具有里程碑式的意义。洛谢夫始终认为，没有史就不可能有理论原则，他的研究正是依据美学思想史，综合借鉴了诸种现代美学理论的科学方法和论断。这个 8 卷 10 本的鸿篇巨制对西方文化史中各个时期的美学思想进行了深入论述，资料翔实，观点独特——这得益于他方法论上的独特性。正如洛谢夫研究神话时不是单纯地论述神话本身，研究语言时不是单一地关注语言现象一样，洛谢夫对古希腊罗马美学的研究也并非局限在古希腊罗马哲学家的美学观念上，而是结合社会进程和人文特征做具体而系统的历史分析。他把古代美学史的分期与古代社会的分期结合起来，例如通过对柏拉图美学思想的论述，洛谢夫得出结论，以"形"的因素为核心的柏拉图的美学主要还是多神教的哲学，而作为古代美学最后一个阶段的新柏拉图主义各代表性派别之间又体现着浓厚的地域特征，同时与奴隶制封建化的不同形态相适应。洛谢夫的《古希腊美学史》体现了这样一种思想："哲学作为关于宇宙和作为宇宙整体一分子的人的科学，一定是论述诸种宇宙力量的最高表现，像前苏格拉底时期的哲学家们观念中的火、水、气、土和太一，德谟克利特的原子、柏拉图的理念世界、亚里士多德的理性原动者。"按照洛谢夫的观点，"表现力就是内在理念和外在物质交融于一个独立的物像。因此客体的内在生命和它的各种主观体现方式的综合就是美学"。（Тахо-Годи，2009b：63）

西方美学①开端于古希腊，美学是古希腊哲学思想不可分割的组成部分。洛

---

① 美学观念虽然存在已久，从古希腊时就成为哲学思想的一个重要组成部分，但直到 1750 年，鲍姆加登才首次发明并使用"美学"一词，也就是说，美学作为一个独立学科只有两个半世纪的时间。

谢夫的哲学思想体系是以古希腊和罗马时期新柏拉图主义为基础的，而神话学思想构成其主要内容。古希腊神话为洛谢夫美学思想的阐释和展开提供了很好的范式和基础，甚至神话理论贯穿他的整个思想探索过程。在古希腊文明赖以产生的史前文化中，神话"占有特殊的地位，它起到解释系统的作用。它是史前人类的'哲学'、'美学'或'科学'，（人们）以神话的形态来解释各种自然现象、人际关系、审美主体和审美客体的关系等"（范明生，1999：56）。洛谢夫对古希腊美学的研究就是建立在把美学、哲学与神话学视为统一整体的原则基础之上的。"哲学、神话、美学是作为一个整体加以思考的。"（Тахо-Годи，2009a：14）神话在他的理论体系中就是"形"的体现，也就是抽象的思想在意识层面的体现。

与哲学的发展阶段相适应，通常把西方美学史发展分为本体论、认识论和语言学三个阶段，体现了三种基本原则。洛谢夫综合了这三种基本原则，创立了自己独特的美学理论。首先，洛谢夫本体地理解艺术的本质特点，在他看来，"艺术作品除了自身之外，什么也不表现；它除了自身之外不说明，也不象征任何东西"（Бычков，2009：40）。它是具有自身价值的自足本体。而艺术的表现（形式）有三个基本特征：完整性、自足性和等同性。意义的直观性不是部分地，而是整体、充分、深刻地显现的。另外，艺术形式并不是像某些符号那样，把观察者引向存在于某处的某种现象，而是把这种现象的直观性完全地包含于自身之中。也就是说在一切有意义的现象之中都潜在地包含着它"同等完整的体现"，他称之为"原型"（类似于"原始状态""原初形象"等），在艺术作品的创造和理解过程中不断进行着具体艺术形式和这个原型的比较，但是这个原型正是存在于这种艺术形式之中，潜存于被表现的有意义的现象之中，实际上它正是艺术作品的目的，就像新柏拉图主义的主要代表普罗丁当时所说的"内在的形（эйдос）"①，拜占庭圣像崇拜者斯图底的德奥道罗所说的圣像"原型"（первообраз），或东正教所说的"圣容"（лик）——德奥道罗认为，在基督的圣像中甚至比面对耶稣基督本人所看到的"原型"体现得更加清晰。这里所说

---

① 形，эйдос，希腊语 eidos（外貌，形象），是古希腊文学和哲学术语。最初意指"可见的"或"可见之物"，渐渐获得深层含义，指"抽象事物的具体显现"或"思维中的物质实在"；概括意义就是客体的组织或存在方式。中世纪和现代哲学中是指阐释某个概念最初语义的范畴结构。

的是一种理念的"原型"，它在艺术作品之外存在。

新柏拉图主义起源于公元 3 世纪，是古希腊文化末期重要的哲学流派，开始时作为一种宗教学说，曾为基督教所排斥，但自从圣奥古斯丁把新柏拉图主义的某些思想引入基督教神学，这一流派开始对西方中世纪基督教神学甚至美学产生重要影响。而在美学方面，洛谢夫超越了新柏拉图主义的某些观念而直接谈论艺术作品本身的意义，揭示艺术创作和艺术感受中深刻的辩证法，从而直接触及作为美学现象的艺术的本质。在对艺术本质的辩证论述中，洛谢夫切割出一系列的二律悖反的概念，如动与静、意识和无意识、自由和必然、主体和客体等。洛谢夫关于艺术形式的学说中的根本概念是思想和形象，在二者之间多维的相互关系中衍生出一个美学现象的宏大体系，这个体系包含诸多的美学范畴。古希腊哲学中的"形"之观念和艺术的遗觉①是洛谢夫美学理论的主要特点和学说基础。

二 洛谢夫美学与象征

象征是洛谢夫美学的一个核心概念，也是理解其思想本质的关键词。他在一系列著述中都运用了象征概念，并对其进行了深入的思考和界定。在《象征问题与现实主义艺术》（1976 年）一书中，洛谢夫区分出与象征相关的 11 个范畴，并且把这些范畴与自己理论中的象征概念做了科学的对比。《名谓哲学》就是他对象征概念深入剖析的重要著作之一，洛谢夫认为名谓、能量、象征这些概念的本质体现了造物主和被造物之间的明确界限。同时这些概念的表现力、高度概括性和可理解性又确立了上帝和世界之间的稳定联系，由此肯定了世界之中的神性存在。洛谢夫的整个象征理论是建立在神之名（Имени Бога）的强大表现力之上的。基督教本身就是象征主义的，它完全属于智慧和精神的领域。洛谢夫认为，这个神的名以及神的能量范畴是象征性的，因为象征的突出特征是富于表现力，具有实在性和神性智慧（софийность），因此在洛谢夫那里，象征是一个具有本体意义的概念。在基督教中，象征是精神和物质在思想中的统一，大地和肉体在其中并不是如它们所说的那样，而是通过变容和救赎的过程

_____

① 遗觉是建立在"形"之概念上的一个心理学术语。

来加以证实的。因此，在信仰之中只有象征是可能的，而除此之外的一切都是象征的物质体现。在洛谢夫那里，象征被分为创造的和本体的，由此创立了他所谓的象征的层级理论，而第一级的象征是深植于神性存在之中的非人造的象征。洛谢夫认为，只有象征主义能把现象（类似于胡塞尔学说中的现象，即被悬置的"纯粹意识"）从一切主观的幻想主义和盲目的物质崇拜中解救出来（Лосев，1990：94）。这正是他的《名谓哲学》的基本原则和思想。在德文版的《艺术形式辩证法》前言中，德国学者哈尔特说："洛谢夫的普通美学理论，作为一种艺术表达的理论，是建立在自己的名谓哲学基础上的，名谓哲学中，词语或名称对于一切其他表现方法来说起到聚合模式的作用。"（Бычков，2009：32）在《名谓哲学》中，洛谢夫直接阐述了名谓与象征、神话、个性的关系："绝对不可再分的点——本质体现在自己的'形'中，'形'体现在神话中，神话体现在象征中，象征体现在个性中，个性体现在本质的能量中。最后——本质的能量体现在名谓中……名称就是合情理地表达出来，象征地成为某种确定面貌的能量。"这样，名谓在这个逐级显现的体系中成为一个终结阶段和本质的完美面貌。

从这些论述中，我们不但可以看出洛谢夫理论中象征的本质，而且可以看出他理论中的象征概念与作为文化潮流和文学流派的象征主义中的象征概念的区别和联系。洛谢夫的象征与俄国象征主义文学的联系是显而易见的。世纪之初，俄国的象征主义运动不只是一个封闭的诗歌流派，许多象征主义诗人与像别尔嘉耶夫、弗洛连斯基、艾恩、布尔加科夫这些宗教哲学家广泛交往，而这些人的诗人或哲学家身份也是自由划分的。在建构自己的美学理论时，洛谢夫借鉴和总结了俄国象征主义的美学经验，并指出没有象征这个范畴就谈不上是美学和艺术理论。

20世纪初，伴随着西方文化中的理性主义危机，尼采、叔本华、弗洛伊德以及那些所谓的"生活哲学"、现象学等学派的思想学说应运而生。而在俄罗斯，这种危机促进和激发了俄罗斯宗教哲学的探索，并体现在象征主义、颓废派的创作和思考中。这一时期，洛谢夫也受到对于理性的两重性立场的困扰。人不能等同于理性，但是没有理性人又是什么？他从柏拉图主义的立场来理解理性并非偶然。柏拉图的教父学传统认为，智慧高于灵魂。理性对于洛谢夫来说是自我认知的极限，理性高于一切逻辑，而理性和非理性、宇宙和混沌之间的界限，人应该和能够把握的界限对他来说是最大的问题。最后，洛谢夫把这些理性的哲学科学分析归结到对于基督教文化来说极为传统的对艺术创作的理解上，就如同中世纪的圣像画家和作家认为自己是为神的力量所掌握的中介者——这一点恰恰与俄罗斯 20 世纪的象征主义美学的代表们极为相通。不同的是象征主义者和宗教思想家们关注的是审美现实的宗教本体论层面，而早期洛谢夫在很大程度上是着眼于艺术的现象学层面。这也导致他把艺术视为透视个体现实性的棱镜，即通过人类个体的灵魂——无论是艺术家还是接受主体——获得审美经验。洛谢夫认为，艺术是一种独特的、个性化的、创造性的认知方式，通过它可以达到对存在、现象和对象的认知。因为不论艺术描绘了什么，它总是要描绘人和人的心灵，根据心灵体验的客观性，透过个人色彩，可以深入窥见艺术作品的本原和深层，即艺术是引起我们对世界的深层认知的东西。

年轻的洛谢夫之所以喜欢索洛维约夫哲学、象征主义者以及白银时代许多思想家的宗教探索，主要是源于早年向他打开的音乐世界，他透过音乐和形象来考察艺术的认知层面——这也是他深入存在之本原的唯一可能。根据洛谢夫的理解，音乐和形象，就如同象征一样，构成了一切真正艺术的基础。在德国浪漫主义者之后，洛谢夫从深层视角看到纯粹艺术经验的体现和审美经验的精髓。一个人在艺术中会更加深刻地理解自身，洛谢夫不但对瓦格纳和斯克里亚宾的音乐进行过深入的解读，他甚至在研究中把音乐作为数的逻辑加以分析，并指出音乐本质的二律背反性和其神秘能量的源头。音乐在年轻的洛谢夫的理解中，是一般语言难以表达的纯然的世界本质，其中象征地传达着存在的深层特征，预示着即将到来的混乱世界的根本变容。他特别关注了民间音乐，并认为里姆斯基–科萨柯夫的《雪姑娘》达到了民间音乐的最高成就。音乐言说着宇宙的本质和世界灵魂，是存在和主体的内在生命的独一无二的表达。后来，在胡塞尔现象学的影响下，洛谢夫发现音乐这种存在本身还只是理性的普遍遗觉原质中的一个瞬间（Лосев，1990：481），这导致他从 20 年代末开始转向从现象学辩证法的角度研究普遍的艺术哲学和美学理论。

三 洛谢夫美学理论的现代性原则

洛谢夫的博大源于古希腊哲学思想的博大，而洛谢夫的精深则得益于当代西方哲学美学思想和俄国本土唯心主义哲学和心智的滋养。在俄罗斯本土的著名唯心主义哲学家如尼·别尔嘉耶夫、索洛维约夫以及具有深刻宗教哲学思想的象征主义文学理论家那里都有关于美的本质的论述，但这些思想大多带有神秘主义神学的性质，如别尔嘉耶夫认为，"宇宙之美是世界过程的目的"（Маслин，1995：639）。洛谢夫的思想虽然受拜占庭神学家格利高里·帕拉马斯宁静主义的影响颇深，但他仍能运用严整科学的理论方法对美学本质进行思辨，这方面应该是受益于黑格尔、谢林和胡塞尔。在洛谢夫早期的著作中，他的美学观念与德国古典美学原则的一致性是显而易见的。胡塞尔的现象学作为一种特殊的哲学思维态度和方法，可以"保证我们走向事实本身（意识）的可能"，被称为"科学的科学"，是人类意识的科学（蒋孔阳、朱立元，1999：394）。继胡塞尔之后，洛谢夫试图在一切物质自身不变的"形"和意义之中来揭示现实的本质，即用现象学的眼光来深入考察事物的本质。

在1902年所写的一篇论文《作为表现科学和普通语言学的美学》中，洛谢夫把"表现"（выражение）作为一种理性之外的直觉认知，"每种真正的直觉，或每种真正的观念同时也都是'表现'"。"表现"是一种独特的、理论性的，也是直觉性的精神活动，在克罗齐那里，它是和艺术形式相一致的。"克罗齐的美学是精神哲学的一个组成部分，它所研究的是作为精神活动最基本形式和出发点的直觉活动，美学就是关于直觉的科学。"（蒋孔阳、朱立元，1999：10）"表现"也是语言学的对象，至少是它的一部分，因此又可以把这种认知提升到语言哲学的高度。按照克罗齐的观点，美学和语言学不是两个单独的学科，而是同一个学科，因为二者有着一致的对象——"表现"。他认为，在一定程度上可以说，语言学是一个哲学学科，应该和美学融为一体，而实际上它也正在与之完全融合。无独有偶，胡塞尔的现象学也十分强调语言研究对哲学逻辑研究的重要性，这是当代美学理论"语言学转向"的一个代表。洛谢夫推崇美学的语言学视角，但他依托的是自己的名谓哲学、词语和象征的哲学以及经过缜密思考的方法论所得出的结论。洛谢夫的美学观虽然与克罗齐相近，但在对"表现"以及审美性本质的理解上完全不同。对于克罗齐来说，更为重视审美事实的认识论方面，他把"表现"作为直觉的认知。而对作为基督教的新柏拉图主义美学理论的推崇者洛谢夫来说，更加突出本体论特点，充分体现了自己的现象学辩证法原则。

"表现"系列的基本概念体系在洛谢夫那里是依据新柏拉图主义的由点、第一实在或本质发散的原则拆分的,这些概念包括"形"、神话、象征、个性、本质和名谓的能量。或许这个体系和新柏拉图主义的不同只在于,强调的重心从经典的本体论转移到现象学和辩证法的逻辑上,也就是说转移到纯粹概念体系上,这些概念的某些变体和鲜明的二律背反性属于教父学的遗产,早期洛谢夫视其为辩证法的方法。在辩证法的第一阶段洛谢夫打乱意义领域相互制约的范畴体系,如存在、静态、运动、一致、差别等,然后借助这些概念来解释遗觉表达系列中的主要范畴,他同时也把这些范畴视为本体的和审美的。借助一系列动态的悖论他得出"形"得以形成的清晰画面——他认为"形"就是表现出来的本质。"形"的这种形成或多层次的体现在异的领域会产生表现的原始自然力,没有这种自然力任何意义向意义之外层面的运动都是不可想象的。与新柏拉图主义者的流溢(эманация)不同,洛谢夫强调本质"析出"(выявление)的整个过程以及每个阶段"富于表现力的瞬间"。这样,洛谢夫把基本概念界定的整个体系建立在"表现"的样态之上,对"表现"的理解和详尽描述就成为他的重要著作《艺术形式辩证法》的研究对象。

洛谢夫把美学作为一个哲学学科,一个独立的、直接关注人的感性知识的领域。早在20年代,洛谢夫就率先提出美学的问题,并界定了美学概念的意义范围。他指出,美好的东西绝不是具有审美意义的事物,审美的概念更加宽泛,它包括崇高、低俗、悲剧和喜剧,美好的事物只是审美对象的一种,另外,美好的事物也不能等同于艺术。艺术作品是创造行为的实现,而具有审美意义的事物则是指应该以艺术加以体现的东西。艺术是实现了的审美,但艺术中绝不仅仅是审美。他认为审美性是美学的主要范畴,而表现和富于表现力的因素构成审美性的基础,是"某种对象性感受的存在",这种存在处于作为物质世界统一对象的经验现实和思想现实的中间地带。在洛谢夫看来,世界充满了思想和意义,而且一切思想都应该有其外在体现,有其体现的方式,他的美学理论探索正是由此展开的。他认为世界不仅可以通过概念逻辑地加以认识,而且可以以神话象征的形式使其思想最大化地体现,因此人们可以审美地认识世界,而美学的对象就是"形"之体现的逻各斯。通过现象学、独特的象征理论和辩证法方法,洛谢夫打通了哲学美学理论和语言学、神话学、历史学、文化学研究的壁垒，使之成为一个贯通的科学体系，从而达到对人类精神生活、历史文化以及日常生活等存在的本质认识。

参考文献

Бычков В. В. , Эстетическая теория А. Ф. Лосева//Институт философия РАН. Философия России второй половины 20 века А. ф. Лосев под рудакцией А. А. Тахо-Годи и Е. А. Тахо-Годи. Москва: РОССПЭН, 2009.

Лосев А. Ф. , Из ранних произведений. Москва: Правда, 1990.

Лосев А. Ф. , История античной эстетики последние века, книга 1 ［М］. Москва: Искусство, 1988.

Русская философия (словарь), под общей редакцией М. А. Маслина, Москва: Республика, 1995.

Тахо-Годи А. А. , Драма мысли и драма жизни в «Истории античной эстетики» А. Ф. Лосева//Институт философия РАН Философия России второй половины 20 века. А. ф. Лосев, под редакцией А. А. Тахо-Годи и Е. А. Тахо-Годи. Москва: РОССПЭН, 2009b.

Тахо-Годи А. А. , Основные вехи жизни и творчества А. Ф. Лосева//Институт философия РАН Философия России второй половины 20 века. А. ф. Лосев, под редакцией А. А. Тахо-Годи и Е. А. Тахо-Годи. Москва: РОССПЭН, 2009a.

范明生：《西方美学通史·古希腊罗马美学》，上海文艺出版社，1999。

蒋孔阳、朱立元：《西方美学通史·20世纪美学》（上），上海文艺出版社，1999。

原文载于《俄罗斯语言文学与文化研究》2012年第2期

俄国未来主义的诗语观

——兼论俄国形式主义对其的评价和接受

吴允兵*

摘　要： 20世纪之初的俄国未来主义和形式主义学派以引人瞩目的反叛姿态向一切传统发起进攻，企图瓦解传统的话语结构，发出自己的声音，建立自己的理论体系。形式主义在初期的理论建构过程中正是以未来主义创作实践及其理论为基点的。本文将以未来主义者的诗语观为切入点，进而阐述俄国形式主义理论建构与未来主义的内在联系。

关键词： 未来主义　形式主义　诗语观　"超理性语"

　　俄国未来主义①和形式主义出现的历史背景有着很多相似性，其理论建构在诸多方面存在着共同之处，而二者向传统发动进攻的战斗姿态以及大破大立的革命精神都给人以深刻印象。两者的命运也颇为相似，在20世纪初的文艺界，作为俄国现代主义分支的未来主义和文艺学领域后起之秀的形式主义均因其特立独行的反叛精神而引人瞩目，然而这种话语权的垄断地位未能持久保存，及至20年代后期马克思主义文艺学试图统一文艺领域，树立自己的话语霸权之

---

　*　吴允兵，对外经济贸易大学教授。
　①　俄国未来主义并未呈现出一个完整统一的流派，其内部包含若干支流，如"立体未来主义"、"自我未来主义"、"诗歌顶楼派"和"离心机派"，立体未来主义人数最多，在诗歌创作实践和理论建树中取得的成就最大，我们在论述未来主义时主要以这一支流为对象。

际，两者在内外交困的形势下就不可避免地走向穷途末路。未来主义对当时的诗歌创作方法产生了很大影响，而形式主义的影响则更为深远，它经布拉格学派、新批评学派和法国结构主义一路衍变，革新了文学研究的旧有范式，历史功绩不容抹杀。

俄国文学中的现代主义诞生于19世纪、20世纪之交。继象征主义以后，阿克梅主义和未来主义差不多同时登上了历史舞台，两者都是作为象征主义的反对派出现的。象征主义后期因其不断增强的神秘化倾向而屡遭诟病，到了1910年前后，象征主义出现了明显的危机，走向衰落，而此时则是阿克梅主义和未来主义崛起之年。虽同处反对派阵营，阿克梅主义和未来主义在诗歌美学方面走的却不是同一条路，阿克梅主义走了一条渐进的改革之路，相比之下，未来派走的则是一条激进的革命之路。

阿克梅主义和未来主义对象征主义的反驳的一个方面体现在他们的诗语观上，即他们对待文艺作品的基本成分——词语——的态度的异同，同时，未来主义者的诗语观在很大程度上成为形式主义者构建自身理论的奠基石。

象征主义者企图通过语言艺术深入生活现象的本质和秘密，探索那几近不可感知、只可象征的永恒绝对，从而揭示生活的神秘性。象征主义理论家如伊万诺夫等秉承宗教哲学家索洛维约夫的哲学思想，以神秘主义的哲学观和世界观观察和认知世界，使得象征主义艺术不可避免地具有了一种宗教神秘性。象征主义者逐渐从探讨文学本身的"文学本位观"走向建立新的哲学理论，从而形成了"由文学改革出发而向非文学领域扩张"（周启超，2003：22）的现象。

这种"扩张"表现在语言层面上，即是象征主义者对待词语的态度。对象征主义理论家而言，语言乃是由词语组成的象征的森林，乃是"对彼岸的一瞥"或者"对人类神话童年的怀旧"（Erlich，1980：43），词语因而被赋予了神秘的力量。相比之下，未来主义者对待词语的态度则大相径庭。他们认为词不是象征符号，而是直接的有现实意义的发音，要摆脱习惯性地将诗语当作音乐象征，恢复"词本身"的原初形式。未来主义者在诗歌领域发起了一场语言革命。

一　未来主义者的诗语观

俄国现代主义诗人对语言的兴趣在一定程度上正好契合了20世纪人文科学

尤其是哲学中语言的转向①这一趋势，即诗人和哲学家不约而同地将关注的焦点投向语言本身——诗人创作使用的材料和哲学家借以思考的工具。20世纪初以来，人文科学中这种语言学倾向得以最终形成并大放异彩，就文艺学领域而言，自世纪初的俄国形式主义始，经新批评派和结构主义，文学研究中的形式层面和语言学方法受到了极大的重视。

俄国形式主义深受日内瓦语言学派、胡塞尔现象学和未来主义等的影响，大力倡导文学研究中诗学和语言学方法的结合，对文学作品的有机构成——语言材料极为重视。尤其是未来主义者在诗歌宣言和创作实践中对诗语的革命性做法，也使得形式主义从中获益良多。未来主义诗人们倡导的"自在的词"和"超理性语"②等概念为俄国形式主义者构建自己独特的理论体系提供了十分有益的参考。

文学理论经常是在文学创作实践的基础上提炼、归纳出来的，俄国形式主义在这一方面也不例外。关于形式主义者和未来主义者之间的关系，《二十世纪文学理论》一书的作者认为，形式主义者什克洛夫斯基的《词语的复活》一文及其观点是"克鲁乔内赫和赫列勃尼科夫未来主义的理论"和"俄国形式主义"之间的"中间环节"。而且，"形式主义学派的长处在于它跟创作有密切的联系，几个形式主义学派评论家跟未来派作家关系密切"（佛克马、易布思，1988：17）。其中最突出的表现是形式主义者雅各布逊不仅与诗人马雅可夫斯基和赫列勃尼科夫来往甚密，他本人也曾以化名阿利亚格罗夫（Алягров）从事过未来主义诗歌创作。

未来主义者初登诗坛就以一种文学领域革命者的姿态出现在公众面前，而他们的处女秀即是以文学宣言的形式展示了他们对待诗歌语言的态度。未来主义者在其早期的宣言《给社会趣味一记耳光》（1912年）中即表达了对语言的重视："时代的号角由我们通过语言艺术吹响。"（张捷选编，1998：111）面对传统的语言艺术创作者，他们否定以前的一切文学创作，"在我们之前不存在词

---

① "the Linguistic Turn"最初由古斯塔夫·伯格曼提出，意指语言不再是哲学思辨过程中的工具，而成了哲学反思的起点和基础，中文有译为"语言学转向"、"语言的转向"和"语言学导向"等。

② "超理性语"，俄文为"заумный язык"，一译"无意义语"，是由赫列勃尼科夫最先提出的，克鲁乔内赫在《词语的新路》和《词本身》等文中曾对其做出阐释。

语艺术（словесное искусство 或 искусство слова）"（Терёхина，Зименков，2000：50），并声称要"把普希金、陀思妥耶夫斯基、托尔斯泰等，从现代生活的轮船上扔出去"（张捷选编，1998：111），其对当代作家高尔基、勃洛克、蒲宁等也极度蔑视。在未来主义者的这种与传统断然决裂的勇气背后则是一种历史虚无主义态度。

　　未来主义者公开要求创作自由，不过，这不是诗人在公民权利的层次上对创作权利的诉求，而是诗人要求在创作过程中有权任意支配创作手段——语言的自由。利夫希茨宣称，创作自由对于诗人来说，"应该是在自在的词的范围内理解创作的自由，诗歌才是真正的自由，独一无二的且首次获得的自由"（Lawton，Eagle，2005：80）。其言外之意自然是先前的诗歌创作是不自由的，具体而言就是诗歌的介质——词语是不自由的，这种不自由表现在"词语至今还戴着镣铐"，"词语仍从属于意义"（Терёхина，Зименков，2000：50）。他们的使命就是将诗歌从这种不自由的状态中解救出来，而其最直接的对手就是象征主义者。象征主义者赋予了词语某种超自然的神秘特质和形而上的崇高内涵，如象征主义理论家别雷认为"词语创造出一个新的、第三世界——一个声音符号的世界"，并且"'我'和'世界'只是在将这两者统一于词语的过程中才出现"（Белый，1994：131）。实际上，未来主义者和形式主义者在针对象征主义者的神秘化倾向上，站在了同一战线上，他们决意要"把诗从哲学和宗教的偏见的禁锢中解放出来"，让"诗学摆脱他们（象征主义者——笔者注）的那些主观的美学理论和哲学理论"（张捷选编，1998：213）。对于未来主义者就是"词语的解放"（利夫希茨语），也即他们"对具有创造性的词语的唯一的强调，词语第一次得以自由"（Lawton，Eagle，2005：81），而这一点正是他们和前辈诗人以及同时代诗人的差别所在。如果对未来主义者的诗语革命加以概括，那即是他们企图"提供一种自由的、超理性的和世界的语言"（Терёхина，Зименков，2000：50），由此出发，他们在诗歌领域发起了一场影响广泛的语言革命。

　　未来主义者提倡"超理性语"乃是出于革新创作语言、丰富诗语表现力的立场，体现在对"一般的语言（概念）"的拒斥，对"个人的语言（创造者具有个性）以及没有确切含义的（尚未僵化的）超理性的语言"（张捷选编，1998：131）的诉求，这后者"自由的语言"不像"一般的语言"在创作过程中束缚艺术家的表达意愿。为了使用这种个人的自由的语言进行创作，未来主义者的首要任务就是打开束缚词语的"镣铐"——词语所受到的语法、正字法、诗歌韵律、意义的束缚。在他们看来,由于词语受到种种束缚,它已经奄奄一息,早已失去生气,并且词语在某些方面也显得无能为力,以至于诗人的"情感体验难以用词语(僵化的词语、概念)来表达"(Lawton, Eagle, 2005:81)。未来主义者宣布要发起一场解放词语的运动。

"自在的词"是未来主义者为提供这种自由的"超理性语"而提出的又一个重要的概念,它强调词语是种独立的存在,有着自身的价值,并且要反抗外在的诸种束缚。"自在的词"表明了诗人对词语所独有的权利的宣称,在《词本身——论文艺作品》① 中,未来主义者对先前的文学对语言的要求——"清楚、纯洁、诚挚、嘹亮、悦耳(听起来柔和),富于感染力(鲜明突出、绚丽多彩、有声有色)"——进行抨击,认为这些要求"更适用于妇女本身,而不是语言本身"(张捷选编,1998:118)。他们自称为"未来人—言语创造者(будетляне-речетворцы)",主张使用"拆散的词、半句话以及故弄玄虚的离奇词组(超理性语),从而达到最大的表现力"(张捷选编,1998:119)。而在《给社会趣味一记耳光》中,未来主义者也明确要求人们尊重诗人的专属权利:"一、有任意造词和派生词以扩大诗人词汇数量(造新词)的权利;二、有无法控制地痛恨存在于他们之前的语言的权利……"(张捷选编,1998:112)他们坚称"为了表现新的和将来的事物,需要完全新的词和词的新组合",他们要求词的组合"按照词的内在规则,而非遵循逻辑和语法的规则"(Терёхина, Зименков, 2000:51)。在另一篇未来主义宣言《鉴赏家的陷阱》中,他们提出了新的十三条创作原则,如"不再按语法规则来观察词的构造和词的发音","按词的笔画和声音的特征来赋予它们以内容","否定正字法","取消了标点符号","把元音理解为时间和空间(意图的性质),把辅音看作色彩、声音和气味","韵律被摧毁"和"丰富的词汇是诗人名实相符的保证"等(张捷选编,1998:113)。至此,造词(словотворчество)成了未来主义者丰富词汇、创造"超理性语"的主要手段。

按照克鲁乔内赫的设想存在三种基本造词方式,他对其中之一的超理性的造词方式的解释是:"a)歌唱的、符咒的、咒语的魔法;b)'显示(称呼和描

---

① "词本身",俄文为"Слово как таковое",也即指"自在的词"。

述）无形的事物'——不解之物；c）音乐语音造词——选音、构成。"（张捷选编，1998：132）詹尼塞克则将未来主义者的"超理性语"分为三类："语音超理性语"、"语形超理性语"和"句法超理性语"（Janecek，1996：5）。而在未来主义诗人的创作中最常见的是前两者。

"语音超理性语"在很大程度上是未来主义诗人的语音实验诗，对词语的语音和意义的探索是未来主义者诗歌革命的最重要的内容。未来主义者鼓吹"词由于有意义而压缩，变得干瘪、僵硬，而超理性语则是野性的、炽热的、爆炸性的（野性的乐土，炽热的语言，燃烧的煤炭）"（张捷选编，1998：132），因而"超理性语"必将成为诗人创作的最有力手段。为了将词语从意义的枷锁中解放出来，他们摧毁语法和句法，坚信词与物之间的约定俗成的对应关系极不可靠，而把意义与语音捆绑在一起，赋予语音以独立的地位和功能。未来主义诗人极为重视语音，他们认为语音和意义之间有着一种不同寻常的能指与所指的关系。这种关系在语言形成之初是稳定并显见的，但是它随着时代的发展而逐渐失去了先前的明晰性，变得模糊起来。克鲁乔内赫提出，"超理性语是诗歌的原始形式"，"是原始的声音"（张捷选编，1998：131），未来主义者试图在"超理性语"中恢复这种联系。为此，克鲁乔内赫曾写过"另一种声音和词的组合的样品"：

> Дыр бул щыл
>
> убещур
>
> скум
>
> вы со бу
>
> рлэз（张捷选编，1998：117）

这首"超理性诗"由一些辅音和元音不规则地组合起来，印证了他们要求诗人具有"任意造词"的权利，同时也是他们"否定正字法"的实践，他们宣称"这首五行诗中包含着比普希金全部诗篇更多的俄罗斯民族特色"（张捷选编，1998：117）。

未来主义者对语音和意义之间的联系的探索，也体现在他们认为"词语正在死亡，而世界永葆青春"上，艺术家要想正确认识这个世界，就必须"以一种新的方式观察世界，并像亚当一样给一切命名"，而这种命名方式是他们寻回"原始的声音"的努力的证明。举例来说，"лилия"（百合花）本身是美好的，但是"лилия"这个词却是丑陋的，它是被"玷污和凌辱"过的，为此他们把百合花称作"еуы"，在他们看来，这就使得它具有了一种"原初的纯洁"（Терёхина，Зименков，2000：44）。这种声音自由组合后形成的"有节奏的音乐性的冲动"不仅是"原始的声音"，也是"诗歌的原始形式"（张捷选编，1998：131），进而实现了他们倡导的诗歌语言革命的目标。

未来主义者对声音与意义之间关系的探索还表现在他们对声音与字母间音义关系的探究上。赫列勃尼科夫曾写道，"造新词教会我们，词语的丰富多样源于字母的主要音（它们不断替换词语的种子）"，而这字母的音也是"语言的种子"，"新的语言播种者"有了这些种子便能收获新的词语和语言（Терёхина，Зименков，2000：63）。于是，字母及其声（发）音进入了未来主义者的视野中心。

这一点可以由赫列勃尼科夫对字母及其音的重视得到证明。赫列勃尼科夫试图为人所诟病的"超理性语"正名，即他认定"有方法使超理性语成为理性的语言"。他企图探究一个完整的词语中每个单独的音的意义，举词为例，"чашка"（碗）、"череп"（颅骨）、"чан"（桶）、"чулок"（套、罩）等词中都有一个共同的字母ч，所有这些词都有一个共同的意义——"外壳"，那么在他们看来，字母ч就有"外壳"的意思，如此一来，超理性语就不再是超出理性之外了。以此为依据，赫列勃尼科夫得出了超理性语的两项前提："普通词的第一个辅音字母统辖所有词——命令剩下的部分；以同一个辅音开头的词语被同一个概念统摄起来，宛如从不同方向飞向同一个理性中心。"（Терёхина，Зименков，2000：68）超理性语及其两项前提其根本还是为了服务赫列勃尼科夫的伟大构想：建立"世界语言"（也即未来主义者提倡的"超理性语"），以ч为例，如果它在所有语言中都有同一意义"外壳"的话，那么所有鞋类都可称为"Че ноги"（直译：脚的外壳），所有类型的碗可称为"Че воды"（直译：水的外壳）。循此类推，每个字母都有自己特有的意义，"理性的语言已经四分五裂"，而按照类似规则建立起来的语言则"能够将人联合起来"，这样一来，"超理性语乃是未来的世界语言"（Терёхина，Зименков，2000：69），未来主义者的所有探索都不会徒劳无功。

可见，赫列勃尼科夫对字母与音的关系的探索的另一层面是对声音与意义的思索。他在《我们的基础》（Наша основа）一文中，对自然的日常语言的意义产生怀疑，以"солнце"（太阳）为例，当人们在口头或书面谈话的假定性情景中使用这个词时，怎么会与天空中那颗炽热光明的恒星联系起来呢？他认为对语言的理解正如观看一场木偶戏，而词语就是"发声的木偶"（звуковая кукла），而辅音和元音则是这"发声的木偶"上的吊弦。这是对"超理性语"的补充注释，其中心所在于对语言的能指和所指关系产生怀疑，而这种怀疑却又直到德里达那里才结出硕果，即其对逻各斯中心主义的解构和提出"延异"概念，而这却已超出未来主义者的思考所及。

未来主义者对待词语的态度发展到极端便是矫枉过正，并且与象征主义者对待词语的观点出现了惊人的相似。他们声明"思想授命予词语规则，而非相反"，更进一步，"先前的艺术家通过思想走向词语，而我们却通过词语走向直接认知"，从而出现他们认为的"最高直觉"，且坚信"词语多于意义"（Терёхина，Зименков，2000：50），进而竭力赋予词语以更多的附加功能。这种做法所要达到的目的是要使"词语（及其声音成分）不仅仅是空洞的思想，不仅是逻辑，而主要是超理性的（非理性的、神秘的美学的组成部分）"（Терёхина，Зименков，2000：50），或者说，在未来主义者看来，词语应该是万能的。未来主义者的这种不断升级的拔高行为和神秘化倾向，最终将自己送上了马克思主义文艺学的审判席。

至此，未来主义者的企图已经清晰可见：剔除词语的意义内核、剥离词语的意指功能。然而，不可否认的是，未来主义者的所有宣言仍是用为理性所理解的"一般的语言"写成的。这也无意中暴露出其理论的自相矛盾之处。

二　形式主义者的评价和接受

未来主义者的诗歌试验很快就得到了形式主义者的注意和重视。形式主义早期的领袖人物什克洛夫斯基在《词语的复活》（1914 年）中对未来主义者的造词运动给予肯定："造词是人类最古老的诗歌创作。"（什克洛夫斯基，1993：25）词在诞生之初是"生动的、形象的"，而经过长时间的使用，"词语僵死了，语言也宛若一座坟墓"。词语在日常使用中逐渐失去了"原初的纯洁"，而变得平常、成为习惯，"对于习见的词语我们已经没有感觉，看不见它，而知道它"。词语发生的这种变化在于它们的"内在的（形象的）和外在的（音响的）形式"已经模糊，不再被人感觉到，词语犹如风化的干肉，失去色泽和鲜味。艺术家企图使用修饰语来"复活词语所丧失的形象性"，但却"不能给词语带来任何新意"，修饰语也"失去了可感性"。艺术的命运也与此相似，它"被习惯性的玻璃铠甲保护起来"，逐渐僵化并将最终消亡，而其出路在于"只有创造新的艺术形式，才能使人重新感受世界，使事物复活"（什克洛夫斯基，1993：28），什克洛夫斯基认为未来主义者走的正是这条路。

未来主义者的诗歌试验旨在使用生动的形式和生动的词语，赋予词语崭新面貌，他们通过拆散词、使词变形进而得到一种"随意的、派生的词"的做法，在什克洛夫斯基看来"走的道路是对的"（什克洛夫斯基，1993：29）。未来主义者的这种自觉是"对新的创作手法的觉悟"，因而新艺术的最终形成将由他们来完成。

什克洛夫斯基不仅肯定了未来主义者的造词主张，在其后不久的另一篇论文《论诗与超理性语》中对他们提倡的"超理性语"给予很大关注。经过举例说明，他认为"'超理性语'是存在的"，但是对"真正的艺术作品会在某个时候用超理性语写作吗，这种特殊的文学会在某个时刻得到公认吗"的问题，又持有保留态度："天晓得。"（Шкловский，1990：53）由此已经隐约预示未来主义者和形式主义者作为最初的同路人不可能在同一条路上一直走下去。

形式主义学派的另一位著名人物雅各布逊对于未来主义者的诗歌实验也采取了积极的支持态度，不仅如此，他本人还是一位未来主义诗人。他在未来主义者早期的一本诗集《超理性语诗集》中即以阿利亚格罗夫的笔名发表了几首诗。他对未来主义者的关注使他实际上成了后者的辩护人。雅各布逊对赫列勃尼科夫极为尊崇，他的第一部学术著作《最新俄国诗》（1919 年）就是献给赫列勃尼科夫的诗歌创作的，其在书中对赫列勃尼科夫在诗歌创作中造新词的实践进行了分析，认为这些新词在多个方面丰富了诗歌的内容。未来主义者的语音实验诗对雅各布逊影响巨大，为他布拉格时期的音位学研究提供了十分有益的对象。未来主义者对语音和意义之间的联系的探索，也激起了雅各布逊更多的学术兴趣，20 世纪 40 年代雅各布逊以"论声音与意义"为题在纽约举办了六次讲座，对语音和意义的关系进行了深入细致的阐释，其中参加讲座的有克劳德·列维－施特劳斯等人。

形式主义的理论构建从未来主义者的理论及实践中获益良多。巴赫金认为，

"现代诗歌、在现代诗歌中完成的进展以及伴随着这些进展而产生的理论观念的斗争"（巴赫金，1992：82），这一环境为早期的形式主义提供了养料。未来主义者的造词实践和"超理性语"概念对什克洛夫斯基的"陌生化"① 概念的提出具有影响作用。两者的革新行为所面对的共同对象——文学语言艺术，在他们看来，都已经僵化，而我们的知觉却已处于一种自动化、机械化的状态，为了将人从这种无意识的麻木的状态中拯救出来，使人重新感受世界，就有必要采用一种"陌生化"手法，"阻扰和延缓"人的感知，增加感受的难度，并进而给诗下了一个定义："诗就是受阻的、扭曲的言语"（方珊，1989：9）。质言之，未来主义者的理论和实践是形式主义理论的奠基石。

未来主义者惊世骇俗的乖张行为和独特理论为他们赢得了目光，然而公众对他们的先锋诗歌试验却恶言相向，批评界则痛恨俄国文学（诗歌）已走向深渊和虚无。未来主义者力图在创作中通过种种不合规则的（语法的或意义的）做法，竭力使"被劫持的语言"逃脱"语言的牢笼"——意义，其合理性和不足之处不言自明。就连未来主义内部也出现了不和谐音，针对立体未来主义者的诗语观，罗西扬斯基嘲笑："他们（立体未来派）打算把原来的舵手'从现代生活的轮船上扔出去'，而自己却尚未学会看着星辰航行的本领，不懂得航海中最简单的一种设备——指南针——的结构和功用。"（张捷选编，1998：106）然而，正如马尔科夫所言："他们的理论与他们的先驱——俄国象征派的理论相比，论质论量都显得低劣，然而，它却丝毫不容忽视。"（张捷选编，1998：157）未来主义者的理论为早期形式主义者建构理论体系提供了最好的素材和参照物，两者之间的良性互动关系或者可以总结如下："两条平行的走向趋于合拢：如果诗人需要文学研究者的帮助，后者则与文学先锋派结盟以寻找走出文学研究所陷困境之路。"（Erlich，1980：50）

参考文献

Erlich V., *Russian Formalism：History-doctrine*, The Hague, Paris, New York：Mouton

---

① 陌生化，俄文为 остранение，也译作"奇特化""反常化"等。

Publishers, 1980.

Janecek G. , *Zaum: The Transrational Poetry of Russian Futurism*, San Diego: San Diego State University Press, 1996.

Lawton A. M. , Eagle H. , *Words in Revolution: Russian Futurist Manifestoes 1912 – 1928*, Washington: New Academia Publishing, 2005.

Белый А. , Символизм как миропонимание. Москва: Респубника, 1994.

ТерёхинаВ. Н. , Зименков А. П. , Русский футуризм: теория. практика. критика воспоминание. Москва: ИМЛИ РАН, «Наследие», 2000.

Шкловский В. Б. , Гамбургский счет: Статьи-воспоминания-эссе（1914 – 1933）. Москва: Советский писатель, 1990.

〔苏〕巴赫金:《文艺学中的形式方法》,邓勇、陈松岩译,中国文联出版公司,1992。

〔荷〕D. W. 佛克马、E. 贡内 – 易布思:《二十世纪文学理论》,林书武、陈圣生、施燕、王筱芸译,生活·读书·新知三联书店,1988。

方珊:《前言:俄国形式主义一瞥》,载〔俄〕什克洛夫斯基等著《俄国形式主义文论选》,方珊等译,生活·读书·新知三联书店,1989。

〔俄〕什克洛夫斯基:《词语的复活》,李辉凡译,《外国文学评论》1993 年第 2 期。

张捷选编《十月革命前后苏联文学流派》（下编）,上海译文出版社,1998。

周启超:《白银时代俄罗斯文学研究》,北京大学出版社,2003。

原文载于《俄罗斯语言文学与文化研究》2013 年第 2 期

"长远时间"里巴赫金的生平与创作

刘柏威[*]

刘柏威[*]

摘　要： 1971 年，巴赫金在接受波兰记者采访时提到了"长远时间"的概念：在长远时间里，任何东西都不会失去其踪迹，一切面向新生活而复苏。巴赫金命运多舛，疾病、截肢、被捕、流放、禁止在莫斯科出版作品，晚年才获得学术界的认可，但从长远时间来看，巴赫金是一个安静、自信的人，为人文科学的发展做了他应该做的和他能够做的一切，忍受了时代给予他的一切苦难与折磨，实现了自我的存在和应分，实现了与同时期人的对话，他也将进入"长远时间"与后人继续对话。

关键词： 长远时间　巴赫金　生平　创作

　　1966 年起，法国学者 J. 克利丝蒂娃发表了一系列的学术著作，介绍一位并不知名的、来自摩尔多瓦国立大学的人文学者的思想。后来，这位学者的思想影响了整个欧洲，他的著作被翻译成几十种文字，其学术成就堪比俄国最伟大的思想家 A. 索尔仁尼琴，他就是 M. M. 巴赫金。

　　M. M. 巴赫金是一位哲学家、文艺学家。他一生很少接受采访，很少与记者见面，但是也有例外，70 年代初，在巴赫金生命的最后时光里，他接受了波兰记者的采访，采访的内容随后被用波兰语刊登出来。在此后 20 年的时间里，这篇报道一直未被翻译成俄语。直到 1995 年，巴赫金诞辰 100 周年之际，学者

---

　　* 刘柏威，黑龙江大学教授。

们编撰《巴赫金学》时，在一个合订本的周刊《政治》中，发现了采访的稿件，它才被译为俄语。M. M. 巴赫金指出："我在自己的著作里，引进了长远时间（большое время）这个概念。在长远时间里，平等地存在着荷马和埃斯库罗斯，索福克勒斯和苏格拉底。其中也生活着陀思妥耶夫斯基。因为在长远时间里，任何东西不会失去其踪迹，一切面向新生活而复苏。"（巴赫金，1998b：373）的确，在巴赫金看来，各个世纪、各个时代的创造者所创造的各种思想都生活在长远时间里，长远时间独立存在于普通、琐碎的日常生活之外，而巴赫金也正是在这样一个长远时间里度过了自己的一生。

一　巴赫金的生平与创作

（一）《艺术与责任》和《弗朗索瓦·拉伯雷的创作与中世纪和文艺复兴时期的民间文化》的哲学溯源

普希金在《一八二九年远征时的埃尔祖鲁姆之行》中曾这样描写俄罗斯的民族性格："我们都是懒惰且没有好奇心的人。"（张幼平编选，2006：13）俄罗斯人懒惰，可能的确如此；但是好奇心，可能就不那么简单。每个人其实都是好奇的，每个人都对生活感兴趣。从出生开始，我们就带着好奇的眼光观察周围的一切。"флёр"在俄语中指"（1）绉纱，绉绸，绉布；（服丧缠的）黑绉纱。（2）〈转，书，旧〉翳蔽；覆盖物，（阻碍视线的）薄雾"（《俄汉详解大词典》，1998：1521），的确，所有的事件、历史和人物在我们了解之前，其实都朦胧的，我们总是带着想象和虚构来看待他们。就像我们都知道，M. M. 巴赫金家里共 6 个孩子，在那个时代受过良好的教育。我们好像对他了解很多，但同时，他内心深处很多隐秘和私密的东西我们其实从未打开。

巴赫金的祖先属于古老的俄罗斯贵族。巴赫金家族最有名的第一个人是 И. И. Бахтин。早在 1789 年，他就在西伯利亚创办了第一本文学杂志《幻变为诗歌灵感之源的额尔齐斯河》（«Иртыш, превращающийся в Иппокрену»）。1895 年，巴赫金出生在一个已经破落的贵族家庭，父亲是银行职员，他们经常搬家。M. M. 巴赫金先是在新俄罗斯大学（现在的敖德萨大学）学习，而后转入彼得格勒大学。大学毕业以后，他居住在白俄罗斯维捷布斯克的涅维尔市，并于1919年9月13日在当地刊物《艺术节》上首次公开发表了一篇只有40行左右的文章《艺术与责任》。"当个人置身于艺术之中时，生活里就没有了他。反之亦然。两者之间没有统一性，没有在统一的个人身上互相渗透。是什么保证个人身上诸因素间的内在联系呢？只能是统一的责任。对我从艺术中所体验所理解的东西，我必须以自己的生活承担起责任，使体验理解所得不致在生活中无所作为。"（巴赫金，1998a：9）

巴赫金这里谈及的是一个复杂但显而易见的问题，人的生活其实分为两个方面：一方面，作为一个普通人，他在生活、工作、学习、接触周围的人和事，与此并行；另一方面，人们欣赏绘画，读书，对这些艺术作品做出与现实生活中完全不同的反应。例如，人们可能紧紧盯住绘画作品的某个细节，甚至于他在画面上看到的是罪孽、邪恶、可怕的犯罪，而在现实生活中这样的事情并不多见。在生活中我们没有机会延迟和停顿自己对某件事情所做出的直接反应。"在我从内心体验的生活中，原则上不可能感受到我的生和死的事件；我本人的生和死，不可能成为我自己生活中的事件。这里的问题如同外表问题一样，不仅仅在于事实上没有可能感受这些因素，而首先是缺少对待它们的重要的价值立场。"（巴赫金，1998a：202）人们在生活中总是习惯像演员一样戴上面具，究其原因，也许是为了保护自己。当人们摘下面具，就像角色的重生一样，彰显个性。而体现在文学中，作品展示出来的就是民间文化和狂欢文化，当然这种文化有可能是顽皮的、淘气的和低俗。M. M. 巴赫金的《现实主义历史中的弗朗索瓦·拉伯雷》，而后更名为《弗朗索瓦·拉伯雷的创作与中世纪和文艺复兴时期的民间文化》，毫无疑问，是一篇非常优秀的学位论文。M. M. 巴赫金表现出的不仅是一位优秀的语文学家，更是一位优秀的文艺学家，他的优秀是毫无争议的。M. M. 巴赫金的学生们经常回忆说，他所讲授的古希腊时期的文学课程受到很多人的好评。他几乎从不用讲义，也不带大纲，熟知所有的古希腊文学家，甚至可以倒背如流。

但M. M. 巴赫金还是一直声称自己是哲学家，在他看来，哲学家（философ）和思想家（мыслитель）有着本质上的区别。在巴赫金看来，哲学家是通过不断钻研而形成的思维有条理的人。思想家属于俄国传统思维方式类型的人，是通过自己的推理判断不断获得进步的。的确，从哲学角度而言，M. M. 巴赫金是个哲学家，但在他的身上终归具有思想家的翼展和习气。

М. М. 巴赫金的哲学自信最主要的根源可能来自他的哲学出身，他仔细研读了德国学派的浪漫主义者，即经典学派。巴赫金的一系列观点主要形成于 20 世纪 20 年代，是在与俄罗斯文化和西方文化主要流派发展的对话中产生的，他研读过柏拉图、狄尔泰、施莱尔马赫、费尔巴哈等人的著作，康德和新康德主义者柯亨、尼采和生活哲学对他的影响最大。当然，东正教思想、俄国宗教哲学、马克思主义思潮、斯拉夫派语言哲学观、传统语言哲学和俄国形式主义等也是其对话思想的重要源泉。在涅维尔，巴赫金周围有一群非常优秀的人，文艺学家 Л. 蓬皮扬斯基，钢琴手 М. 尤金娜和哲学博士 М. 卡甘等。他们回忆说，他们经常会朝着一个方向散步，通常会止步于一条小湖，他们称之为"道德真实之湖"（Каган，1992：77）。散步的时候，巴赫金经常会谈起自己的哲学思想，以及道德和艺术的相互关系问题，而对话概念成为其哲学理论的基石。也正因为如此，这些谈话似乎永远不会结束，但事实上，没过多久就被迫终止了。

（二）《弗洛伊德主义》等三部著作的版权

1928 年 11 月 19 日，巴赫金被捕，这只是另一个规模更大的科学院事件的序文。那时许多著名的学者，尤其是人文学者都牵涉其中，"巴赫金是由右翼知识分子组成的秘密反革命组织'复活小组'的成员。该小组从事有目的地推翻苏维埃政权的反革命活动，长期以来在形形色色的圈子里作过反苏精神的报告"（Медведев，1999：82）。"复活小组"事件成为当时非常重要的政治事件。

"复活小组"的主要组织者是 А. А. 梅耶，彼得格勒思想家、哲学家。毫无疑问，这一组织的参加者是没有任何政治目的的，但当权者并不这么认为。以斯大林为首的苏维埃政权要消灭科学上的分歧力量，消除反苏精神的异己，等待这些持不同政见学者的命运是非常悲惨的。А. А. 梅耶先是被判处枪决，而后改为十年劳改。"巴赫金，33 岁，银行职员的儿子，新俄罗斯大学哲学系毕业，近年来多有反苏言论，参加各种不合法组织，按其政治观点而言，是马克思修正主义者。"（Медведев，1999：158）据此，巴赫金被判五年监禁，在北方服刑，但这种判决对于巴赫金来说是致命的，因为他患有非常严重的骨髓炎，经多方努力营救，审判最终改为流放库斯塔奈（哈萨克斯坦和西伯利亚交界处）五年。

在巴赫金生命中还有一个时刻，也差点被捕。1937 年，在萨兰斯克师范学院，巴赫金工作的地方，在文学系系主任 Ю. М. 彼得罗夫和党务秘书 И. А. 斯米尔诺夫之间发生了非常严重的纠纷，他们之间的相互指责越来越激烈。彼得罗夫教授首先被开除，接下来则是他的对手。原因是斯米尔诺夫没有与那些政治立场不坚定的教师保持距离，而首当其冲的就是巴赫金。所以，随后巴赫金也遭受了同样的命运："根据摩尔多瓦师范大学 76 号令，学校从 1937 年 6 月 5 日开除文学教师巴赫金，因其在授课过程中宣扬资产阶级思想，虽多次提醒，但屡教不改。"（Лаптун，2007：19）7 月 3 日，巴赫金和他的妻子离开了萨兰斯克。但事态却在继续发展，校长 А. Ф. 安东诺夫被开除，接替他的是 В. М. 叶廖明。这里有一个值得关注的细节，新校长对于巴赫金的开除事件又重新签署一份命令"批准我校教师巴赫金同志，从 7 月 1 日起根据个人意愿辞职"（Лаптун，2007：23）。这种较为温和的表达方式挽救了巴赫金。

许多学者认为，分别出版于 1927 年、1928 年和 1929 年的三部著作《弗洛伊德主义》、《文艺学的形式方法》和《马克思主义和语言哲学》应该是巴赫金所写，但署名却是巴赫金在维捷布斯克时期的朋友，他们分别是梅德韦杰夫和沃洛希诺夫。但巴赫金一直回避对这些著作版权问题的正面回答。关于这三本著作的归属，存在几种不同的说法。

其一，这几本著作应属巴赫金的系列作品。有一次，В. В. 伊万诺夫有幸成为巴赫金与自己妻子谈话的见证人。巴赫金说："这些著作确实基本上都是我写的。"但妻子反驳道："你说什么，整本书是你口述，我记录下来的。"（Немировский，Уколова，1994：73）可巴赫金却不想对此表示同意。

其二，当时的社会环境不允许巴赫金以自己的名字发表著作。这几本书的名称即是明证，1927 年以沃洛希诺夫的名字出版的《弗洛伊德主义》，1928 年以梅德韦杰夫的名字出版了《文艺学的形式方法》，1929 年以沃洛希诺夫的名字出版《马克思主义和语言哲学》。"20 年代，年轻的社会主义科学，苏维埃科学努力在所有的科学领域，包括精密科学、自然科学和人文科学都建立马克思秩序，但巴赫金对待这些形式主义和马克思主义一直都保持距离。"（Васильев，2006：24）而且，巴赫金当时正与所谓的激进组织"复活小组"保持紧密的联系，因此，在 20 年代的时候巴赫金根本没有可能以自己的名字出版作品，只能署名自己的好友。

其三，对于 20 年代这三部作品的版权存在一种最为神秘，但可能也是最为可信的一种说法。"长远时间并不仅只是巴赫金理论中的一个概念，也是其真实生活的一个写照——他的这些理论都是在与这些灵魂接近，学术观点接近的知心朋友的交谈中才产生的。"（Немировский，Уколова，1994：74）这些著作已经很难单独署名。因此，甚至在生命的最后时光巴赫金也不想对这三部著作的版权做过多解释。

（三）《陀思妥耶夫斯基创作问题》的再版

1945 年，巴赫金重返萨兰斯克。八年里他一直住在莫斯科州和加里宁州一些不大的城市里：萨维奥洛夫和吉姆拉。在经历颠沛流离之后，巴赫金终于在这段时间里得以安静思考、工作和写作。60 年代初，俄罗斯科学院世界文学研究所的年轻学者与巴赫金进行了通信联系。В. 柯日诺夫、С. 博恰罗夫和 Г. 加切夫在这个普通乡下文学教师的身上预见了世界级思想大师的影子。莫斯科年轻的学者坚信，一定要让巴赫金在莫斯科再次出版自己关于拉伯雷和陀思妥耶夫斯基的著作。巴赫金关于陀思妥耶夫斯基的书籍首次出版是在列宁格勒的"激浪"出版社。而该书的再版也开启了陀思妥耶夫斯基研究的新时代。

下面我们再来回顾一下巴赫金有关陀思妥耶夫斯基著作的再版问题。出版事宜在莫斯科进展艰难，他的手稿在出版社搁置了很长时间，而且不断更换编辑，遇到各种出版审查。巴赫金莫斯科的朋友们与意大利著名俄罗斯语文学家В. 斯特拉达相交甚好，因此计划用意大利语出版巴赫金关于陀思妥耶夫斯基的书，出版工作在意大利有序推进。意大利对该书的出版间接促进了莫斯科出版社的工作。1962 年 3 月，巴赫金收到莫斯科出版社工作人员的来信："如果您同意将《陀思妥耶夫斯基创作问题》再版的话，请您方便的时候签名授权出版社。"（Бахтин，2002：161）而促使出版社的态度发生如此之快的转变，加速此书的再版，原因其实很简单，1961 年，在书籍的出版方面曾经发生这样一件事情，Б. 帕斯捷尔纳克的《日瓦戈医生》第一次出版是在意大利，而不是在俄国，当时的苏维埃当局不想让这种情况再次上演。否则西方记者，就会像报道Б. 帕斯捷尔纳克一样，批判当局剥夺作家和思想家在本国出版自己著作的权利，尤其是巴赫金曾经被捕。1963 年巴赫金的《陀思妥耶夫斯基创作问题》在莫斯科再版。接下来的事情似乎很顺利，两年后巴赫金关于弗朗索瓦·拉伯雷的创作在莫斯科的同一出版社出版。也正是在这一时期，即 60 年代中期，对巴赫金的哲学思想的挖掘进入一个崭新的时期。巴赫金的理论和他的哲学思想进入长远时间。

巴赫金喜欢重复这样一句话"我不是文艺学家，我是个哲学家"（Бахтин，2002：6）。他的人生也具有这样的两面性，一方面，他的一生是艰难的，命运悲惨、疾病、截肢、被捕、流放、禁止在莫斯科出版作品，晚年才获得学术界的认可。另一方面，从长远时间来看，巴赫金是一个安静、自信的人，为人文科学的发展做了他应该做的和他能够做的一切，忍受了时代给予他的一切苦难与折磨，实现了自我的存在和应分，实现了与同时期人的对话，他的理论也将进入"长远时间"与后人继续对话。

参考文献

Бахтин М. М. , Беседы с В. Д. , Дувакиным. Санкт-Петербург：Аста-Пресс，2002.

Васильев Н. Л. , ⅫⅠ Международная бахтинская конференция//Бахтин в Саранске. Документы. Материалы. Исследования. Выпуск Ⅱ—Ⅲ. Саранск，2006.

Каган Ю. М. , О старых бумагах из семейного архива：М. М. Бахтин и М. И. Каган. Диалог. Карнавал. Хронотоп. 1992（1）.

Лаптун. В. И. , Кустанай — Саранск — Кустанай：М. М. Бахтин в 1936—1937 гг. // Бахтин в Саранске. Документы. Материалы. Исследования. Вып. Ⅱ—Ⅲ. Саранск，2006.

Медведев Юрий. , "Воскресение". К истории религиозно-философского кружка А. А. Мейера. Диалог. Карнавал. Хронотоп. М. —Витебск，1999（4）.

Немировский А. И. , Уколова В. И. , Свет звезд, или Последний русский розенкрейцер. Москва：Прогресс-Культура，1994.

〔苏〕巴赫金著，钱中文主编《巴赫金全集》第一卷，晓河等译，河北教育出版社，1998a。

〔苏〕巴赫金著，钱中文主编《巴赫金全集》第四卷，晓河等译，河北教育出版社，1998b。

黑龙江大学辞书研究所：《俄汉详解大词典》，黑龙江人民出版社，1998。

张幼平编选《俄罗斯散文百年精选》，中国华侨出版社，2006。

原文载于《俄罗斯语言文学与文化研究》2015 年第 2 期

"俄罗斯心灵中最美好的本能"

——论旧与新[*]

A. C. 霍米亚科夫 著　祖春明 译[**]

摘　要： A. C. 霍米亚科夫是俄国斯拉夫派的领袖与核心。19 世纪中期，斯拉夫派与西方派围绕俄国历史道路问题展开了激烈论战。《论旧与新》（1839 年）既是斯拉夫派形成的标志，也是俄罗斯历史哲学方面的重要文献。它在观点、内容和风格上都具有很高的研究价值。从观点上来讲，这篇文章代表了斯拉夫派在历史道路问题上的主要立场和观点：寻找并复活古罗斯生活中的美好原则，坚持自主性现代化发展的道路。从内容上来讲，它以独特的方式描述了俄罗斯历史并对其进行了深刻阐释。但这种阐释是为了未来俄国的历史道路。从风格上来讲，它代表了那个时代几乎所有思想家的基本写作风格：哲学政论。它在严格意义上来讲不是哲学论文，而更具有政论色彩。俄罗斯哲学肇端于历史哲学；历史哲学肇端于斯拉夫派与西方派的历史争论。这篇论战之初发表的奠基之作对于我们了解俄罗斯历史哲学，乃至整个俄罗斯哲学都将大有裨益。

---

[*] 该译文所依照的原文出自 Хомяков А. С. Всемирная Задача России, М. , Институт Русской Цивилизации, 2008：204 - 222。该译文为全译。之前贾泽林先生曾译此文，并结成题为《俄罗斯思想》的文集。但贾先生为选译，并在一些地方与本译文有所不同。

[**] A. C. 霍米亚科夫（Алексей Степанович Хомяков（1804 - 1860）俄罗斯哲学家、诗人、政论家、神学家）；祖春明，中国社会科学院哲学所副研究员。

关键词： 历史哲学　俄罗斯　历史道路　斯拉夫派

据说，过往俄国土地上的一切都是美好的。乡村中教育得以普及，城市中秩序得以维护，法庭上正义得以伸张，生活中需求得以满足。在祖国的大地上是一片欣欣向荣的景象，俄国的各种力量都获得了发展，无论是道德和精神上的还是物质上的。俄国保留和强化了两个原则：一是政权要同人民和睦相处，二是纯洁而文明的教堂要拥有自己的自由。这两个原则都是为世界其他国家所不熟悉的。

人们真的都会识字吗？但在我这里保存着的俄国贵族效忠罗曼诺夫王朝第一位统治者的文件副本，在那本该签名的地方，我们的特洛耶库罗夫公爵、大贵族拉吉谢维兄弟和其他一些不太著名的贵族们却代之以十字架，并附有说明：我们不识字。城市中真的秩序井然吗？我所熟识的许多老人还清晰地记得，西伯利亚人因反抗政府征收实物税而进行了怎样的斗争；这种斗争就是发生在西方的因征兵引发的斗争，而且，这种斗争在最早被征服的城市中引发了接连不断的冲突，那些贵族的随从、亲属和税吏常常因为一些鸡毛蒜皮的小事就倾巢而出，随时准备战死或负伤。法庭上真的能伸张正义吗？波扎尔斯基公爵曾因受贿被告上法庭却被宣布无罪，古老的谚语却证实先前的判决是不公正的；米哈伊尔·费多洛维奇和阿列克谢伊·米哈伊洛维奇所颁布的命令和新规章重演了包庇统治者自身受贿行为的一幕；而当民众受审时，严刑逼供、屈打成招的现象却很普遍。人们真的会对自己这样的生活感到满足吗！每当粮食生产出现哪怕是一点歉收的时候，人们就会大批大批地被活活饿死，或是被迫逃亡到波兰，或是卖身给鞑靼人侵者，抑或是出卖自己和自己的后代给克里木人或自己的俄罗斯"兄弟"当奴隶，而这些克里木人和俄罗斯人不见得就能比鞑靼人好到哪里去。政权真的是与人民和睦相处吗？且不说偏远地区，即使在梁赞，在卡卢加，甚至是莫斯科，人们的暴动和近卫军的哗变也是常有的事，沙皇政权经常会因为那些心怀不满与政府作对的军士暴乱感到痛心疾首，甚至被迫对无耻的宫廷阴谋做出让步。为数不多的几个政治寡头操纵时局和俄国的命运，根据自身利益的需要扩大或剥夺不同阶层的权利。教堂真的是文明和自由的吗？只要世俗政权希望干涉推选牧首的事务，那么，牧首的任命就得听命于世俗政权的意愿。普斯科夫的一位高级僧侣因杀死和溺死了数十个普斯科夫人被告发，但他获得的刑罚仅是被关入修道院中，而斯摩棱斯克的一位主教却仅因为住处奢华而受到重罚，他被罚清扫主教的院子和刷洗他的马匹；"百项决议"教会会议①迄今仍是教会粗鲁、愚蠢和渎神的永恒见证，而反僧侣敲诈的法律又让我们看到了当时教会神职人员最低级和有害的品质。那么，古老的黄金时代到底有什么呢？一想到这个问题我便不禁忧愁起来。我们是否应该在罗曼诺夫王朝之前寻找美好和善良呢？那里等待着我们的是伊万雷帝凶残的肖像和他年轻时荒唐叛逆的故事，是瓦西里荒淫无道的统治，是顿斯基子孙的丧心病狂，然后就是蒙古金帐帝国的统治，贵族割据土地，彼此内讧不断，欺压凌辱百姓，将俄国出卖给鞑靼这样的蛮族，当时的俄国满目疮痍、血流成河。那时的俄国没有任何美好和高尚的东西可言，也没有任何值得尊重和赞美的东西可言。取而代之的是一直以来的蒙昧无知，法庭上的有失公正，以及随处可见的械斗、阴谋、徇私枉法、剥削压迫、贫困潦倒、怨声载道、野蛮粗鲁和无耻卑鄙。目光所及之处没有一个人民幸福生活的时刻，没有一个令人欣慰的历史阶段，但当目光转到当代俄国时，我们不由得为祖国所呈现出的一片欣欣向荣的景象而欢欣鼓舞。

很好！但如何解释雅季科夫发现的农村会议记录和斯特洛耶夫找到的文件呢？这些可不是仿造和臆想出来的东西，也不是分类学家的猜测；这是确凿的无可辩驳的事实。农民确实曾经识文断字和组织严明：这种严明的组织以召开农民大会和进行全民决议的形式保留了下来，而且无论是当地的乡绅势力还是来自上层的死刑威胁都没能摧毁它。如何解释那些确凿的证据呢？它们证实了城市井然有序，市民各司其职，下层可晋身高层。如何解释无疑在北俄和中俄出现的陪审制，或口头的公共法庭？它们不仅曾遍布各处，而且因"口头法庭"②的名称而保留了下来，虽然这种法庭在形式上来说是非常好的，但却并不是完整的机构。那又如何解释那些咏唱农民生活的民歌呢？现在的俄国农民可想不出这样的民歌。如何解释当时还没有农奴制度呢，要知道它可是无耻剥夺一切人权的制度啊！如何解释当时的社会平等啊？所有阶层几乎拥有完全平等

---

① 沙皇伊万雷帝于 1551 年在莫斯科召开的教会会议（译者注）。

② 口头法庭很可能是指所有的审理程序都采用口头形式。在叶卡捷琳娜统治时期，"口头法庭"成为完整的机构（译者注）。

的权利，人们可以从事所有级别的国家事务并由此获得至高的荣誉和尊重。我们有大量的证据可以证实这一点，甚至是古代俄国最凶残的敌人都应该承认我们在这方面优越于西方民族。俄国的领土扩张和抵御外敌为我们提供了政权存在的确凿证据，我们曾经战胜过多少和多么强悍的敌人啊！而政权与人民的友谊印刻在人们的古老习俗中，各个阶层会推举出一些代表来共同商议国家事务。这种古老的习俗一直保留到阿列克谢·米哈伊洛维奇统治时期。最后，纯洁和文明的教会自由体现在一大批圣徒身上，他们有力的话语比君王的智慧和狡猾更大地促进了帝国的建立，还体现在人们对上层神职人员所表现出来的尊重上，而且不仅俄国人尊重他们，就连外邦人也尊重他们，还体现在主教和都主教们丰富的图书馆藏上，宗教书籍上，神学讨论上，约翰的书信上，特别体现在我们教会对罗马教会的反击上。

通过以上这些叙述我们又应该如何看待古罗斯呢？有关这个问题存在着两种截然相反的观点，史料中记载的那些不容置疑的事实给予它们同样的辩护，也给予它们同样的反驳，没有哪一个体系，也没有哪一个古代的艺术重现符合这些史料并使它们的全面思想得以充分的揭示。

当下我们亟待解决如何看待古罗斯的问题，现实已经不允许我们对它置若罔闻了，这是因为当代如此清晰地表明它是一个过渡的时代，未来的走向完全取决于我们有关过去的观念。如果在过往俄罗斯的生活中没有任何美好和有价值东西存在过，那么，我们就不得不从其他民族的生活中，从理论本身，从最文明的民族所取得的成果中，从现代人的追求中获取一切。我们可以果断地开始做事，将异乡的果实嫁接到家乡的果树上，翻种土地却并不撒下一粒种子，当收成不好的时候，内心的良知也会感到不安，而每当此时我们总是安慰自己说，还是这样做吧，否则会比以前更糟糕。如果相反，俄罗斯的古老时代是一座取之不尽的宝藏，其中蕴藏着所有的真理和善，那么我们劳作的性质就会发生改变，而一切也将变得容易多了。你看，这些是档案，这些是古代文件、交易、法庭仲裁和编年史的札记等。我们仅仅需要引入事实对这些档案汇编做一些批判就可以复活古代的王国、机构和法律了，而它们原本是在被人遗忘的柜子和抽屉中慢慢腐烂的。

在对这两种观点进行了简单的考察之后，我们还是很难同意它们中的任何一个。问题是复杂的，因此，解决它也是困难的。究竟哪一个俄罗斯更好，是旧的还是新的？是否有许多外来元素已经进入到现在的俄罗斯有机体中？俄罗斯是否接受这些元素？俄罗斯是否丢掉了许多自己的基本原则，它们又是些什么，我们是否应该为失去它们而感到惋惜并努力恢复它们？

现在的俄罗斯我们可以亲眼看见：它既令我们欣喜，也令我们烦闷；我们可以骄傲地同外国人谈论它，但有时甚至对自己人都羞于开口，但对古罗斯，只有猜测。核对所有这些史料的结果，如果我没有说错的话，将会使我们得出这样一个简单的结论，那就是过去和现在一样，在法律和生活之间，在法定的机构和灵活的民间习俗之间始终存在着不和谐的地方。那个时候的法律，现在的也一样，或是比习俗要好，或是比习俗要坏，而且很少获得实施，要么是被废除了，要么是在补充条款中被更改了。如果我们相信这种解释是正确的，那么，就可以理解俄国习俗的所有变迁。我们将会懂得，表面上的各种关系是那么轻易地改变着，我们同时也将明白，这种改变并不会触及人与国家机构之间，国家、市民与教会之间关系的实质。为了说明这个问题，我们选取新时代最高尚的法律之一作为事例，它让我们可以在古人面前炫耀，与之相反，我们也列举一个古老的决议，它则让我们在想起它的时候带着悲伤。当严刑拷打在俄罗斯被取缔的时候，它正在欧洲的法庭上肆虐，当时的法国和德国毫不掩饰地谈论它，并且把拷问看作侦查案件和惩办凶犯所必须使用的手段。即使这样，我们是否就能说，在俄国从来没有过严刑拷打呢？实际上在俄国同样存在着严刑拷打，它被认为是不可避免的，它存在于所有的审讯中，在所有的法庭上它都是那样的引人注目，就在不久前首都一个几千人的会议上，当着那些达官显贵的面，也当着君主自己的面，一个愉快的声音在那里大叫："你不是想尝一尝辣椒水的味道吧？"农民的奴隶地位是由彼得大帝造成的；但当我们想到农奴不能离开自己的土地，他们甚至不敢擅自逃离，而要想获得许可就必须通过法庭，然而法庭在遥远的莫斯科，掌握在地主手中，农民的对手总是比他们富有，在国家等级中也总是比他们高贵，想到这些，难道我们还不明白，尽管这种奴役并没有获得法律上的承认，但是农民的奴隶地位是存在于风俗中的吗，难道我们还不明白为什么废除《农奴法令》①不可能引起动荡和暴动吗，难道我们还

---

① 废除《农奴法令》是指 1704 年彼得大帝颁布的一道法令，根据这个法令，在俄国撤销了"农奴法庭"，这些法庭曾经专门处理农奴的诉讼（译者注）。

不明白为什么彼得大帝仅仅是撤销了一个多余的、甚至已被人遗忘的机构就被人视为是他的英明之举吗？事实与规定的制度就是这样自相矛盾的。当然，我们中的任何一个人都不无痛心地想到，法律同意为奴役的无耻行径背负责任，尽管这种奴役是由风俗所引发的；我们也想到法律神化和巩固了特权阶级的肆意妄为，但这种状况由来已久；我们还想到它表面上看来是限制了教会的自由；但我们同样想到，贵族阶层的权利在日益削弱，范围却在不断扩大，它几乎为所有愿意加入贵族阶层的人敞开了大门，这使贵族自己感到负累重重以至于准备退出贵族阶层，而在专制土地上的教会所受的限制更多的是来源于政府对教会的冷漠，而不是来源于某个政要，虽然这个政要对于几乎完全听命于宫廷的教会牧首而言是个至关重要的人物。罗曼诺夫王朝之前的俄罗斯一直处于混乱之中，这使得我们无法将它与今日的俄罗斯相比较，因此，我一直在谈论那个俄罗斯，那个彼得遇到的俄罗斯，那个作为过往自然发展结果的俄罗斯。我知道，在那个俄罗斯中保存着许多美好的本能，但它们每时每刻都遭受着人们的恣意曲解；我也知道，终将有一天我们会为自己粗暴地践踏公正、自由和教会纯洁的神圣真理而受到惩罚；但不得不承认，在人们的生活中所有最美好的原则不但没有获得发展，反而完全湮灭于人们的生活中，这在法律触碰到他们虚假的生活之前就已经发生了。

随着俄罗斯帝国的逐渐形成和日趋巩固，最早的那些纯粹的和宗法的社会组成的痕迹就变得越来越模糊了。城市失去了往日的特权和千人兵团的保护，往日喧嚣的市民大会沉寂了下来，确立了门阀制度，形成了贵族阶层，人们被束缚在土地上过着百无聊赖的日子，而美好的道德只留存在那僵死的形式中，已经失去了它原来的内容。国家不可能同时在各个方面上发展。当国家自身的存在受到威胁的时候，当它在无限扩张时突然记起了自己的起源，便对未来充满了恐惧，在这个时候它就会对所有局部的和微小的个人利益视而不见，忽略那些多少有些过时的习俗和法规而不再坚持它们，所有这一切都是为了找出那已经成为无益礼俗的美好本质，国家朝向一个目标前行，它为自己确立了一个任务，并且集中了自己全部的力量来完成这个任务：这个任务就是凝聚分裂的各个部分，巩固政府联系，完善整个社会构成，应该说是机械地完善它。

约翰三世限制了北方各城的自主权，同时确立了门阀制度的程序，从而使所有封地都掌握在莫斯科大贵族的手中；伊凡四世炮制出了削藩制；费多尔二世在莫斯科建立了大牧首制，戈杜诺夫加强了农奴制，阿列克谢·米哈依洛维奇按照西方的方式来装备军队，费多尔废除了门阀制度，因为它不仅无益于政权，还有害于俄国，这成为他们功勋的终点；一个有铁一般的意志，非凡的智慧，但只面向一个方向的人，关于他我们看不到过多的赞扬，也看不到过多的指责，但是后代在回忆起他的时候只是心怀感激，这个人就是彼得大帝。我不会评价他的所作所为，我只想顺便提一下，他不应该被看作俄国贵族制的始作俑者，因为米哈伊尔·费多洛维奇和阿列克谢·米哈依洛维奇已经无条件地出售自己的土地做领地了，这已经为大贵族的出现开启了合法的肇始；也不应该在压制教会问题上指责他，因为教会的独立自主早已经丧失了，在牧首的宝座在公国内部进行承袭时就已经丧失了，大牧首在皇城内可以是自由的，但在莫斯科他已经不再自由了。

如果我们将俄罗斯19世纪的状态与17世纪的状态进行比较，我们可能会得出这样一个结论。国家变得强大了，并且能够反思和不经过内部斗争而逐步改善；一些美好的原则，它们曾经被抛弃和遗忘，现在又被法律神化并且建立在牢固的基础上，如取缔死刑，刑法中对人格的尊重，以及社会下层有可能晋升到较高国家等级，从而享受更好的条件，更高的声誉和权威。法律使一些由习俗带到人们生活中的滥用合法化，并且，很显然，这使得它们更加深入人心。我很清楚，法律的道德纯洁性对于一个社会是何等重要；我也清楚，在这种纯洁性中隐藏着国家的全部力量，未来生活的全部原则，但我仍然认为，有时候那些为法律所保护的不当习俗，正是因为自己的厚颜无耻才最终被纠正，否则，这种坏习俗的无声和隐秘的鼠疫几乎就是不可治愈的。那么，我们时代无耻的合法奴隶制无论在何种意义上对我们而言都是一种负担，无论是在物质上，还是道德上都是如此，应该采取全面和可靠的措施根除它。同时，彼得大帝改革前农民的奴隶状态可能成为永远的创伤并在较小程度上导致农民沦落到无产者和失去土地的英国工人的境地。我所能看到的非我原则实在太少：彼得三世时期产生的贵族阶层已经在人民精神的影响下发生了很大变化，它非但没有欧洲贵族的派头，甚至比彼得改革之后更纯粹，彼得的改革加强了贵族阶层，巩固了领地的绝对继承权。

启蒙运动试图摆脱丑陋的形式主义、近乎仇视的对人类的漠视和某种理智及精神麻木。这种麻木类似于犹太人的自大和多神教的漠然。与此同时，在启蒙的生活和进程中还表现出了过多的世界主义、某种新教思想、对信仰的有益原则及基督教精神完善的背离。

我已经说过很多被我们丢弃的美好的自发传统，但似乎我也表明了在法律触碰它们之前，它们已被风俗所损坏。它们首先是被民众杀死，然后才被统治者们所掩埋。我们可不可以说："你们安息吧？"不可以，我们最好说：我们对它们永志不忘，而且将永远记住它们。法国《民法典》的主要制定者康巴塞雷斯曾这样说过："过时的东西是法律最公正和最苦涩的批判。"

他说的是正确的，但又不完全正确。当国家持续几个世纪处于戒备状态时，很多法律可能被完全忘记；但这种不自觉的遗忘并不是意味着开罪于法律。尽管有因权宜引发的坏习俗，有人民的无知和政权的专横，法律变得暂时无力了，失去了效应，但它隐秘地活在我们的心灵中。

俄罗斯心灵中最为美好的本能，这些为基督教所形成和培育起来的高尚的心灵本能，连同这些隐藏于我们心中的不为人知的古老记忆带来了我们值得骄傲的所有美好的东西：取缔死刑，自土耳其的中心地带解救希腊和希腊教会①，开辟了选拔国家官员的法律途径，以功绩或知识水平为选拔前提，和平的政治策略，宣告基督的律法和真理为唯一律法，人们的生活和相互关系都应该建基于此。似乎完成了一些什么；但尚有更多的东西有待完成，自古代保留下来的那些回忆、传说或象征中蕴藏着一种精神，它呼唤我们做无可比拟的更多的事情。毕竟这个美好的世界正在消亡，或几乎死于俄罗斯连年不断的内部和外部争斗之中。如果俄罗斯国家没有恢复，一切就都消失了；但国家存活了下来，巩固了，并变得异常牢固；现在所有以前的原则都能够并且应该因其自身永恒的力量而获得发展和传播。我们不必为赶不上西方而感到羞愧。英国人、法国人和德国人过去没有一丁点美好的东西。越往前看，他们就越感到社会更糟糕、更没有道德可言。我们的古代为我们提供了个人生活中、诉讼程序中和人际关系中一切美好事物的榜样和原则；但所有这一切都因缺乏国家原则、内部纷争和外敌奴役而遭到了压制和破坏。西方人不得不逃离过去的一切，如同远离愚蠢的东西，并且在自身中重新建立一切美好的东西；我们只要复活和明确已有

---

① 解放希腊和希腊教会是指发生在 17～19 世纪俄罗斯帝国和奥斯曼土耳其帝国之间为争夺高加索、巴尔干、黑海、克里米亚等地而进行的一系列战争（译者注）。

的东西，使它重归于意识和生活就足够了。我们的未来充满希望。

我们可以用几句话概括出俄罗斯历史中所有的最初原则。瓦兰人的政权是国家的外部层面；公国中的市民大会是内部层面。整个俄罗斯的统治权、国防和外交都掌控在一个领导雇佣护卫队的瓦兰－俄罗斯人家族手中；真理的法庭维护着习俗，解决由公民大会提出的各种内部统治问题。在俄罗斯的任何地方结构都大致相同，但完全相同的习俗却无处可寻，不仅在相隔较远的城市之间，甚至在诺夫哥罗德和普斯科夫这样在地缘上、利益上和居民成分构成上都很相近的城市之间都没能实现。那么，内部联系究竟在哪里呢？一些斯拉夫部落的偶然联合，虽然他们之间互相并不了解，也从未在同一个国家的统治下生活过，但他们结合为某种联邦，这种联邦以非民间出身的大公间的亲缘为基础，或者是部分出于共同的商业利益：未来俄罗斯的自发力量是多么渺小啊！

支撑国家大厦的另一个可能基础是共同的信仰和教会生活。但那个向我们派遣神父并与我们拥有同样信仰、同样教义和同样礼仪的希腊对我们而言不也完全是陌生的吗？如果没有基督教的影响力和创造力，俄罗斯大地可能就不会崛起；但我们不能就此说，是基督教造就了俄罗斯。当然，一切真理，所有关于善、生命和爱的原则都保存在教会里，但这个教会是可能的教会、神圣的教会和超越了尘世原则的教会。今天和历史上的一切教会都不是这样的教会。西方教会因同世俗和多神教相纠缠，长期以来都是昏聩黑暗和功利教条的。后来它同东方割裂，为了认识自身而倒向了理性主义，这样它不仅失去了纯洁性，反而在自身中形成了导致未来衰落的有害因素。但它控制了愚蠢的人类并发展了他们的物质和理智力量，从而创造出了美好诱人的世界——天主教和新教的世界，但这个世界注定是要灭亡的。东方教会的命运与此不同。它同令人迷惑的个人偏见进行了长期斗争。由于理智受到自大的古希腊哲学和埃及或波斯神秘主义的鼓动，东方教会很长时间都不能让它服从于信仰的权威。东方教会经过几个世纪的斗争，阐明了概念，征服了骄傲的理智，让真理以特定的形式大白于世。但天意没有让希腊在那个时候就收获自己劳动和英勇斗争的成果。当时的希腊社会已经建立在另外一个牢固的基础之上。这个基础是在历史中形成的，由有益和符合逻辑的法律所决定，并因过往的伟大荣耀，众多的艺术奇迹和诗歌的奢华成就而变得崇高。但所有这一切——历史、法律、荣耀、艺术和诗歌都背离了基督教精神的纯粹性和它爱的真理。国民不能割断同自己历史的联系，社会也不能改写自己的法律，因此，基督教活在希腊，但希腊并不活在基督教中。长久以来，古希腊帝国都是在信仰的活的源泉那里获得力量，这是一种不可思议的力量，它使帝国得以抵御那些外来敌人，那些来自北方的野蛮民族，南方的战争狂热分子和中亚的野蛮部落；它使这个衰老躯体得以长期同他们的侵略行径做斗争。但帝国却不能重建和加强基督教教义作为它新生活的原则，因为根深蒂固的古代形式使它不能接受基督教教义的完整性。思想厌倦了同社会和国家的外在风俗做徒劳无益的斗争，从而转向了荒漠，转向了埃及和巴勒斯坦的古庙，转向了位于小亚细亚和埃拉多斯的高山修道院。那些美好和特选的心灵把人们内在生活的美带到了这里，他们远离世界，这个世界是他们所不愿生活在其中的世界，这个世界也不能让他们臣服，他们挑选了一个新的可以直观内心、进行思考、祈祷和感受精神愉悦的场所。所有美好和高尚的东西，所有那些现代社会所不能实现的东西都生活在他们之中。从此希腊的竖琴沉默了，歌曲的源泉也枯竭了。诗歌转入到修道院中来，进入到僧侣生活本身中来，或者可以说，成为这些苦修者的实质。但是由于人类本性注定总是要或多或少地会臣服于，或者至少尊重诗歌精神的纯粹性，因此，希腊世界带着无限的崇敬不断地同那些抛弃了它的人们交往。伴随着对那些伟大导师和苦修功绩的奠基者所表现出来的崇敬，在东方出现了无数的模仿者和假僧侣，就像在我们的时代，西方出现了许多假诗人一样。整个希腊社会都表现出人们相互疏离；自私自利和追求个人利益成为希腊人的显著特征。国民已然忘记了祖国，只为了私利和虚荣而活；基督徒已然忘掉了整个人类，只寻求个人的救赎；国家已然失去了自己的神圣性，不再具有任何道德价值；教会已然丧失了任何行动能力，仅保存了教义僵死的纯洁，从而不再意识到自己活生生的力量和崇高理想。它依然怜悯人类，安抚他，让他从世俗中获得解脱；但是它已经不记得自己要为整个人类建造大厦的使命。这就是上帝情愿把生命和真理的种子转移到我们北方来时的希腊和它的基督教状态。拜占庭的神父未能在俄罗斯发展出任何国民生活的原则，这种生活是他们在自己的国家闻所未闻的。正如我前面提到的，希腊最初是迫不得已才喜爱修道院的，它就是这样带着自己的偏见和自己对禁欲主义的热爱出现在我们面前的，因此，它鼓励人们忏悔和自我完善，容忍社会，但却不祝福它，在国家存在的地方指责它，但也不会在没有国家的地方建立它。不过这正是希腊给我们带来的福祉所在。借助它学说的纯洁性净化了风尚，调和了不同部族的习俗，把整个罗斯统一在一个精神整体之中，并且帮助我们迎来了民族生活中一个新的、更好的时代。

所有这些还是不够的。在留里克王朝保护下的南北方民族联盟并没有形成牢固而统一的整体。各个公国过着各自不同的生活。基辅并不能与诺夫哥罗德同仇敌忾，它也不会倾力捍卫诺夫哥罗德。民众不要求统一，也不愿意统一。国家的外在形式没有同民众血肉相连，也没有渗入到它神秘的内心生活中来。大公间的争斗分裂和损害了俄罗斯，但无论对获胜者还是战败者，各个公国都表现出同样的漠然。但如果哪个沽名钓誉和贪婪的诺夫哥罗德大公妄想在争斗中趁机扩大自己的政权和聚集民众的力量（无论他行为的动机如何，是为了共同的福祉还是个人利益），起来反对他的不仅包括那些贪图权利的其他公国大公，还有更珍视自由的村社和公国，它们已经习惯了独立，尽管它们始终备受压迫。但一个是真理，另一个只是事实。

诺夫哥罗德是骄纵、傲慢和自私的，它自顾沉浸在自己的政治生活中，民族原则主导着它的政治生活，因此它从未想过要统一整个俄罗斯。基辅虽然偶然继承了瓦兰人好战的性格，但它的力量还不足以实现伟大国家的理想。因此，直至蒙古入侵时，没有哪一个人、哪一座城市可以起来反抗并且宣告："我代表俄罗斯，我是它的中心，我聚集着它的生命和力量。"

自东方飘来的乌云是可怕的，它打败了亚洲所有王朝，它是足以摧毁整个欧洲的，如果不是无垠的疆土拯救了欧洲的话。未来的俄罗斯同它在卡尔卡河①附近遭遇，但是战败者无须因自己的失败而感到羞耻。上帝似乎在召唤我们统一和联合起来。但是教会沉默着，也没有预言灾难的来临；民众依然冷漠，大公们依旧忙于内讧。因此，惩罚是公正的，重生是必要的。当人的内在活动停滞时，暴力就是拯救。当蒙古人第二次入侵俄罗斯时，俄罗斯的陷落就不那么光彩了。它在面对毁灭时没有表现出一丝的反抗，也没有进行任何反击的尝试。当你读到这段历史时，你会感到，某种深深的萎靡扩散到整个俄罗斯社会那紊乱的组成之中，你会感受到，这种组成已经不能够继续存在下去了，你还会感受到，蒙古人的出现对于我们而言是一种幸运的偶然：因为这些侵略者只是摧毁了现存的一切，他们至少不想也不能创造什么。

---

① 1223 年，俄罗斯人在卡尔卡河畔第一次同蒙古人交战（译者注）。

正当蒙古汗王摧毁了东俄和南俄的所有区域，它的西部也自愿或被迫承认了这个立陶宛野蛮部落统治的时候，俄罗斯的北方完全没有任何关于国家的伟大理念，依旧盲目地继续着自己固有和本土的生活，依旧做着贸易和强盗勾当，新的俄罗斯就在这时出现了。那些来自顿河和第聂伯河的逃亡者，还有那些被从沃伦和库尔斯克等富裕地区驱逐出来的人们，逃进了覆盖在奥卡和特维尔察河两岸、伏尔加河上游以及瓦尔代高地的森林中来。老城已经人满为患，开始形成新的村落，建成新的城市。南北方开始融合，相互渗透，在莫斯科的空地和荒野上开始了新生活，这种生活不再是部落和族群的生活，而是全俄共同的生活。

莫斯科是一座崭新的城市，它没有历史，也没有任何固定的特征，它融合了不同的斯拉夫民族——这正是它的优势所在。它既是大公们的杰作，也是民众的女儿，这样，它就把国家的外在和内在紧密结合起来，这正是它的力量所在。外在的形式对它而言已经不是偶然的，而是活的、固有的，因此，它在与其他公国的斗争中取得胜利也就是毋庸置疑的了。正因为如此，这座新城（无论是按照编年史所记载的俄罗斯古老传统，还是按照城市间的等级排序，作为新城的莫斯科都应该表现得顺从和安静）的大公很早就贸然表现出了强烈的虚荣心，也正因为如此，民众才能够与大公们同心同德。

我并不准备叙述莫斯科公国的历史，从以往的资料那里我们很容易弄懂它所进行的斗争和取得的胜利。它一表达出想要统一俄罗斯的意愿，这个意愿就注定要实现，因为这个念头突然之间就同时出现在大公、平民和以大牧首为首的僧侣之中了。诺夫哥罗德是不能固执己见的，因为城市理想理应让位于国家理想；其他大公很长时间都不能起来反抗，因为他们在自己公国中的统治不是顺其自然的；那些为蒙古人所破坏和摧毁的地区和城市，虽然它们企图自治并且善妒，但并不能成为统一的障碍，因为民众在接受了血的教训以后，本能上趋向于统一，同时，那些对待莫斯科如同对待俄罗斯东正教教主的僧侣已经教会人们服从莫斯科良好意志的智慧。

这就是胜利的原因。那么，胜利的结果是怎样的呢？俄罗斯领土在扩张，物质力量在增长，地方权力在消解，村社习俗受到压制，国家意志逐渐集中在君主身上，这些就是彼得以前的是与非。彼得大帝开启了一个崭新的时代。俄罗斯开始向西方靠拢，但在此之前，它对西方一无所知。俄罗斯从莫斯科推进到边界上，推进到海岸边，就是为了让重商和文明的异国影响变得更为容易。但这个行动本身并非是公众的意愿；彼得堡曾经是也将是唯一一个行政城市，而且可能的是，国家中心的这种分裂对于俄罗斯正常和合理的发展不曾也不会是没有影响的。国家政权的生活和公众的精神生活甚至在它们曾经汇合的地方也发生了分离。彼得堡的政治生活由俄罗斯的全部可见力量推动着，由它的所有表面上的改变推动着，由它的所有外在行为推动着；而另一种生活则在悄然培育着未来时代、思想和情感的特征，这种特征注定依然包裹在形象中，并且会由本能转变为完全的、理性的和外显的行为。这样，国家的物质个性表现为断然和明确的行为，完全摆脱了内在波动的影响，而与此同时，民众心灵中那波澜不惊的平静的意识，在保留着自己永恒真理的同时，在越来越远离所有即时利益和干巴巴的实践外在性的有害影响。

我们看到，俄罗斯历史的第一个时期是由共同防卫的链条连接起来的各个独立公国组成的联邦。城邦的利己主义并没有因为瓦兰军队及其军事首领的出现而发生丝毫改变。我们通常把这些军事首领称为大公，而并不清楚这个词的真正含义。语言的统一没有起到任何作用，就像在其他任何地方一样：这点埃拉多斯古国已经教会了我们。信仰的统一也不能团结人们，因为它来自这样一片土地，在这片土地上，信仰自己离开了，感到了重建的乏力。当蒙古的威胁和本性爱慕权利的莫斯科公国的建立打破了部落间藩篱的时候，当罗斯重新成为一个整体的时候，局部生活消失了，人们也已经摆脱了封地和公国动荡和局限的生活，但他们仍旧不能把热爱的温暖感觉移注到这个刚刚形成的整体上来。那种感觉是在他们奔向故乡城邦的旗帜下，高声叫喊着"为了诺夫哥罗德和圣索菲亚而战"或"为了弗拉基米尔和圣母而战"时所体会到的。还不曾有谁爱过作为俄罗斯自身的俄罗斯，因为即使人们知道国家的必要性，但还没有人理解它的神圣性。由此可见，即使在1612年，这个我们历史上值得夸耀一番的时刻，与其说是爱国主义，毋宁如说是想要拥有自由信仰的愿望在战争中起了作用，而全俄罗斯的功绩仅限于战胜了一小撮波兰人。

与此同时，当所有古老的习俗以及各个城邦和社会阶层的权利和自由成为确立国家躯体的牺牲品的时候，当原本被物质政权保护起来的人们不再相安无事地生活，而可以说，开始密切生活在一起的时候，社会道德败坏的溃疡就会蔓延开来，所有人类最坏的欲望也会滋生出来：法官们利欲熏心，成为人们的笑柄；贵族们爱慕虚荣，请求贵族特权；僧侣们贪恋权利，忙于争夺牧首宝座。此时彼得横空出世，凭借他那高尚心灵的某种奇特本能，一眼便看尽了祖国的所有病症，洞悉了"国家"这个语词所有美好而神圣的意义，他像可怕但有益的暴风雨一样席卷了整个俄罗斯。他横扫了那些利欲熏心的法官阶层，横扫了那些整天想着自己血统而忘记祖国的贵族们，横扫了那些躲在修道室里寻求心灵救赎和满城收税而忘记了教会、人类和基督兄弟情谊的僧侣们。难道历史会为他们中的哪一个求情吗？

太多的错误让这位俄罗斯改革者的荣耀变得暗淡起来，但唤醒俄罗斯的力量和让它意识到自己的力量仍归功于他。但他的手段是粗暴和实在的：不要忘记，精神力量属于人民和教会，而不属于政府；政府只是采取某种强制手段来唤醒或泯灭精神力量的活力，区别只是强制手段的严厉程度不同而已。一想到这点就令人沮丧：这样一个如此生动而深刻洞悉了国家含义的人，这样一个完全把自己的个性和他所有臣民的个性奴役在国家之下的人却始终没有意识到，只有在有爱的地方才有力量，而只有在个性自由的地方才有爱。

或许我对古代的责难过于苛刻；但当它自己也责难自己的时候，我这样做难道还有错吗？如果此前的习俗和教会没有形成某种鲜明的形象，使得古老的俄罗斯在其中得以实现，难道我们就不应承认这些习俗和教会中缺少某种甚至多种自发因素吗？但事实正是如此。在自身之外寻找自我持存力量的社会已然处于病态之中。任何一种联合都包含着对共同原则的无声反抗。偶然结成的联邦不断印证的是人们之间的疏远和冷漠，尽管在这种冷漠中还没有敌意，但也没有互爱。人类为宗教所教化，但这个过程很漫长。信仰需要经过很多世纪才能渗透到公共意识中来，进入到人们生活中来，融入人们的血与肉中来。俄罗斯在接受基督教之时，它的愚蠢妨碍了它深入理解这个神圣学说的丰富底蕴，而它的导师们又已经耗尽了感受基督教本初之美的能力。因此，当大公间的内讧破坏了俄罗斯大地的时候，人们依然跟随着他们；而当神父们在努力规劝个人不要犯罪之时，他们似乎并没有意识到，还有一种社会性犯罪。

尽管如此，与西方相比我们还是有无数优点的。在我们最初的历史中没有侵略他人的斑斑劣迹。鲜血和仇恨并不是俄罗斯国家的基础，祖辈也不用锱铢必报的格言来教诲后辈。教会限制自己的行动范围，从来不曾损害自己内部生活的纯洁性，也从来不曾向子孙们鼓吹自己违背法律和使用暴力的经验。鞑靼统治前纯粹的公国建制①并不与人类的真理相悖，而正义和互爱的法则是这种习俗的基础，虽然它几乎是宗法制的。现在，当创建国家的时代已然终结之时，当大众已然结成外敌无法摧毁的整体之时，对我们而言，懂得人只有在社会中才能实现自己道德目标的时刻到来了，因为只有在社会中每个人的力量才属于所有的人，所有人的力量也属于每个人。这样，我们在吸收西方偶然发现的同时，却能赋予它们以更深刻的意义，或是在其中揭示出那些不为西方所知的人类原则；我们向教会的历史和它的法则发问，它们是可以指明未来发展的北斗星；我们要复活俄罗斯生活的古老形式，因为它们建基于家庭纽带的神圣性和我们民族尚未被破坏的独特性之上，只有这样，我们才能勇敢而正确地向前迈进。那时，古罗斯将会复活，在开明而协调的范围内，在社会的本真之美中复活。这个社会把公国习俗的宗法制同国家的深刻内涵融合起来，而国家也将以道德和基督的面貌出现。这时的古罗斯已经有了自我意识，而不再是偶然的罗斯，它充满了活生生的本真力量，永远不会在生与死之间摇摆不定了。

原文载于《俄罗斯语言文学与文化研究》2012 年第 2 期

---

① 在鞑靼入侵前，俄罗斯分裂为许多独立的小公国，所以此处的 областное устройство 应该翻译为公国建制，而不是州建制（译者注）。

图书在版编目（CIP）数据

俄罗斯研究前沿：三卷本 . 文学卷 / 叶其松总编；
刘锟主编 . -- 北京：社会科学文献出版社，2024.1
ISBN 978 - 7 - 5228 - 3276 - 0

Ⅰ . ①俄…　Ⅱ . ①叶…②刘…　Ⅲ . ①俄罗斯 - 研究
②俄罗斯文学 - 文学研究　Ⅳ . ①D751. 2②I512. 06

中国国家版本馆 CIP 数据核字（2024）第 018293 号

俄罗斯研究前沿（三卷本）

总　　编／叶其松
主　　编／刘　锟

出 版 人／冀祥德
责任编辑／史晓琳　孙丽萍
文稿编辑／王　倩
责任印制／王京美

出　　版／社会科学文献出版社 · 国际出版分社（010）59367142
　　　　　地址：北京市北三环中路甲 29 号院华龙大厦　邮编：100029
　　　　　网址：www. ssap. com. cn
发　　行／社会科学文献出版社（010）59367028
印　　装／北京联兴盛业印刷股份有限公司

规　　格／开　本：787mm × 1092mm　1/16
　　　　　印　张：28.5　字　数：478 千字
版　　次／2024 年 1 月第 1 版　2024 年 1 月第 1 次印刷
书　　号／ISBN 978 - 7 - 5228 - 3276 - 0
定　　价／598. 00 元（三卷本）

读者服务电话：4008918866